초단기 고속 득점
초고속
OPIc
BASIC
Intermediate 공략

초판 인쇄일 ┃ 2012년 12월 21일
초판 발행일 ┃ 2013년 1월 2일
3쇄 발행일 ┃ 2014년 10월 27일
지은이 ┃ 김현정 (Heather Kim)
원어민 감수 ┃ Andrew Arbuckle
Adam Prezbindowski
발행인 ┃ 박정모
발행처 ┃ 도서출판 혜지원
주소 ┃ 서울시 동대문구 장안1동 420-3호
전화 ┃ 02)2212-1227
팩스 ┃ 02)2247-1227
홈페이지 ┃ http://www.hyejiwon.co.kr

편집진행 ┃ 김형진, 이희경
본문디자인 ┃ 이미소, 김보라
표지디자인 ┃ 이미소
영업마케팅 ┃ 김남권, 황대일, 서지영
ISBN ┃ 978-89-8379-770-4
정가 ┃ 16,000원

초고속 OPIc BASIC

Intermediate 공략

|김현정 지음|

혜지원

Preface
머리말

필자가 5년여 전 처음 OPIc을 접했을 때만해도 OPIc(Oral Proficiency Interview-computer)이란 영어 말하기 시험은 사람들에게 생소한 시험이었습니다. 하지만 이제 OPIc은 대학생, 취업준비생, 직장인들에게는 반드시 거쳐야 할 필수 능력 시험으로 자리잡았습니다. 국내 유수의 기업들이 '자신의 생각을 원하는 대로 말할 수 있는' 효율적이고 실질적인 영어 실력의 중요성을 인지하고 있고, 이런 본질적인 영어 활용 능력을 측정하는 OPIc이 기업들이 원하는 인재의 언어 활용 능력을 가려주는 중요한 기준이 되고 있습니다. 삼성 등을 비롯한 대기업들이 지난 몇십 년간 자리매김했던 TOEIC 대신 임직원의 영어 능력 평가를 위해 OPIc을 채택하기 시작한 것도 이 때문입니다.

단순히 발음, 문법, 어휘 등 언어의 각 기능을 목적으로 하는 다른 시험들과 달리, 언어를 하나의 도구로 활용한 효율적인 의사소통 능력을 측정하는 시험이라는 점 때문에 필자 또한 교육을 연구하고 행하는 한 사람으로서 OPIc을 지지하고 끊임없는 관심을 가지고 있습니다. OPIc에서 원하는 등급을 받기 위해 공부하는 수험생들도 OPIc을 공부함에 따라 시험 성적뿐만 아니라 자신의 실질적인 영어 실력이 늘어가고 있다는 것을 실감하게 될 것입니다.

하지만 영어를 듣고, 읽는 것에만 익숙해져 있는 한국인에게는 실질적인 면접 형태와 같은 OPIc 말하기 시험이 하나의 넘어야 할 산처럼 느껴질 것입니다. 알고 있는 영어 단어라도 스피킹으로 이끌어 내는 일은 결코 쉬운 일이 아닙니다. 학습자들의 이런 고민은 지난 5년여간 OPIc의 콘텐츠를 연구하고 가르쳐온 필자에게도 항상 풀어야 할 과제였습니다. 따라서 이 책을 통해 그동안 필자가 쌓아온 OPIc에 대한 노하우와 영어 말하기에 쉽게 접근할 수 있는 방법을 제시하려고 합니다.

먼저, 이 책 전반에 걸쳐 OPIc의 문제 유형들을 분석하고, 각 주제에서 자주 출제되는 빈출 문제들을 다루었습니다. 이 책의 3분의 1 정도만 훑더라도 여러분은 OPIc 문제 출제의 경향이나 유형들이 눈에 보일 것이고, 생소한 주제에 대해서도 문제를 예측할 수 있게 될 것입니다. 또한 OPIc에서 많은 수험생이 힘들어하는 원활한 스토리텔링을 위하여 충분한 이야깃거리와 이야기 구성에 대한 예시를 제시했습니다. 각 문제 유형별로 어떤 이야깃거리를 어떤

식으로 풀어나가야 할지 많은 예시를 보고 연습하면 나만의 이야깃거리도 쉽게 만들 수 있습니다.

이 책의 가장 큰 특징은 초급자들이 알고 있는 단어만으로 이야기를 이끌어 갈 수 있도록 도움이 되는 핵심 답변 패턴을 제시했다는 점입니다. 단순히 책에 나와있는 모범 답변을 외우는 것은 자신의 실제적인 이야기와 맞지 않을 뿐더러 시험장에서는 잊어버리기 일수입니다. 그 많은 모범 답변을 외워간다는 것 또한 쉽지 않은 일입니다. 영어로 이야기를 자연스럽게 시작할 수 있도록 주요 표현 문장과 패턴만 익혀가도, 자신이 알고 있는 단어를 활용해 하나의 이야기를 완성할 수 있습니다. 영어로 말하기가 두려운 이들에게는 이 책에서 제공하는 답변 패턴이 확실한 길잡이가 될 것입니다.

마지막으로, 다른 책들에서는 제시되지 않았던 각 주제별 롤플레이 문제들에 대한 분석과 활용 방법 및 예시를 제공했습니다. 롤플레이 문제는 OPIc에 나오는 다른 문제 유형들과 달라, 단순히 유형을 분석하고 패턴을 제시하는 것만으로는 충분치 않습니다. 각 주제별로 어떤 상황에 대한 롤플레이 문제가 출제되는지 미리 예측하고, 그 상황에 맞게 자연스럽게 연기할 수 있어야 합니다. 수험생들이 선택한 주제에 대해 공부할 때, 롤플레이 부분까지 준비를 해야 완벽한 마무리가 될 수 있습니다.

이제, 이 책에서 필자가 제시한 OPIc의 노하우와 방법으로 멋진 승부수를 내는 것은 여러분의 몫입니다. 시험장에서는 자신감을 가지고 큰 목소리를 내세요. 이전에 공부한 것들을 떠올리려고 노력하거나, 문법, 발음, 표현 등을 완벽히 하려고 노력하지 마세요. 말하는 사람이 이야기에 집중하면, 듣는 사람도 문법, 발음 등이 아닌 여러분의 이야기에 집중하는 것은 자연스러운 일입니다. 이 책을 통해 늘린 영어 실력을 도구로 삼아 시험장에서 또는 실제 생활에서 하고 싶은 이야기를 자신감 있게 쏟아내기 바랍니다. 이 책이 여러분에게 OPIc 고득점뿐만 아니라 여러분 미래를 위해 원하는 목표에 한걸음 다가갈 수 있는 자신감이 될 수 있기를 기대합니다,

끝으로 『초고속 OPIc BASIC』이 나오기까지 많은 지지와 응원을 아끼지 않았던 가족들과 친구들, 그리고 제 학생들에게 깊은 감사의 말씀을 드립니다.

저자 김현정 (Heather Kim)

학습 계획표

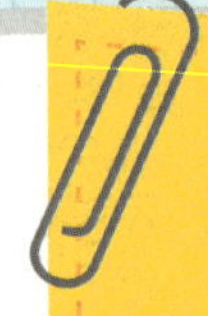

★ 2주 완성 계획표

- OPIc Background Survey에서 자신에게 맞는 주제 미리 선택(비슷한 주제끼리 묶어 선택하기)
- 자기소개, 설문 선택 주제 집중 공략
- 롤플레이 유형 익히기
- 최다 빈출 돌발 주제로 보충
- 선택한 주제에 따라 각 Chapter의 Unit 선택

	1일 __월__일	2일 __월__일	3일 __월__일	4일 __월__일	5일 __월__일	6일 __월__일
1주	자기소개	가족 및 거주지	롤플레이 유형 익히기	선택주제 (학생 또는 직장인)	선택주제 (학생 또는 직장인)	선택 주제 (여가 활동)
	Chapter 1 Unit 1	Chapter 1 Unit 2, 3	Chapter 2 Unit 1-4	Chapter 3 또는 4 Unit 1, 2	Chapter 3 또는 4 Unit 3, 4	Chapter 5 Unit ( )

	7일 __월__일	8일 __월__일	9일 __월__일	10일 __월__일	11일 __월__일	12일 __월__일
2주	선택주제 (여가 활동)	선택주제 (취미 활동)	선택주제 (운동)	선택주제 (휴가)	돌발주제	복습 및 최종 답변 연습
	Chapter 5 Unit ( )	Chapter 6 Unit ( )	Chapter 7 Unit ( )	Chapter 8 Unit ( )	Chapter 9 Unit 1, 7, 8, 12	

★ 4주 완성 계획표

- OPIc Background Survey에서 자신에게 맞는 주제 미리 선택(비슷한 주제끼리 묶어 선택하기)
- 자기소개, 설문 선택 주제, 롤플레이 집중 공략
- 돌발 주제 다수 공략
- 선택한 주제에 따라 각 Chapter의 Unit 선택

	1일 __월 __일	2일 __월 __일	3일 __월 __일	4일 __월 __일	5일 __월 __일
1주	자기소개	가족과 이웃	거주지와 동네	롤플레이 유형 익히기	롤플레이 유형 익히기
	Chapter 1 Unit 1	Chapter 1 Unit 2	Chapter 1 Unit 3	Chapter 2 Unit 1, 2	Chapter 2 Unit 3, 4
	6일 __월 __일	**7일** __월 __일	**8일** __월 __일	**9일** __월 __일	**10일** __월 __일
2주	선택주제 (학생 또는 직장인)	선택주제 (학생 또는 직장인)	학생 또는 직장인 테크놀로지	선택주제 (여가 활동)	선택주제 (여가 활동)
	Chapter 3 또는 4 Unit 1, 2	Chapter 3 또는 4 Unit 3	Chapter 4 Unit 4	Chapter 5 Unit ( )	Chapter 5 Unit ( )
	11일 __월 __일	**12일** __월 __일	**13일** __월 __일	**14일** __월 __일	**15일** __월 __일
3주	선택주제 (여가 활동)	선택주제 (여가 활동)	선택주제 (취미 활동)	선택주제 (취미 활동)	선택주제 (운동)
	Chapter 5 Unit ( )	Chapter 5 Unit ( )	Chapter 6 Unit ( )	Chapter 6 Unit ( )	Chapter 7 Unit ( )
	16일 __월 __일	**17일** __월 __일	**18일** __월 __일	**19일** __월 __일	**20일** __월 __일
4주	선택주제 (휴가)	돌발주제	돌발주제	돌발주제	복습 및 최종 답변 연습
	Chapter 8 Unit ( )	Chapter 9 Unit 1~4	Chapter 9 Unit 5~9	Chapter 9 Unit 10~14	

01 | 4년 연속 OPIc 베스트셀러 저자이자
OPIc 최고의 강사가 집필한 초보자를 위한 OPIc 필수 학습서

OPIc 분야 4년 연속 베스트셀러 『한 달 만에 끝내는 OPIc』 시리즈의 저자(공동)가 최신 업그레이드한 콘텐츠로 다시 한 번 자신의 노하우를 공개합니다. 이 책은 스피킹 초보자를 위한 OPIc 필수 학습서로 스피킹의 전반적인 기초를 다지고, OPIc 시험을 준비하는 데 반드시 필요한 핵심 내용만 선별하였습니다.

02 | 초보자를 위한
초단기 OPIc Intermediate 등급 공략

OPIc에 출제되는 빈출 주제와 문제 유형을 체계적으로 학습하고 답변에 필요한 어휘 및 표현, 스피킹에 필요한 문법까지 학습하여 시험에 대비하도록 구성했습니다. 이 책 한 권으로 OPIc 초보자도 Intermediate(IL, IM, IH) 등급을 공략할 수 있습니다.

03 | 방대한 양의 최신 경향 빈출 문제와
모든 문제에 모범답변 수록

최신 OPIc 유형과 출제 경향을 철저히 분석한 후 고득점 답변이 가능하도록 구성했습니다. 방대한 양의 문제를 수록하여 수험자가 단기간 내 최대한 많은 문제를 접하고 대비하여 원하는 점수를 획득할 수 있도록 했습니다.

04 | 빈출 주제별 예시 문제와
고득점 공략법 제시

OPIc에 자주 출제되는 주제 및 문제 유형을 철저히 분석하여 친절하게 설명하고, 고득점
답변을 위한 아이디어 창출부터 답변 노하우까지 제시했습니다.

05 | 원하는 표현만 대입해도
답변이 만들어지는 핵심 답변 패턴 제공

모든 문제에 대비하여 활용도 높은 표현을 이용한 답변 패턴을 제공했습니다. 제공된 답변
패턴에 본인이 원하는 주요 표현만 대입하면 쉽게 고득점 답변을 만들 수 있습니다.

06 | 모든 문제에
쉬운 표현으로 입에 착 감기는 모범답변과 답변 아이디어 수록

모든 주제별 빈출 문제에 쉬운 표현을 사용한 고득점 모범답변을 제시했습니다. 학습자들은
이 모범답변의 핵심 패턴만 외워두면 '표현 늘리기' 코너에서 제공하는 표현만 대입해도 고
득점 답변을 직접 만들 수 있습니다.

07 | 방대한 양의
롤플레이 훈련

학습자가 가장 어려워하는 롤플레이 문제에 철저히 대비할 수 있도록 모든 주제별 롤플레이
문제와 모범답변을 수록했습니다. OPIc 고득점에 가장 큰 걸림돌인 롤플레이, 더 이상 걱
정할 필요 없습니다.

Contents
목차

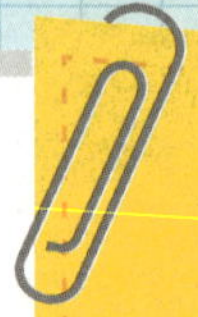

OPIc 이 책의 구성 … 12
OPIc 시험 정보 … 14
OPIc 화면 구성과 진행 방식 … 18
OPIc Background Survey … 20
OPIc 문제 구성 … 22
OPIc 시험 공략법 … 25

Chapter 01 자기소개 및 거주지 소개하기
Unit 01 자기소개하기 … 31
Unit 02 가족과 이웃 … 39
Unit 03 거주지와 동네 … 49
TIP 1 상황 대처 : 문제를 이해하지 못했을 때 … 59

Chapter 02 롤플레이
Unit 01 면접관에게 직접 질문하기 … 62
Unit 02 제3자에게 직접 질문하기 … 66
Unit 03 전화로 질문하기 … 70
Unit 04 상황 설명 후 대안 제시하기 … 74

Chapter 03 학생
Unit 01 학교 소개 … 81
Unit 02 학교 생활 … 89
Unit 03 전공, 수업 및 과제 … 97
Unit 04 테크놀로지 … 105
TIP 2 상황 대처 : 선택하지 않은 주제의 문제가 나왔을 때 … 113

Chapter 04 직장인
Unit 01 회사 소개 … 117
Unit 02 직장 생활 … 125
Unit 03 직장 업무 … 133
TIP 3 상황 대처 : 질문과 관련된 경험이 없거나 경험이 생각나지 않을 때 … 141

Chapter 05 여가 활동

Unit 01	영화 보기	145
Unit 02	공연/콘서트 보기	155
Unit 03	공원 가기	169
Unit 04	해변 가기	179
Unit 05	스포츠 관람	189
Unit 06	게임하기	199
TIP 4	상황 대처 : 앞에서 이미 답변한 내용에 대해 물어볼 때	209

Chapter 06 취미 생활

Unit 01	음악 감상하기	213
Unit 02	혼자 노래부르거나 합창하기	223
Unit 03	요리하기	233
Unit 04	애완동물 기르기	243
TIP 5	상황 대처 : 정확한 표현이 기억나지 않거나 하고 싶은 영어 표현을 모를 때	253

Chapter 07 운동

Unit 01	야구/축구	257
Unit 02	자전거	267
Unit 03	조깅	275
TIP 6	상황 대처 : 답변의 내용이 주제를 벗어날 때	287

Chapter 08 휴가나 출장

Unit 01	국내출장	291
Unit 02	집에서 보내는 휴가	299
Unit 03	국내여행/해외여행	307
TIP 7	상황 대처 : 답변 시간이 부족할 때(10초라도 버리지 않기!)	317

Chapter 09 돌발 주제

Unit 01	어학원	320
Unit 02	외식	324
Unit 03	쇼핑	328
Unit 04	인터넷 서핑	332
Unit 05	전화 담소	336
Unit 06	독서	340
Unit 07	계절/날씨	344
Unit 08	명절 (휴일)	348
Unit 09	대중교통	352
Unit 10	건강	356
Unit 11	치과	360
Unit 12	은행	364
Unit 13	약속	368
Unit 14	농부	372

OPIc
이 책의 구성

[Chapter 1, 3~8. 주제별 질문 공략]

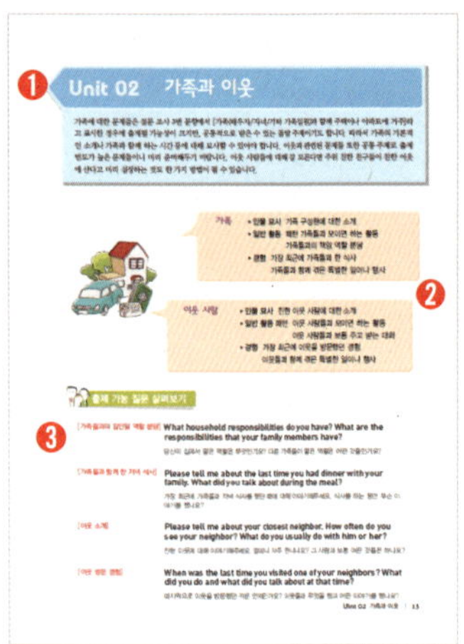

❶ 해당 Unit의 주제와 효과적인 학습 방법을 소개합니다.

❷ 해당 주제에서 출제될 수 있는 여러 가지 문제 유형을 살펴봅니다.

❸ 그 주제의 빈출 질문 예시를 살펴봅니다.

❶ 최신 출제 경향을 분석하여 문제 유형과 빈출 질문을 제시했습니다.

❷ 해당 질문에 대한 답변의 전체적인 틀을 브레인스토밍합니다.

❸ 답변 구성대로 쓰여진 모범답안입니다. 참고 후 응용하여 나만의 답안을 구성해보세요.

❹ 모범답안에 쓰인 문법 사항 중 스피킹에 있어 반드시 알아두어야 할 저자의 노하우를 실었습니다.

❺ 모범답안에 등장한 반드시 알아두어야 할 필수 어휘입니다.

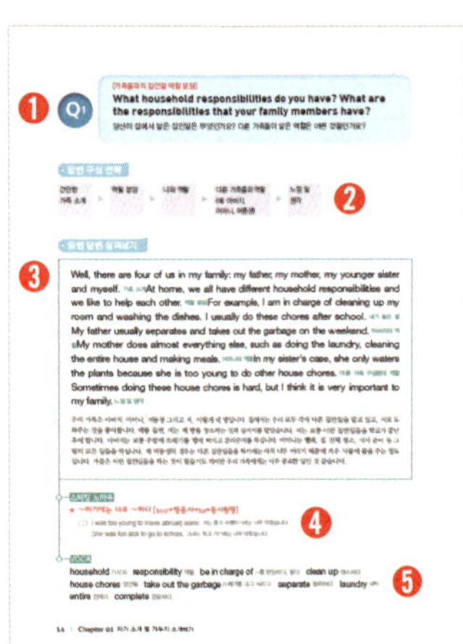

❶ 고득점이 가능하도록 구성된 답변 공식입니다. 빈칸에 자신에게 맞는 표현만 넣으면 훌륭한 답변이 완성됩니다. 저자의 노하우가 담긴 팁과 예문을 참고하면 더 쉽게 표현을 응용할 수 있습니다.

❷ 답변 공식 빈칸에 응용할 수 있는 다양한 표현을 제시했습니다.

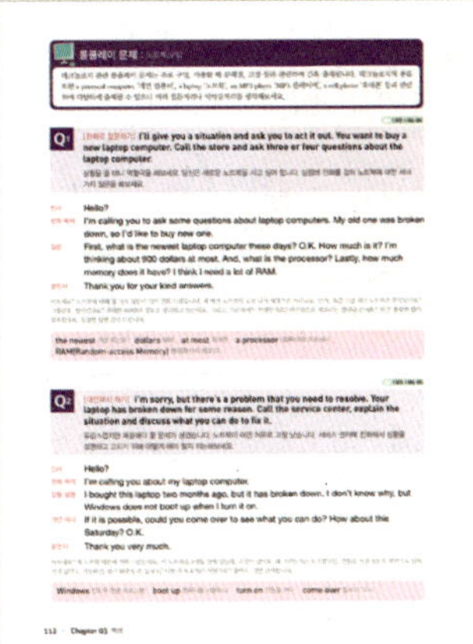

주제별 질문에도 롤플레이 문제가 출제될 수 있기 때문에 모든 Unit 후반에 해당 주제 롤플레이 문제, 모범답안, 필수어휘를 2세트씩 실었습니다.

[Chapter 2. 롤플레이]

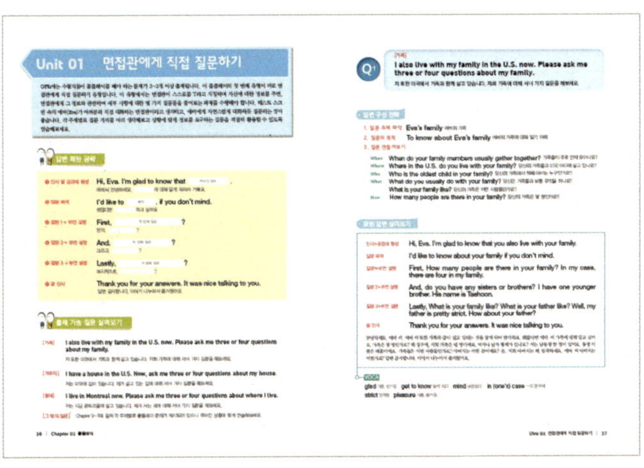

Chapter 2에서는 롤플레이 문제를 유형별로 철저히 분석한 후 다양한 문제를 접하고, 답변 패턴을 이용해 모범답안을 만드는 훈련으로 수험자가 가장 어려워하는 롤플레이 문제를 모두 대비할 수 있도록 구성했습니다.

[Chapter 9. 돌발 주제]

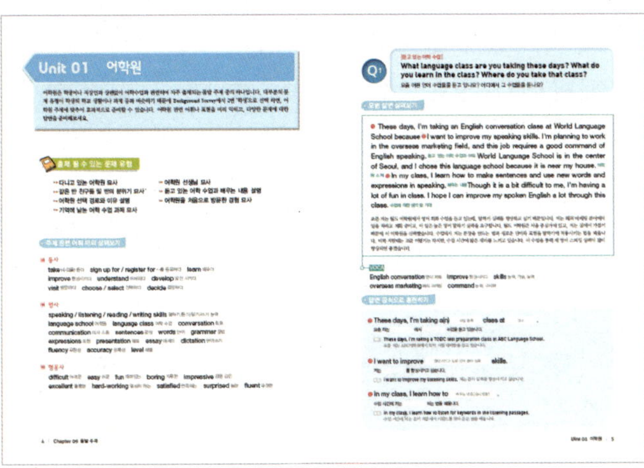

Chapter 9에서는 가장 자주 출제되는 돌발 주제 14개를 다루었습니다. 각 돌발 주제의 문제들을 살펴보고, 답변 공식으로 나만의 답안 만들기 훈련을 하면 효과적으로 돌발 주제 문제에 대비할 수 있습니다.

시험 정보

1. OPIc이란?

OPIc은 Oral Proficiency Interview-computer의 약자로, 컴퓨터를 기반으로 한 말하기 시험입니다. 단순히 문법이나 어휘, 영어 규칙 등에 대한 지식 여부를 측정하는 것이 아니라 응시자가 실제 생활에서 영어를 얼마나 효과적이고 적절하게 구사할 수 있는지 총체적으로 평가하는 언어 활용 능력 측정 시험입니다.

더 자세한 정보는 OPIc homepage에서 확인하실 수 있습니다.
▶ http://opic.or.kr/

2. OPIc의 특징

응시자 맞춤형 시험

OPIc은 응시자에게 자신의 관심 주제를 선택하게 하여 주어지는 일련의 언어 수행 과제에 초점이 맞추어진 시험입니다. 기존 어학 시험의 문제 은행식 평가와 달리 개인의 관심분야에 대한 설문(Background Survey)과 자신의 수준에 따른 문제 난이도 설정(Self-Assessment)을 통한 맞춤형 평가 방식입니다.

응시자를 배려한 시험

기존의 어학 시험과 달리 각 문항에 대한 질문을 두 번씩 들을 수 있습니다. 자칫하면 놓칠 수 있는 시험문제들을 다시 한 번 확인하고 답변할 수 있습니다. 또한 답변 시간을 조절할 수 있습니다. 전체 시험 시간은 40분이지만 각 문항에 대한 제한 시간이 없어 응시자가 스스로 답변 시간을 조절할 수 있습니다. 시험 중간에 스스로 문제의 난이도를 조절하는 기회를 주어 능동적으로 시험을 치를 수 있습니다.

3. 시험 시간과 문제 수

시험 시간	▪ 총 60분 ▪ 오리엔테이션 (20분), 본 시험 (40분)
문제 수	▪ 12문제~15문제 ▪ 난이도 1~2에서 12문제, 난이도 3~6에서 15문제 출제
답변 시간	▪ 본 시험 시간인 40분 (문제 듣기 시간 포함) ▪ 모든 문제의 답변을 40분 이내에 해야 하지만, 각 문제의 답변시간 제한 없음 ▪ 한 문제 권장 답변 시간 2분

4. OPIc의 등급

OPIc은 총 7개의 등급이 있으며, 대부분의 기업체에서 요구하는 등급은 IL, IM 등급입니다.

Level		레벨별 요약설명
Advanced	Advanced Low	사건을 서술할 때 일관적으로 동사 시제를 관리하고, 사람과 사물을 묘사할 때 다양한 형용사를 사용한다. 적절한 위치에서 접속사를 사용하기 때문에 문장 간의 결속력도 높고 문단의 구조를 능숙하게 구성할 수 있다. 익숙하지 않은 복잡한 상황에서도 문제를 설명하고 해결할 수 있는 수준의 능숙도이다.
Intermediate	Intermediate HIGH	개인에게 익숙하지 않거나 예측하지 못한 복잡한 상황을 만날 때, 대부분의 상황에서 사건을 설명하고 문제를 효과적으로 해결하곤 한다. 발화량이 많고, 다양한 어휘를 사용한다.
	Intermediate MID	일상적인 소재뿐 아니라 개인적으로 익숙한 상황에서는 문장을 나열하며 자연스럽게 말할 수 있다. 다양한 문장 형식이나 어휘를 실험적으로 사용하려고 하며, 상대방이 조금만 배려해주면 오랜 시간 대화가 가능하다.
	Intermediate LOW	일상적인 소재에서는 문장으로 말할 수 있다. 대화에 참여하고 선호하는 소재에서는 자신감을 가지고 말할 수 있다.
Novice	Novice HIGH	일상적인 대부분의 소재에 대해서 문장으로 말할 수 있다. 개인정보라면 질문을 하고 응답을 할 수 있다.
	Novice MID	이미 암기한 단어나 문장으로 말하기를 할 수 있다.
	Novice LOW	제한적인 수준이지만 영어 단어를 나열하며 말할 수 있다.

▶ Intermediate Mid의 경우 Mid 1 〈 Mid 2 〈 Mid 3로 세분화하여 제공합니다.

5. OPIc 평가 방식

- 총체적 평가 방식으로 실질적인 어학능력 측정
- 언어적 요소와 기능적 측면을 모두 평가함으로써 언어적 요소만 평가하는 타 외국어시험과 차별화

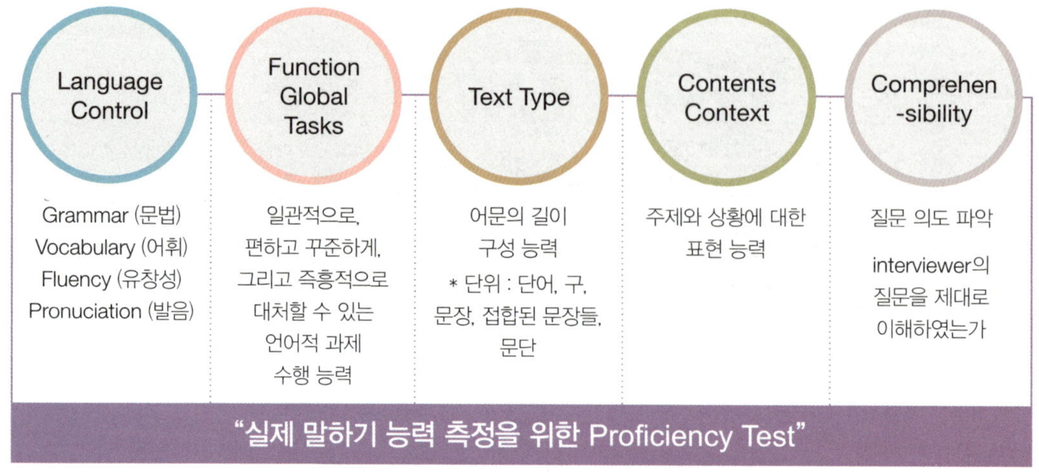

6. 시험 접수와 성적 확인

OPIc 시험은 매달 여러 차례 정해진 날짜에 서울을 포함한 각 지역에서 진행되며 접수는 http://www.opic.or.kr/ 사이트에서 가능합니다. 정기 시험의 응시료는 78,100원(VAT 포함)이며 접수 시 시험 장소도 선택할 수 있습니다. OPIc 성적은 시험 응시일 7일 이후(근무일 기준 5일) 온라인으로만 조회가 가능합니다.

25일 규정 변경 (2013년 3월 이후 적용)

개발기관인 ACTFL의 시험 규정에 따라 응시자는 OPIc을 25일 간격으로 응시할 수 있습니다. 단, 5개월 (150일)에 한 번씩은 날짜에 상관없이 연이어 시험에 응시할 수 있는 Waiver 기능을 사용할 수 있습니다.

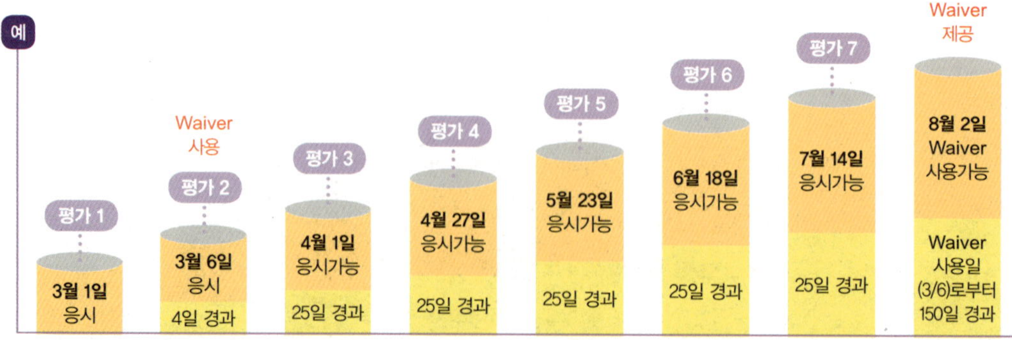

7. 시험 장소와 시험 환경

시험 장소는 시험 접수 시 선택 가능하며 그 자세한 위치 설명도 함께 볼 수 있습니다. 시험장에는 청취, 녹음이 가능한 헤드셋이 장착된 컴퓨터가 책상에 놓여 있고, 책상의 앞과 양 옆에는 칸막이가 있어 시험에 집중할 수 있도록 도와줍니다. 또한, 각 시험장에는 시험의 안내를 도와주고 감독하는 2~3명의 감독관들이 있습니다.

8. 시험 준비물과 시험 절차

시험 당일에는 규정 신분증(주민등록증, 운전면허증, 기간 만료 전 여권, 공무원증 등)을 반드시 지참해야 합니다. OPIc은 말하기 시험이므로 필기도구 등은 필요하지 않으며 시험이 진행되는 동안에는 컴퓨터를 통해 시간을 확인할 수 있으므로 시계도 지참할 필요 없습니다.
아래 오리엔테이션, 시험을 포함한 시험절차에 대해 간단히 설명하겠습니다.

❶ 시험 시작 전, 감독관의 지시에 따라 컴퓨터 화면에 자신의 주민등록번호 입력
❷ 시험 진행에 사용될 언어 선택
❸ 녹음 기능에 이상 없는지 테스트
❹ Background Survey: 여러 항목들 중 자신과 관련 있는 분야 선택
❺ Self-Assessment: 샘플답안을 듣고 자신의 영어실력과 비슷한 등급을 선택하여 문제 난이도 조절
❻ [본 시험] 문제 청취 및 답변 녹음 Ⅰ
❼ 문제 난이도 재선택
❽ [본 시험] 문제 청취 및 답변 녹음 Ⅱ
❾ 시험 완료 후 녹음 파일 전송

화면 구성과 진행 방식

오리엔테이션 (20분)

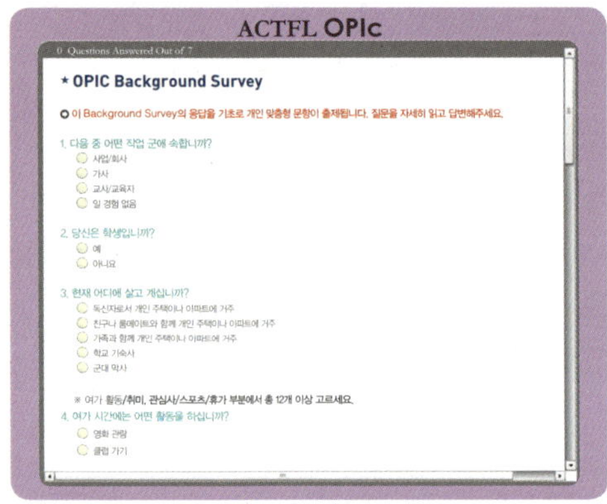

Background Survey

본인의 신분과 관심 분야 선택

자신의 신분(학생, 직장인 등), 거주지, 여가 활동 및 취미 등을 선택합니다. 선택한 주제 중 일부가 시험에 출제됩니다.

Self Assessment

시험 난이도 결정

6개 난이도의 샘플을 듣고 자신에게 맞는 시험 문제의 난이도를 직접 선택합니다.

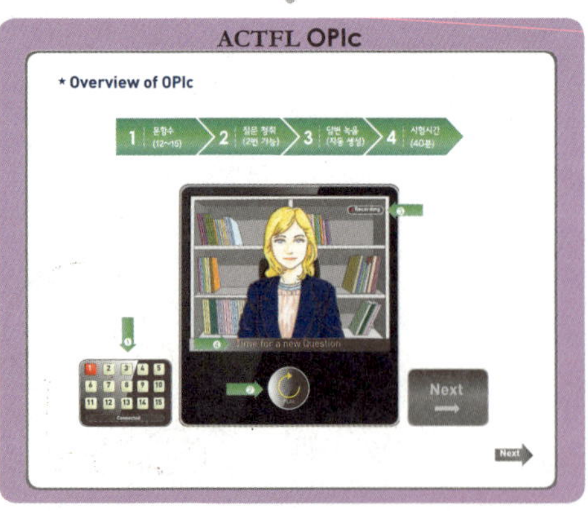

Overview of OPIc

문제를 듣고 답하는 방법 안내

화면의 구성과 문제를 청취하고 답변하는 방법이 안내됩니다.

First Session

본 시험 첫 번째 세션

- 자신이 선택한 주제와 난이도의 문제가 출제됩니다.
- 약 7문제가 출제됩니다.
- 질문은 두 번까지 들을 수 있습니다.
- 한 문제당 답변 제한시간은 없습니다.

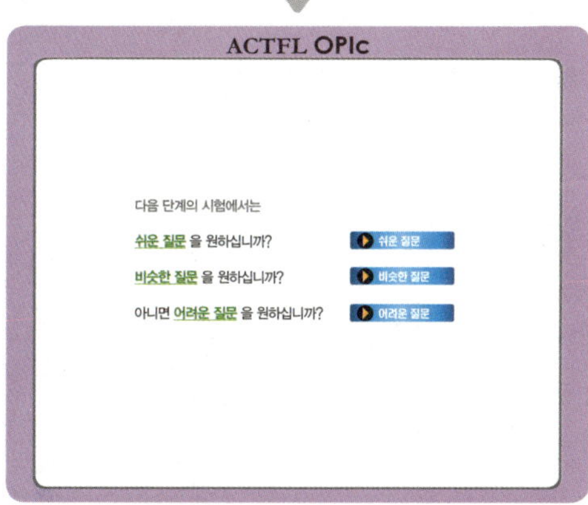

난이도 재조정

난이도 재조정

- 두 번째 세션 문제들의 난이도를 선택합니다.
- 쉬운 질문, 비슷한 질문, 어려운 질문 중 선택합니다.

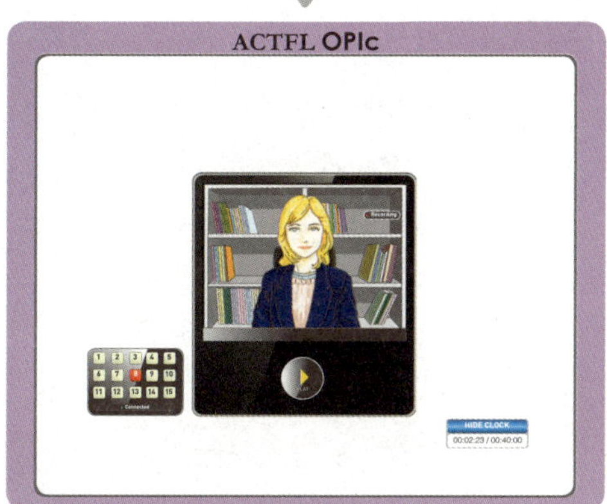

Second Session

본 시험 두 번째 세션

- 재조정 후 난이도의 문제가 출제됩니다.
- 약 5~8문제가 출제됩니다.
- 시험 방식은 첫 번째 세션과 동일합니다.

OPIc
Background Survey

OPIc Background Survey 항목입니다.
설문조사 항목들을 살펴보고 어떤 주제에 대한 답변을 준비할지 미리 선택해보세요.

1. 현재 귀하는 어느 분야에 종사하고 계십니까?

- ☐ 사업/회사
- ☐ 가사
- ☐ 교사/교육자
- ☐ 군복무
- ☐ 일 경험 없음

[사업/회사] 또는 [가사]를 고를 경우

1.1 현재 귀하는 직업이 있으십니까?

☐ 네　　　　☐ 아니오

1.1.1 귀하의 근무 기간은 얼마나 되십니까? ('네'를 선택한 경우)
- ☐ 첫직장 – 2개월 미만
- ☐ 첫직장 – 2개월 이상
- ☐ 첫직장아님 – 경험 많음

1.1.1.1 귀하는 부하직원을 관리하는 관리직을 맡고 있습니까?
　　(2개월 이상 선택시)

☐ 네　　　　☐ 아니오

[교사/교육자]를 고를 경우

1.1 현재 귀하는 어디에서 학생을 가르치십니까?
☐ 고등학교/대학교　　☐ 초등학교/중학교　　☐ 평생교육

[일 경험 없음]을 고를 경우 바로 2번으로 이동

2. 현재 귀하는 학생이십니까?

☐ 네　☐ 아니오

[네]를 고를 경우

2.1 현재 귀하가 강의를 듣는 목적은 무엇입니까?
☐ 학위 취득　☐ 전문 기술을 향상시키기 위한 평생 학습　☐ 어학수업

[아니오]를 고를 경우

2.1 이전에 강의를 들은 목적은 무엇이었습니까?
☐ 학위취득　　☐ 전문 기술을 향상시키기 위한 평생 학습
☐ 수강 후 5년이 지남

3. 현재 귀하는 어디에 살고 계십니까?

- ☐ 독신자로서 개인 주택이나 아파트에 거주
- ☐ 친구나 룸메이트와 함께 주택이나 아파트에 거주
- ☐ 가족 (배우자/자녀/기타 가족 일원)과 함께 주택이나 아파트 거주
- ☐ 학교 기숙사
- ☐ 군대 막사

: 아래의 4~7번 문항에서 12개 이상을 선택해 주시기 바랍니다.

4. 귀하는 여가 활동으로 주로 무엇을 하십니까? (두 개 이상 선택)

☐ 영화보기	☐ 클럽/나이트클럽 가기	☐ 공연보기
☐ 콘서트보기	☐ 박물관가기	☐ 공원가기
☐ 캠핑가기	☐ 해변가기	☐ 스포츠 관람
☐ 집안일 거들기	☐ 술집/바에 가기	☐ 카페/커피전문점에 가기
☐ 게임하기 (비디오, 카드, 보드, 휴대폰 등)	☐ 당구치기	☐ 체스하기
☐ SNS(페이스북,트위터,싸이월드 등)에 글 올리기	☐ 친구들에게 문자보내기	☐ 시험대비 과정 수강하기
☐ 뉴스를 보거나 듣기	☐ 요리 관련 프로그램 시청하기	☐ 차로 드라이브하기
☐ 스파가기	☐ 구직활동하기	☐ 자원봉사하기

5. 귀하의 취미나 관심사는 무엇입니까? (한 개 이상 선택)

☐ 아이에게 책 읽어주기	☐ 음악 감상하기	☐ 악기 연주하기
☐ 혼자 노래부르거나 합창하기	☐ 춤추기	☐ 글쓰기(편지, 단문, 시 등)
☐ 그림 그리기	☐ 요리하기	☐ 애완동물 기르기
☐ 주식투자하기	☐ 신문읽기	☐ 여행 관련 잡지나 블로그 읽기
☐ 사진촬영하기		

6. 귀하는 주로 어떤 운동을 즐기십니까? (한 개 이상 선택)

☐ 농구	☐ 야구/소프트볼	☐ 축구
☐ 미식축구	☐ 하키	☐ 크리켓
☐ 골프	☐ 배구	☐ 테니스
☐ 배드민턴	☐ 탁구	☐ 수영
☐ 자전거	☐ 스키/스노우보드	☐ 아이스 스케이트
☐ 조깅	☐ 걷기	☐ 요가
☐ 하이킹/트레킹	☐ 낚시	☐ 헬스
☐ 태권도	☐ 운동 수업 수강하기	☐ 운동을 전혀 하지 않음

7. 귀하는 어떤 휴가나 출장을 다녀온 경험이 있습니까? (한 개 이상 선택)

☐ 국내출장	☐ 해외출장	☐ 집에서 보내는 휴가
☐ 국내 여행	☐ 해외 여행	

OPIc 문제 구성

1. 특징

- **자기소개 문제**: OPIC 시험에서 99%, 항상 1번으로 나오는 문제입니다.

- **선택 주제 문제**: OPIc Background Survey에서 선택한 주제들에 대한 문제가 한 시험 안에 다 출제되는 것이 아니라, 선택한 주제들 중 3~4개 정도만 나오는 것이 일반적입니다. 어떤 주제에 대한 문제들이 나올지 모르므로, 선택한 주제들에 대해서는 미리 이야깃거리를 모두 준비하는 것이 좋습니다.

- **Role-play 문제**: 선택한 주제와 관련되거나 그 외의 일반적인 상황에 대해 질문하거나 문제를 해결해야 하는 역할극 문제입니다. 보통 한 시험에 2~3개 이상이 출제되고, Eva에게 질문하는 문제의 경우 단독으로, 어떤 상황과 관련하여 질문하거나 문제를 해결하는 역할극 문제는 2개 정도 연달아 나올 가능성이 큽니다.

- **돌발 주제 문제**: OPIC Background Survey에서 선택하지 않은 주제에 대한 문제들이 예고 없이 나오는 문제들을 돌발 주제 문제라고 합니다. 사회·문화 등과 연관된 주제들로 보통 한 시험에 한 돌발 주제와 관련된 2~3문제들이 연달아 출제됩니다.

- **콤보 문제**: OPIc의 한 시험 세트에는 보통 한 주제에 대해 2~3개의 문제들이 연달아 나오는 것이 특징입니다. 그러므로 한 주제 콤보 문제의 첫 번째 문제에서는 너무 많은 내용을 이야기하지 않는 것이 좋습니다. 두 번째, 세 번째 문제에 대한 답변에서도 더 많은 구체적인 정보를 제시할 수 있도록 나누어 이야기하는 연습을 하세요.

- **묶음 질문**: 각 문제 안에는 보통 2~3개의 질문이 연달아 나오게 됩니다. OPIc 문제는 가장 핵심적인 질문과 관련된 꼬리 질문(부가적인 질문)으로 구성되므로, 꼬리 질문들을 참고하여 전체적인 이야기를 하나의 답변으로 제시할 수 있도록 연습해보세요.

[오리엔테이션 후 시험 시작]

1. Let's start the interview now. Please tell me something about yourself.

자기소개 문제

2. You indicated in the survey that you go to school. Please tell me about your school. Where is it located? What is there on your campus?

묶음 질문 예

3. Please tell me about one of your close friends at school. How and when did you meet your friend? What do you usually do with him or her?

선택 주제에 대한 콤보 문제

4. When was your first visit to your school? What did you do at that time? What was your first impression of the school? Please tell me about it in as much detail as possible.

5. You indicated in the survey that you like to go to the park. Please tell me about the park you often go to. What does it look like? Why do you often go there?

6. Please tell me about your typical day when you go to the park from beginning to end. What do you usually do at the park?

7. I also like to go to a park. Please ask me three or four questions about my favorite park to visit.

Role-play 단독 문제

8. Can you tell me about the seasons in your country? What's the weather like in each season?

9. What is the weather like today? How do you feel about the weather outside at this moment?

10. How has the seasonal weather in your country changed since you were a child?

11. You indicated in the survey that you like to cook. How often do you cook? When and where do you usually cook? I also want to know what kind of dishes you cook.

12. What kind of dish do you like to cook most? Can you tell me how to cook that dish?

13. How did you first become interested in cooking? From whom did you learn how to cook?

14. I'll give you a situation and ask you to act it out. You want to reserve a place to play soccer with your friends next weekend. Call the park's office and ask three or four questions to reserve the place.

15. I'm sorry, but you have a problem to resolve. You went to the place you reserved, but there are already some people playing soccer at that place. Call the park's office again, explain the situation and offer two or three options to solve the problem.

1. OPIc Background Survey 공략

직업 선택

상황에 맞게 '학생' 또는 '직장인'으로 선택할 수 있지만, 학생도 직장인도 아닌 '일 경험 없음'으로 선택을 한다면 상대적으로 돌발 문제나 Role-play 문제를 받을 가능성이 높아집니다.

비슷한 주제끼리 묶어 선택하고 같이 준비하기

OPIc Background Survey 항목들 중에는 어휘나 표현, 답변의 내용 등을 같이 효율적으로 준비할 수 있는 비슷한 주제 항목들이 있습니다. 이 주제들을 같이 선택하고 답변의 내용이나 활용할 수 있는 어휘 및 표현들을 함께 준비할 수 있도록 하세요.

ex 음악 분야 → 음악 감상하기, 콘서트 보기, 악기 연주하기, 혼자 노래하기 등
영화, 공연 분야 → 영화보기, 공연보기 등
운동 분야 → 스포츠 관람, 농구, 축구, 야구 등
여행 분야 → 해변가기, 캠핑하기, 국내 여행, 해외 여행 등

2. Self-Assessment 문제 난이도 선택 공략

자신에게 가장 알맞은 문제 수준 선택이 최선!

많은 수험생이 높은 단계의 문제를 선택할수록 점수가 잘 나올 것이라고 믿고 있지만, 자신의 수준에 맞추어 문제를 가장 잘 이해하고 쉽게 답할 수 있는 수준을 선택하는 것이 가장 좋은 방법입니다. 실제로 낮은 수준을 선택하더라도 답변의 수준이 높은 경우 높은 점수가 나오는 사례들이 있습니다.

- 난이도 1–2 선택: 주로 NH 또는 IL 수준의 수험생들이 많이 선택하는 단계로, IM 이상 등급을 받으려면 이 이상 수준의 난이도를 선택하는 것이 좋습니다.
- 난이도 3–4 선택: 묘사, 설명, 경험 등에 걸쳐 일반적인 문제들이 출제되고, IM 이상 등급을 목표로 할 때 선택할 수 있습니다.
- 난이도 5–6 선택: 난이도 3–4보다는 조금 높은 말하기 기술을 요하는 문제 해결, 의견 제시, 비교 등의 문제 유형들이 자주 출제되고, IH-AL 등급을 목표로 할 때 선택할 수 있습니다.

3. 문제 듣기 공략

각 문제를 두 번씩 듣기!

문제의 답변에 대한 준비 시간이 없이 바로 답변 녹음이 시작되므로, 각 문제를 두 번씩 들음으로써 답변에 대한 이야기 구성을 미리 생각하는 연습을 해야 합니다.

- 첫 번째 문제 듣기: 문제 듣기 및 핵심 파악
- 두 번째 문제 듣기: 문제 키워드 확인 및 이야깃거리 생각

4. 효율적인 답변 공략

문제 유형을 파악하고 유형에 맞추어 답변 구성하기

OPIc 시험의 한 세트에 나오는 문제들은 대부분 장소, 인물, 사물, 활동 묘사나 경험, 기억에 남는 일, 문제 해결 등의 다양한 유형으로 출제됩니다. 이 책을 통해 각 유형별로 어떻게 이야기를 구성할지 공부하고, 그 이야기 요소 구성에 맞추어 천천히 이야기를 풀어나가도록 하세요.

ex 장소묘사 → 장소의 이름, 위치, 보이는 시설들이나 사람들, 장소의 장단점 등

큰 이야기 속에 구체적인 정보 제시하기

전체적인 뼈대에 구체적인 살을 붙이는 연습을 충분히 하도록 하세요. 한 답변 안에 더 많은 구체적 정보를 제시할수록 점수가 높아질 확률이 높습니다.

ex 최근에 공원에 다녀온 경험 이야기하기

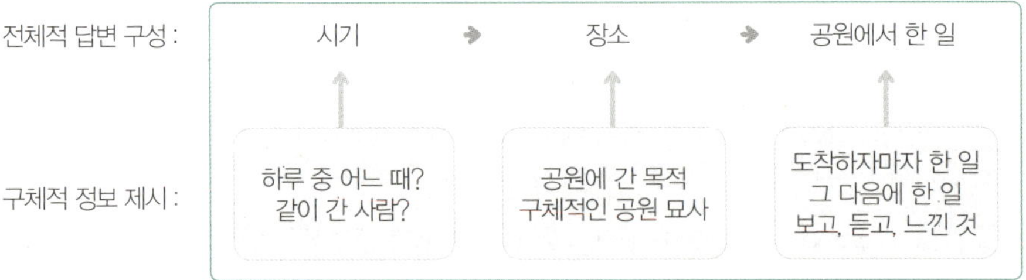

외운 내용이 생각나지 않을 때는 재빨리 다음 이야기로 넘어가기

미리 준비한 이야기의 내용이나 단어 및 표현이 생각나지 않을 경우에는, 그 부분을 알고 있는 쉬운 단어 및 표현으로 다시 바꾸어 말하거나, 재빨리 생각나는 다음 내용으로 넘어가는 것이 좋습니다. 외운 답변에 집착하여 시간을 지체하지 마세요.

5. OPIc 평가 요소 공략

듣기에 약하다면?

말하는 실력보다 듣기 실력이 약하다면, 주저하지 말고 본인의 말하기 실력보다 듣기 실력에 초점을 맞추어 문제 수준을 선택하여 시험을 보는 것이 더 유리합니다. 그래야 Comprehensibility(의사전달능력), Contents/context(주제표현능력) 부분에서 점수를 잃지 않을 수 있습니다.

문법 및 발음 등 영어 실력에 약하다면?

짧은 시간 안에 말하기 문법 및 발음 등을 향상시킬 시간이 없다면, 이야기하기 쉬운 답변 구성이나 내용에 우선순위를 두고, 자신의 가장 심각한 문법이나 발음 오류를 중심으로 차차 향상시켜나가는 연습을 합니다. Language control(언어수행능력) 이외의 다른 평가요소에서 더 많은 점수를 얻기 위해서는 이야기를 만드는 연습이 가장 많이 필요할 것입니다.

이야기 만들기가 쉽지 않다면?

문법이나 발음 등 언어실력의 문제보다 답변에서 하나의 이야기를 끌어가기가 쉽지 않다면, 각 주제별로 이야기요소들을 많이 생각하고, 이야기 흐름 만드는 연습을 끊임없이 해야 합니다. 우선, 하고 싶은 이야기들을 한국어로 말하며 내용을 정리해보고, 쉬운 영어로 바꾸어 차근차근 이야기를 만드는 연습을 해보세요.

UNIT 1 자기소개하기 | UNIT 2 가족과 이웃 | UNIT 3 거주지와 동네

자기소개 및 거주지 소개하기

Chapter 1은 OPIc 시험에서 항상 1번으로 나오는 자기소개 문제와 자신이 선택한 거주지에 대한 답변을 준비할 수 있도록 구성되었습니다. 사는 곳과 관련된 동네나 이웃들에 대한 문제들은 Background Survey에서 선택한 항목들과 상관없이 자주 출제되는 주제 중 하나이니 미리 답변을 정리하도록 하세요.

OPIC

Unit 01 자기소개하기

OPIc에서 1번으로 항상 나오는 문제가 바로 자기소개하기 문제입니다. 시험 평가자들이 꼭 듣고 평가를 시작하는 부분이니 자기소개만큼은 완벽하고 자연스럽게 준비하는 것이 좋습니다. 자신의 성격, 외모에서부터 사는 곳, 가족, 하는 일에 이르기까지 여러 가지 이야기 요소들을 생각하고 짜임새 있게 구성하는 것이 중요합니다. 학생, 직장인, 취업준비생 등 자신의 상황에 맞게 자기소개를 꾸며보세요.

학생의 경우
- 학교와 학년 정보
- 전공 및 학업
- 졸업 후의 계획

직장인의 경우
- 회사와 직업
- 맡은 업무
- 커리어 계획

취업 준비생의 경우
- 학교 졸업에 대한 정보
- 전공 및 현재 진행하는 계획
- 미래에 대한 포부

출제 가능 질문 살펴보기

[자기소개]

Let's start the interview now. Please tell me something about yourself.

인터뷰를 시작하겠습니다. 자신에 대해 이야기해주세요.

Please tell me a little about yourself.

자신에 대한 이야기를 간단히 해주세요.

Q1

[학생의 경우]

Let's start the interview now. Please tell me something about yourself.

인터뷰를 시작하겠습니다. 자신에 대해 이야기해주세요.

● 답변 구성 전략

이름 ▶ 나이 ▶ 다니는 학교와 학년 ▶ 전공과 직업 계획 ▶ 성격 ▶ 관심사 및 여가 활동

● 모범 답변 살펴보기

Hi, Eva. Let me briefly introduce myself. My name is Jein Kim, and I'm in my mid-20s. 이름과 나이 I'm a senior at Hankuk University, and this fall will be my last semester. 학교와 학년 I'm majoring in Mechanical Engineering and minoring in English. 전공 After graduation, I'd like to work for a big electronics company as an engineer. 졸업 후 계획 I have an outgoing personality, so I love to meet new people and make friends. 성격 As for my hobbies, I like hiking and climbing mountains whenever I have free time. When I reach the top of the mountain, I feel that my stress melts away. 관심사 및 여가 활동

에바 씨, 반갑습니다. 간단하게 제 소개를 할게요. 제 이름은 김제인이고, 제 나이는 20대 중반입니다. 저는 한국대학교에 다니는 4학년 학생이고, 이번 가을이 저의 마지막 학기가 될 것입니다. 제 전공은 기계공학이고 영어를 부전공으로 하고 있습니다. 졸업 후에는 큰 전자회사에서 기술자로 일하고 싶습니다. 저는 외향적인 성격을 가지고 있어서, 새로운 사람들을 만나고 친구를 만드는 것을 좋아합니다. 취미에 대해 이야기하자면, 시간이 날 때마다 하이킹과 등산하는 것을 좋아합니다. 산 정상에 오르면 마치 스트레스가 싹 가시는 것 같은 기분이 듭니다.

스피킹 노하우

★ ~하는 것을 좋아하다 [like/love/enjoy+동명사형(동사+~ing)]

ex I love watching action movies. 저는 액션 영화 보는 것을 좋아합니다.

TIP like/love는 to부정사 [to+동사]와도 함께 쓸 수 있습니다.

VOCA

semester 학기   mechanical engineering 기계공학   graduation 졸업
electronics company 전자회사   sociable 사교적인   outgoing 외향적인   melt away 사라지다

❶ 인사

Hi, Eva. Let me briefly introduce myself.

안녕하세요, 에바 씨. 간단히 제 소개를 할게요.

❷ 이름과 나이

My name is [이름], and I'm in my [나이대].

제 이름은 [이고, 제 나이는] 입니다.

> TIP '나이대'를 이야기할 때는 나이대 숫자 뒤에 간단히 ~s만 붙여줍니다.

> ex 20s → twenties

❸ 학교와 학년

I'm a [학년] at [학교].

저는 [이고,] 에 다닙니다.

> TIP 학년을 이야기할 때는 I'm in my third year at college. '저는 대학교 3학년입니다.'라고도 할 수 있어요.

❹ 전공

I'm majoring in [전공과목] and minoring in [부전공과목].

제 전공은 [이고, 부전공으로는] 을 하고 있습니다.

> TIP 복수 전공이라면 I'm double majoring in~이라고 표현합니다.

❺ 졸업 후 계획

After graduation, I'd like to work for [회사] as [직업].

졸업 후에는, [에서] 로 일하고 싶습니다.

❻ 성격

I have a(n) [성격묘사 형용사] personality.

저는 [한] 성격을 가지고 있습니다.

> TIP [I'm+형용사+and 형용사]의 형태나, [I'm a+형용사+and+형용사+person] 등으로도 성격을 표현할 수 있습니다.

❼ 관심사 및 여가 활동

As for my hobbies, I like [취미].

취미로는 [을] 좋아합니다.

> TIP [I like+명사형]을 사용해야 합니다. 동사를 명사형으로 만들기 위해서 동사 뒤 ~ing 또는 동사 앞 to를 붙여주세요. ex I like going shopping.

■ **나이** in my early 20s 20대 초반   in my mid 20s 20대 중반   in my late 20s 20대 후반

■ **학년** a freshman 1학년   a sophomore 2학년   a junior 3학년   a senior 4학년

■ **성격묘사**

adaptable 적응력이 빠른   friendly 친근한   social/outgoing 사교적인   cheery 밝은   lazy 게으른
positive/optimistic 긍정적인   diligent 부지런한   energetic 활동적인   sincere 진중한   caring 배려심이 많은
creative 창의적인   moody 기분 변화가 심한   stubborn 고집이 센   impulsive 충동적인   introverted 내성적인

■ **취미종류**

야외활동 go hiking 하이킹을 가다   hang out with my friends 친구들과 어울리다   travel 여행하다
go jogging 조깅하다   go shopping 쇼핑을 하다   play sports games 스포츠게임을 하다

실내활동 watch movies 영화를 보다   listen to music 음악을 듣다   play games 게임을 하다
read books 독서하다   surf the net 인터넷을 하다   watch TV TV를 보다   cook 요리를 하다

Q2

[직장인의 경우]

Let's start the interview now. Please tell me something about yourself.

인터뷰를 시작하겠습니다. 자신에 대해 이야기해주세요

답변 구성 전략

이름과 나이 ▶ 회사와 직업 ▶ 맡은 업무 ▶ 사는 곳 ▶ 가족관계 ▶ 관심사 및 여가 활동

모범 답변 살펴보기

Hi, Eva. It's nice to meet you. **My name is** Kyungho Kim, and **I'm in my** mid-30s. 이름과 나이 **I work at** a shipping company named 'Hanwoo incorporated.' It is one of the biggest shipping companies in Korea. 회사소개 **I work in the** Overseas Marketing **department as** an assistant manager. **I'm usually in charge of** market research. In particular, I search for possible markets in South America and make sales plans. 직업과 하는 일 I'm married, and **now I live with** my beautiful wife and lovely daughter **in** Seoul. 같이 사는 사람/사는 곳 My wife and I are normally busy with our work during weekdays, but we always try to do something fun with our daughter on weekends. 가족 및 가족관계 **When I have free time, I usually** go to the movies with my family. I love to watch action movies. Watching movies is always fun and joyful. 관심사 및 여가 활동

에바 씨, 이야기하게 되어 반갑습니다. 제 이름은 김경호이고, 제 나이는 30대 중반입니다. 저는 '한우 기업'이라는 선박회사에서 일하고 있습니다. 이 회사는 한국에서 가장 큰 선박회사 중 하나입니다. 저는 해외마케팅 부서에서 대리로 일을 하고 있습니다. 제가 맡은 일은 마케팅 리서치입니다. 특히 남아메리카의 가능성 있는 시장을 조사하고 판매계획을 기획합니다. 저는 결혼을 했고 현재 아름다운 아내와 사랑스러운 딸과 서울에 살고 있습니다. 아내와 저는 보통 주중에 각자의 일로 바쁘지만, 주말에는 딸과 함께 재미있는 일들을 하려고 노력합니다. 여유 시간이 날 때에는 보통 가족들과 영화를 보러 갑니다. 저는 액션영화 보는 것을 좋아합니다. 영화를 보는 일은 언제나 재미있고 유쾌한 것 같습니다.

스피킹 노하우

★ ~라고 불리는 [명사+named 또는 called+이름]

> ex I live in a city called Busan. 저는 부산이라는 도시에 살고 있습니다.

★ ~중의 하나 [one of+복수명사]

> ex One of my favorite hobbies is watching movies. 제가 가장 좋아하는 취미 중 하나는 영화보기입니다.

VOCA

shipping company 선박회사   overseas 해외의   department 부서   assistant manager 부매니저. 대리
be in charge of ~를 맡고 있는   in particular 특히   capital 수도   married 결혼한
get along with ~와 잘 지내다   go to the movies 영화를 보러 가다   joyful 유쾌한

❶ 이름과 나이
My name is ⸢이름⸥, and I'm in my ⸢나이대⸥.
제 이름은 ⸢　⸥이고, 제 나이는 ⸢　⸥입니다.

❷ 회사소개
I work at ⸢회사 종류⸥ named ⸢회사이름⸥.
저는 ⸢　⸥라는 ⸢　⸥회사에서 일하고 있습니다.

❸ 직업
I work in the ⸢부서명⸥ department as ⸢직급⸥.
저는 ⸢　⸥부서에서 ⸢　⸥로 일하고 있습니다.

> **TIP** I am an assistant manager in the overseas marketing department.로 바꾸어서 이야기할 수도 있습니다.

❹ 하는 일
I'm usually in charge of ⸢맡은 일⸥.
제가 하는 일은 보통 ⸢　⸥입니다.

> **TIP** be in charge of 다음에는 명사(marketing plans) 또는 동명사형(making marketing plans)을 사용해야
> 합니다.

❺ 가족 및 사는 곳
Now I live with ⸢같이 사는 사람⸥ in ⸢지역 이름⸥.
저는 현재 ⸢　⸥와 ⸢　⸥에 살고 있습니다.

> **TIP** 가족을 이야기하기 전에 결혼을 한 상태라면 I'm married. 결혼을 하지 않은 상태라면 I'm single.로 표현
> 하세요.

❻ 가족관계
We ⸢가족과 하는 일 및 관계⸥.
우리는 ⸢　⸥입니다.

> **TIP** 가족과의 친분이나 가족에 대한 특징이 있으면 언급해주세요.

❼ 관심사 및 여가 활동
When I have free time, I usually ⸢여가 시간에 하는 일⸥.
여유 시간이 나면 저는 보통 ⸢　⸥를 합니다.

● 표현 늘리기

◼ **결혼 정보** I'm single. 저는 미혼입니다.   I'm married. 저는 결혼을 했습니다.   I'm newly married. 신혼입니다.

◼ **직장** I'm running my own business. 저는 개인사업을 하고 있습니다.
I'm an office worker at a cosmetics company. 저는 화장품 회사의 직원입니다.

◼ **가족 및 가족 관계**

grandparents 조부모님   younger(little) sister 여동생   older(big) brother 오빠   husband 남편
There are four people in my family. 저희 가족은 4명입니다.
I have two siblings. 저는 형제가 2명 있습니다.
My wife is a housewife(homemaker). 제 아내는 가정주부입니다.
My family is very close to each other. 우리 가족은 서로 아주 친합니다.
We always care for each other. 우리 가족은 항상 서로를 보살핍니다.
We seldom spend time together. 우리는 시간을 같이 보내는 일이 거의 없습니다.

[취업 준비생의 경우]

Let's start the interview now. Please tell me a little about yourself.

인터뷰를 시작하겠습니다. 자신에 대해 이야기를 해주세요.

● 답변 구성 전략

이름 ▶ 외모 ▶ 성격 ▶ 학교 졸업 및 전공 ▶ 현재 진행 중인 계획 ▶ 미래에 대한 포부

● 모범 답변 살펴보기

Hi, Eva. **My name is** Jieun Park, and **I'm** 25 **years old**. 이름과 나이 **I have** curly brown hair and wear glasses. 외모 **I am sort of** an introverted **person**. I often feel shy around strangers, but I try to be friendly. 성격 **I recently graduated** from college **and I majored in** Industrial Design. 졸업 및 전공 **Now, I'm looking for a position as** a designer at an automobile company. I have always been very interested in cars, and I would like to design my own sports car someday. 진행 중인 계획 ★**If I get the job, I will** focus on my work for a few years. After that, I want to travel abroad to study car design for the advancement of my dream. 미래에 대한 포부

에바 씨, 안녕하세요. 제 이름은 박지은이고 현재 25살입니다. 저는 곱슬거리는 갈색 머리에 안경을 쓰고 있습니다. 저는 약간 내성적인 사람입니다. 낯선 사람들 앞에선 종종 부끄러움을 타기도 하지만 친절할 수 있도록 노력합니다. 저는 최근에 대학교를 졸업했고 산업디자인을 전공했습니다. 지금은 자동차 회사의 디자이너 자리를 구하고 있습니다. 여태까지 항상 차에 대한 관심이 있었고, 언젠가는 저만의 스포츠카를 디자인하고 싶습니다. 일자리를 구하고 나면, 몇 년 동안은 일에 집중할 것입니다. 그 다음에는 더 높은 꿈을 위해 외국에 나가 자동차 디자인을 공부하고 싶습니다.

스피킹 노하우

★ ~하면 ~할 것입니다 [if+주어+동사, 주어+will+동사]

> **ex** If I get a job, I will do my best. 일자리를 구하면 제 일에 최선을 다할 것입니다.

VOCA

curly 곱슬거리는　**wear glasses** 안경을 쓰다　**introverted** 내성적인　**friendly** 친절한, 다정한
Industrial Design 산업디자인　**automobile company** 자동차 회사　**focus on** ~에 집중하다
travel abroad to study 공부를 위해 해외로 나가다

❶ 이름과 나이

Hi, Eva. My name is   _이름_   , and I'm   _나이_   years old.

안녕하세요, 에바 씨. 제 이름은   이고,   살입니다.

❷ 외모

I have   _외모 묘사_   .

저는   를 가지고 있습니다.

TIP have 다음에는 명사를 이용하여 머리나 피부 등 신체에 대한 특징을 묘사합니다.

❸ 성격

I'm sort of a(n)   _성격 묘사_   person.

저는 약간   인 사람입니다.

TIP person 앞에 성격을 나타내는 형용사를 이용하여 성격을 묘사해주세요.

❹ 졸업 및 전공

I recently graduated and I majored in   _전공_   .

저는 최근에 졸업하였고,   를 전공했습니다.

❺ 진행 중인 계획

Now I'm looking for a position as   _직업명_   .

현재는   자리를 구하고 있습니다.

TIP 일하고 싶은 회사를 나타내고 싶다면 [at+회사 종류 또는 회사명]으로 표현하세요.

❻ 미래에 대한 포부

If I get the job, I will   _미래에 계획한 일_   .

일자리를 얻는다면,   를 할 것입니다.

TIP 일과 관련된 계획 및 미래에 하고 싶은 일에 대해 이야기하세요.

● 표현 늘리기

■ **외모 묘사 [I have+명사]를 이용해 표현**

얼굴	a round face 둥근 얼굴 a baby face 동안 dimples on one's cheeks ~의 양쪽 볼의 보조개
피부	fair skin 고운 피부 white/dark skin 하얀/검은 피부 pimples 여드름
눈	big/small/narrow eyes 큰/작은/가느다란 눈 thick eyebrows 짙은 눈썹 big bright eyes 부리부리한 눈
코	a flat nose 납작한 코 a big nose 높은 코 a pointed nose 뾰족한 코
머리	dark brown hair 짙은 갈색 머리 long/medium-length/short hair 긴/중간 길이의/짧은 머리
	a crew cut 군인 머리 curly/straight hair 곱슬거리는/생머리
키/체격	I am kind of tall and slender. 저는 키가 크고 호리호리한 편입니다.
	I am of medium height. 저는 키가 중간 정도입니다.
	I am of average build. 저는 보통 체구입니다.

■ **진행 중인 계획**

I'm planning to go to graduate school. 저는 대학원에 진학하려고 계획 중에 있습니다.

I'm between jobs. 저는 구직 활동 중입니다.

I'm trying to apply for an internship. 저는 인턴직에 지원하려고 노력 중입니다.

OPIc에서는 자기소개와 관련하여 다음과 같은 추가적인 문제들이 돌발적으로 따라 나오기도 합니다. 여가 시간에 평소에 즐겨 하는 활동, 어린 시절의 기억에 남는 경험 등 자기 자신에 대해 구체적인 이야기를 풀어낼 수 있도록 자세하게 준비해 보세요.

C01-U01-04

Q1 [여가 활동] **Please tell me what kind of activities you usually enjoy when you have free time.**

여가 시간이 날 때 보통 어떤 활동들을 즐겨 하는지 이야기해주세요.

Beginning I normally only have free time on the weekend because I'm busy with my work during weekdays.

Body When I'm free, I love to do outdoor activities. 주로 하는 활동 For example, when the weather is nice, I play basketball with my friends. We usually play for about two hours. After the game, we go for lunch or coffee. This way, I can relieve stress and feel refreshed. 활동 1 및 부가 설명 If I'm not with my friends, I like to go hiking to the nearest mountain alone. I can clear my head by walking along the beautiful mountain trails. 활동 2 및 부가 설명

Ending I think these activities enrich my life.

저는 보통 주중에는 일로 바쁘기 때문에 주말에만 여가 시간을 갖습니다. 여가 시간이 날 때 저는 야외활동하는 것을 좋아합니다. 예를 들어, 날씨가 좋으면 친구들과 농구를 합니다. 우리는 보통 2시간 정도 게임을 합니다. 게임 후에는 점심이나 커피를 마시러 갑니다. 이런 방법으로 스트레스도 풀고 기분을 상쾌하게 만들 수 있습니다. 친구들을 만나지 않을 때는 보통 혼자 제일 가까운 산으로 하이킹을 갑니다. 아름다운 산길을 따라 걷다 보면 머리를 좀 식힐 수 있습니다. 제 생각에 이런 활동들이 제 삶을 풍요롭게 만들어 주는 것 같습니다.

be busy with ~로 바쁘다 **outdoor activities** 야외활동 **relieve stress** 스트레스를 풀다
feel refreshed 기분이 상쾌하다 **clear my head** 머리를 식히다 **trails** 산길, 오솔길 **enrich** 풍요롭게 하다

C01-U01-05

Q2 [어린 시절] **Please tell me about your childhood. What were you like as a child?**

어렸을 때의 자신에 대한 소개를 해보세요. 어렸을 때는 어떤 사람이었나요?

Beginning I think I was a shy boy when I was a child.

Body What I mean is, when I met a new person, I rarely spoke to that person first. For this reason, I didn't have many friends. 어렸을 때의 성격 묘사 After school, I usually came directly back home and stayed alone. I would read a book or play a computer game at home. 어렸을 때의 활동 묘사 However, my personality started to change when I entered middle school. I became more active and outgoing. I made many friends, and I liked to hang out with my friends. 성격이나 활동의 변화

Ending Now, I'm not afraid of meeting new people and I love to make new friends.

저는 어릴 때 부끄러움을 타는 아이였습니다. 다시 말해, 새로운 사람을 만났을 때 말을 먼저 거는 일이 거의 없었습니다. 이런 이유로, 친구들이 많지 않았습니다. 학교가 끝나면, 보통 곧장 집으로 와서 혼자 지냈습니다. 집에서는 책을 읽거나 컴퓨터 게임을 했습니다. 그러나 중학교에 들어가면서 제 성격이 바뀌기 시작했습니다. 저는 더 활동적이고 외향적이 되었습니다. 많은 친구들을 사귀고 그들과 노는 것을 좋아했습니다. 지금은 새로운 사람을 만나는 것을 두려워하지도 않고, 새로운 친구들을 사귀는 것을 좋아합니다.

rarely 거의 ~하지 않다 **speak to** ~에게 말을 걸다 **for this reason** 이런 이유로
hang out with ~와 어울려 지내다 **make friends** 친구들을 사귀다 **be afraid of** ~을 두려워하다

Unit 02 가족과 이웃

가족에 대한 문제들은 설문 조사 3번 문항에서 [가족(배우자/자녀/기타 가족일원)과 함께 주택이나 아파트에 거주]라고 표시한 경우에 출제될 가능성이 크지만, 공통적으로 받을 수 있는 돌발 주제이기도 합니다. 따라서 가족의 기본적인 소개나 가족과 함께 하는 시간 등에 대해 묘사할 수 있어야 합니다. 이웃과 관련된 문제들 또한 공통 주제로 출제 빈도가 높은 문제들이니 미리 준비해두기 바랍니다. 이웃 사람들에 대해 잘 모른다면 주위 친한 친구들이 이웃에 산다고 미리 설정하는 것도 한 가지 방법이 될 수 있습니다.

가족	▸ 인물 묘사	가족 구성원에 대한 소개
	▸ 일반 활동 패턴	가족들과 모이면 하는 활동
		가족들과의 책임 역할 분담
	▸ 경험	가장 최근에 가족들과 한 식사
		가족들과 함께 겪은 특별한 일이나 행사

이웃 사람	▸ 인물 묘사	친한 이웃 사람에 대한 소개
	▸ 일반 활동 패턴	이웃 사람들과 모이면 하는 활동
		이웃 사람들과 보통 주고 받는 대화
	▸ 경험	가장 최근에 이웃을 방문했던 경험
		이웃들과 함께 겪은 특별한 일이나 행사

 **출제 가능 질문 살펴보기**

[가족들과의 집안일 역할 분담]
What household responsibilities do you have? What are the responsibilities that your family members have?

당신이 집에서 맡은 역할은 무엇인가요? 다른 가족들이 맡은 역할은 어떤 것들인가요?

[가족들과 함께 한 저녁 식사]
Please tell me about the last time you had dinner with your family. What did you talk about during the meal?

가장 최근에 가족들과 저녁 식사를 했던 때에 대해 이야기해주세요. 식사를 하는 동안 무슨 이야기를 했나요?

[이웃 소개]
Please tell me about your closest neighbor. How often do you see your neighbor? What do you usually do with him or her?

친한 이웃에 대해 이야기해주세요. 얼마나 자주 만나나요? 그 사람과 보통 어떤 것들은 하나요?

[이웃 방문 경험]
When was the last time you visited one of your neighbors? What did you do and what did you talk about at that time?

마지막으로 이웃을 방문했던 적은 언제인가요? 이웃들과 무엇을 했고 어떤 이야기를 했나요?

[가족들과의 집안일 역할 분담]

What household responsibilities do you have? What are the responsibilities that your family members have?

당신이 집에서 맡은 집안일은 무엇인가요? 다른 가족들이 맡은 역할은 어떤 것들인가요?

● 답변 구성 전략

간단한 가족 소개 ▶ 역할 분담 ▶ 나의 역할 ▶ 다른 가족들의 역할 (아버지, 어머니, 여동생 등) ▶ 느낌 및 생각

● 모범 답변 살펴보기

Well, there are four of us in my family; my father, my mother, my younger sister and myself. 가족 소개 At home, we all have different household responsibilities and we like to help each other. 역할 분담 For example, I am in charge of cleaning up my room and washing the dishes. I usually do these chores after school. 내가 맡은 일 My father usually separates and takes out the garbage on the weekend. 아버지의 역할 My mother does almost everything else, such as doing the laundry, cleaning the entire house and making meals. 어머니의 역할 In my sister's case, she only waters the plants because she is too young ★ to do other house chores. 다른 가족 구성원의 역할 Sometimes doing these house chores is hard, but I think it is very important to my family. 느낌 및 생각

우리 가족은 아버지, 어머니, 여동생 그리고 저, 이렇게 네 명입니다. 집에서는 우리 모두 각자 다른 집안일을 맡고 있고, 서로 도와주는 것을 좋아합니다. 예를 들면, 저는 제 방을 청소하는 것과 설거지를 맡았습니다. 저는 보통 이런 집안일들을 방과 후에 합니다. 아버지는 보통 주말에 쓰레기를 밖에 버리고 분리수거를 하십니다. 어머니는 빨래, 집 전체 청소, 식사 준비 등 그 밖의 모든 일들을 하십니다. 제 여동생의 경우는 다른 집안일들을 하기에는 아직 너무 어리기 때문에 겨우 식물에 물을 주는 정도입니다. 가끔은 이런 집안일들을 하는 것이 힘들기도 하지만 우리 가족에게는 아주 중요한 일인 것 같습니다.

스피킹 노하우

★ ~하기에는 너무 ~하다 [too+형용사+to+동사원형]

ex I was too young to travel abroad alone. 저는 혼자 여행하기에는 너무 어렸습니다.
She was too sick to go to school. 그녀는 학교 가기에는 너무 아팠습니다.

VOCA

household 가사의 responsibility 역할 be in charge of ~룰 담당하다, 맡다 clean up 청소하다
house chores 집안일 take out the garbage 쓰레기를 내다 버리다 separate 분리하다 laundry 세탁
entire 전체의 complete 완료하다

❶ 가족 소개

Well, there are ___가족 수___ in my family; ___가족 구성원___ .

우리 가족은 ___ 명입니다. 예를 들면 ___ 입니다.

TIP 가족 수를 나타낼 때는 four people 등으로 표현하기도 합니다.

❷ 역할 분담

At home, we ___역할 분담 설명___ .

집에서 우리는 ___ 합니다.

❸ 내가 맡은 일

For example, I'm in charge of ___맡은 집안일 종류___ .

예를 들면, 저는 ___ 를 맡고 있습니다..

TIP in charge of 다음에는 명사형이나 동명사형을 사용해야 합니다.

ex I'm in charge of cleaning up my room.

❹ 아버지의 역할

My father usually ___맡은 집안일의 종류___ .

아버지는 보통 ___ 를 하십니다.

❺ 어머니의 역할

My mother does almost everything else such as ___맡은 집안일의 종류___ .

어머니는 ___ 같은 그 밖에 거의 모든 일들을 하십니다.

TIP such as 다음에는 명사형이나 동명사형을 사용해야 합니다.

ex such as washing the dishes

❻ 다른 가족 구성원의 역할

In my ___다른 가족___ 's case, she ___하는 일___ .

___ 의 경우에는, ___ 를 합니다.

❼ 느낌 및 생각

Sometimes doing these house chores is hard, but I think ___나의 생각___ .

가끔은 이런 집안일들을 하는 것이 어렵지만, 저는 ___ 라고 생각합니다.

■ **집안일** do house chores(=do housework) 집안일을 하다

■ **집안일 역할 분담**

We have a lot of work to do in the house. 우리는 집에서 할 일이 많습니다.
We divide our housework fairly. 우리는 집안일을 공평하게 나눕니다.
We all share house chores equally. 우리는 모두 집안일을 공평하게 합니다.

■ **집안일의 종류**

wash(do) the dishes 설거지를 하다   do the laundry 빨래하다   clean up rooms 방 청소를 하다

tidy up the room 방을 정돈하다   wipe off the floor with a rag 걸레로 바닥을 닦다

vacuum 청소기를 돌리다   mop 대걸레로 닦다   separate the garbage 분리수거를 하다

take out the garbage 쓰레기를 밖에 버리다   arrange the things 정리정돈을 하다

make(prepare) meals 식사를 준비하다   clear the table after a meal 식사 후 테이블을 정리하다

water the plants 식물에 물을 주다   look after my brothers 동생들을 돌보다   go grocery shopping 장을 보다

Q2

[가족들과 함께 한 저녁 식사]

Please tell me about the last time you had dinner with your family. What did you talk about during the meal?

가장 최근에 가족들과 저녁 식사를 했던 때에 대해 이야기해주세요. 식사를 하는 동안 무슨 이야기를 했나요?

● 답변 구성 전략

저녁 식사 시기 ▶ 식사 장소 ▶ 먹은 음식 ▶ 나눈 이야기 ▶ 기억에 남는 이야기 ▶ 느낌 및 생각

● 모범 답변 살펴보기

The last time I had dinner with my family was last Sunday. It was my brother's birthday. 저녁 식사 시기 We went to our favorite Chinese restaurant near my house. 식사 장소 At the restaurant, we ordered lemon fried chicken and noodle soup. The dishes were outstanding as usual. 먹은 음식 During the meal, we talked about many things such as our vacation plans, my father's promotion and my brother's job. 나눈 이야기 주제 From the conversation, I particularly remember the talk about our vacation plans because I was very excited about our upcoming vacation trip to Canada. 기억에 남는 이야기 It was such a wonderful dinner, and we all had a great time together. 느낌 및 생각

가장 최근에 가족들과 저녁 식사를 한 것은 지난 일요일입니다. 그날은 제 동생의 생일이었습니다. 우리는 가장 좋아하는 집 근처 중국 음식점에 갔습니다. 그곳에서 레몬 통닭과 국수를 시켰습니다. 음식들은 늘 그렇듯이 훌륭했습니다. 저녁 식사를 하는 동안 우리는 휴가 계획, 아버지의 승진과 동생의 직장일 등 많은 이야기를 나누었습니다. 저는 다음 휴가 여행으로 모두 캐나다에 가는 것에 신이 나 있었기 때문에 특히 대화에서 휴가 계획 이야기가 기억에 남습니다. 정말 좋은 저녁 식사였고, 가족 모두 함께 좋은 시간을 가졌습니다.

스피킹 노하우

★ ~시간 동안에 [during+명사]

ex during the meal 저녁 식사 시간 동안에   during the movie 영화 시간 동안에   during the class 수업 시간 동안에

VOCA

near ~근처에   **order** 주문하다   **noodle soup** (국물이 있는) 국수   **dishes** 음식, 요리
outstanding 훌륭한, 빼어난   **as usual** 늘 그렇듯이   **promotion** 승진, 진급   **conversation** 대화
particularly 특히   **be excited about** ~에 대해 흥분하다, 신나다

❶ 저녁 식사 시기

The last time I had dinner with my family was ___시기___ .

가장 최근에 가족과 저녁 식사를 한 것은 ___ 입니다

❷ 식사 장소

We went to ___식사를 한 장소___ to have dinner.

우리는 식사를 위해 ___ 로 갔습니다.

TIP 집에서 식사를 했다면 We had dinner at home. '우리는 집에서 저녁식사를 했습니다.'라고 표현할 수 있습니다.

❸ 먹은 음식

At the restaurant, we ordered ___주문한 음식 종류___ .

식당에서 우리는 ___ 를 주문했습니다.

TIP 하단의 '표현 늘리기'를 참고하여 먹은 음식의 맛에 대해서도 설명해보세요.

❹ 나눈 이야기 주제

During the meal, we talked about ___이야기 주제___ .

식사 시간 동안에 우리는 ___ 에 대해 이야기했습니다.

❺ 기억에 남는 이야기

From the conversation, I particularity remember the talk about ___이야기 주제___ .

대화 중에 저는 특히 ___ 에 대한 이야기가 기억에 남습니다.

TIP 왜 특히 그 이야기가 기억에 남는지 이유도 함께 설명해주세요.

❻ 느낌 및 생각

It was such a wonderful dinner.

정말 좋은 저녁 시간이었습니다.

TIP wonderful 대신 great '정말 좋은', memorable '기억에 남는' 등 시간을 묘사할 다른 형용사도 생각해보세요.

● 표현 늘리기

■ 가족 식사, 외식

We love to eat out from time to time. 우리는 종종 외식하는 것을 좋아합니다.
We always try to have dinner together every weekend. 우리는 매 주말마다 저녁 식사를 함께 하려고 항상 노력합니다.
When we eat out, it is good to talk more to one another. 외식하면 더 많은 대화를 할 수 있는 것이 좋습니다.

■ 식당의 종류

Korean-style restaurant 한식당　Japanese restaurant 일식당
Korean barbeque restaurant 갈빗집　buffet 뷔페　Western-style restaurant 양식당

■ 음식 맛에 대한 표현 형용사 [The dishes were+형용사]

delicious 맛이 있는　fantastic 환상적인　savory 향이 좋은　flavorful 맛이 좋은　edible 입맛에 딱 맞는
not so bad 그리 나쁘지 않은　terrible, awful 형편없는

■ 가족 대화 주제

one's daily life ~의 일상 생활　one's school/working life ~의 학교/직장 생활　current issues 최근 이슈
vacation plans 휴가 계획　trip plans 여행 계획　one's future ~의 진로　family party 가족 잔치
one's wedding anniversary ~의 결혼기념일　one's birthday plans ~의 생일 계획

Q3

[이웃 소개]

Please tell me about your closest neighbor. How often do you see your neighbor? What do you usually do with him or her?

친한 이웃에 대해 이야기해주세요. 얼마나 자주 만나나요? 그 사람과 보통 어떤 것들을 하나요?

● 답변 구성 전략

● 모범 답변 살펴보기

My closest neighbor is Hyejin. She goes to college with me, and she is actually one of my closest friends as well. 이웃 소개 She moved into my ★apartment building five years ago, and **she lives** next door to me. 이웃이 사는 곳 **She is a** very bright and cheery **person**. Whenever I meet her, she always smiles at me and tries to help me with whatever I'm doing. 이웃의 특징 **I generally see her** once or twice a week. We sometimes run into each other in the elevator or at a supermarket. 만나는 빈도 **When we meet, we usually** go to a nearby cafe and have a chat about our neighborhood or our school lives. We also go jogging together to the nearby park on weekend mornings. 함께 하는 일 **I think it is wonderful to** have a good neighbor like her. 느낌 및 생각

저와 가장 친한 이웃은 혜진이입니다. 그녀는 저처럼 대학교에 다닙니다. 사실 혜진이는 제 가장 친한 친구 중 한 명이기도 합니다. 그녀는 5년 전에 제가 사는 아파트 건물로 이사 왔고, 저희 옆집에 살고 있습니다. 그녀는 매우 밝은 사람입니다. 저를 만날 때마다 항상 웃어주고 어떤 일이든 저를 도와주려고 합니다. 저는 일주일에 한두 번 그녀를 봅니다. 가끔은 엘리베이터 안이나 슈퍼마켓에서 마주치기도 합니다. 만나면 우리는 보통 근처 카페에 가서 동네나 학교 생활에 대해 수다를 떱니다. 우리는 또한 주말 아침에 근처 공원으로 같이 조깅을 하러 가기도 합니다. 혜진이 같은 좋은 이웃이 있는 것은 멋진 일인 것 같습니다.

스피킹 노하우

★ **apartment VS. apartment building**

그녀는 5년 전에 제가 살고 있는 아파트 건물에 이사 왔습니다. ➜ She moved into my apartment five years ago. (X)

She moved into my apartment building five years ago. (O)

자신이 살고 있는 아파트 건물 전체를 **apartment**로 잘못 이해하고 있는 경우가 많습니다. '몇 동 몇 호'에서 '동'을 나타내는 건물은 **apartment building**으로, '호'를 나타내는 살고 있는 집은 **apartment**로 표현해야 맞습니다.

VOCA

neighbor 이웃 사람   **closest** (최상급) 가장 가까운   **as well** 또한, 역시   **move into** ~로 입주하다   **next door** 옆집

smile at ~에게 미소 짓다   **run into** ~와 (우연히) 마주치다   **have a chat** 수다를 떨다

❶ 이웃 소개

My closest neighbor is ___이름___ .

저와 가장 친한 이웃은 ___ 입니다.

❷ 이웃이 사는 곳

She moved into my neighborhood ___이사 온 시기___ ,
and she lives ___사는 곳___ .

그녀는 우리 동네에 ___ 에 이사 왔고, ___ 에 살고 있습니다.

TIP 이사 온 시기를 나타낼 때 '몇 년 전에'는 ~years ago로, '몇 년도에'는 [in+연도]로 표현하세요.

❸ 이웃의 특징

She is a(an) ___특징을 나타내는 형용사___ person.

그녀는 ___ 인 사람입니다.

TIP person 앞에 성격이나 외모 등 특징을 나타내는 형용사를 사용합니다. 그 밖에 다른 특징도 덧붙이세요.

❹ 만나는 빈도

I generally see her ___빈도수___ .

저는 보통 그녀를 ___ 정도 봅니다.

❺ 함께 하는 일

When we meet, we usually ___하는 일___ .

우리는 만나면 보통 ___ 를 합니다.

❻ 느낌 및 생각

I think it is wonderful to ___느낌___ .

___ 하는 것은 멋진 일인 것 같습니다.

TIP [it is wonderful to+동사] ~하는 것은 좋은 일이다

● 표현 늘리기

■ 이웃이 사는 곳 표현

He lives downstairs/upstairs. 그는 아래층/위층에 삽니다.
He lives not that far from my house. 그는 우리 집에서 그리 멀지 않은 곳에 삽니다.
She lives within a 5-minute walking distance of my house. 그녀는 우리 집에서 걸어서 5분 거리에 삽니다.
She lives in the same apartment building/complex with me. 그녀는 저와 같은 아파트 빌딩/단지에 삽니다.

■ 빈도수

once a week/month/year 일주일에/한 달에/일 년에 한 번   twice a week 일주일에 두 번
three times a week 일주일에 세 번   once every two weeks 2주일에 한 번
almost everyday 거의 매일   occasionally 가끔   from time to time 가끔(이따금)

■ 이웃 사람의 성격을 묘사하는 형용사

friendly 친근한   nice 친절한   generous 관대한   shy 부끄러운   talkative 수다스러운   outgoing 외향적인
funny 재미있는   open-minded 마음이 열린   narrow-minded 마음이 좁은   sociable 사교적인
unsociable 비사교적인   picky 까다로운   loud 시끄러운   quiet 조용한   boring 지루한

Q4

[이웃 방문 경험]

When was the last time you visited one of your neighbors? What did you do and what did you talk about at that time?

마지막으로 이웃을 방문했던 적은 언제인가요? 이웃들과 무엇을 했고 어떤 이야기를 했나요?

● 답변 구성 전략

방문 시기 ▶ 방문 이웃 소개 ▶ 방문 이유 ▶ 함께 한 일 ▶ 나눈 이야기 ▶ 느낌 및 생각

● 모범 답변 살펴보기

The last time I visited one of my neighbors was a week ago. I think it was on a weekend evening. 이웃 방문 시기 I visited Mr. Lee, who lives downstairs. He lives with his wife and 5 year-old daughter and owns a small bakery in my town 방문 이웃 소개 I went there because he invited me to dinner. 방문 이유 In his house, first we had dinner, and then we shared the cake my wife and I brought for dessert. His daughter showed us how she drew his family while we ate dessert. 함께 한 일 We also had a lot of fun talking about★ raising kids, gardening and so on. 나눈 이야기 It was such a meaningful time together. 느낌 및 생각

가장 최근에 이웃을 방문한 것은 일주일 전이었습니다. 아마도 주말 저녁이었던 것 같습니다. 저는 아랫집에 사는 이씨를 방문했습니다. 그는 그의 아내와 5살짜리 딸과 함께 살고 있고, 동네에서 작은 빵집을 운영하고 있습니다. 제가 그 집을 방문한 이유는 저녁 식사에 초대받았기 때문입니다. 그의 집에서 우리는 먼저 저녁 식사를 하고 디저트로 아내와 제가 가져간 케이크를 나누어 먹었습니다. 디저트를 먹는 동안 그의 딸이 가족을 어떻게 그렸는지 보여주기도 했습니다. 우리는 또한 아이들을 키우는 일, 정원 일 등에 대해 이야기를 하며 즐거워했습니다. 함께 정말 의미 있던 시간이었습니다.

스피킹 노하우

★ ～하며 즐거워하다, 재미있는 시간을 보내다 [have fun+동명사(동사+-ing)]

ex We usually have fun playing basketball together. 우리는 보통 농구를 함께 하며 재미있는 시간을 보냅니다.
I had a lot of fun baking a cake yesterday. 저는 어제 케이크를 구우며 즐거운 시간을 보냈습니다.

VOCA

own 가지고 있다, 운영하다 **bakery** 빵집 **invite+사람+to+장소** ～에 ～를 초대하다 **dessert** 디저트
drew draw '그리다'의 과거 **raise kids** 양육하다 **gardening** 원예 **meaningful** 의미 있는

❶ 이웃 방문 시기

The last time I visited one of my neighbors was [시기] .

가장 최근에 이웃을 방문한 것은 ___ 였습니다.

❷ 방문 이웃

I visited [방문 이웃] who lives [사는 곳] .

저는 ___ 에 사는 ___ 를 방문했습니다.

TIP 방문한 이웃이 사는 곳, 하는 일, 나와의 관계 등에 대한 설명을 덧붙여 소개하세요.

❸ 방문 이유

I went there because [방문한 이유] .

저는 ___ 때문에 그곳에 갔습니다.

❹ 함께 한 일

In his house, we [함께 한 일들] .

그의 집에서 우리는 ___ 를 했습니다.

❺ 나눈 이야기

We also had a lot of fun talking about [이야기 주제] .

우리는 또한 ___ 에 대해 이야기하며 즐거운 시간을 보냈습니다.

❻ 느낌 및 생각

It was such a [어떤] time together.

정말 모두 ___ 한 시간이었습니다.

TIP time 앞에 good, great, wonderful 등 어떤 시간을 보냈는지 형용사로 표현해보세요.

▣ 이웃 방문 이유 및 함께 하는 일

give rice cake gifts to my neighbors after moving into the neighborhood
이사 온 후 이웃들에게 떡을 돌리다

share the dishes I prepared 준비한 음식을 나누어 먹다

ask my neighbor to be quiet at night 밤에 조용히 해달라고 요구하다

discuss the garbage separation matter 쓰레기 분리수거 문제를 의논하다

participate in the residents meeting 반상회에 참여하다

talk about other neighbors 다른 이웃들에 관해 이야기하다

go grocery shopping 장을 보러 가다

▣ 이웃과의 대화 주제

safety in our neighborhood 동네의 안전

the new shopping complex 새로운 쇼핑몰

the town festival 동네의 축제

the large fire 큰 화재

the newly elected mayor 새로 선출된 시장

the garbage collection 쓰레기 수거

the garbage separation 쓰레기 분리수거

the market that opens one's apartment complex 아파트 단지에서 열리는 시장

the newcomers 새로 이사 온 사람들

 **주제별 보충 문제 :** 가족들과의 집안일 역할 분담에 대해 이야기하기

앞에서 나온 [가족들과의 집안일 역할 분담] 문제는 보통 1~2개의 다른 집안일 역할 문제들과 함께 출제되는 것이 일반적입니다. 현재 맡고 있는 집안일 역할 분담 이외에 과거에서부터의 역할 변화, 집안일 역할을 수행하지 못해서 생긴 문제 등에 대해서도 생각해보고 미리 답변을 준비하세요.

 **Q1** [집안일 역할 분담의 변화] **What were your household chores when you were a child? How have your responsibilities changed over the years?**

어렸을 때 당신이 맡은 집안 역할은 무엇이었나요? 시간이 지나면서 그 역할은 어떻게 바뀌었나요?

Beginning My household responsibilities have changed a lot over the years.

Body When I was a child, I didn't do much housework because I was too young. I just cleaned up and arranged the toys that I played with. 어렸을 때의 역할 As I entered middle school, my responsibilities started to change a little. At that time, I was in charge of cleaning up my room and washing the dishes. 역할 변화 1 When I was in high school, I was very busy with my studies, so I just kept cleaning up my room and focused on my studies in the rest of my spare time. 역할 변화 2 Now, my responsibilities are taking care of my dog, washing the dishes and cleaning up the entire house on the weekend. 지금의 역할

Ending Even though I sometimes put off my chores, I try to do my best to complete them.

저의 집안일 역할은 시간이 지나면서 많이 변한 것 같습니다. 어렸을 때는 너무 어렸기 때문에 그리 많은 집안일을 하지 않았습니다. 그냥 제가 놀던 장난감을 정리하는 것뿐이었습니다. 중학교에 들어가면서 역할이 조금씩 바뀌기 시작했습니다. 그때는 제 방을 청소하는 것과 설거지가 제 임무였습니다. 고등학교 때는 공부하느라 바빴기 때문에 그냥 방청소만 유지하고 남는 시간에는 공부에 열중했습니다. 지금의 제 역할은 개를 돌보는 일, 설거지, 그리고 주말에 집 전체를 청소하고 있습니다. 가끔 집안일을 미룰 때도 있지만 항상 끝내려고 최선을 다합니다.

over the years 수년간   arrange 정리하다   be busy with ~로 바쁘다   keep+동명사 ~하는 것을 유지하다
focus on ~에 집중하다   spare time 여유시간   take care of ~를 돌보다

 **Q2** [역할 수행의 어려움] **Have you ever had a difficulty or a problem because you didn't complete your household responsibilities? What happened?**

당신이 맡았던 집안일을 수행하지 못해서 생긴 어려움이나 문제가 있었나요? 무슨 일이 있었나요?

Beginning Well, last Saturday, I had a problem because I didn't finish my household chores.

Body At that time, I promised my mom that I would do the laundry instead of her because she had to go out. 맡았던 집안일 However, I forgot to do it and went out to meet with my friends instead. 역할을 수행하지 못한 사건 That night, when I got home, my mom was pretty angry. She told me that she had to do the laundry at night and our neighbor complained because of the noisy sound of the washing machine. 결과

Ending I felt very sorry for what I did. Since then, I have always tried to complete my responsibilities on time.

지난 토요일에, 저는 집에서 맡은 역할을 수행하지 못해 문제가 있었습니다. 그때 당시, 어머니께서 외출을 하셔야 했기 때문에 저는 어머니 대신 세탁을 하겠다고 약속을 했습니다. 그러나 저는 곧 그 일을 잊어버리고 친구들을 만나러 외출을 했습니다. 그날 밤 집에 돌아왔을 때, 어머니께서 화가 많이 나셨습니다. 어머니께서는 밤에 세탁을 해야 했고, 시끄러운 세탁기 소리 때문에 이웃 사람이 항의를 했다고 하셨습니다. 저는 어머니께 굉장히 죄송했습니다. 그때 이후로 저는 항상 제 역할을 제때 끝내려고 노력합니다.

promise+사람+to+동사 ~에게 ~하겠다고 약속하다   instead of ~대신에   go out 외출하다
complain 불평하다, 항의하다   because of ~때문에   washing machine 세탁기   on time 제때

누구나 자신이 살고 있는 거주지와 동네에 대한 이야기는 할 수 있기 때문에 살고 있는 집이나 동네와 관련된 문제들 또한 OPIc에 자주 등장하는 주제 중 하나입니다. 특히 장소 묘사와 관련된 문제 유형을 중심으로 살고 있는 집과 방, 동네에 대한 묘사를 자세히 할 수 있도록 준비하고, 동네에서 겪은 특별한 사건이나 행사 등도 미리 생각해보세요.

거주지
- ▶ 장소 묘사　·살고 있는 집에 대한 묘사　·자신의 방 묘사
  　·가장 좋아하는 방 묘사　·현재까지의 집 변화 이야기
- ▶ 사물 묘사　·집에 있는 가구들과 가장 좋아하는 가구 묘사
  　·집 전체의 색깔 묘사
- ▶ 경험　·가장 최근에 이사한 경험
  　·집을 수리하거나 새로 꾸민 경험

동네
- ▶ 장소 묘사　·살고 있는 동네 묘사
  　·동네의 높은 건물들 묘사
  　·현재까지의 동네 변화 이야기
- ▶ 인물 묘사　·이웃 사람들과 그들의 일상에 대한 이야기
- ▶ 경험　·기억에 남는 동네 사건 및 행사

출제 가능 질문 살펴보기

[살고 있는 집에 대한 묘사]

Can you tell me about your house? What does it look like?

당신의 집에 대해 이야기해주시겠습니까? 어떻게 생겼나요?

[가장 좋아하는 방 묘사]

Tell me about your favorite room in the home. What do you like about that room? What does it look like?

집에서 가장 좋아하는 방에 대해 이야기해주세요. 왜 그 방을 좋아하나요? 그 방은 어떻게 생겼나요?

[동네 묘사]

Tell me about your neighborhood. What is the area like? What is it like to live in that part of town?

당신의 동네에 대해 이야기해보세요. 동네는 어떻게 생겼나요? 그곳에서 사는 것은 어떤가요?

[동네에서의 기억에 남는 행사]

Please tell me about a memorable event that happened in your neighborhood. What was it?

동네에서 있었던 기억에 남는 행사에 대해 이야기해주세요. 무슨 행사였나요?

Q1

[살고 있는 집에 대한 묘사]

Can you tell me about your house? What does it look like?

당신의 집에 대해 이야기해주시겠습니까? 어떻게 생겼나요?

● 답변 구성 전략

● 모범 답변 살펴보기

I live in an apartment in the southern part of Seoul. 종류 및 위치 My apartment has three bedrooms; one for my parents, one for my sister and the other one for me. 크기 The apartment faces south, so it is very bright and warm during the day time. 전체적인 분위기 On the left side of the house, you can see the living room and my parents' bedroom. We usually gather around the TV in the living room after dinner and have a chat about our days. 집의 왼쪽 공간 On the right side, there is the kitchen, my sister's room and my room. The bathroom is between the kitchen and my room. 집의 오른쪽 공간 Although my apartment is not that big, I think it is a comfortable place for my family. 느낌 및 생각

저는 서울 남쪽 지역에 위치한 아파트에 살고 있습니다. 우리 아파트에는 세 개의 방이 있습니다: 하나는 부모님의 방, 또 하나는 여동생의 방 그리고 나머지 하나는 제 방입니다. 저희 아파트는 남향이기 때문에 낮 시간 동안에는 매우 밝고 따뜻합니다. 집의 왼쪽에는 거실과 부모님 방을 볼 수 있습니다. 우리는 보통 저녁 식사 후에 거실의 TV 주변에 모여 하루 일과에 대한 이야기를 합니다. 오른쪽에는 주방, 여동생 방 그리고 제 방이 있습니다. 화장실은 주방과 제 방 사이에 있습니다. 우리 아파트는 그렇게 크지는 않지만 우리 가족을 위한 편안한 공간인 것 같습니다.

스피킹 노하우

★ **one, one, the other one**

보통 세 개 이상의 대상을 하나씩 지칭할 경우에는 맨 처음과 그 다음에 지칭하는 대상을 one, 가장 마지막에 남은 하나를 the other라고 지칭해야 합니다.

ex I have three pets: one is a dog, one is a cat, and the other one is a bird.

저는 세 마리의 애완동물이 있습니다. 하나는 개, 또 하나는 고양이, 그리고 나머지 하나는 새입니다.

VOCA

the southern part 남쪽 지역, 남부   face 마주보다   bright 밝은   warm 따뜻한
during the day time 낮 시간 동안   living room 거실   kitchen 주방   bathroom 화장실   comfortable 편안한

❶ 종류 및 위치

I live in 〔집의 종류〕 in 〔위치〕 .

저는 〔 〕 에 위치한 〔 〕 에 살고 있습니다.

TIP 주거지의 유형: an independent house 단독 주택 a studio 원룸 a town house 연립주택
a dormitory 기숙사 a residential building(complex) 오피스텔

❷ 크기

My house has 〔방의 개수〕 bedrooms.

우리 집에는 〔 〕 개의 방이 있습니다.

TIP 원룸이나 기숙사에 사는 경우는 크기가 spacious, big '크다', 또는 small '작다' 등으로 표현할 수 있습니다.

ex My studio is spacious enough for a few big pieces of furniture.
제 스튜디오는 몇 가지 큰 가구들을 들여놓을 만큼 충분히 큽니다.

❸ 전체적인 분위기

The house faces 〔방향〕 , so 〔분위기 묘사〕 .

우리 집은 〔 〕 쪽을 바라보고 있어서, 〔 〕 합니다.

TIP east 동쪽 west 서쪽 south 남쪽 north 북쪽

ex My house faces west, so I can see the beautiful sunset.
우리 집은 서쪽을 바라보고 있어서 아름다운 저녁노을을 보기에 좋습니다.

❹ 집의 왼쪽 공간

On the left side of the house, you can see 〔볼 수 있는 방들〕 .

집의 왼쪽에는 〔 〕 를 볼 수 있습니다.

❺ 집의 오른쪽 공간

On the right side, there is(are) 〔볼 수 있는 방들〕 .

오른쪽에는 〔 〕 가 있습니다.

❻ 느낌 및 생각

Although my house is not that 〔형용사〕 , I think 〔느낌 및 생각〕 .

우리 집은 비록 그렇게 〔 〕 는 않지만, 〔 〕 인 것 같습니다.

▣ 집의 위치

in the southern/northern/eastern/western part of Seoul 서울의 남부/북부/동부/서부
in the middle (part) of Daegu 대구의 중심부   on the outskirts of Seoul 서울의 외곽
in Busan, which is a city in the southern part of Korea 한국의 남쪽 지역에 있는 도시인 부산에

▣ 방의 종류

a living room 거실   a kitchen 주방   a dining room 주방   a bathroom 화장실   a balcony 베란다
a utility room 다용도실   a study 서재   garden/courtyard 마당/뜰

▣ 집에 있는 물건들

a sofa 소파   a tea table 탁자   a dinner table 식탁   a cabinet 장식장   a wardrobe 장롱   a bed 침대
a closet 옷장   drawers 서랍장   a dressing table 화장대   a desk 책상   a shelf 선반
a bookshelf, bookcase 책장   a lamp 스탠드   a TV 텔레비전   an air conditioner 에어컨
a flower pot 화분   a microwave oven 전자레인지   a refrigerator 냉장고   a stove 가스레인지

[가장 좋아하는 방 묘사]

Please tell me about your favorite room in the home. What do you like about that room? What does it look like?

집에서 가장 좋아하는 방에 대해 이야기해주세요. 왜 그 방을 좋아하나요? 그 방은 어떻게 생겼나요?

● 답변 구성 전략

가장 좋아하는 방 소개 ▶ 그 방을 좋아하는 이유 ▶ 전체적인 분위기 ▶ 방의 물건 설명 및 위치 ▶ 방 안에서 하는 일 ▶ 느낌 및 생각

● 모범 답변 살펴보기

My favorite room in my house is my room, which is on the right side of the house. 가장 좋아하는 방 소개 I love this room most because★ it is the only private space for me in the house, and I have everything I need there. 방을 좋아하는 이유 It is very cozy and comfortable, partially because of its warm wall color. 전체적인 분위기 In the room, I have a bed, a desk and a chair on the left side and a walk-in closet and a dressing table on the right side. 방의 물건 설명 및 위치 What I like to do in this room is to read books on the bed, because I can read very comfortably right before I fall asleep. 방 안에서 하는 일 Overall, I love my room the most. 느낌 및 생각

우리 집에서 제가 가장 좋아하는 방은 집의 오른쪽에 위치한 제 방입니다. 제가 이 방을 가장 좋아하는 이유는 이 방이 집에서 유일하게 저만을 위한 공간이고, 방 안에 제가 필요한 모든 것이 다 있기 때문입니다. 제 방은 아주 편안하고 아늑한데, 벽의 따뜻한 색깔 때문일 겁니다. 방 안에는 침대, 책상, 의자, 붙박이장, 그리고 화장대가 하나씩 있습니다. 침대와 책상은 왼쪽에 있고, 붙박이장과 화장대는 오른쪽에 있습니다. 이 방에서 제가 하기 좋아하는 일은 침대에서 책을 읽는 일인데, 잠들기 직전에 아주 편안하게 책을 읽을 수 있기 때문입니다. 전반적으로 저는 제 방이 가장 좋습니다.

■ 스피킹 노하우

★ because VS. because of

because와 because of를 혼동하여 쓰는 경우가 많지만, because는 [because+주어+동사]의 형태로, because of는 [because of+명사]의 형태로 사용해야 합니다.

ex I love this room most because its color is very warm. 저는 방의 색깔이 따뜻해서 이 방을 제일 좋아합니다.
I love this room because of its warm color. 저는 방의 따뜻한 색깔 때문에 이 방을 제일 좋아합니다.

■ VOCA

space 공간, 자리 **cozy** 아늑한 **comfortable** 편안한 **wall color** 벽 색깔 **a walk-in closet** 붙박이장
a dressing table 화장대 **on the bed** 침대 위에서 **right before** ~바로 전에 **overall** 전반적으로, 전체적으로

❶ 가장 좋아하는 방 소개

My favorite room in my house is 가장 좋아하는 방 .

우리 집에서 제가 가장 좋아하는 방은 ______ 입니다.

> **TIP** OPIc에서는 Please tell me about your room. '당신의 방에 대해 이야기해주세요.'라는 문제도 종종 출제됩니다. 그러므로 가장 좋아하는 방을 미리 자신의 방으로 설정하고 답변 준비를 해둔다면 이 문제에 대한 준비와 함께 일석이조의 효과를 볼 수도 있습니다.

❷ 방을 좋아하는 이유

I love this room most because 이유 설명 .

이 방을 가장 좋아하는 것은 ______ 때문입니다.

❸ 방의 전체적인 분위기

It is 분위기 묘사 .

이 방은 ______ 합니다.

> **TIP** 다양한 형용사를 이용해 분위기를 묘사하고, 구체적인 설명이나 이유도 이야기해보세요.

❹ 방의 물건 설명 및 위치

In the room, I have 물건의 종류 on the left side and 다른 종류 on the right side.

방 안에는 왼쪽에 ______ 가 있고, 오른쪽에는 ______ 가 있습니다.

❺ 방 안에서 하는 일

What I like to do in this room is 방 안에서 하기 좋아하는 일 .

이 방에서 제가 하기 좋아하는 일은 ______ 입니다.

> **TIP** 왜 특히 그 일을 하기 좋아하는지 이유도 함께 이야기해보세요.

❻ 느낌 및 생각

Overall, 느낌 및 생각 .

전반적으로, 저는 ______ 합니다.

● 표현 늘리기

◼ 방 분위기를 묘사하는 형용사

clean 깨끗한   neat and tidy 잘 정돈된   messy and untidy 어질러진   dirty 더러운
comfortable and cozy 편안하고 아늑한   luxurious 화려한   spacious/big/large 공간이 넓은/큰
stuffy 답답한   warm 따뜻한   bright 밝은   a bit dark 약간 어두운

◼ 물건 위치 설명하기

방 안의 물건들을 추가적으로 설명해보세요.

next to 옆에 ex Next to my bed, there is a dressing table. 침대 옆에는 화장대 하나가 있습니다.

on ~위에 ex There is a picture of me on the middle wall. 가운데 벽에는 제 사진이 있습니다.

On the desk, there is a computer. 책상 위에는 컴퓨터가 한 대 있습니다.

across from ~건너편에 ex The walk-in closet is located across from my bed.
제 침대 건너편에는 붙박이장이 있습니다.

in front of ~의 앞에 ex In front of the window, I put several flower pots. 창문 앞에 화분을 몇 개 놓았습니다.

above ~(떨어진) 위에 ex Above the bed, there are huge windows. 침대 위쪽에는 큰 창문들이 있습니다.

Q3

[동네 묘사]

Tell me about your neighborhood. What is the area like? What is it like to live in that part of town?

당신의 동네에 대해 이야기해보세요. 동네는 어떻게 생겼나요? 그곳에서 사는 것은 어떤가요?

● 답변 구성 전략

● 모범 답변 살펴보기

I live in Young-in, which is on the outskirts of Seoul. 동네 소개 Since my neighborhood is in a residential area, it is very quiet and peaceful. 동네의 종류 및 분위기 Around my house, there are many apartment complexes, shopping facilities, schools, and parks. Recently, a huge supermarket began construction, so my neighbors are excited about it. 볼 수 있는 시설들 What I like about this area is its green space. I can see a lot of trees and flowers everywhere around my house. 동네의 장점 However, one drawback of my neighborhood is that the public transportation is not that convenient. 동네의 단점 There are only a few buses that go into the big cities nearby. Despite this drawback, I think my neighborhood is a good place to live in. 느낌 및 생각

저는 서울 외곽지역에 있는 용인에 살고 있습니다. 우리 동네는 거주지 지역에 있기 때문에 아주 조용하고 평화롭습니다. 집 주변에는 많은 아파트 단지들, 상가, 학교 그리고 공원들이 있습니다. 최근에 대형 마켓이 공사 중이어서 이웃 주민들이 들떠 있습니다. 제가 이 지역에서 좋아하는 점은 이곳의 녹지 공간입니다. 집 주변 어디에서든 많은 나무와 꽃들을 볼 수 있습니다. 하지만 우리 동네의 한 가지 결점은 대중 교통이 그렇게 편리하지 않다는 것입니다. 근처의 도시까지 가는 버스가 몇 대 정도 있을 뿐입니다. 이런 결점에도 불구하고 저는 우리 동네가 살기 좋은 곳이라고 생각합니다.

스피킹 노하우

★ **neighbor VS. neighborhood**

많은 수험생이 동네와 이웃 사람에 대한 이야기를 할 때 neighbor와 neighborhood를 혼동해 말하는 경우가 많습니다. 이 기회에 neighbor는 동네에 살고 있는 '사람'을, neighborhood는 우리가 살고 있는 '장소'임을 확실히 구분해 말할 수 있도록 연습하세요.

VOCA

outskirts 외곽지역　a residential area 거주지역　an apartment complex 아파트 단지
shopping facilities 상가　under the construction 공사 중인　be excited about ~에 대해 들뜬
green space 녹지 공간　drawback 결점　public transportation 대중교통　convenient 편리한
despite ~에도 불구하고

❶ 동네 소개

I live in ＿＿＿(동네 이름)＿＿＿, which is in/on ＿＿＿(위치)＿＿＿.

저는 ＿＿＿에 있는 ＿＿＿에 살고 있습니다.

❷ 동네의 종류/분위기

Since my neighborhood is in ＿＿＿(동네 종류)＿＿＿, it is ＿＿＿(분위기 묘사)＿＿＿.

우리 동네는 ＿＿＿에 있기 때문에, ＿＿＿합니다.

TIP 하단의 '표현 늘리기'를 참고하여 동네 종류의 특징에 따라 분위기를 묘사해보세요.

❸ 볼 수 있는 시설들

Around my house, there are ＿＿＿(건물들)＿＿＿.

집 주변에는 ＿＿＿가 있습니다.

❹ 동네의 장점

What I like about this area is ＿＿＿(장점)＿＿＿.

제가 이 지역에서 좋아하는 점은 ＿＿＿입니다.

TIP the facilities, the shopping area, the park 등 동네의 장점을 is 뒤에 명사로 표현하고, 구체적인 설명을 덧붙여보세요.

❺ 동네의 단점

However, one drawback of my neighborhood is that ＿＿＿(단점)＿＿＿.

하지만 우리 동네의 한 가지 결점은 ＿＿＿하다는 것입니다.

TIP that 다음에는 [주어+동사] 순으로 '~하는 것'이라고 표현해야 합니다.

❻ 느낌 및 생각

Despite this drawback, I think ＿＿＿(자신의 생각)＿＿＿.

이런 단점에도 불구하고, 저는 ＿＿＿라고 생각합니다.

● 표현 늘리기

■ 동네 종류에 따른 분위기와 시설들

• a residential area 거주 지역

분위기 peaceful 평화로운　quiet 조용한　tranquil 평온한　friendly 친근한　boring 심심한

건물 및 시설들 schools 학교　parks 공원　apartment complexes 아파트 단지　houses 집들
shopping facilities 상가들　the senior community center 노인정　playgrounds 놀이터

• a commercial area 상업 지역 / the downtown area 시내

분위기 active 활발한　cheerful 활기찬　lively 생기 넘치는　entertaining 즐거움을 주는　fun 재미있는
noisy 시끄러운　crowded 복잡한　dirty 더러운

건물 및 시설들 shopping malls/complexes 종합쇼핑센터　company buildings 회사 건물
restaurants 음식점　department stores 백화점　bars 술집　coffee shops 커피숍

• the countryside 전원 지역

분위기 nice 좋은　clean 깨끗한　safe 안전한　peaceful 평화로운　relaxing 여유로운　boring 지루한

건물 및 시설들 schools 학교　independent houses 독립주택　gardens 정원　mountains 산　field 들

[동네에서의 기억에 남는 행사]

Q4 Please tell me about a memorable event that happened in your neighborhood. What was it?

동네에서 있었던 기억에 남는 행사(사건)에 대해 이야기해주세요. 무슨 행사(사건)였나요?

• 답변 구성 전략

• 모범 답변 살펴보기

A memorable event that happened in my neighborhood was the cherry blossom festival last spring. It is held every spring in the park near my house. 행사 소개 I went to the festival with my brother for fun. 같이 간 사람 Before we got there, we didn't expect much from the festival because we thought we could easily see cherry blossoms anywhere. 행사 전의 생각이나 한 일 ★ As soon as we arrived there, however, we were amazed by the beautiful cherry blossom trees along all the walking paths. 도착 후 생각이나 한 일 While we stayed there, we took many photos, ate cotton candy, and watched a costume parade. 행사 중 겪은 일 Although the park was very crowded, it was one of the most memorable events I've ever experienced in my neighborhood. 느낌 및 생각

동네에서 있었던 기억에 남는 행사는 지난봄의 벚꽃 축제였습니다. 벚꽃 축제는 집 근처 공원에서 매년 열리는 행사입니다. 저는 재미 삼아 동생과 그곳에 갔습니다. 도착하기 전에는 어디에서도 벚꽃을 볼 수 있다고 생각했기 때문에 그 축제에 대한 기대가 크지 않았습니다. 그러나 도착한 순간, 우리는 산책로를 따라 줄지어 서 있는 많은 아름다운 벚꽃 나무에 놀랐습니다. 그곳에 있는 동안 우리는 사진도 많이 찍고, 솜사탕도 먹고, 가장행렬도 구경했습니다. 공원에 사람이 많아 복잡하기는 했지만, 동네에서 제가 겪은 가장 기억에 남는 행사 중 하나였습니다.

스피킹 노하우

★ ~하자 마자 [as soon as+주어+동사]

ex As soon as we heard the song, we ran toward the stage. 노래 소리를 듣자마자 우리는 무대 쪽으로 달려갔습니다.
We immediately headed to the food stand as soon as the festival started.
저는 축제가 시작되자마자 곧장 음식 가판대로 향했습니다.

VOCA

cherry blossoms 벚꽃   a festival 축제   for fun 재미로   expect 기대하다   anywhere 어디든
a walking path 산책로   cotton candy 솜사탕   a costume parade 가장행렬   be crowded 복잡하다

❶ 행사 소개

A memorable event that happened in my neighborhood was [기억에 남는 행사] .

동네에 있었던 기억에 남는 행사(사건)는   였습니다.

TIP 문장 끝에 구체적인 시기를 덧붙여 이야기해보세요.

ex last weekend 지난 주말 two months ago 두 달 전에

❷ 같이 간 사람

I went there with [같이 간 사람] .

저는 그곳에   와 같이 갔습니다.

❸ 행사 전

Before we got there, [행사 전 한 일이나 생각] .

그곳에 도착하기 전에, 우리는   했습니다.

❹ 도착 후

As soon as we arrived there, [도착하자마자 한 일이나 생각] .

도착하자마자 우리는   를 했습니다.

❺ 행사 중 겪은 일

While we stayed, [행사 중 겪은 일 묘사] .

그 곳에 머무르는 동안 우리는   했습니다.

❻ 느낌 및 생각

It was one of the most memorable events I've experienced in my neighborhood.

그 행사는 동네에서 제가 겪은 가장 기억에 남는 행사 중 하나였습니다.

● 표현 늘리기

▣ 동네에서 일어날 수 있는 사건이나 행사

- **a singing contest** 노래 자랑

  talked about who would be the winner of the contest 그 대회의 우승자가 누가 될지 이야기했다
  tried to find seats near the stage 무대 근처의 자리를 찾았다
  cheered for our next door neighbor who was also a participant 참가자였던 옆집 이웃을 응원했다

- **a concert for the residents** 지역 주민들을 위한 콘서트

  talked about the singers who would be on the stage 무대에 오를 가수들에 대해 이야기했다
  bought a light stick 야광봉을 샀다 the stage was quite huge 무대가 꽤 컸다
  danced to the music and screamed my head off 음악에 맞추어 춤을 추고 크게 소리를 질렀다

- **a big fire** 큰 화재

  My sister and I went near the place that was on fire. 나는 여동생과 함께 불이 난 장소 근처로 갔다.
  The fire engine had already arrived. 소방차가 이미 도착해 있었다.
  We saw a girl in the building screaming for help. 우리는 건물 안에 있는 여자 아이가 도움을 요청하는 것을 보았다.
  We were worried about the people inside the building. 우리는 건물 안에 있는 사람들을 걱정했다.
  Luckily, the fire fighters saved all the people from the building.
  다행히 소방대원들은 빌딩에 있는 사람들을 모두 구출해냈다.

주제별 보충 문제 : 거주지의 변화

거주지나 동네에 대한 단순한 묘사 문제 이외에도 이 장소들에 대한 변화를 묻는 문제도 간혹 출제됩니다. 과거부터 현재까지 변화된 점들을 2~3가지 생각해보고 구체적인 설명과 변화에 대한 느낌을 덧붙여 설명할 수 있도록 미리 답변을 준비하세요.

C01-U03-05

Q1  **[집 안의 변화] Think about the time you moved into your house. How has your house changed since then?**

집에 처음 이사 온 날을 떠올려 보세요. 당신의 집은 그때부터 지금까지 어떻게 달라졌나요?

Beginning   There are a few things that have changed in my house since I first moved in.

Body   First, the wall color of the living room has changed. When I first moved into my house, the wall color in the living room was all white. At first, it looked clean and bright, but it soon became dirty and boring. A few years later, my family changed it to light green.

변화 1 Second, a year ago, we made a small garden on the balcony. Now, we are very happy to see something green in our place. 변화 2

Ending   Overall, I love these changes in my house.

이사 온 뒤로 우리 집에는 몇 가지 바뀐 것들이 있습니다. 먼저, 거실의 벽 색깔이 바뀌었습니다. 처음 집에 이사 왔을 때는 거실의 벽 색깔이 모두 흰색이었습니다. 처음에는 깨끗하고 밝아 보였지만, 곧 쉽게 더러워졌고 색깔 또한 지겨워졌습니다. 몇 년 후에, 우리 가족은 벽 색깔을 밝은 녹색으로 바꾸었습니다. 두 번째로, 우리는 작년에 발코니에 작은 정원을 하나 만들었습니다. 지금은 우리의 공간에서 무언가 녹색을 볼 수 있다는 것이 너무 행복합니다. 전반적으로 저는 저희 집의 이런 변화가 너무 좋습니다.

a few 몇 개의   **wall color** 벽 색깔   **move into** ~에 이사 오다   **get dirty** 더러워지다
balcony 발코니   **change A into B** A를 B로 바꾸다

C01-U03-06

Q2  **[동네의 변화] Think about the time you moved in to your neighborhood. How has your neighborhood changed since then?**

당신이 사는 동네에 처음 이사 온 날을 떠올려 보세요. 동네는 그때부터 지금까지 어떻게 달라져 왔나요?

Beginning   There are a few things that have changed in my neighborhood since I first moved there.

Body   First, the public transportation became more convenient. Five years ago, we used to only have a few buses heading downtown, but now, we have the new subway line and more buses. 변화 1 Second, a new big shopping mall complex was built last year. Before, I had to go downtown to buy clothes, shoes or household appliances. However, I can buy everything I need at the new shopping mall now. My neighbors are also very pleased about it. 변화 2

Ending   Overall, I love these changes in my neighborhood.

우리 동네에는 몇 가지 바뀐 것들이 있습니다. 먼저, 대중교통이 좀 더 편리해졌습니다. 5년 전에는 시내로 향하는 버스가 몇 개 정도밖에 없었습니다. 그러나 지금은 시내로 가는 새로운 지하철 노선과 버스가 더 생겨났습니다. 두 번째로, 작년에 새로운 대형 쇼핑몰이 지어졌습니다. 그 전에는 옷, 신발, 가전제품 등을 사려면 시내로 나가야 했습니다. 그러나 지금은 원하는 모든 것을 그 새로 생긴 쇼핑몰에서 살 수 있습니다. 이웃 사람들 또한 그 점에 대해 아주 기뻐하고 있습니다. 전체적으로 저는 동네의 이런 변화들이 좋습니다.

head to ~로 향하다   **a subway line** 지하철 노선   **be built** 지어지다   **household appliances** 가전제품
be pleased about ~에 대해 기뻐하다

답변 중
위기 상황 대처 표현

★ 상황 1 : 문제를 이해하지 못했을 때

상황 설명 : 초급 수준의 수험생들이 가장 많이 당황하는 경우가 문제를 듣고 이해하지 못했거나, 집중력이 흐트러져 문제 전체를 듣지 못했을 경우입니다. 하지만, 답변 없이 그냥 문제를 넘기는 것보다 관련 있는 주제에 대한 이야기나, 들은 단어라도 연관시켜 하나의 이야기를 만들어내야 점수를 받을 수 있습니다. 다음과 같은 표현들을 사용하여 위기의 순간에 대처해보세요.

➔ **I'm sorry, but I don't understand the question.**
죄송하지만 문제를 이해하지 못했어요.

➔ **I'm sorry, but I'm not sure what you're asking.**

➔ **I guess you are asking about   , right?**
아마   에 대해 물어보는 것 같은데, 맞나요?

➔ **I heard the word(s)   , so I'll tell you about it instead.**
        라는 단어는 들었으니, 대신 그것에 대해 이야기해볼게요.

➔ **Let me tell you about something else instead.**
대신 다른 것에 대해 이야기할게요.

UNIT 1 면접관에게 직접 질문하기 | **UNIT 2** 제3자에게 직접 질문하기 |
UNIT 3 전화로 질문하기 | **UNIT 4** 상황 설명 후 대안 제시하기

롤플레이

Chapter 2에서는 다양한 Role-play 문제 유형들을 정리하고, 각 유형에 맞추어 답변 패턴 공식을 제시하였습니다. Chapter 2의 Role-play 문제 유형들을 바탕으로 Chapter 3~8에서 다룬 각 주제의 Role-play 문제를 대비해보세요.

OPIc에는 수험생들이 롤플레이를 해야 하는 문제가 2~3개 이상 출제됩니다. 이 롤플레이의 첫 번째 유형이 바로 면접관에게 직접 질문하기 유형입니다. 이 유형에서는 면접관이 스스로를 'I'라고 지칭하며 자신에 대한 정보를 주면, 면접관에게 그 정보와 관련하여 세부 사항에 대한 몇 가지 질문들을 물어보는 과제를 수행해야 합니다. 테스트 스크린 속의 에바(Eva)가 여러분과 직접 대화하는 면접관이라고 생각하고, 에바에게 자연스럽게 대화하듯 질문하는 것이 좋습니다. 각 주제별로 질문 거리를 미리 생각해보고 상황에 맞게 정보를 요구하는 질문을 적절히 활용할 수 있도록 연습해보세요.

답변 패턴 공략

❶ 인사 및 공감대 형성

Hi, Eva. I'm glad to know that ⬚⬚⬚주어진 정보⬚⬚⬚ .
에바 씨, 안녕하세요. ⬚⬚⬚ 에 대해 알게 되어서 기뻐요.

❷ 질문 목적

I'd like to ⬚⬚목적⬚⬚ , if you don't mind.
괜찮다면 ⬚⬚⬚ 하고 싶어요

❸ 질문1+부연 설명

First, ⬚⬚⬚첫 번째 질문⬚⬚⬚ ?
먼저, ⬚⬚⬚⬚⬚⬚⬚ ?

❹ 질문2+부연 설명

And, ⬚⬚⬚두 번째 질문⬚⬚⬚ ?
그리고, ⬚⬚⬚⬚⬚ ?

❺ 질문3+부연 설명

Lastly, ⬚⬚⬚세 번째 질문⬚⬚⬚ ?
마지막으로, ⬚⬚⬚⬚ ?

❻ 끝인사

Thank you for your answers. It was nice talking to you.
답변 감사합니다. 이야기 나누어서 즐거웠어요.

출제 가능 질문 살펴보기

[가족] I also live with my family in the U.S. now. Please ask me three or four questions about my family.

저 또한 미국에서 가족과 함께 살고 있습니다. 저희 가족에 대해 서너 가지 질문을 해보세요.

[거주지] I have a house in the U.S. Now, ask me three or four questions about my house.

저는 미국에 집이 있습니다. 제가 살고 있는 집에 대해 서너 가지 질문을 해보세요.

[동네] I live in Montreal now. Please ask me three or four questions about where I live.

저는 지금 몬트리올에 살고 있습니다. 제가 사는 곳에 대해 서너 가지 질문을 해보세요.

[그 밖의 질문] Chapter 3~8에 걸쳐 각 주제별로 롤플레이 문제가 제시되어 있으니 주어진 상황에 맞게 연습해보세요.

Q1

[면접관의 가족에 대해 질문하기]

I also live with my family in the U.S. now. Please ask me three or four questions about my family.

저 또한 미국에서 가족과 함께 살고 있습니다. 저희 가족에 대해 서너 가지 질문을 해보세요.

● 답변 구성 전략

1. 질문 주제 파악　**Eva's family** 에바의 가족

2. 질문의 목적　**to know about Eva's family** 에바의 가족에 대해 알기 위해

3. 질문 만들어보기

When　When do your family members usually gather together? 가족들이 주로 언제 모이나요?

Where　Where in the U.S. do you live with your family? 당신의 가족들과 미국 어디에 살고 있나요?

Who　Who is the oldest child in your family? 당신의 가족에서 첫째 아이는 누구인가요?

What　What do you usually do with your family? 당신은 가족들과 보통 무엇을 하나요?

　　　　What is your family like? 당신의 가족은 어떤 사람들인가요?

How　How many people are there in your family? 당신의 가족은 몇 명인가요?

● 모범 답변 살펴보기

인사+공감대 형성	Hi, Eva. I'm glad to know that you also live with your family.
질문 목적	I'd like to know about your family if you don't mind.
질문1+부연 설명	First, How many people are there in your family? In my case, there are four in my family.
질문2+부연 설명	And, do you have any sisters or brothers? I have one younger brother, and his name is Taehoon.
질문3+부연 설명	Lastly, what is your family like? What is your father like? Well, my father is pretty strict. How about your father?
끝인사	Thank you for your answers. It was nice talking to you.

안녕하세요, 에바 씨. 에바 씨 또한 가족과 같이 살고 있다는 것을 알게 되어 반가워요. 괜찮다면 에바 씨 가족에 대해 알고 싶어요. 가족은 몇 명인가요? 제 경우에, 저희 가족은 네 명이에요. 여자나 남자 형제가 있나요? 저는 남동생 한 명이 있어요. 동생 이름은 태훈이에요. 마지막으로, 가족들은 어떤 사람들인가요? 아버지는 어떤 분이세요? 음, 저희 아버지는 꽤 엄격하세요. 에바 씨 아버지는 어떤가요? 답변 감사합니다. 이야기 나누어서 즐거웠어요.

VOCA

glad 기쁜, 반가운　**mind** 상관없다　**in (one's) case** ~의 경우에　**strict** 엄격한　**pleasure** 기쁨, 즐거움

Q2

[면접관의 거주지에 대해 질문하기]

I have a house in the U.S. Now, ask me three or four questions about my house.

저는 미국에 집이 있습니다. 제가 살고 있는 집에 대해 서너 가지 질문을 해보세요.

답변 구성 전략

1. 질문 주제 파악   **Eva's house in the U.S.** 미국에 있는 에바의 집
2. 질문의 목적   **to learn about Eva's house** 에바의 집에 대해 알기 위해
3. 질문 만들어보기

When   When did you move into your house? 지금 사는 집에 언제 이사했나요?

Where   Where is your house located? 집은 어디에 위치해 있나요?

Who   Who do you live with in your house? 그곳에서 누구와 함께 사나요?

What   What do you like about your house? 집의 어떤 점이 좋은가요?

   What color is your house? 집의 색깔은 무엇인가요?

How   How many rooms do you have in your house? 집 안에 방은 몇 개인가요?

Why   Why did you choose your current house? 왜 지금 살고 있는 집을 택했나요?

모범 답변 살펴보기

인사+공감대 형성	Hi, Eva. I'm glad to know that you have a house in the U.S.
질문 목적	I don't know anything about houses in the U.S., so I'd like to learn about your house if you don't mind.
질문1+부연 설명	First, when did you move into your house? In my case, I moved into my apartment three months ago, so I don't know about my neighborhood well.
질문2+부연 설명	And, how many rooms do you have in your house? In Korea, it is common to have two or three rooms in a house.
질문3+부연 설명	Lastly, what do you like about your house? I like the mountain view from my house most. How about you? Do you also have a mountain view?
끝인사	Thank you for your answers. It was nice talking to you.

안녕하세요, 에바 씨. 미국에 집이 있다는 것을 알게 되어서 기뻐요. 저는 미국의 집에 대해서는 아무것도 모르기 때문에 괜찮다면 당신이 살고 있는 집에 대해 알고 싶어요. 먼저, 언제 지금 사는 집으로 이사했나요? 제 경우에는 3개월 전에 지금 사는 아파트로 이사했어요. 그래서 동네에 대해 잘 몰라요. 그리고 집에는 몇 개의 방이 있나요? 한국에는 집에 두 개나 세 개의 방이 있는 것이 흔한 일이에요. 마지막으로 당신은 집의 어떤 점이 좋은가요? 저는 우리 집에서 산을 볼 수 있다는 것이 가장 좋아요. 에바 씨는 어때요? 에바 씨의 집에서도 산이 보이나요? 답변 감사해요. 이야기 나누어서 즐거웠어요.

VOCA

move into ~로 이사 오다   **common** 흔한   **a mountain view** 산 풍경

Q3

[면접관이 살고 있는 동네에 대해 질문하기]

I live in Montreal now. Please ask me three or four questions about where I live.

저는 지금 몬트리올에 살고 있습니다. 제가 사는 곳에 대해 서너 가지 질문을 해보세요.

TIP 이 문제에서는 Montreal '몬트리올' 이외에, Toronto '토론토', Quebec '퀘벡', Vancouver '밴쿠버' 등 캐나다의 도시들과 미국에 있는 도시 이름들도 자주 등장합니다. 예시로 나오는 도시들에 대해 잘 모른다면 위치, 크기, 건물, 분위기 등 일반적인 것에 대해 질문하는 것이 좋습니다.

답변 구성 전략

1. **질문 주제 파악**   **the city where Eva lives** 에바가 살고 있는 도시
2. **질문의 목적**   **to learn about the city** 에바가 사는 도시에 대해 알기 위해
3. **질문 만들어보기**

When   When did you move into that city? 그 도시로 언제 이사했나요?

Where   Where is Montreal located? 몬트리올은 어디에 위치해 있나요?

Who   Who are your neighbors? 이웃들은 누구인가요?

What   What is there in your city? 동네와 도시에는 무엇이 있나요?

      What do you think about living there? 그곳에서 사는 것에 대해 어떻게 생각하세요?

How   How is the atmosphere of your city? 도시의 분위기는 어떤가요?

모범 답변 살펴보기

인사+공감대 형성	Hi, Eva. I'm glad to know that you live in Montreal.
질문 목적	I've never been there, so I'd like to learn about your city if you don't mind.
질문1+부연 설명	First, where exactly is Montreal located? I don't know where it is in Canada.
질문2+부연 설명	And, what is there in your city? Are there many tall buildings? I live in Seoul now, and you can see many tall buildings and apartment buildings.
질문3+부연 설명	Lastly, how is the atmosphere of your city? Is it quiet or noisy? I can say Seoul is a bit noisy and crowded.
끝인사	Thank you for your answers. It was nice talking to you.

안녕하세요, 에바 씨. 에바 씨가 몬트리올에 살고 있다는 것을 알게 되니 기뻐요. 저는 몬트리올에 한 번도 가본 적이 없기 때문에 에바 씨가 살고 있는 도시에 대해 알고 싶어요. 먼저, 몬트리올은 정확히 어디에 위치해 있나요? 저는 몬트리올이 캐나다의 어디에 있는지 몰라요. 그리고, 그 도시에는 무엇이 있나요? 높은 건물들이 많이 있나요? 저는 지금 서울에 살고 있는데, 높은 건물들과 아파트들을 많이 볼 수 있어요. 그곳의 분위기는 어떤가요? 조용한가요, 시끄러운가요? 서울은 조금 시끄럽고 복잡하다고 할 수 있어요. 답변 감사합니다. 이야기 나누어서 즐거웠어요.

VOCA

Montreal 몬트리올(캐나다 남동부의 도시)   **atmosphere** 분위기   **a bit** 조금

제3자에게 질문하기 유형에서는 문제에서 어떤 상황이 주어지면 그 상황 속의 인물에게 정보를 요구하는 몇 가지 질문을 해야 합니다. 이런 유형의 문제는 보통 I'll give you a situation and ask you to act it out. '상황을 하나 줄 테니 역할극을 해보세요.'로 시작합니다. 이런 문제에서는 상황에서 주어진 인물과 자연스럽게 대화를 하며 알고 싶은 부분에 대한 질문을 한다고 생각하는 것이 좋습니다. 각 상황에 맞는 질문 거리를 미리 생각해보고 준비한 질문을 적절히 활용할 수 있도록 연습하세요.

답변 패턴 공략

❶ 인사
Excuse me. 실례합니다.

❷ 상황 설명+질문 목적
I [상황 설명], so can I ask you some questions about [질문 주제]?
저는 　　　 했습니다. 그러니 　　　 에 대해 몇 가지 질문을 해도 될까요?

❸ 질문1+부연 설명
First, [첫 번째 질문]?
먼저, 　　　?

❹ 질문2+부연 설명
And, [두 번째 질문]?
그리고, 　　　?

❺ 질문3+부연 설명
Lastly, [세 번째 질문]?
마지막으로, 　　　?

❻ 끝인사
Thank you for your kind answers. 친절한 답변 감사합니다.

출제 가능 질문 살펴보기

[도서관 이용] I'll give you a situation and ask you to act it out. You want to use the library at school but you don't know about the library system. Ask the librarian three or four questions about using the system.

상황을 줄 테니 역할극을 해보세요. 당신은 학교 도서관을 이용하고 싶지만 도서관 시스템에 대해 잘 모릅니다. 도서관 사서에게 도서관 이용에 대한 서너 가지 질문을 해보세요.

[쇼핑] I'll give you a situation and ask you to act it out. You are at a store and you want to buy clothes. Ask the clerk three or four questions about the clothes you want to buy.

상황을 줄 테니 역할극을 해보세요. 당신은 가게에 있고, 옷을 사고 싶어 합니다. 점원에게 사고 싶은 옷에 대해 서너 가지 질문을 해보세요.

[은행] I'll give you a situation and ask you to act it out. You are at the bank and want to open a new account now. Please ask the teller three or four questions about opening an account.

상황을 줄 테니 역할극을 해보세요. 당신은 은행에 있고, 새 계좌를 개설하려고 합니다. 은행 직원에게 계좌 개설에 대한 서너 가지 질문을 해보세요.

[도서관 이용]

Q1

I'll give you a situation and ask you to act it out. You want to use the library at school but you don't know about the library system. Ask the librarian three or four questions about using the system.

상황을 줄 테니 역할극을 해보세요. 당신은 학교 도서관을 이용하고 싶지만 도서관 시스템에 대해 잘 모릅니다. 도서관 사서에게 도서관 이용에 대한 서너 가지 질문을 해보세요.

답변 구성 전략

1. **문제 상황/질문 대상자** **at the library** 도서관에서 / **to the librarian** 도서관 사서에게
2. **질문의 목적** **to use the library system** 도서관 시스템을 이용하기 위해서
3. **질문 만들어보기**

When When do you open and close on the weekends? 주말에 도서관은 언제 열고 닫나요?

Where Where can I find the fiction section? 소설은 어디에서 찾을 수 있나요?

Where can I make copies? 복사는 어디에서 할 수 있나요?

What What are the check-out policies? 도서 대출 방침은 무엇인가요?

How How long can I keep a borrowed book? 대출 도서는 얼마나 가지고 있을 수 있나요?

모범 답변 살펴보기

인사	Excuse me. I'm a student from the Engineering Department.
상황 설명+질문 목적	I'd like to use the library here, so can I ask you some questions about the library system?
질문1+부연 설명	First, when do you open and close on the weekends? I think I need to come here before or after my part time work on the weekends.
질문2+부연 설명	And, where can I find fantasy novels? I'm looking for the Harry Potter series.
질문3+부연 설명	Lastly, what are some check-out policies? It is my first time here, so I don't know anything about the policies.
끝인사	Thank you for your kind answers.

실례합니다. 저는 공과대학을 다니는 학생인데요. 이곳 도서관을 이용하려고 하는데, 도서관 이용 제도에 대해 몇 가지 질문을 해도 될까요? 먼저, 여기는 주말에 언제 열고 닫나요? 주말에 아르바이트 전이나 후에 여기에 와야 할 것 같아서요. 그리고 판타지 소설은 어디에서 빌릴 수 있을까요? 저는 해리포터 시리즈를 찾고 있어요. 마지막으로 대출 방침이 무엇인가요? 여기에 처음 오는 거라서 대출 방침에 대해 잘 모르거든요. 친절한 답변 감사합니다.

VOCA

Excuse me. 실례합니다. **the Engineering Department** 공과대학 **the library system** 도서관 이용 제도
fantasy novels 판타지 소설 **check out** 대출하다 **check-out policies** 대출 방침

[쇼핑]

I'll give you a situation and ask you to act it out. You are at a store and you want to buy some clothes. Ask the clerk three or four questions about the clothes you want to buy.

상황을 줄 테니 역할극을 해보세요. 당신은 가게에 있고, 옷을 사고 싶어 합니다. 점원에게 사고 싶은 옷에 대해 서너 가지 질문을 해보세요.

답변 구성 전략

1. 문제 상황/질문 대상자   **at the clothing store** 옷 가게에서 **/ to the clerk** 옷 가게 점원에게
2. 질문의 목적   **to buy some clothes** 옷을 사기 위해서
3. 질문 만들어보기

When	Where can I find shirts? 셔츠는 어디에 있나요?
What	What color shirts do you have? 어떤 색깔의 셔츠가 있나요?
	What is the most popular one? 가장 인기 있는 것은 무엇인가요?
How	How much is this shirt? 이 셔츠는 얼마인가요?
	How do I wash this shirt? 이 셔츠는 어떻게 세탁하나요?

모범 답변 살펴보기

인사	Excuse me.
상황설명+질문 목적	I'd like to buy a shirt, so can I ask you some questions about it?
질문1+부연 설명	First, do you have the latest styles in? I hear that you recently received some new style shirts.
질문2+부연 설명	And, which one is the most popular? I'm not really sure what to choose. Oh, that looks great!
질문3+부연 설명	Lastly, then, how much is that shirt? I don't see any price tag on it.
끝인사	Thank you for your kind answers.

실례합니다. 셔츠를 하나 사려고 하는데요, 몇 가지 질문을 해도 될까요? 먼저, 새로운 스타일의 셔츠 있나요? 최근에 새로운 스타일의 셔츠를 들여놨다고 들었는데요. 그리고, 가장 인기 있는 셔츠가 뭐예요? 무엇을 골라야 할지 모르겠네요. 오, 그거 좋아 보이는데요! 그럼 마지막으로 그 셔츠는 얼마인가요? 가격표가 안 보이는데요. 친절한 답변 감사합니다.

VOCA

the latest styles 새로운(최신) 스타일   **popular** 인기 있는   **a price tag** 가격표

 **Q3**

[은행]

I'll give you a situation and ask you to act it out. You are at the bank and want to open a new bank account now. Please ask the teller three or four questions about opening an account.

상황을 줄 테니 역할극을 해보세요. 당신은 은행에 있고, 새 계좌를 개설하려고 합니다. 은행 직원에게 계좌 개설에 대한 서너 가지 질문을 해보세요.

• 답변 구성 전략

1. 문제 상황/질문 대상자　**at the bank** 은행에서 / **to the teller** 은행 직원에게

2. 질문의 목적　　　　**to open a new bank account** 새 은행 계좌를 개설하기 위해서

3. 질문 만들어보기

When　When can I start to use ATM services on this account?
　　　　이 계좌로 ATM 서비스는 언제부터 사용할 수 있나요?

What　What kind of accounts do you offer? 어떤 종류의 계좌를 제공하나요?
　　　　What are the interest rates for the account? 그 계좌의 이자율은 어떻게 되나요?

How　How much do I have to pay for the service fee? 수수료는 얼마나 지불해야 하나요?

• 모범 답변 살펴보기

인사	Excuse me.
상황설명+질문 목적	I'd like to open a new account, so can I ask you some questions about it?
질문1+부연 설명	First, what kind of accounts do you offer? I think I need a checking account as well as a savings account.
질문2+부연 설명	And, what are your interest rates for those accounts? Could you recommend a savings account which has a good interest rate?
질문3+부연 설명	Lastly, do you charge fees for checking account services? I usually use ATMs, especially in the evening and I don't want to pay too much in fees.
끝인사	Thank you for your kind answers.

실례합니다. 계좌를 개설하려고 하는데요, 몇 가지 질문을 해도 될까요? 먼저, 어떤 종류의 계좌를 제공하시나요? 저는 저축 예금과 당좌 예금 계좌가 필요한데요. 그리고, 그 계좌들의 이자율은 어떻게 되나요? 좋은 이자율을 제공하는 저축 예금 하나 추천해주시겠어요? 마지막으로, 당좌 예금에 대한 서비스 수수료를 부과하나요? 저는 보통 저녁에 ATM을 사용하는데, 수수료를 많이 내고 싶지 않아요. 답변 주셔서 감사합니다.

VOCA

a bank account 은행 계좌　**teller** 은행 (창구) 직원　**offer** 제공하다　**interest rates** 이자율(금리)　**pay** 지불하다

a checking account 당좌 예금　**a savings account** 저축 예금　**recommend** 추천하다　**too much** 너무 많이

전화로 질문하기 유형에서는 어떤 상황이 주어지면 그 상황 속의 인물에게 전화를 걸어 정보를 요구하는 몇 가지 질문을 해야 합니다. 이런 유형의 문제 또한 I'll give you a situation and ask you to act it out. '상황을 하나 줄 테니 역할극을 해보세요.'로 시작합니다. 앞의 Unit들과 마찬가지로 상황에 맞게 정보를 얻을 수 있는 적절한 질문을 던지는 것도 중요하지만, 전화로 대화하는 상황에 맞게 전화 상황 표현이나 흐름을 익히며 연습하는 것 또한 중요합니다.

답변 패턴 공략

❶ 인사

Hello? This is [자신의 신분] .
여보세요? 저는 [ ]인데요.

❷ 전화 목적

I'm calling you to ask some questions about [질문 주제] .
[ ] 와 관련해 몇 가지 물어볼 게 있어서 전화했어요.

❸ 질문1+부연 설명

First, [첫 번째 질문] ?
먼저, [ ] ?

❹ 질문2+부연 설명

And, [두 번째 질문] ?
그리고, [ ] ?

❺ 질문3+부연 설명

Also, [세 번째 질문] ?
또한, [ ] ?

❻ 끝인사

Thank you for your kind answers.
친절한 답변 감사합니다.

출제 가능 질문 살펴보기

[파티 준비] I'll give you a situation and ask you to act it out. You've been asked to help one of your friends with the preparations for a party. Call your friend and ask three or four questions about the party.

상황을 줄 테니 역할극을 해보세요. 친구 중 한 명에게 파티 준비를 도와달라는 부탁을 받았습니다. 친구에게 전화를 걸어 파티와 관련해 서너 가지 질문을 해보세요.

[친척집 방문] I'll give you a situation and ask you to act it out. You're invited to one of your relatives' house but you don't know where it is. Call your relative and ask three or four questions about how to get there.

상황을 줄 테니 역할극을 해보세요. 당신은 친척집에 초대를 받았지만, 친척집에 어떻게 가는지 모릅니다. 친척에게 전화를 걸어 그 집에 어떻게 가는지 서너 가지 질문을 해보세요.

[외식] I'll give you a situation and ask you to act it out. You want to make a dinner reservation for your family at a restaurant. Call the restaurant and ask three or four questions about making a reservation.

상황을 줄 테니 역할극을 해보세요. 당신은 가족 저녁 식사를 위해 음식점에 예약을 하고 싶습니다. 그 음식점에 전화를 걸어 예약과 관련해 서너 가지 질문을 해보세요.

Q1

[파티 준비]

I'll give you a situation and ask you to act it out. You've been asked to help one of your friends with the preparations for a party. Call your friend and ask three or four questions about the party.

상황을 줄 테니 역할극을 해보세요. 친구 중 한 명에게 파티 준비를 도와달라는 부탁을 받았습니다. 친구에게 전화를 걸어 파티와 관련해 서너 가지 질문을 해보세요.

답변 구성 전략

1. 질문 주제/질문 대상자　**my friend's party** 친구의 파티 **/ to my friend** 친구에게
2. 전화 목적　　　　　　**to ask some questions about the party**
　　　　　　　　　　　파티와 관련하여 몇 가지 질문하기 위해

3. 질문 만들어보기

When　When is the party? 파티가 언제니?
Where　Where will you have the party? 파티는 어디에서 여니?
Who　Who is coming to the party? 파티에 누가 오니?
What　What kind of food will you serve? 어떤 음식을 제공할 거니?
How　How many people are coming to the party? 파티에 오는 사람들은 몇 명이니?

모범 답변 살펴보기

인사	Hello? This is Jihong. How are you doing?
전화 목적	I'm calling you to ask some questions about the party I'm supposed to help you with.
질문1+부연 설명	First, where will you have the party? One of my friends is also coming, so I have to let her know the location.
질문2+부연 설명	And, how many people are coming to the party? You know, I'm preparing wine for the party, but I don't know how many bottles I should bring.
질문3+부연 설명	Also, what kind of food will you serve? I think chicken dishes will be good for everyone.
끝인사	Thank you for your kind answers.

여보세요? 나 지홍이야. 잘 지냈어? 내가 도와주기로 한 파티 때문에 몇 가지 물어보려고 전화했어. 먼저, 파티는 어디에서 여니? 내 친구 중 한 명도 파티에 올 건데, 위치를 알려줘야 해서. 그리고, 파티에 오는 사람들은 몇 명이지? 너도 알다시피, 내가 와인을 준비하잖아. 그런데 몇 병을 가져가야 할지 모르겠어. 그리고 또, 어떤 음식을 제공할 거니? 내 생각엔 닭 요리가 모두에게 좋을 것 같아. 친절한 답변 고마워.

VOCA

have a party 파티를 열다　[be supposed to+동사] ~하기로 되어있다　location 위치
prepare 준비하다　a bottle 병　bring 가져오다　a dish 요리

[친척집 방문]

I'll give you a situation and ask you to act it out. You're invited to one of your relatives' house but you don't know where it is. Call your relative and ask three or four questions about how to get there.

상황을 줄 테니 역할극을 해보세요. 당신은 친척 집에 초대를 받았지만, 친척 집의 위치를 모릅니다. 친척에게 전화를 걸어 그 집에 어떻게 가는지 서너 가지 질문을 해보세요.

답변 구성 전략

1. 질문 주제/질문 대상자 **visiting my relative's house** 친척 집 방문 **/ to my relative** 친척에게

2. 질문의 목적 **to ask some questions about how to get there**
친척 집에 가는 방법을 물어보기 위해

3. 질문 만들어보기

Where Where is your house? 너희 집은 어디에 위치해 있니?

Where do I take the bus? 어디에서 버스를 타야 하니?

Where do I get off? 어디에서 내려야 하니?

What What bus number do I take? 몇 번 버스를 타야 하니?

How How do I get to your house? 너희 집에 어떻게 가야 하니?

How long does it take from the bus stop to your house?
버스 정류장에서 너희 집까지는 얼마나 걸리니?

모범 답변 살펴보기

인사	**Hello? This is** Jisoo.
전화 목적	You know, I'm visiting your house this Saturday, so **I'm calling you to ask some questions.**
질문1+부연 설명	**First**, how do I get to your house? I'm leaving from Seoul Station. Should I take a bus?
질문2+부연 설명	**And**, what bus number do I take? Number 27? Oh, I know that bus.
질문3+부연 설명	**Also**, where do I get off? And how long does it take from the bus stop to get to your house?
끝인사	**Thank you for your kind answers.**

여보세요? 나 지수야. 너도 알다시피, 나 이번 주 토요일에 너네 집에 가잖아. 그래서 몇 가지 물어보려고 전화했어. 먼저 거기에 어떻게 가야 하니? 난 서울역에서 출발하는데. 버스를 타고 가야 할까? 그럼, 몇 번 버스를 타야 하니? 27번? 아, 나 그 버스 알아. 그리고 어디에서 내려야 해? 그리고 버스 정류장에서 너네 집까지 얼마나 걸리니? 친절한 답변 고마워.

VOCA

invite 초대하다   [get to+장소] ~에 가다. 도착하다   take the bus 버스를 타다

get off 내리다   a bus stop 버스정류장   leave from ~에서 출발하다

[외식]

I'll give you a situation and ask you to act it out. You want to make a dinner reservation for your family at a restaurant. Call the restaurant and ask three or four questions about making a reservation.

상황을 줄 테니 역할극을 해보세요. 당신은 가족 저녁 식사를 위해 음식점을 예약하고 싶습니다. 그 음식점에 전화를 걸어 예약과 관련해 서너 가지 질문을 해보세요.

답변 구성 전략

1. **질문 주제/질문 대상자**   **my family dinner at a restaurant** 음식점에서의 가족 식사

   to the restaurant 음식점에

2. **전화 목적**   **to ask some questions about making a reservation**

   예약과 관련하여 몇 가지 질문하기 위해

3. **질문 만들어보기**

   Where   Where is your restaurant located? 음식점은 어디에 위치해 있나요?

   What   What times are available for a table for four people? 네 사람을 위한 테이블은 몇 시에 가능한가요?

           What is the special menu for the day? 그 날의 특별 요리는 무엇인가요?

   Do   Do you offer any special discount for a birthday dinner? 생일 저녁 식사로 특별할인을 제공하나요?

   Can   Can I have a table by window? 창가 쪽 테이블에 앉을 수 있나요?

모범 답변 살펴보기

인사	**Hello**?
전화 목적	**I'm calling you to ask some questions about** making a reservation. I'd like to have dinner with my family this Saturday at your restaurant.
질문1+부연 설명	**First**, what times are available for a table for four? I don't want it to be too late.
질문2+부연 설명	**And**, can I have a table by the window? I heard the window seats are great there.
질문3+부연 설명	**Also**, what is the special menu for the day? It will be helpful to know the menu in advance.
끝인사	**Thank you for your kind answers.**

여보세요? 예약과 관련해서 몇 가지 질문하려고 전화 드렸는데요. 이번 주 토요일에 가족들과 그곳에서 저녁 식사를 하고 싶어서요. 먼저, 4명 자리는 몇 시에 가능한가요? 너무 늦지 않았으면 좋겠는데요. 그리고, 창가 쪽 자리에 앉을 수 있나요? 창가 자리가 굉장히 좋다고 들었어요. 그날의 특별 메뉴는 무엇인가요? 특별 메뉴를 미리 알면 도움이 될 것 같아서요. 친절한 답변 감사합니다.

VOCA

make a reservation 예약을 하다   **available** 이용할 수 있는   **special** 특별한   **discount** 할인

helpful 도움이 되는   **in advance** 미리

Unit 04 　상황 설명 후 대안 제시하기

대안 제시하기 유형에서는 어떤 문제 상황이 주어지면 그 상황과 관련된 인물에게 전화를 걸어, 상황을 설명하고 그에 대한 적절한 해결 대안을 제시해야 합니다. 이런 유형의 문제는 보통 I'm sorry, but there's a problem that you need to resolve. '유감스럽지만 해결해야 할 문제가 생겼습니다.' 로 시작합니다. 상황의 설명도 중요하지만, 그 상황에 맞는 2~3가지의 실제적인 대안에 중점을 두고 연습하세요. 또한 조금 더 높은 점수를 위해 자신이 제시하는 대안에 대한 이유나 부연 설명을 덧붙여 말하는 연습도 해보세요.

 ### 답변 패턴 공략

❶ 인사　　Hello? This is 　자신의 신분　. 여보세요? 저는 　　　　　인데요.

❷ 전화 목적　　I'm calling you about 　상황 해결 주제　.
　　　　　와 관련해서 전화했습니다.

❸ 상황 설명　　I'm sorry to tell you this, but 　상황 설명　.
이런 말씀드려 죄송하지만, 　　　　　하게 되었습니다.

❹ 대안 제시　　So, I came up with some ideas to solve this problem.
그래서 몇 가지 생각을 해봤습니다.

❺ 대안1+설명　　First, what if 　첫 번째 대안 [주어+동사]　?
먼저, 　　　　　하는 것은 어떨까요?

❻ 대안2+설명　　Or, why don't 　두 번째 대안 [주어+동사]　?
아니면, 　　　　　는 어떤가요?

❼ 끝인사　　Please tell me what you think. 어떻게 생각하시는지 알려주세요.

 ### 출제 가능 질문 살펴보기

[파티 준비]　I'm sorry, but there's a problem that you need to resolve. You're supposed to help your friend prepare a party, but you have to work that day. Call your friend, explain the situation and give two or three alternatives.

유감스럽지만 해결해야 할 문제가 생겼습니다. 친구가 파티 준비하는 것을 도와주기로 했지만, 당신은 그날 일을 해야 합니다. 친구에게 전화를 걸어, 상황을 설명하고 2~3가지 대안을 제시해보세요.

[쇼핑]　You bought new shoes online recently, but you just found out that there's something wrong with the shoes. Call the store, explain the situation and offer two or three alternatives to resolve this problem.

최근에 온라인으로 새 신발을 샀는데, 그 신발에 문제가 있다는 것을 알았습니다. 가게에 전화를 걸어, 상황을 설명하고 이 문제를 해결할 2~3가지 대안을 제시해보세요.

[신용카드]　You had dinner at a restaurant and came back home. But it seemed that you left your credit card at the restaurant. Call the restaurant, explain the situation and give some suggestions to resolve this problem.

당신은 음식점에서 저녁을 먹고, 집에 돌아왔습니다. 그러나 그 음식점에 신용카드를 두고 온 것 같습니다. 그 음식점에 전화를 걸어, 상황을 설명하고 이 문제를 해결할 대안을 제시해보세요.

Q1

[파티 준비]

I'm sorry, but there's a problem that you need to resolve. You're supposed to help your friend prepare a party, but you have to work that day. Call your friend, explain the situation and give two or three alternatives.

유감스럽지만 해결해야 할 문제가 생겼습니다. 친구가 파티 준비하는 것을 도와주기로 했지만, 당신은 그날 일을 해야 합니다. 친구에게 전화를 걸어, 상황을 설명하고 2~3가지 대안을 제시해보세요.

답변 구성 전략

1. 상황 해결 주제/대안 제시 대상   **preparation of the party** 파티 준비 **/ to my friend** 친구에게

2. 문제 이전 상황   **I'm supposed help my friend prepare for the party**
친구가 파티 준비하는 것을 도와주기로 함

3. 문제 상황   **I have to work on the day of the party** 파티 당일 날 일을 해야 함

4. 대안 만들어보기

   ❶ Postpone the party 파티 미루기
   ❷ Ask someone else to help my friend prepare for the party 파티 도움을 위해 누군가에게 요청하기
   ❸ Use a catering service to prepare food 음식 준비를 위해 출장 요리 서비스를 이용하기

모범 답변 살펴보기

인사	Hello? This is Jinmin.
전화 목적	I'm calling you about the party I'm supposed to help you with.
상황 설명	I'm sorry to tell you this, but I can't help you that day because I have to work.
대안 제시	So, I came up with some ideas to solve this problem.
대안1+설명	First, what if we postpone the party? I know it is hard for you to prepare for the party alone. If we reschedule the party to this Saturday, I can definitely help you.
대안2+설명	Or, why don't I send my sister to help you? She has a lot of experience with parties, so she will be helpful.
끝인사	Please tell me what you think.

여보세요? 나 진민이야. 내가 도와주기로 한 파티 때문에 전화했어. 이런 이야기하기 미안하지만, 그날 일해야 해서 널 도와줄 수 없을 것 같아. 그래서 이 문제를 해결하기 위한 몇 가지 생각을 해봤어. 먼저, 파티를 미루는 것은 어때? 그 파티 너 혼자 준비하기 어렵잖아. 이번 주 토요일로 파티 일정을 바꾸면, 내가 확실히 도울 수 있어. 아니면 널 도울 수 있도록 내 여동생을 보내는 것은 어떨까? 내 동생이 파티에 경험이 많으니까 기꺼이 도와줄 거야. 어떻게 생각하는지 알려줘.

VOCA

alternatives 대안   **postpone** ~을 미루다   **alone** 혼자   **reschedule** 일정을 변경하다   **definitely** 확실히
experience 경험   **helpful** 도움이 되는, 기꺼이 돕는

Q2

[쇼핑]

I'm sorry, but there's a problem that you need to resolve. You bought new shoes online recently, but you just found out that there's something wrong with the shoes. Call the store, explain the situation and offer two or three alternatives to resolve this problem.

유감스럽지만 해결해야 할 문제가 생겼습니다. 최근에 온라인으로 새 신발을 샀는데, 그 신발에 문제가 있다는 것을 알았습니다. 가게에 전화를 걸어 상황을 설명하고 이 문제를 해결할 2~3가지 대안을 제시해보세요.

답변 구성 전략

1. 상황 해결 주제/대안 제시 대상   **shoes I bought** 구입한 신발 **/ to the store** 신발 가게에게
2. 문제 이전 상황   **I bought new shoes online recently**
   최근에 온라인으로 신발을 구입함
3. 문제 상황   **there is something wrong with the shoes**
   구입한 신발에 문제가 있음
4. 대안 만들어보기
   ❶ Send the shoes to the store and have them repaired 가게에 신발을 보내 수선 받기
   ❷ Exchange them for new ones 새 것으로 교환하기
   ❸ Receive a full refund 환불 받기

모범 답변 살펴보기

인사	Hello?
전화 목적	I'm calling you about the shoes I bought recently from your online store.
상황 설명	I'm sorry to tell you this, but I just found out that there is something wrong with the shoes.
대안 제시	So, I came up with some ideas to solve this problem.
대안1+설명	First, can I get a full refund? I still have my receipt.
대안2+설명	Or, could you exchange them for new ones free of delivery charge? If it doesn't take long, I'd like to do that.
끝인사	Please tell me what you think.

여보세요? 온라인 쇼핑몰에서 최근에 구입한 신발 때문에 전화했는데요. 이런 말씀드리기 유감스럽지만, 방금 그 신발에 문제가 있다는 것을 알았습니다. 그래서 문제를 해결할 몇 가지 생각을 해봤는데요. 먼저, 100% 환불을 받을 수 있을까요? 아직까지 영수증을 보관하고 있어요. 아니면, 배송료 없이 새 물건으로 교환해주시는 것은 어떤가요? 오래 걸리지 않으면 그렇게 하고 싶어요. 어떻게 생각하시는지 알려주세요.

VOCA

[have+물건+repaired] ~를 수선받다   **exchange** 교환하다   **receive a refund** 환불받다   **online** 온라인의
find out 발견하다, 알아내다   **receipt** 영수증   **free of charge** 무료로   **delivery charge** 배송료

Q3

[신용카드]

I'm sorry, but there's a problem that you need to resolve. You had dinner at a restaurant and came back home. But it seemed that you left your credit card at the restaurant. Call the restaurant, explain the situation and give some suggestions to resolve this problem.

유감스럽지만 해결해야 할 문제가 생겼습니다. 당신은 음식점에서 저녁을 먹고 집에 돌아왔습니다. 그러나 그 음식점에 신용카드를 두고 온 것 같습니다. 그 음식점에 전화를 걸어 상황을 설명하고 이 문제를 해결할 대안을 제시해보세요.

● 답변 구성 전략

1. **상황 해결 주제/대안 제시 대상** the credit card I used at the restaurant
   음식점에서 사용한 신용카드 / **to the restaurant** 음식점

2. **문제 이전 상황** **I had dinner at the restaurant** 그 음식점에서 저녁 식사를 함

3. **문제 상황** **I left the card at the restaurant** 신용카드를 음식점에 두고 옴

4. **대안 만들어보기**
   ❶ **Wait on the phone while the staff member finds the credit card**
   직원이 신용카드를 찾을 때까지 전화로 기다림
   ❷ **Give my phone number** 전화번호를 줌
   ❸ **Go back to the restaurant** 식당에 다시 찾아감

● 모범 답변 살펴보기

인사	Hello? I just had dinner at your restaurant.
전화 목적	I'm calling you about the credit card I used.
상황 설명	I'm embarrassed to tell you this, but it seems that I left my credit card there.
대안 제시	So, I came up with some ideas to solve this problem.
대안1+설명	First, what if I wait on the phone until you find my credit card? I think I left the card at the counter when I paid the bill.
대안2+설명	Or, why don't I give you my phone number and wait? If you find it, you can call me at anytime. If you can't find it right away, it might be better for me to go back there and look for it myself.
끝인사	Please tell me what you think.

여보세요? 방금 그곳 음식점에서 저녁 식사를 했는데요. 제가 사용한 신용카드 때문에 전화 드렸습니다. 죄송하지만 제가 신용카드를 그곳에 두고 온 것 같습니다. 그래서 문제를 해결할 몇 가지 생각을 해봤는데요. 먼저 신용카드를 찾으시는 동안 제가 전화로 기다리는 것은 어떨까요? 제 생각엔 계산할 때 계산대에 두고 온 것 같아요. 아니면 제 번호를 드리고 기다리는 것은 어떨까요? 찾게 되면 언제든지 전화 주셔도 좋습니다. 만약 지금 찾지 못하면, 제가 그곳에 다시 가서 직접 찾아보는 것이 나을 것 같아요. 어떻게 생각하시는지 알려주세요.

VOCA

a credit card 신용카드   **a staff member** 직원   **on the phone** 전화에서, 전화로   **a counter** 계산대
pay the bill 계산서를 지불하다   **anytime** 언제든지   **look for** ~을 찾다

UNIT 1 학교 소개 │ **UNIT 2** 학교 생활 │
UNIT 3 전공, 수업 및 과제 │ **UNIT 4** 테크놀로지

학생

OPIc Background Survey의 2번 [당신은 학생입니까?]에서 [네]를 선택했다면, Chapter 03에 다룬 학교에 대한 묘사, 학교 생활, 과제 등에 걸쳐 다양한 문제들에 대한 이야깃거리를 준비하는 것이 좋습니다. 각 영역별로 문제 유형을 파악하고, 답변 패턴을 익혀 나만의 답변을 만들 수 있도록 준비하세요.

OPIC

Unit 01 학교 소개

OPIc Background Survey의 [2. 현재 귀하는 학생이십니까?]에서 '네'를 선택한 경우에는 학교 및 학교 생활과 관련하여 질문을 받을 수 있습니다. 그중에서 학교의 캠퍼스, 건물 묘사, 선생님이나 학교 친구들과 관련된 문제는 가장 기본적인 문제이므로 자신이 다니는 학교를 머릿속으로 생각해보고, 그에 따라 그림을 그리듯 묘사하는 연습을 미리 해보세요.

장소 묘사
- ▶ 학교 캠퍼스 묘사
- ▶ 학교 주변환경 묘사
- ▶ 학교에서 좋아하는 장소 묘사
- ▶ 강의실 묘사

인물 묘사
- ▶ 가장 좋아하는(기억에 남는) 선생님 소개
- ▶ 같이 수업을 듣는 반 친구 소개
- ▶ 친한 학교 친구 소개

경험
- ▶ 학교를 처음 방문했던 경험

출제 가능 질문 살펴보기

[캠퍼스 묘사]

Please tell me about your school. Where is it located? What is there on your campus?

당신의 학교에 대해 이야기해주세요. 학교는 어디에 있나요? 캠퍼스 안에는 무엇이 있나요?

[친한 학교 친구 소개]

Please tell me about one of your close friends at school. How and when did you meet your friend? What do you usually do with him or her?

학교에서 친한 친구들 중 한 명에 대해 이야기해보세요. 언제, 어떻게 그 친구를 만났나요? 그 친구와 보통 무엇을 하나요?

[학교를 처음 방문했던 경험]

When was your first visit to your school? What did you do at that time? What was your first impression of the school? Please tell me about it in as much detail as possible.

지금 다니는 학교를 처음 방문한 것은 언제였나요? 그 당시에 무엇을 했나요? 학교에 대한 첫인상은 어땠나요? 가능한 자세하게 이야기해주세요.

Q1

[캠퍼스 묘사]

Please tell me about your school. Where is it located? What is there on your campus?

당신의 학교에 대해 이야기해주세요. 학교는 어디에 있나요? 캠퍼스 안에는 무엇이 있나요?

● 답변 구성 전략

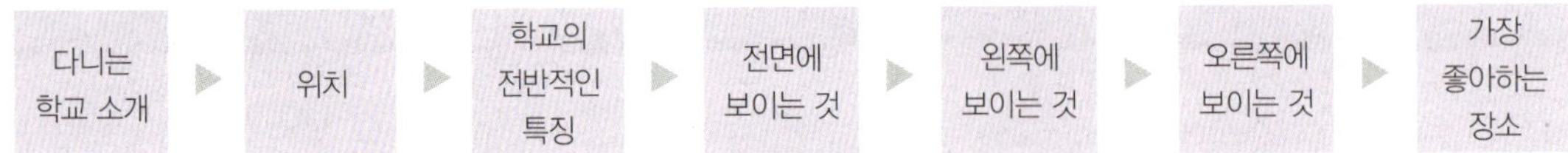

● 모범 답변 살펴보기

I'm currently attending Jongno University, which is located in the middle of Seoul. 학교 소개 및 위치 It is one of ★ the biggest colleges in Korea, and the campus is very beautiful. 학교의 전반적인 특징 When you first enter the campus, you will see a big and beautiful lake in the middle of the campus. 전면에 보이는 것 On the left side, there are about seven department buildings and the gym. I usually have classes in one of these buildings. 왼쪽에 보이는 것 On the right side, you will find the library and the auditorium. There is also the student center I often go to. 오른쪽에 보이는 것 Among them, I like the student center most because it has the best cafeteria in my school. 가장 좋아하는 장소

저는 현재 종로대학교에 다니고 있습니다. 우리 학교는 서울 중심부에 있습니다. 한국에서 가장 큰 대학교 중 하나이고, 캠퍼스 또한 매우 아름답습니다. 캠퍼스에 들어서면, 가장 먼저 크고 아름다운 호수가 캠퍼스 가운데에 보입니다. 왼쪽에는 약 7개의 단대 건물들과 체육관이 있습니다. 저는 보통 이 건물들 중 한 곳에서 수업을 듣습니다. 오른쪽에는 도서관과 강당이 있습니다. 또한 제가 자주 가는 학생회관도 있습니다. 그중에서 저는 학생회관을 가장 좋아하는데, 학교의 가장 좋은 식당이 이곳에 있기 때문입니다.

스피킹 노하우

★ 가장 ~한(인) [the+형용사 최상급]

형용사의 최상급은 big, small, simple 등과 같은 1~2음절 형용사 뒤에는 -est를, beautiful과 같은 3음절 이상 형용사 앞에는 most를 붙여 사용할 수 있습니다.

ex My school has the biggest campus in Korea. 우리 학교는 한국에서 가장 큰 캠퍼스를 가지고 있습니다.

I think our campus is the most beautiful of all. 저는 우리 학교 캠퍼스가 가장 아름답다고 생각합니다.

VOCA

attend 참석하다, 다니다   **a college** 대학교   **a campus** 캠퍼스, 교정   **enter** 들어가다   **a lake** 호수
a department buildings (보통 앞에 단대 이름을 붙여) 단대 건물   **a library** 도서관   **an auditorium** 강당
a student center 학생회관   **a cafeteria** 교내 식당

❶ 학교 소개 및 위치 I'm currently attending `다니는 학교` , which is located in `위치` .

저는 현재 `____` 에 위치한 `____` 에 다니고 있습니다.

❷ 학교의 전반적인 특징 It is one of `특징을 나타내는 형용사` schools in Korea.

우리 학교는 한국에서 `____` 인 학교 중 한 곳입니다.

TIP 학교의 특징을 나타내는 형용사나, 최상급 [the+형용사의 최상급]을 이용하여 '가장 ~인' 학교로 소개해보세요.

❸ 전면에 보이는 것 When you first enter the campus, you will see `전면에 보이는 것들` .

캠퍼스에 들어서면, 가장 먼저 `____` 가 보입니다.

❹ 왼쪽에 보이는 것 On the left side, there are `왼쪽에 보이는 것들` .

왼쪽에는 `____` 가 있습니다.

TIP 보이는 건물이 하나라면 there is~로 표현해주세요.

❺ 오른쪽에 보이는 것 On the right side, you will find `오른쪽에 보이는 것들` .

오른쪽에는 `____` 가 보입니다.

❻ 가장 좋아하는 장소 Among them, I like `가장 좋아하는 장소` most.

그중에서 저는 `____` 를 가장 좋아합니다.

TIP [because+주어+동사]로 연결하여 그곳을 가장 좋아하는 이유도 간단하게 이야기해보세요.

● 표현 늘리기

▣ **학교를 묘사하는 형용사**

old 오래된   new 새로운   prestige 명문의   large, big 큰   small 작은   modern 현대적인

▣ **학교 건물 및 시설**

a main building 본관	a gym 체육관
an auditorium 대강당	a library 도서관
a student center 학생회관	a dormitory(dorm) 기숙사
a department (college) building 단대 건물	a cafeteria 교내 식당
a classroom 교실	a faculty room 교수실
an administrative office 행정실	a computer lab 컴퓨터실
a concert hall 콘서트 홀	an outdoor concert hall 야외 콘서트 홀
a lounge 휴게실	a laboratory 실험실
a career center 취업 정보실	

Q2

[친한 학교 친구 소개]

Please tell me about one of your close friends at school. How and when did you meet your friend? What do you usually do with him or her?

학교에서 친한 친구들 중 한 명에 대해 이야기해보세요. 언제, 어떻게 그 친구를 만났나요? 그 친구와 보통 무엇을 하나요?

● 답변 구성 전략

| 이름과 전공 | ▶ | 처음 만난 시기 | ▶ | 만나게 된 계기 | ▶ | 성격 및 특징 | ▶ | 같이 하는 활동 | ▶ | 느낌 및 생각 |

● 모범 답변 살펴보기

One of my closest friends at school is Rinho, who is majoring in Biological Engineering like me. 이름과 전공 I first met him when I went to the orientation for my first class. 처음 만난 시기 At that time, I didn't know anyone at school, so I was sitting alone. Rinho was the first person who spoke to me during the orientation and we got close to each other quickly. 만나게 된 계기 He is a very bright and cheerful person. Whenever I am having difficulty, he always cheers me up with his warm words. 성격 및 특징 When we hang out, we usually go to the library and study together or play basketball after school. Sometimes, we go for a drink on the weekend. 함께 하는 활동 Thanks to him, I think my school life has been very fun and meaningful. 느낌 및 생각

학교에서 저와 가장 친한 친구 중 한 명은 저처럼 생명공학을 전공하는 린호입니다. 첫 수업 오리엔테이션에 갔을 때 그를 처음 만났습니다. 그때 당시, 저는 학교에 아는 사람이 없어서 혼자 앉아 있었습니다. 오리엔테이션 시간에 저에게 처음 말을 걸어 준 사람이 바로 린호였고, 우리는 곧 빨리 친해졌습니다. 그는 매우 밝고 활발한 사람입니다. 제게 어려움이 있을 때마다, 항상 따뜻한 말들로 위로를 해줍니다. 같이 시간을 보낼 때는, 우리는 보통 학교 도서관에 가서 공부를 함께 하거나 방과 후에 농구를 합니다. 가끔 주말에는 술을 마시러 가기도 합니다. 이 친구 덕분에, 저의 학교 생활은 재미있고 의미가 있는 것 같습니다.

스피킹 노하우

★ ~처럼 [like+명사형]

ex A rainy day like today makes me feel depressed. 오늘처럼 비가 오는 날은 나를 우울하게 만듭니다.

VOCA

major in ~를 전공하다   **Biological Engineering** 생명 공학   **an orientation** 오리엔테이션
spoke to ~에게 말을 걸다, 말을 하다   **get close to** ~와 가까워지다   **difficulty** 어려움   **cheer up** 격려하다, 위로하다
go for a drink 술을 마시러 가다   **thanks to** ~덕분에   **meaningful** 의미 있는

❶ 이름과 전공

One of my closest friends at school is [이름],
who is majoring in [전공].

저와 가장 친한 친구 중 한 명은 [ ]를 전공하는 [ ]입니다.

❷ 처음 만난 시기

I first met him when [만난 시기].

저는 [ ]했을 때 그를 처음 만났습니다.

TIP when 다음에는 [주어+동사] 순으로 배열하여 '~했을 때'로 표현할 수 있습니다.

❸ 만나게 된 계기

At that time, [만나게 된 사건 설명].

그때 당시, [ ]했습니다.

TIP 어디에서 무슨 일 때문에 만나게 되었는지 만난 순간에 대해 자세히 설명해보세요.

❹ 성격 및 특징

He is [성격 및 특징].

그는 [ ]입니다.

❺ 같이 하는 활동

When we hang out, we usually [활동 묘사].

우리는 만나면 보통 [ ]를 합니다.

❻ 느낌 및 생각

Thanks to him, [느낌 및 생각].

그 덕분에 [ ]합니다.

TIP 친구가 있어서 좋은 점이나 감사한 점에 대한 생각을 말해보세요.

• 표현 늘리기

◙ 만나게 된 계기

At that time, he was one of my group members in my group project.
그때 당시, 그는 그룹 프로젝트에서 우리 그룹의 한 일원이었습니다.

I met him in the club I joined. 저는 그를 제가 가입한 동아리에서 만났습니다.

He lived next door to me. 그는 우리 옆집에 살았습니다.

I often encountered him in my neighborhood. 동네에서 그와 자주 마주쳤습니다.

He was sitting next to me on the first day of class. 수업 첫날에 그는 제 옆자리에 앉아 있었습니다.

◙ 친구의 특징 및 나와의 관계

We have a lot in common. 우리는 공통점이 많습니다.　　He is easy to get along with. 그는 사귀기 쉬운 사람입니다.

He is mature for his age. 그는 나이에 비해 성숙합니다.　　He understands me very well. 그는 저를 잘 이해해 줍니다.

◙ 학교 친구와 함께 하는 활동

work on an assignment together 숙제를 같이 하다

have lunch together 같이 점심을 먹다

go to the gym and work out together 헬스장에 가서 운동을 함께 하다

go to the movies together 같이 영화를 보러 가다

Q3

[학교를 처음 방문했던 경험]

When was your first visit to your school? What did you do at that time? What was your first impression of the school? Please tell me about it in as much detail as possible.

지금 다니는 학교를 처음 방문한 적은 언제였나요? 그 당시에 무엇을 했나요? 학교에 대한 첫 인상은 어땠나요? 가능한 자세하게 이야기해주세요.

● 답변 구성 전략

방문 시기 ▸ 학교 방문 목적 ▸ 방문 전 ▸ 방문 후 ▸ 방문했을 때 한 일 ▸ 느낌 및 생각

● 모범 답변 살펴보기

It was four years ago when I first visited my college. 방문 시기 On that day, I was visiting my school to attend my freshman orientation. 학교 방문 목적 Before I went to the school campus, I didn't expect much from my school because it didn't look that good in the pictures.★ 방문 전 As soon as I got there, however, I was very impressed by its large and beautiful campus. The school facilities also looked very good. 방문 후 After I attended the orientation, I had lunch with my new classmates at the school cafeteria. 방문했을 때 한 일 It was such an exciting day. 느낌 및 생각

제가 다니는 대학교를 처음 방문한 것은 4년 전이었습니다. 그날, 저는 신입생 오리엔테이션에 참가하기 위해 학교를 방문했습니다. 학교 캠퍼스에 가기 전에는 학교에 대해 그렇게 많이 기대하지 않았는데 사진 속의 캠퍼스 모습이 그리 좋아 보이지 않았기 때문입니다. 하지만 학교에 도착하자마자 크고 아름다운 캠퍼스에 감명을 받았습니다. 학교 시설 또한 매우 좋아 보였습니다. 오리엔테이션에 참여한 후, 저는 새로운 반 친구들과 학교 식당에서 점심을 먹었습니다. 정말 설레던 하루였습니다.

스피킹 노하우

★ 그렇게(그 정도로) ~하지는 않은 [not+that+형용사]

ex The facilities were not that good. 시설들이 그렇게 좋지는 않았습니다.
The campus was not that big. 캠퍼스가 그렇게 크지는 않았습니다.

VOCA

visit 방문하다　attend ~에 참여하다　freshman orientation 신입생 환영회　expect 기대하다
be impressed by ~에 감명받다　facilities 시설물　exciting 설레는

❶ 방문 시기

It was ___구체적인 시기___ when I first visited my college.

제가 다니는 대학교를 처음 방문한 것은 ___ 였습니다.

❷ 방문 목적

On that day, I was visiting my school to ___방문 목적___ .

저는 ___ 하기 위해 학교를 방문했습니다.

TIP to 다음 동사를 붙여 '~하기 위해'라는 목적을 나타냅니다.

❸ 방문 전

Before I went to the school campus, ___방문 전 한 일이나 생각___ .

학교 캠퍼스에 가기 전에는 ___ 했습니다.

❹ 방문 후

As soon as I got there, ___방문 후 한 일이나 생각___ .

학교에 도착하자마자 ___ 했습니다.

❺ 방문 시에 한 일

After ___처음 한 일___ , I ___학교에서 한 일들___ .

___ 한 후에는 ___ 했습니다.

TIP 처음 방문한 날 했던 일을 몇 가지 차례대로 이야기해보세요. After 다음에는 [주어+동사] 순으로 처음에 한 일에 대해 묘사합니다.

❻ 느낌 및 생각

It was such a(n) ___어떤___ day.

정말 ___ 했던 하루였습니다.

TIP 다양한 형용사를 이용하여 어떤 하루였는지 묘사합니다.

ex fun 재미있는 memorable 기억에 남을 만한 enjoyable 즐거운 hard 힘든

● 표현 늘리기

▣ 학교 방문 목적 및 한 일

participate in an orientation 오리엔테이션에 참여하다
have an interview for admission 입학을 위한 인터뷰를 하다
take an essay exam 논술 시험을 보다
sign up(register) for classes 수강 신청을 하다
have a look around the campus in advance 캠퍼스를 미리 둘러보다
tour the classrooms and facilities 교실과 시설들을 둘러보다
visit my professor 교수님을 방문하다

▣ 학교 방문 시 첫 느낌 [I was+형용사+(by+명사)]

I was impressed by ~에 감명을 받았다
I was shocked by ~에 충격을 받았다
I was surprised by ~에 놀랐다
I was disappointed by(with) ~에 실망했다
I was excited about(by) ~에 신났다. 설레었다

 **롤플레이 문제 : 강의실이 변경된 상황**

변경된 강의실에 관련된 롤플레이 문제들입니다. 보통은 롤플레이 문제들이 아래처럼 한 가지 주제에 대해 서로 연관되어 연이어 나오므로, 답변 역시 앞뒤 내용의 흐름에 맞게 연관 지어 이야기하는 것이 좋습니다. 'Chapter 2. 롤플레이'에서 다룬 문제 유형과 답변 흐름을 참고하여 변경된 강의실에 대한 답변을 완성해보세요.

 **Q1** [전화로 질문하기] I'll give you a situation and ask you to act it out. You just found out that your classroom has been changed. Call your professor and ask him three or four questions about the classroom.

상황을 줄 테니 역할극을 해보세요. 당신은 방금 강의실이 변경된 것을 알았습니다. 교수님께 전화를 걸어 강의실에 대해 서너 가지 질문을 해보세요.

인사	Hello? This is Soyeon Yang from your Biology class.
전화 목적	I'm calling you to ask some questions about the classroom.
질문	I just found out that the classroom has been changed. Could you tell me where the classroom is? Oh, I'm sorry, but I don't know that building. Is it the white one next to the Business School? And, which floor is the classroom on? What is the room number?
끝인사	Thank you for your kind answers.

여보세요? 교수님 생물학 수업을 듣는 양소연인데요. 강의실에 대해 몇 가지 질문이 있어서 전화했습니다. 지금 방금 강의실이 변경된 것을 알았는데요. 강의실이 어디인지 말씀해주시겠어요? 아, 죄송하지만 제가 그 건물을 몰라요. 경영대 옆에 있는 흰색 건물인가요? 그리고, 강의실은 몇 층에 있나요? 마지막으로 강의실 번호가 몇 번인가요? 친절한 답변 감사합니다.

biology 생물학 find out 알아내다, 알게 되다
[could you tell me+의문사+주어+동사] ~인지 말씀해주시겠어요? next to ~옆에 floor 층

 **Q2** [상황설명] You've just arrived in the classroom that your professor mentioned, but it is locked and no one is there. Call your professor again and explain the situation.

당신은 교수님께서 말한 강의실에 막 도착했지만, 강의실은 잠겨있고 아무도 없습니다. 교수님께 다시 전화를 걸어 상황을 설명해보세요.

인사	Hello? This is Soyeon Yang who just called you.
전화 목적	I'm calling you about the classroom again.
상황 설명	I'm sorry to tell you this, but I think I'm in the wrong classroom. The door is locked and there is no one here. I think this is the classroom you told me. I'm on the second floor of the Science building. Could you tell me the classroom number again? 205? Not 206?
끝인사	Thank you for letting me know.

여보세요? 방금 전화 드렸던 양소연인데요. 강의실 때문에 다시 전화 드렸습니다. 죄송하지만, 제가 다른 강의실에 와 있는 것 같은데요. 문이 잠겨있고, 여기에는 아무도 없어요. 교수님께서 말씀하신 강의실이 맞는 것 같은데요. 저는 과학관 2층에 있습니다. 다시 한 번 강의실 번호를 말씀해 주시겠어요? 205호요? 206호가 아니고요? 알려주셔서 감사합니다.

mention 언급하다 be locked 잠겨있다 wrong 잘못된, 틀린 second 두 번째의 [let+사람+know] ~에게 알려주다

Unit 02 학교 생활

학교 생활과 관련된 주요 문제는 장소나 인물에 대한 묘사보다는 학교에서의 활동 패턴이나 그 활동의 경험에 대한 문제 유형이 많습니다. 학교 안팎에서 할 수 있는 활동이나 학교에서의 일상 생활, 학교에서 참여할 수 있는 행사 등 다양한 주제에 대해 미리 생각하고, 시간의 흐름에 따라 생활 패턴을 묘사할 수 있도록 답변을 준비해보세요.

일반 활동 패턴
- ▶ 학교에서의 일상 생활
- ▶ 학교에서 수업 전후의 활동
- ▶ 학교 주위에서 할 수 있는 활동
- ▶ 등교 시간 및 등교 방법
- ▶ 학교 갈 때 주로 입는 옷
- ▶ 학교에서 주로 하는 행사

경험
- ▶ 가장 최근에 학교 행사에 참여한 경험
- ▶ 기억에 남는 학교 행사
- ▶ 학교에서 경험한 재미있거나 기억에 남는 사건
- ▶ 학교 생활에서 가장 힘들었던 경험

출제 가능 질문 살펴보기

[학교에서의 일상 생활]

Please tell me about your typical day at school. What kind of things do you usually do in school? What do you usually do before and after classes?

학교에서의 일상에 대해 이야기해주세요. 학교에서 주로 하는 일들은 무엇인가요? 수업 전후에는 보통 무엇을 하나요?

[등교시간 및 등교방법]

Where is your school located and what time do you usually go to school? How do you get to school every day?

당신이 다니는 학교는 어디에 있고, 보통 몇 시에 학교에 가요? 학교까지는 매일 어떻게 가요?

[기억에 남는 학교 행사]

Please tell me about one of the special events that took place at school, such as a graduation ceremony or a school trip. What were some memorable things that happened during that event?

졸업식이나 수학여행과 같은 학교에서 있었던 특별한 행사 중 하나에 대해 이야기해주세요. 행사 기간 동안 있었던 기억에 남는 일들은 무엇인가요?

Q1 Please tell me about your typical day at school. What kind of things do you usually do in school? What do you usually do before and after classes?

학교에서의 일상에 대해 이야기해주세요. 학교에서 주로 하는 일들은 무엇인가요? 수업 전후에는 보통 무엇을 하나요?

• 답변 구성 전략

등교 및 수업 시간 ▶ 수업 전에 하는 일 ▶ 공강 시간에 하는 일 ▶ 수업 후에 하는 일 ▶ 수업 후에 가끔 하는 활동 ▶ 느낌 및 생각

• 모범 답변 살펴보기

★ **I go to school** four days a week, **and I have classes from** 10 A.M. to 4 P.M. 등교 및 수업 시간 **Before the classes**, I go to the library and check out some books for my assignments. Then, I go to a cafe in my department building and grab a cup of coffee. 수업 전에 하는 일 **Between classes**, I have lunch at a school cafeteria with my classmates or walk around the campus for light exercise. 공강 시간에 하는 일 **When the classes are over**, I normally go to my club office and do some club activities. 수업 후에 하는 일 **Sometimes**, I go out for dinner or a drink with my club members. 수업 후에 가끔 하는 활동 **Overall, I think** I enjoy my school days very much. 느낌 및 생각

저는 일주일에 4일을 학교에 가고, 수업은 오전 10시부터 오후 4시까지 있습니다. 수업 전에는, 도서관에 가서 과제를 위한 책을 빌립니다. 그리고 나서, 단대 건물 안에 있는 카페에서 커피 한 잔을 마십니다. 공강 시간에는 반 친구들과 점심을 먹거나 가벼운 운동을 위해 캠퍼스를 걸어 다닙니다. 수업들이 끝나면, 보통 동아리 방에 가서 동아리 활동을 합니다. 가끔은 동아리 친구들과 저녁 또는 술을 마시러 갑니다. 전반적으로 저는 저의 학교 생활을 꽤 즐기고 있는 것 같습니다.

스피킹 노하우

★ I go to school.

'학교에 다니다, 통학하다'라는 의미로 이야기할 때는 고등학교나 대학교에 상관없이 모두 go to school이라고 표현할 수 있습니다. 또한 일반적인 학교 생활에 대한 이야기를 할 때도 school이라는 단어를 쓰는 것이 좋습니다. 중등 과정 후에 다니는 '대학교'의 의미를 강조하지 않는 한, '학교에 다니다'를 I go to university(college). '저는 대학교에 다녀요.'로 사용하지 않도록 합니다.

VOCA

A.M.(ante meridiem) 오전   P.M.(post meridiem) 오후   check out (도서관 등에서) 대출받다
an assignment 과제   cafe 카페   grab 붙잡다   walk around 걸어서 돌아다니다
light exercise 가벼운 운동   normally 보통   a club 동아리   overall 전반적으로

❶ 등교 및 수업 시간

I go to school [다니는 빈도], and I have classes from [수업 시작 시간].

저는 [   ] 마다 학교에 가고, 수업은 [   ] 시부터 있습니다.

TIP 일주일에 학교에 며칠 가는지, 수업 시작 시간은 언제인지 숫자로 나타내보세요.

❷ 수업 전에 하는 일

Before the classes, [활동 묘사].

수업 전에 저는 [   ] 를 합니다.

❸ 공강 시간에 하는 일

Between classes, [활동 묘사].

공강 시간에는 [   ] 를 합니다.

❹ 수업 후에 하는 일

When the classes are over, [활동 묘사].

수업들이 다 끝나면 [   ] 를 합니다.

❺ 수업 후에 가끔 하는 일

Sometimes, [활동 묘사].

가끔은 [   ] 를 합니다.

❻ 느낌 및 생각

Overall, I think [학교 일상에 대한 느낌 및 생각].

전반적으로 저는 [   ] 인 것 같습니다.

ex Overall, I think my school day is pretty busy.
전반적으로 제 학교 생활은 꽤 바쁜 것 같습니다.

● 표현 늘리기

◼ 학교 생활 관련 시간 나타내기

My first class usually starts at 10 A.M. 저의 첫 수업은 보통 10시에 시작합니다.
My classes begin at 10 A.M. and end at 5 P.M. 저의 수업들은 10시에 시작하고, 5시에 끝납니다.
I have a 10-minute break between every class. 매 수업 시간 중간에 10분씩 쉽니다.
I have two or three regular classes a day. 저는 하루에 2~3개의 정규 수업이 있습니다.

◼ 학교에서 하는 활동

skip some classes 수업을 빼먹다
take some extra language classes 추가적으로 언어 수업을 듣다
study at the library 도서관에서 공부하다
review the lesson 수업 복습을 하다
preview 예습하다
work on my assignments 과제를 하다
have a group meeting 그룹 회의를 하다
participate in a group project 그룹 프로젝트에 참여하다
spend time in the club room 동아리 방에서 시간을 보내다
work part-time at a cafe 카페에서 아르바이트를 하다
chat with my classmates 반 친구들과 수다를 떨다

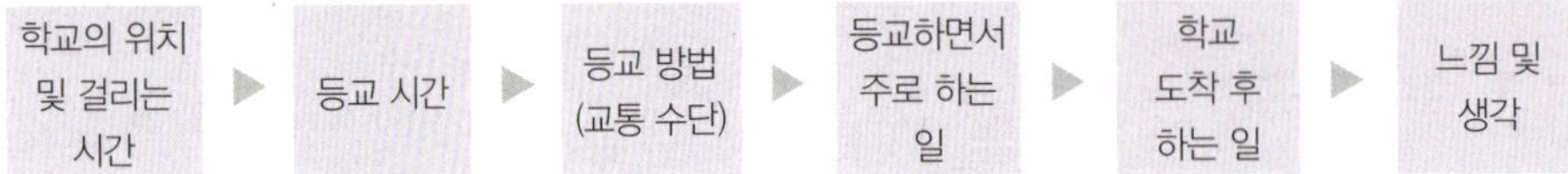

[등교시간 및 등교방법]

Where is your school located and what time do you usually go to school? How do you get to school every day?

당신이 다니는 학교는 어디에 있고, 보통 몇 시에 학교에 가나요? 학교까지는 매일 어떻게 가나요?

● 답변 구성 전략

학교의 위치 및 걸리는 시간 ▸ 등교 시간 ▸ 등교 방법 (교통 수단) ▸ 등교하면서 주로 하는 일 ▸ 학교 도착 후 하는 일 ▸ 느낌 및 생각

● 모범 답변 살펴보기

My school is located on the outskirts of Seoul, **and it usually takes** one hour from my house to get there. 위치 및 걸리는 시간 **Because my first class starts** at 10 A.M., **I leave home** at around 8:30. 등교 시간 **To get to school**, I normally take the subway. I take subway line number 2 first and then transfer to line number 1. I spend about 40 minutes on the subway. 등교 방법 **While I commute to school,** I listen to music or read some novels. Sometimes, I play games on my cell phone. 등교하면서 주로 하는 일 **After arriving at school**, I go to a school cafeteria and have a light breakfast before class. 학교 도착 후 하는 일 **The commuting time is sometimes boring, but** I think I'm used to it now. 느낌 및 생각

우리 학교는 서울 외곽에 위치해 있고, 우리 집에서 학교까지는 보통 1시간이 걸립니다. 첫 수업이 오전 10시에 시작하기 때문에 저는 집에서 8시 30분에 출발합니다. 학교까지 가기 위해서 저는 보통 지하철을 탑니다. 먼저 지하철 2호선을 타고 그 다음에 1호선으로 갈아탑니다. 지하철 안에서는 약 40분을 보냅니다. 등교하는 동안 저는 음악을 듣거나 소설을 읽습니다. 가끔은 핸드폰으로 게임을 하기도 합니다. 학교에 도착한 후에는 수업 시작 전에 학교 식당에 가서 간단히 아침을 먹습니다. 통학 시간은 가끔 지루하기도 하지만, 저는 이제 익숙해진 것 같습니다.

스피킹 노하우

★ ~하는 데는 ~(시간이) 걸리다 [It takes+걸리는 시간+to+동사]

> **ex** It usually takes 30 minutes to get to school. 학교까지 가는 데는 30분이 걸립니다.
> It will take 2 hours to finish this book. 이 책을 다 끝내는 데는 2시간이 걸립니다.

VOCA

on the outskirts 외곽에   **leave** 출발하다, 떠나다   **subway** 지하철   **line number** ~호선
transfer to ~로 갈아타다   **commute** 통근, 통학하다   **a novel** 소설책   **a cell phone** 핸드폰
breakfast 아침   **boring** 지루한   **be used to** ~에 익숙한

❶ 위치 및 걸리는 시간   My school is located ___위치___,
and it usually takes ___걸리는 시간___ to get there.

우리 학교는 ______ 에 위치해 있고, 그곳까지는 보통 ______ 이 걸립니다.

❷ 등교 시간   Because my first class starts ___수업 시작 시간___, I leave home ___출발 시간___.

첫 수업이 ______ 에 시작하기 때문에, 저는 ______ 에 집에서 출발합니다.

TIP '~시에'라고 시간을 나타낼 때는 전치사 at과 함께 사용하세요.

ex at 10 o'clock 10시에

❸ 등교 방법   To get to school, I normally take ___교통 수단___.

학교까지 가기 위해서는, 저는 보통 ______ 를 탑니다.

TIP 걸어서 학교에 다닌다면 I normally walk to school. '저는 보통 학교에 걸어서 갑니다.'로 표현해보세요.

❹ 등교하면서 하는 일   While I commute to school, I ___활동 묘사___.

등교하는 동안에, 저는 ______ 를 합니다.

❺ 학교 도착 후 하는 일   After arriving at school, I ___활동 묘사___.

학교에 도착한 후, 저는 ______ 를 합니다.

❻ 느낌 및 생각   The commuting time is sometimes boring, but ___느낌 및 생각___.

통학 시간은 가끔 지루하지만, ______ 입니다.

● 표현 늘리기

▣ 학교 위치

My school is located near my house. 우리 학교는 우리 집 근처에 위치해 있습니다.

My school is far from my house. 우리 학교는 우리 집에서 먼 곳에 위치해 있습니다.

My school is located within a walking distance from my home.
우리 학교는 우리 집에서 걸어갈 수 있는 거리에 위치해 있습니다.

▣ 교통 수단

TIP take ~를 타다   subway 지하철   bus 버스   taxi 택시   school shuttle bus 학교 버스

I go to school by subway. 저는 학교에 지하철을 타고 갑니다.

I go to school on foot. 저는 걸어서 학교에 갑니다.

I take a taxi to school when I'm late. 저는 늦었을 때는 택시를 타고 학교에 갑니다.

I usually ride my bicycle to school. 저는 보통 저의 자전거를 타고 학교에 갑니다.

I can get to school on time if I take the subway. 지하철을 타면 학교에 정시에 도착할 수 있습니다.

Q3

[기억에 남는 학교 행사]

Please tell me about one of the special events that took place at school, such as a graduation ceremony or a school trip. What were some memorable things that happened during that event?

졸업식이나 수학여행과 같은 학교에서 있었던 특별한 행사 중 하나에 대해 이야기해주세요. 행사 기간 동안 있었던 기억에 남는 일들은 무엇인가요?

● 답변 구성 전략

행사 소개 (시기, 종류) ▶ 행사 분위기 묘사 ▶ 기억에 남는 일 1 ▶ 기억에 남는 일 2 ▶ 느낌 및 생각

● 모범 답변 살펴보기

A school event I still remember is the spring festival last year. It is one of the biggest events in my school. 행사 소개 When I went to the festival, there were already many ﹡people enjoying the festivities. Many departments ran outdoor bars and food stands on the grassy area. 행사 분위기 묘사 One of the memorable things about the event was the singing contest. My friend participated in the contest and won second prize. 기억에 남는 일 1 Another thing I enjoyed was seeing the mini concert at night. Many famous singers came and performed on the stage. We all went crazy about the concert. 기억에 남는 일 2 I still can't forget that energy at the festival. 느낌 및 생각

제가 아직도 기억하는 학교 행사는 작년의 봄 축제입니다. 봄 축제는 우리 학교에서 가장 큰 행사 중 하나입니다. 제가 그 축제에 갔을 때는 이미 많은 사람들이 축제를 즐기고 있었습니다. 많은 학과들이 잔디밭에서 야외 술집과 음식 가판대를 운영하고 있었습니다. 축제에서 가장 기억에 남는 점 중 하나는 노래자랑 대회입니다. 제 친구는 그 대회에 참가해서 2등 상을 받았습니다. 또 하나 축제에서 제가 재미있어 했던 것은 밤에 작은 콘서트를 보는 일이었습니다. 많은 유명한 가수들이 와서 무대에서 공연을 했었습니다. 우리는 모두 그 콘서트에 열광했습니다. 축제에서의 그 열기를 저는 아직도 잊을 수가 없습니다.

◆ 스피킹 노하우

★ ~하는 사람들 [people+동명사형(동사+ing)]

> **ex** I could see many people singing and dancing. 노래하며 춤을 추는 많은 사람들을 볼 수 있었습니다.
> There were many people walking around the campus. 캠퍼스를 돌아다니는 사람들이 많았습니다.

◆ VOCA

remember 기억하다   festival 축제   festivities 축제 행사   run 운영하다
a food stand 음식 가판대   a grassy area 잔디밭   prize 상   concert 콘서트
perform 공연하다   stage 무대   go crazy 열광하다

❶ 행사 소개

A school event I still remember is [학교 행사] .

제가 아직도 기억하는 학교 행사는 [   ] 입니다.

TIP 행사를 소개할 때 구체적인 시기도 덧붙여 설명하세요.

❷ 행사 분위기 묘사

When I went to the festival, [분위기 묘사] .

그 축제에 갔을 때는, [   ] 였습니다.

TIP 전체적인 분위기나 사람들의 모습, 볼 수 있었던 것들을 이야기해보세요.

❸ 기억에 남는 일 1

One of the memorable things about the event was [기억에 남는 일] .

축제에서 가장 기억에 남는 일 중 하나는 [   ] 입니다.

❹ 기억에 남는 일 2

Another thing I enjoyed was [기억에 남는 일] .

또 하나 제가 재미있어 했던 부분은 [   ] 입니다.

TIP was 뒤에 [that+주어+동사]나 동명사형을 써서 '~했던 것'으로 기억에 남는 일을 표현할 수 있습니다.

❺ 느낌 및 생각

I still can't forget [잊을 수 없는 부분] .

저는 아직도 [   ] 를 잊을 수가 없습니다.

ex the excitement I felt 내가 느꼈던 흥분   that moment 그 순간   that day 그날
that happening 그 사건

◾ 학교 행사의 종류

attend 참여하다/have 갖다+ a graduation ceremony 졸업식   an entrance ceremony 입학식
a freshman orientation 신입생 오리엔테이션   a sports day 체육대회

go on ~를 가다+ a school trip 수학여행   a graduation trip 졸업여행

◾ 행사 분위기 묘사 및 볼 수 있는 일

open a temporary bar or cafe 일일 주점/카페를 열다
take a photo 사진을 찍다
listen to the congratulatory speech 축사를 듣다
receive a prize/an award 상을 받다
watch a costume parade 가장행렬을 보다
get one's face painted ~의 페이스 페인팅을 받다
see a dancing contest 춤추기 대회를 보다

 **롤플레이 문제** : 수업이나 시험을 놓치는 상황

학교 생활과 관련된 문제는 수업, 시험이나 행사 등을 놓치게 되는 상황에서 질문하기, 문제 해결하기 등에 대한 롤플레이 문제가 자주 출제됩니다. 수업이나 시험에 참여하지 못하는 상황에 대한 이유를 구체적으로 제시하고, 그에 적절한 질문이나 대안을 제시할 수 있도록 미리 생각해보세요.

C03-U02-04

 **Q1** [전화로 질문하기] **I'll give you a situation and ask you to act it out. You are not able to attend your class tomorrow. Call your professor and ask him three or four questions about the class and the assignment.**

상황을 줄 테니 역할극을 해보세요. 당신은 내일 수업에 참석하지 못하게 되었습니다. 교수님께 전화를 걸어 수업과 과제에 대한 서너 가지 질문을 해보세요.

인사	Hello? This is Hyejin Lee from your English literature class.
전화 목적	I'm calling you to ask some questions about the class because I can't go tomorrow. I have an important family event tomorrow.
질문	First, could you tell me what the class is about tomorrow? I heard that tomorrow's class will be very important. And, will you give us an assignment? What is the assignment? When is the deadline?
끝인사	Thank you for your kind answers.

여보세요? 교수님의 영문학 수업을 듣는 이혜진입니다. 제가 내일 수업을 못 갈 것 같아서 수업에 대해 몇 가지 질문이 있어서 전화 드렸습니다. 내일 중요한 가족 행사가 있어서요. 먼저, 내일 수업 내용에 대해 이야기해주실 수 있으세요? 내일 수업이 아주 중요하다고 들어서요. 그리고, 내일 내주실 숙제가 있나요? 그 숙제가 무엇인가요? 마지막으로 마감일은 언제인가요? 친절한 답변 감사드립니다.

English literature 영문학 **important** 중요한 **a family event** 가족 행사 **an assignment** 숙제 **a deadline** 마감일

C03-U02-05

 **Q2** [대안제시 하기] **I'm sorry, but there's a problem that you need to resolve. You cannot take a very important test tomorrow. Call your professor, explain the situation and discuss what you can do.**

유감스럽지만 해결해야 할 문제가 생겼습니다. 당신은 내일 아주 중요한 시험을 못 보게 되었습니다. 교수님께 전화를 걸어 상황을 설명하고 어떻게 할지 의논해보세요.

인사	Hello? This is Boyeon Kim who takes your American History class.
전화 목적	I'm calling you about the test I'm supposed to take tomorrow.
상황 설명	I'm sorry to tell you this, but I can't take that test because I have to visit my grandmother in the hospital. I know it is a very important test, so I'm worried about it.
대안 제시	If it is possible, can I write an alternative paper instead? I have studied for this test very hard, so I'd like to do something else to make up for it.
끝인사	Please let me know what you think.

여보세요? 교수님의 미국 역사 수업을 듣는 김보연입니다. 내일 치기로 한 시험 때문에 전화 드렸어요. 이런 말씀 드려서 죄송하지만, 병원에 계시는 할머니를 방문해야 해서 그 시험을 못 칠 것 같아요. 매우 중요한 시험이라는 것을 알기 때문에 걱정이 많이 돼요. 가능하다면, 시험 대신에 대체 리포트를 내도 될까요? 시험 공부를 정말 열심히 해서 보충할 수 있는 다른 무엇이라도 하고 싶은데요. 어떻게 생각하시는지 알려주세요.

American History 미국 역사 **take a test** 시험을 치다 **in the hospital** 입원 중인
be worried about ~에 대해 걱정하다 **alternative** 대체의 **make up for** ~를 보충하다, 만회하다

Unit 03 전공, 수업 및 과제

학생의 본분이 학업인 만큼 학생과 관련해서는 전공, 수업 및 과제에 대한 문제가 자주 출제 됩니다. 자신의 전공을 선택한 이유, 듣고 있는 수업 및 과제 등에 대한 이야깃거리를 미리 생각해보고 자신의 전공에 맞게 표현할 수 있도록 어휘 및 여러 가지 표현들을 미리 익혀두세요.

전공
- ▶ 자신의 전공 소개와 그 전공을 선택한 이유
- ▶ 학교의 전공 프로그램에 대한 소개
- ▶ 졸업 후의 전공과 관련된 미래 계획

수업
- ▶ 요즘 듣고 있는 수업 소개
- ▶ 가장 좋아하는, 기억에 남는 수업
- ▶ 수업 중에 경험한 재미있거나 예기치 못한 사건

과제
- ▶ 요즘 하고 있는 과제나 프로젝트
- ▶ 가장 최근에 끝낸 프로젝트
- ▶ 책을 이용한 과제 경험
- ▶ 프로젝트 수행 중 겪은 어려움
- ▶ 프로젝트나 과제를 끝내기 위한 과정 설명

 **출제 가능 질문 살펴보기**

[전공 소개]

Please tell me about your major. What is it and why did you choose it?

전공에 대한 이야기를 해주세요. 당신의 전공은 무엇이며, 왜 그 전공을 선택했나요?

[듣고 있는 수업 및 좋아하는 수업]

What classes are you taking these days? What is your favorite class among them? Why do you like that class?

요즘 듣고 있는 수업은 무엇인가요? 그중 가장 좋아하는 수업은 무엇인가요? 왜 그 수업을 좋아하나요?

[가장 최근에 끝낸 프로젝트]

Please tell me about the project you've finished recently. What did you do for the project? How was the result?

최근에 끝낸 프로젝트에 대해 이야기해주세요. 프로젝트를 위해 어떤 일들을 했나요? 결과는 어땠나요?

Q1

[전공 소개]

Please tell me about your major. What is it and why did you choose it?

전공에 대한 이야기를 해주세요. 당신의 전공은 무엇이며, 왜 그 전공을 선택했나요?

답변 구성 전략

전공 소개 ▶ 전공 수업 내용 ▶ 전공 선택 이유 1 ▶ 전공 선택 이유 2 ▶ 전공 선택에 대한 느낌 및 생각 ▶ 졸업 후의 계획

모범 답변 살펴보기

I'm majoring in Hotel Management. 전공 소개 At school, I learn principles of hotel management, hotel marketing, and international tourism and hotel systems. 전공 수업 내용 There are several reasons I chose my major. 전공 선택 이유 The main reason is that★ I have always been interested in various kinds of hotels. When I travel somewhere, I think it is really fun to tour different kinds of hotels. 이유 1 Another reason is that I can meet many different people from all over the world if I work at a hotel. I love to learn about interesting foreign cultures from them. 이유 2 Even though studying Hotel Management is a bit difficult, I'm satisfied with my choice. 느낌 및 생각 After graduation, I'd like to work at one of the biggest hotels in Korea. 졸업 후의 계획

저는 호텔 경영학을 전공하고 있습니다. 학교에서 호텔 경영학 원론, 호텔 마케팅, 국제 관광과 호텔 시스템에 대해 배웁니다. 제가 전공을 선택한 이유는 몇 가지 있습니다. 주된 이유는 다양한 종류의 호텔에 관심이 있었기 때문입니다. 여행을 할 때 각기 다른 종류의 호텔을 돌아다니며 구경하는 것은 정말 재미있습니다. 또 하나의 이유는 호텔에서 일을 하면 세계에서 온 많은 다른 사람들을 만날 수 있기 때문입니다. 저는 그런 사람들로부터 재미있는 외국 문화를 배우는 것을 좋아합니다. 호텔 경영학을 공부하는 것은 조금 어렵기는 하지만, 제 선택에 만족하고 있습니다. 졸업 후에는 한국의 가장 큰 호텔 중 한 곳에서 일을 하고 싶습니다.

스피킹 노하우

★ 문장을 명사로 만들기
~하는 것 [that+주어+동사]

> **ex** Another reason is that I can get a good job after graduation.
> 또 하나의 이유는 졸업 후에 좋은 직업을 얻을 수 있다는 것입니다.

VOCA

Hotel Management 호텔 경영학   principles 원리   international 국제의   tourism 관광
several 몇 가지의   main 주된, 주요한   various 다양한   all over the world 세계 곳곳에
culture 문화   choice 선택

❶ 전공 소개

I'm majoring in [전공 이름] .

저는 ＿＿＿를 전공하고 있습니다.

TIP 전공에 대한 이야기는 I'm studying~으로도 표현할 수 있습니다. 부전공이 있다면
I'm also doing a minor in~ '저는 또한 ~를 부전공으로 하고 있습니다'로 표현해보세요.

❷ 전공 수업 내용

At school, I learn [전공 과목 및 내용] .

학교에, 저는 ＿＿＿를 배웁니다.

❸ 전공 선택 이유

There are several reasons I chose my major.

전공을 선택한 이유는 몇 가지가 있습니다.

❹ 이유 1

The main reason is that [이유 1] .

주된 이유는 ＿＿＿이기 때문입니다.

TIP [that+주어+동사] 구조의 문장으로 이유를 이야기해보세요.

❺ 이유 2

Another reason is that [이유 2] .

또 하나의 이유는 ＿＿＿이기 때문입니다.

❻ 선택에 대한 느낌 및 생각

Even though [주어+동사] , I [동사] .

비록 ＿＿＿이긴 하지만, ＿＿＿입니다.

ex Even though studying Business Administration is fun, I regret my decision.
경영학을 공부하는 것은 재미있기는 하지만, 제 결정을 후회합니다.

Even though this field is promising, I'm thinking of changing my major.
이 분야가 전망이 있기는 하지만, 전공을 바꿀까 생각 중입니다.

❼ 졸업 후의 계획

After graduation, I'd like to [하고 싶은 일] .

졸업 후에는 ＿＿＿을 하고 싶습니다.

● 표현 늘리기

■ 전공 선택의 이유

My teacher recommended the major to me. 선생님께서 그 전공을 추천해주셨습니다.

It helps me get a good job. 좋은 직업을 가지는 데 도움이 됩니다.

I was pushed into majoring in medical science by my parents. 부모님께 떠밀려 의학을 전공하게 되었습니다.

I have been interested in mathematics since I was a child. 어릴 때부터 수학에 관심이 있었습니다.

The major is right for me. 전공이 제 적성에 맞습니다.

I followed the advice of my family. 가족들의 조언을 따랐습니다.

My parents wanted me to do it. 부모님께서 제가 그것을 하길 바랐습니다.

I chose my major according to my grades. 저는 성적대로 전공을 선택했습니다.

Q2

[듣고 있는 수업]

What classes are you taking these days? What is your favorite class among them? Why do you like that class?

요즘 듣고 있는 수업은 무엇인가요? 그 중 가장 좋아하는 수업은 무엇인가요? 왜 그 수업을 좋아하나요?

답변 구성 전략

학년과 전공 ▶ 듣고 있는 필수 과목 ▶ 듣고 있는 선택 과목 ▶ 가장 좋아하는 과목 ▶ 좋아하는 이유 ▶ 느낌 및 생각

모범 답변 살펴보기

I'm a college senior studying economics. 학년과 전공 This semester I'm taking three required classes such as ★ Microeconomics, International Finance, and Marketing. 필수 과목 I'm also taking two elective classes such as Chinese History and English Conversation. 선택 과목 Among them, my favorite class is International Finance. 가장 좋아하는 과목 I like this class most because I can get a lot of information about the current issues of the international finance system through this class. I have been interested in this field since I was a freshman. 좋아하는 이유 Overall, I'm quite content with the classes I'm taking this semester. 느낌 및 생각

저는 경제학을 공부하고 있는 대학교 4학년생입니다. 이번 학기에 저는 미시경제학, 국제 금융학, 마케팅과 같은 필수 과목을 3개 듣고 있습니다. 또한 중국사, 영어 회화 같은 선택 과목을 2개 듣고 있습니다. 그중에서, 제가 가장 좋아하는 수업은 국제 금융학입니다. 제가 이 수업을 좋아하는 이유는 수업을 통해 국제 금융 분야의 현재 이슈들에 대한 정보를 많이 얻을 수 있기 때문입니다. 저는 1학년 때부터 이 분야에 대해 관심이 많았습니다. 전반적으로 저는 이번 학기에 듣고 있는 수업들에 꽤 만족합니다.

스피킹 노하우

★ A, B, 그리고 C [A, B and C]

두 개 이상의 대상(A, B, C)을 리스트로 제시할 때는 and를 제일 마지막 대상(C) 바로 앞에 위치해 이야기합니다.

ex My elective courses are English, Modern Art, and Principles of Marketing.
제 필수 과목들은 영어, 현대 미술학, 그리고 마케팅 원리입니다.

VOCA

Economics 경제학   semester 학기   a required class 필수 과목   an elective class 선택 과목
Microeconomics 미시경제학   Finance 금융   English conversation 영어 회화
information 정보   field 분야   be content with ~에 만족하다

❶ 학년과 전공

I'm a college 〔학년〕 studying 〔전공〕 .

저는 〔　〕를 공부하고 있는 대학교 〔　〕학년생입니다.

TIP a freshman 1학년　a sophomore 2학년　a junior 3학년　a senior 4학년

❷ 듣고 있는 필수 과목

I'm taking required classes such as 〔과목명〕 .

저는 〔　〕와 같은 필수 과목을 듣고 있습니다.

TIP required classes 앞에 듣고 있는 과목 수도 넣어 표현하면 더 좋습니다.

❸ 듣고 있는 선택 과목

I'm also taking elective classes such as 〔과목명〕 .

또한 〔　〕와 같은 선택 과목을 듣고 있습니다.

❹ 가장 좋아하는 과목

Among them, my favorite class is 〔과목명〕 .

그중에서 제가 가장 좋아하는 과목은 〔　〕입니다.

❺ 좋아하는 이유

I like this class most because 〔이유〕 .

저는 〔　〕때문에 이 수업을 가장 좋아합니다.

❻ 느낌 및 생각

Overall, 〔느낌 및 생각〕 .

전반적으로 〔　〕입니다.

● 표현 늘리기

■ 수업

sign up(register) for a class 수강 신청을 하다
take a major class 전공 과목을 듣다
take cultural studies 교양 과목을 듣다
take summer classes 여름 계절학기를 듣다
attend a make-up class 보충 수업을 듣다
audit(sit in on) a class 청강하다
drop a class 중도 포기하다

■ 수업을 좋아하는 이유

The professor is an easy-grader. 교수님께서 점수를 잘 주십니다.
There is no mid-term or final exam. 중간고사나 기말고사가 없습니다.
I can gain various knowledge related to that field. 그 분야와 관련된 다양한 지식을 얻을 수 있습니다.
I love my professor's teaching style. 교수님의 수업 방식이 좋습니다.
The atmosphere in the class is always good. 수업 분위기가 항상 좋습니다.
I can have deep discussions about various topics. 다양한 주제에 대한 깊은 토론을 할 수 있습니다.

Q3

[가장 최근에 끝낸 프로젝트]

Please tell me about the project you've finished recently. What did you do for the project? How was the result?

최근에 끝낸 프로젝트에 대해 이야기해주세요. 프로젝트를 위해 어떤 일들을 했나요? 결과는 어땠나요?

● 답변 구성 전략

프로젝트 종류 ▶ 프로젝트 주제 ▶ 주로 했던 업무 ▶ 힘든 점 ▶ 프로젝트 결과 ▶ 느낌 및 생각

● 모범 답변 살펴보기

I recently finished a group presentation in my Sociology class. 프로젝트 종류 It was about current social issues in Korea. 프로젝트 주제 For this project, my group members ★ and I collected recent news articles, arranged information we collected and made a survey about people's opinions of those issues. 주로 했던 업무 Although we had some difficulty in scheduling meetings, we tried to do our best to make the project successful. 힘든 점 As a result, we received good feedback from our professor and classmates. 프로젝트의 결과 Doing this project was a very valuable experience to me. 느낌 및 생각

저는 최근에 사회학 수업에서 그룹 프레젠테이션을 하나 끝냈습니다. 그 프레젠테이션은 한국의 현재 사회 문제들에 대한 것이었습니다. 이 프로젝트를 위해서, 저와 그룹 멤버들은 최근의 뉴스 기사들을 모으고, 수집한 정보들을 정리하고, 그 이슈들에 대한 사람들의 의견 설문 조사를 만들었습니다. 비록 그룹 회의 일정을 짜는 데 어려움이 있었지만, 우리는 프로젝트를 성공적으로 하기 위해 최선을 다 했습니다. 그 결과, 교수님과 반 친구들에게 좋은 피드백을 받았습니다. 이 프로젝트를 하는 것은 제게는 아주 값진 경험이었습니다.

스피킹 노하우

★ ~와 나는 [다른 사람들+and I]

> **ex** My family and I went out for dinner yesterday. 우리 가족들과 저는 어제 외식을 했습니다.
> He and I didn't have the same opinion about the topic. 그와 저는 주제에 대해 같은 의견을 갖고 있지 않았습니다.

VOCA

presentation 프레젠테이션, 발표 **current** 현재의 **social issues** 사회 문제 **collect** 수집하다
arrange 정리하다 **survey** 설문 조사 **schedule** 일정을 짜다 **do one's best** ~의 최선을 다하다
successful 성공적인 **receive** 받다 **feedback** 피드백

❶ 프로젝트 종류

I recently finished ___프로젝트 종류___ .

저는 최근에 ___ 를 끝냈습니다.

TIP 어떤 수업에서 진행한 프로젝트였는지 in my ~ class를 덧붙여 설명하면 더 좋습니다.

❷ 프로젝트 주제

It was about ___구체적인 주제___ .

그것은 ___ 에 대한 것이었습니다.

❸ 주로 했던 업무

For this project, my group members and I ___업무 종류___ .

이 프로젝트를 위해 조원들과 저는 ___ 을 했습니다.

❹ 힘든 점

Although we had some difficulty in ___힘든 점___ , we ___극복 방법___ .

비록 ___ 에 어려움이 있었지만, 우리는 ___ 했습니다.

TIP difficulty in 다음에는 동명사형이나 명사형을 사용합니다.

ex dealing with different opinions 각기 다른 의견을 다루는 것

❺ 결과

As a result, we ___결과___ .

그 결과, 우리는 ___ 했습니다.

❻ 느낌 및 생각

Doing this project was a(n) ___어떤___ experience to me.

이 프로젝트를 하는 것은 제게 ___ 한 경험이었습니다.

ex exciting 신나는   interesting 재미있는   meaningful 의미 있는   difficult 힘든

● 표현 늘리기

■ **프로젝트 종류**

a group/an individual project 그룹/개인 프로젝트   a research 리서치
a presentation 발표   a survey 조사   an experiment 실험
a portfolio 작품 선집   an exhibition 전시회   a graduation thesis 졸업 논문

■ **프로젝트의 업무 종류**

divide up all the tasks 업무를 나누다   search for and collect data 자료를 찾고 모으다
design 설계하다, 고안하다   look over the product 결과물을 검토하다
prepare(make) PowerPoint presentations 프레젠테이션 자료를 만들다
prepare a handout 유인물을 만들다   write a paper 보고서를 쓰다

■ **결과**

receive positive/negative feedback 긍정적인/부정적인 피드백을 받다   receive praise 칭찬을 받다
get an A A 학점을 받다   get the top score in the class 수업에서 가장 높은 점수를 받다
barely escape flunking 낙제를 가까스로 면하다

 **롤플레이 문제 : 수강신청 상황**

학교 수업과 관련된 대표적인 롤플레이 문제로는 수강신청 관련 문제들이 자주 출제됩니다. 듣고 싶은 수업에 대한 질문이나, 그 수업의 수강 신청을 못하게 된 상황에 대한 문제가 연이어 나올 수 있으니 그에 맞는 적절한 질문이나 대안을 미리 마련해보세요.

 **Q1** [전화로 질문하기] **I'll give you a situation and ask you to act it out. You want to take a certain course next semester. Call the professor and ask him three or four questions about the class.**

상황을 줄 테니 역할극을 해보세요. 당신은 다음 학기에 어떤 특정한 수업을 듣고 싶어 합니다. 교수님께 전화를 걸어 수업에 대한 서너 가지 질문을 해보세요.

인사	Hello? This is Daehee Kim majoring in journalism.
전화 목적	I'm calling you to ask some questions about your class, Global Journalism, for next semester. I really want to take that class.
질문	First, what are some specific topics for the class? I heard you are dealing with American Journalism as well. Is that right? And, are you giving both midterm and final exams? Lastly, will it be difficult for a sophomore? I'm a little worried it could be difficult to me.
끝인사	Thank you for your kind answers.

여보세요? 신문방송학을 전공하는 김대희라고 하는데요. 다음 학기의 교수님 수업 글로벌 저널리즘에 대해 몇 가지 질문이 있어 전화 드렸습니다. 그 수업을 정말 듣고 싶거든요. 먼저, 수업의 구체적인 주제가 무엇인가요? 미국 저널리즘에 대해서도 다룬다고 들었어요. 맞나요? 그리고, 중간고사와 기말고사 둘 다 내주시나요? 마지막으로 2학년이 듣기에 수업이 어려울까요? 저에게 어려울까봐 조금 걱정이 돼서요. 친절한 답변 감사 드립니다.

Journalism 저널리즘, 신문방송학 **global** 세계적인 **specific** 특정한, 구체적인 **deal with** ~을 다루다 **as well** 또한

 **Q2** [대안제시 하기] **I'm sorry, but there's a problem that you need to resolve. You cannot sign up for the course you want because the class is full. Call your professor, explain the situation and discuss what you can do.**

유감스럽지만 해결해야 할 문제가 생겼습니다. 원하는 수업의 수강 인원이 다 차서 그 수업을 등록할 수 없게 되었습니다. 교수님께 전화를 걸어 상황을 설명하고 어떻게 할지 의논해보세요.

인사	Hello? This is Daehee Kim from the Department of Journalism.
전화 목적	I'm calling you about your class that I want to sign up for.
상황 설명	I'm sorry to tell you this, but I can't sign up for that class because the class is already full. This class will be the only chance for me to learn about mass media in America before I work as an intern in the U.S.
대안 제시	If it is possible, could you make room for more people? There are also many other people who want to take this class.
끝인사	Please let me know what you think.

여보세요? 신문방송학과의 김대희입니다. 제가 등록하려는 교수님 수업 때문에 전화 드렸어요. 이런 말씀 드려서 죄송하지만, 교수님 수업 인원이 다 차서 수강 신청을 못하게 되었어요. 교수님의 수업이 제가 미국에서 인턴으로 일하기 전 미국 매스미디어에 대해 배울 수 있는 유일한 기회가 될 것 같아요. 가능하면, 자리를 더 늘려주실 수 있나요? 다른 많은 학생들도 이 수업을 듣고 싶어 하는 것 같아요. 어떻게 생각하시는지 알려주세요.

sign up for 수강 신청을 하다 **full** 가득 찬, 만원의 **the only** 유일한 **mass media** 매스미디어 **an intern** 인턴사원

Unit 04 　테크놀로지

테크놀로지에 대한 문제는 학생, 직장인을 막론하고 예전부터 꾸준히 출제되었던 주제입니다. 학생이라면 학교에서 사용하는 테크놀로지, 직장인이라면 직장에서 사용하는 테크놀로지, 둘 다 아닐 경우에는 집에서 사용하는 테크놀로지로 문제가 출제되어 왔습니다. 주위에서 사용하는 최신 기기들을 살펴보고 어떤 이야기를 할 수 있을지 미리 생각해보세요.

학교
- ▶ 학교에서 사용하는 테크놀로지의 종류와 용도
- ▶ 일상에서 가장 자주 사용하는 테크놀로지 기기
- ▶ 과거와 현재의 테크놀로지의 변화
- ▶ 테크놀로지가 학교 생활에 미치는 영향
- ▶ 새로운 테크놀로지를 배운 경험

회사
- ▶ 회사에서 사용하는 테크놀로지의 종류와 용도
- ▶ 업무에 가장 많이 사용되는 테크놀로지 기기
- ▶ 테크놀로지가 업무에 미치는 영향

출제 가능 질문 살펴보기

[학교에서 사용하는 테크놀로지]

What kind of technologies do you use at school? What do they do and how do they help you?

학교에서 어떤 종류의 테크놀로지 기기들을 사용하나요? 그 기기들은 어떤 일들을 하고 어떻게 도움이 되나요?

[일상 생활의 테크놀로지]

What technological device do you use the most these days? A cellular phone, laptop computer or any other handheld devices? Please tell me about your experience using the technology device.

요즘에 가장 많이 사용하는 테크놀로지 기기는 무엇인가요? 핸드폰, 노트북, 아니면 들고 다니는 다른 기기인가요? 그 기기를 사용한 경험에 대해 이야기해주세요.

[테크놀로지의 변화]

How has technology changed over time? What was the technology you used like in the past? How is it different from the technology you use today?

시간이 지나면서 테크놀로지가 어떻게 바뀌어왔나요? 과거에 사용한 테크놀로지는 어땠나요? 현재 사용하고 있는 테크놀로지와는 어떻게 다른가요?

Q1

[학교에서 사용하는 테크놀로지]

What kind of technologies do you use at school? What do they do and how do they help you?

학교에서 어떤 종류의 테크놀로지 기기들을 사용하나요? 그 기기들은 어떤 일들을 하고 어떻게 도움이 되나요?

답변 구성 전략

테크놀로지 소개 ▶ 테크놀로지 기기 1 ▶ 용도 및 이점 ▶ 테크놀로지 기기 2 ▶ 용도 및 이점 ▶ 느낌 및 생각

모범 답변 살펴보기

At school, I use many kinds of technology such as computers, overhead projectors and air conditioners. 테크놀로지 소개 Among them, the main technology I use is the computer. 테크놀로지 기기 1 ★By using it, I can work on my assignments very conveniently. I search for data online, make PowerPoint presentations, and write up my papers on the computer. 용도 및 이점 1 Another technological device I use at school is the overhead projector. 테크놀로지 기기 2 It is very useful in that it makes my presentations more effective. For example, I can show various presentation materials on the screen like pictures, charts, diagrams and so on. 용도 및 이점 2 Like this, technology makes my school life convenient and effective. 느낌 및 생각

저는 학교에서 컴퓨터, 프로젝터, 에어컨과 같은 다양한 종류의 테크놀로지 기기들을 사용합니다. 그중 제가 사용하는 주된 테크놀로지는 컴퓨터입니다. 컴퓨터를 이용함으로써, 저는 아주 편리하게 과제를 할 수 있습니다. 컴퓨터에서 온라인으로 자료를 찾고, 발표 화면 자료도 만들고, 리포트를 쓰기도 합니다. 학교에서 사용하는 또 다른 테크놀로지는 프로젝터입니다. 프로젝터는 제 발표를 좀 더 효과적으로 만들어준다는 점에서 아주 유용합니다. 예를 들면 저는 사진, 도표, 도해 등과 같은 다양한 발표 자료를 화면에 보여줄 수 있습니다. 이와 같이, 테크놀로지는 저의 학교 생활을 편리하고 효과적으로 만들어줍니다.

스피킹 노하우

★ ～(방법을 나타낼 때) 하여, 함으로써 [by+동명사형(동사+ing)]

ex I can show well-organized presentations by using the overhead projectors.
프로젝트를 이용하여 정리가 잘 된 발표 자료를 보여줄 수 있습니다.

VOCA

a machine 기계, 기기   an overhead projector 프로젝터   work on ~을 작업하다

write up 작성하다   conveniently 편리하게   effective 효과적인

a material 자료   a chart 도표   a diagram 도해   convenient 편리한

❶ 테크놀로지 소개 At school, I use many kinds of technology such as [기기 종류].
학교에서 저는 ____ 와 같은 많은 종류의 테크놀로지 기기들을 사용합니다.

❷ 테크놀로지 기기 1 Among them, the main technology I use is [기기 1].
그중에서 제가 사용하는 주된 테크놀로지는 ____ 입니다.

❸ 용도 및 이점 1 By using it, I can [용도 1].
그것을 사용하여 저는 ____ 를 할 수 있습니다.

❹ 테크놀로지 기기 2 Another technological device I use at school is [기기 2].
학교에서 사용하는 또 다른 테크놀로지는 ____ 입니다.

❺ 용도 및 이점 2 It is very useful in that [용도 2].
그것은 ____ 라는 점에서 아주 유용합니다.

TIP [in that+주어+동사]의 구조는 '~라는 점에서'라는 뜻으로 이유를 나타낼 때 사용합니다.

❻ 느낌 및 생각 Like this, [느낌 및 생각].
이와 같이, ____ 입니다.

■ **학교에서 사용하는 테크놀로지 종류**

a computer 컴퓨터   a laptop 노트북   an elevator 엘리베이터   an overhead projector 프로젝터
an air conditioner 에어컨   an ATM 현금 자동 입출금기   a digital camera 디지털 카메라
a DVD player DVD 플레이어   a smart board 스마트 칠판   a cell phone 휴대폰   a smartphone 스마트폰
a printer 프린터   a photocopier 복사기   an electronic attendance system 전자 출석 시스템
the library's self-checkout system 도서관 자동 대여 시스템

■ **테크놀로지의 용도 및 이점**

1. a laptop 노트북

take the lesson notes fast 노트 필기를 빨리 하다
search for information I need immediately in class 수업 시간에 필요한 정보를 즉시 찾아보다
download the class materials in advance 수업 자료를 미리 다운받아 보다
gain access to the Internet using Wi-Fi 무선 인터넷을 이용해 인터넷에 들어가다

2. an air conditioner 에어컨

It cools down my classroom. 교실을 시원하게 해줍니다.
It makes a pleasant classroom environment. 쾌적한 교실 환경을 만들어줍니다.
It helps me focus on my studies during the class. 수업 시간에 더 집중할 수 있도록 도와줍니다.

[일상 생활의 테크놀로지]

What technological device do you use the most these days? A cellular phone, laptop computer or any other handheld devices? Please tell me about your experience using the technology device.

요즘에 가장 많이 사용하는 테크놀로지 기기는 무엇인가요? 핸드폰, 노트북, 아니면 들고 다니는 다른 기기인가요? 그 기기를 사용한 경험에 대해 이야기해주세요.

• 답변 구성 전략

• 모범 답변 살펴보기

The technology device I use most often is my smartphone. 테크놀로지 소개 I bought it last year because my old cell phone broke down. 구입 시기와 이유 At first★, it was difficult to learn to use. It seemed that there were too many functions. My brother had to teach me how to use it for three days. 처음 사용한 느낌 But, I found out later that the smartphone is very useful, like a computer. 사용 후의 느낌 Now, I often use it when I listen to music or read e-books on my way to school. I can also check my email or surf the Internet at any time. 용도 및 이점 I don't think I could live without my smartphone now. 느낌 및 생각

제가 가장 많이 사용하는 테크놀로지 기기는 스마트폰입니다. 이전 핸드폰이 고장 났기 때문에 작년에 스마트폰을 샀습니다. 처음에는 사용하는 법을 배우는 것이 어려웠습니다. 너무 많은 기능들이 있는 것 같았습니다. 3일 동안 동생이 저에게 사용하는 법을 가르쳐 주어야 했습니다. 그러나 나중에는 스마트폰이 컴퓨터처럼 매우 유용하다는 것을 알았습니다. 지금은 학교 갈 때 음악을 듣거나 전자책을 읽을 때 스마트폰을 자주 사용합니다. 또한 언제든 이메일을 확인하거나 인터넷을 하기도 합니다. 지금은 제 스마트폰 없이는 살 수 없을 것 같습니다.

스피킹 노하우

★ ~하는 것은 ~하다 [It is+형용사+to+동사원형]

> **ex** It was easy to learn to use it. 사용하는 방법을 배우는 것은 쉬웠습니다.
> It is very convenient to use it. 그것을 이용하는 것은 매우 편리합니다

VOCA

a device 장치, 기기　break down 고장 나다　at first 처음에　seem ~인 것 같다
a function 기능　an e-book 전자책　on my way to ~로 가는 길에　anytime 언제든

❶ 테크놀로지 소개

The technology device I use most often is 　기기 종류　 .

제가 가장 많이 사용하는 테크놀로지 기기는 　　　　 입니다.

❷ 구입 시기와 이유

I bought it 　구입시기　 because 　이유　 .

저는 　　　　 에 그것을 샀습니다. 왜냐하면 　　　　 때문입니다.

TIP last month 지난달에　two years ago 2년 전에　three months ago 3달 전에
in 2010 2010년에

❸ 처음 사용 느낌

At first, 　처음 사용 느낌　 .

처음에는 　　　　 했습니다.

❹ 사용 후의 느낌

But, I found out later that 　나중에 알게 된 사실　 .

그러나 나중에는 　　　　 라는 것을 알았습니다.

❺ 용도 및 이점

Now, I often use it when 　용도　 .

지금은 　　　　 할 때 그것을 자주 사용합니다.

❻ 느낌 및 생각

I don't think I could 　기기 없이 할 수 없는 일　 without 　기기　 now.

지금은 　　　　 없이는 　　　　 할 수 없을 것 같습니다.

ex I don't think I could study without my laptop computer now.
지금은 제 노트북 없이는 공부할 수 없을 것 같습니다.

■ 테크놀로지 구입 이유

I wanted to follow the trend. 유행을 따르고 싶었습니다.

My parents gave it to me as a birthday gift. 부모님께서 생일 선물로 주셨습니다.

I have been interested in newly-released digital devices. 새로 출시되는 디지털 기기에 관심이 있었습니다.

I liked its new functions. 그 기기의 새로운 기능이 마음에 들었습니다.

My cell phone became outdated. 제 핸드폰이 구식이 되었습니다.

■ 용도 및 이점

create and edit text documents 문서를 만들고 편집하다

read daily news articles 매일 신문기사를 읽다

play online games 온라인 게임을 하다

find information about public transportation 대중교통 정보를 찾다

find the destinations on a map 지도에서 목적지를 찾다

look for nearby restaurants 근처의 음식점을 찾다

download music or movie files 음악 파일이나 영화 파일을 다운받다

contact friends through social networking sites 소셜 네트워크를 통해 친구들과 연락하다

chat online 온라인으로 대화하다

[테크놀로지의 변화]

How has technology changed over time? What was the technology you used like in the past? How is it different from the technology you use today?

시간이 지나면서 테크놀로지가 어떻게 바뀌어왔나요? 과거에 사용한 테크놀로지는 어땠나요? 현재 사용하고 있는 테크놀로지와는 어떻게 다른가요?

답변 구성 전략

변화한 테크놀로지 ▶ 변화 1 ▶ 이전의 테크놀로지 ▶ 지금의 테크놀로지 ▶ 변화 2 ▶ 이전의 테크놀로지 ▶ 지금의 테크놀로지 ▶ 느낌 및 생각

모범 답변 살펴보기

Technology has greatly changed over time, ★especially cell phones. 변화한 테크놀로지 First, the appearance of cell phones has become very different. 변화 1 In the past, cell phones were thick and heavy. The screen displays were very small. 이전의 테크놀로지 However, cell phones now are normally thin and light, and the screen displays are usually wide. 지금의 테크놀로지 Another big difference is the functions. 변화 2 For example, in the past, we could only make and receive calls or text messages with a cell phone. 이전의 테크놀로지 Now, we can do many things with a cell phone such as listening to music, watching movies or checking email. 지금의 테크놀로지 It's always amazing to see how much technology is developing. 느낌 및 생각

시간이 지나면서 테크놀로지는 많이 변화했고, 특히 휴대폰이 그렇습니다. 먼저, 휴대폰의 외관이 매우 달라졌습니다. 과거에 휴대폰은 두껍고 무거웠습니다. 액정 화면은 아주 작았습니다. 그러나, 지금의 휴대폰은 보통 얇고 가볍고, 액정 화면은 대체적으로 큽니다. 또 하나의 큰 다른 점은 기능입니다. 예를 들면, 과거에는 휴대폰으로 전화나 메시지만 주고 받을 수 있었습니다. 지금은 휴대폰으로 음악 듣기, 영화 보기, 이메일 확인 등 많은 것들을 할 수 있습니다. 테크놀로지가 얼마나 발달하고 있는지 보는 것은 항상 놀라운 일입니다.

스피킹 노하우

★ **especially** 특히

especially는 보통 문장 안에서 동사, 형용사, 명사 앞에 사용됩니다. 문장 맨 앞으로 가져와 쓰지 않도록 주의하세요.

ex Smartphones are popular especially with young people. (O) 스마트폰은 특히 젊은 사람들에게 인기가 있습니다.
Especially, smartphones are popular with young people. (X)

VOCA

greatly 많이, 상당히   **especially** 특히   **appearance** 외모   **thick** 두꺼운   **heavy** 무거운
screen display 액정 화면   **thin** 얇은   **light** 가벼운   **wide** 넓은   **a text message** 문자메시지
amazing 놀라운   **develop** 발달하다

❶ 변화한 테크놀로지

Technology has greatly changed over time, especially 변화한 테크놀로지 .

시간이 지나면서 테크놀로지는 많이 변화해왔고, 특히 　　　　가 그렇습니다.

❷ 변화 1

First, 변화한 내용 .

먼저, 　　　　입니다.

❸ 이전

In the past, 이전의 테크놀로지 특징 .

과거에는 　　　　했습니다.

❹ 지금

However, 지금의 테크놀로지 특징 .

그러나 지금은 　　　　입니다.

❺ 변화 2

Another big difference is 변화한 내용 .

또 다른 큰 차이점은 　　　　입니다.

❻ 이전

For example, in the past, 이전의 테크놀로지 특징 .

예를 들면, 이전에는 　　　　했습니다.

❼ 지금

Now, 지금의 테크놀로지 특징 .

지금은 　　　　입니다.

❽ 느낌 및 생각

It is always amazing to 느낌 및 생각 .

　　　　하는 것은 항상 놀라운 일입니다.

> **ex** It is always amazing to use newly developed technology.
> 새로이 발달된 테크놀로지를 사용하는 것은 항상 놀라운 일입니다.
> It is always amazing to experience new technology over time.
> 시간이 지나면서 새로운 테크놀로지를 경험하는 것은 항상 놀라운 일입니다.

● 표현 늘리기

◼ 컴퓨터의 변화

Computers in the past were big and heavy. 과거의 컴퓨터는 크고 무거웠습니다.
Computers now have bigger but lighter monitors. 지금의 컴퓨터는 더 커졌지만 가벼워진 모니터를 가지고 있습니다.
Modern computers have higher storage capacity. 현대의 컴퓨터는 더 큰 저장 용량을 가지고 있습니다.
We can watch TV on the computer now. 이제 우리는 컴퓨터로 TV를 볼 수 있습니다.
Modern computers have touch screens. 현대의 컴퓨터는 터치스크린을 가지고 있습니다.

◼ 텔레비전의 변화

We could only watch broadcast shows on TV in the past.
우리는 과거에 TV에서 방송되는 프로그램만 볼 수 있었습니다.

Now, we can choose to watch a replay of past shows.
지금은 지난 프로그램을 선택해서 다시 볼 수 있습니다.

 **롤플레이 문제 : 노트북 구입**

테크놀로지 관련 롤플레이 문제는 주로 구입, 사용할 때 문제점, 고장 등과 관련하여 간혹 출제됩니다. 테크놀로지의 종류 또한 a personal computer '개인 컴퓨터', a laptop '노트북', an MP3 player 'MP3 플레이어', a cell phone '휴대폰' 등과 관련하여 다양하게 출제될 수 있으니 미리 질문거리나 이야깃거리를 생각해보세요.

C03-U04-04

Q1 [전화로 질문하기] **I'll give you a situation and ask you to act it out. You want to buy a new laptop computer. Call the store and ask three or four questions about the laptop computer.**

상황을 줄 테니 역할극을 해보세요. 당신은 새로운 노트북을 사고 싶어 합니다. 상점에 전화를 걸어 노트북에 대한 서너 가지 질문을 해보세요.

인사	Hello?
전화 목적	I'm calling you to ask some questions about laptop computers. My old one broke down, so I'd like to buy a new one.
질문	First, what is the newest laptop computer these days? O.K. How much is it? I'm thinking about 900 dollars at most. And, what is the processor? Lastly, how much memory does it have? I think I need a lot of RAM.
끝인사	Thank you for your kind answers.

여보세요? 노트북에 대해 몇 가지 질문이 있어 전화 드렸습니다. 제 예전 노트북이 고장 나서 새것으로 사려고요. 먼저, 요즘 가장 최신 노트북은 무엇인가요? 그렇군요. 얼마인가요? 최대한 900달러 정도로 생각하고 있는데요. 그리고, 프로세서는 무엇인가요? 마지막으로 메모리는 얼마나 큰가요? 전 큰 용량의 램이 필요한데요. 친절한 답변 감사 드립니다.

> **the newest** 가장 최신의 **dollars** 달러 **at most** 최대한 **a processor** (컴퓨터의) 프로세서
> **RAM(Random-access Memory)** 램(컴퓨터의 메모리)

C03-U04-05

Q2 [대안제시 하기] **I'm sorry, but there's a problem that you need to resolve. Your laptop has broken down for some reason. Call the service center, explain the situation and discuss what you can do to fix it.**

유감스럽지만 해결해야 할 문제가 생겼습니다. 노트북이 어떤 이유로 고장 났습니다. 서비스 센터에 전화해서 상황을 설명하고 고치기 위해 어떻게 해야 할지 의논해보세요.

인사	Hello?
전화 목적	I'm calling you about my laptop computer.
상황 설명	I bought this laptop two months ago, but it has broken down. I don't know why, but Windows does not boot up when I turn it on.
대안 제시	If it is possible, could you come over to see what you can do? How about this Saturday? O.K.
끝인사	Thank you very much.

여보세요? 제 노트북 때문에 전화 드렸는데요. 이 노트북을 2개월 전에 샀는데, 고장이 났어요. 왜 그러는지는 모르겠지만, 전원을 켜면 윈도우 화면으로 넘어가지 않아요. 가능하면, 와서 봐주실 수 있나요? 이번 주 토요일은 어떤가요? 좋아요. 정말 감사합니다.

> **Windows** 윈도우 운영 프로그램 **boot up** 컴퓨터를 시동하다 **turn on** 전원을 켜다 **come over** 들르다. 오다

답변 중
위기 상황 대처 표현

★ 상황 2 : 선택하지 않은 주제의 문제가 나왔을 때

상황 설명 : 가끔 학생으로 선택해도 직장인의 문제가, 직장인으로 선택해도 학생에 대한 문제가 나오는 등, 같은 Background Survey의 항목이지만 선택하지 않은 주제에 대한 문제가 나오는 경우가 있습니다. 이럴 경우에는 당황하지 말고, 자신이 선택한 주제로 문제를 전환해 그에 대한 답변을 하거나, 문제로 나온 주제를 자신과 연관시켜 이야기하는 방법으로 답변을 이끌어가야 합니다.

→ **Actually, in the survey I indicated that I   .**
저는 사실 설문조사에서   했습니다.

→ **Well, I haven't thought about this topic.**
이 주제에 대해 생각해본 적이 없어요.

→ **I don't know what to say because I don't know about the topic well.**
이 주제에 대해 잘 몰라서 어떻게 이야기를 해야 할 지 모르겠어요.

→ **So, I'd like to tell you about   instead.**
그러니   에 대해 이야기하고 싶어요.

→ **So, I'll talk about a related topic instead.**
그러니 대신 관련된 다른 주제에 대해 이야기해볼게요.

ex 학생에게 다니고 있는 회사를 묘사하라는 문제가 나왔을 때

Actually, in the survey I indicated that I go to school now, so I'd like to tell you about my school instead.
저는 사실 설문조사에서 현재 학교에 다니고 있다고 선택했습니다.
그러니 대신 학교에 대해 이야기해볼게요.

UNIT 1 회사 소개 | UNIT 2 직장 생활 | UNIT 3 직장 업무

직장인

OPIc Background Survey의 1번 [다음 중 어떤 직업 군에 속합니까?]에서 [일 경험 없음]을 제외한 나머지 답변 중 하나를 선택했다면, Chapter 04에서 다룬 회사에 대한 묘사, 회사 생활, 업무 등에 걸쳐 다양한 문제들에 대한 이야깃거리를 준비하는 것이 좋습니다. 각 영역별로 문제 유형을 파악하고, 답변 패턴을 익혀 나만의 답변을 만들 수 있도록 하세요.

Unit 01 회사 소개

OPIc Background Survey의 [1. 현재 귀하는 어느 분야에 종사하고 계십니까?]에서 '일 경험 없음'을 제외한 나머지 항목을 선택한 경우에는 회사 및 직장 생활과 관련하여 질문을 받을 수 있습니다. 회사의 설립, 서비스 제품, 건물 및 시설, 직장 상사나 동료 등 전반적으로 기본적인 회사 정보를 미리 알아두고 이야깃거리를 충분히 준비해보세요.

장소 묘사
- ▸ 회사 건물 묘사
- ▸ 회사의 주변환경 묘사
- ▸ 회사에서 좋아하는 장소 묘사
- ▸ 자신의 사무실 묘사

인물 묘사
- ▸ 자신의 상사 소개
- ▸ 지금 상사와 이전의 상사 비교
- ▸ 친한 동료들 소개

설명
- ▸ 회사의 설립 및 서비스, 제품 설명
- ▸ 회사의 역사 및 설립 배경 설명
- ▸ 근무 환경 및 교육 프로그램 설명

경험
- ▸ 직장에서의 첫날에 대한 경험
- ▸ 기억에 남는 교육 프로그램에 대한 경험

 **출제 가능 질문 살펴보기**

[회사 소개]

Please tell me about your company. Where is it and when was it established? What kind of services or products does your company offer?

다니고 있는 회사에 대해 이야기해주세요. 어디에 있고, 언제 설립이 되었나요? 어떤 종류의 서비스나 제품을 제공하고 있나요?

[사무실 묘사]

Please tell me about your office or workplace. What does it look like and what are there in your office?

당신의 사무실 또는 근무 장소에 대해 이야기해주세요. 어떻게 생겼고, 사무실 안에는 무엇이 있나요?

[직장 상사 묘사]

Please tell me about your boss in detail. What kind of person is he or she?

당신의 상사에 대해 자세히 이야기해주세요. 어떤 사람인가요?

[회사 소개]

Please tell me about your company. Where is it and when was it established? What kind of services or products does your company offer?

당신의 회사에 대해 이야기해주세요. 어디에 있고 언제 설립이 되었나요? 어떤 종류의 서비스나 제품을 제공하나요?

● 답변 구성 전략

● 모범 답변 살펴보기

The company I work for is Jio Electronics. It is one of the major electronics companies in Korea. 다니는 회사 소개 It is located in Deajeon city, which is in the center of the country. 위치 ★It was established in 1968. At that time, it was just a small company with one building, but now it has about 15 branch offices all over the country. 설립 시기 My company is famous for producing advanced electronic goods. Our TVs and computers are especially popular. 제공하는 서비스나 제품 These days, my company is focusing on exporting our products to North America because our smart TVs are becoming popular there. 요즘 주력 사업 I'm confident that my company will grow to be one of the strongest electronics companies in the world. 느낌 및 생각

제가 현재 일하고 있는 회사는 지오 전자입니다. 지오 전자는 한국의 주요 전자회사 중 하나입니다. 우리 회사는 한국의 중부에 위치한 대전 도시에 있습니다. 우리 회사는 1968년도에 설립되었습니다. 그때 당시에는 하나의 건물로 시작한 작은 회사였지만, 지금은 전국적으로 약 15개의 지점이 있습니다. 우리 회사는 고급 전자제품을 생산하는 것으로 유명합니다. 특히 TV와 컴퓨터가 인기가 있습니다. 요즘에는 우리 제품을 북아메리카로 수출하는 것에 주력하고 있는데, 스마트 TV가 그곳에서 인기를 얻고 있기 때문입니다. 저는 우리 회사가 세계에서 가장 강한 전자회사로 성장할 것이라고 자부합니다.

스피킹 노하우

★ 수동태: ~가 되다, ~(해)지다 [주어+be동사+동사의 과거분사]

> **ex** My school was established 50 years ago. 우리 학교는 50년 전에 세워졌습니다.
> My company was founded by Dr. Kim. 우리 회사는 김 박사님에 의해 세워졌습니다.

VOCA

work at ~에서 일하다   **electronics company** 전자회사   **establish** 설립하다   **a branch office** 지점
be famous for ~로 유명하다   **advanced** 고급의, 선진의   **goods** 상품   **focus on** ~에 집중하다
export 수출하다   **confident** 자신 있는

❶ 다니는 회사 소개

The company I work for is 〔회사 이름 및 종류〕.

제가 일하고 있는 회사는 〔 〕입니다.

❷ 회사의 위치

It is located in 〔위치〕.

우리 회사는 〔 〕에 있습니다.

❸ 설립 시기

It was established 〔구체적인 시기〕.

우리 회사는 〔 〕에 설립되었습니다.

> **TIP** '설립되다'는 established 이외에 built나 founded로 표현할 수도 있습니다.
> '~년대에'라고 표현할 경우 in the 60's '60년대에'라고 표현하세요.

❹ 주요 서비스 및 제품

My company is famous for 〔서비스 및 제품 종류〕.

우리 회사는 〔 〕으로 유명합니다

❺ 요즘 주력 사업

These days, my company is focusing on 〔주력 사업 분야〕.

요즘에는 〔 〕에 집중하고 있습니다.

> **TIP** focusing on 다음에는 '명사'나 '동명사' 형태를 사용하세요.

❻ 느낌 및 생각

I'm confident that 〔자부하는 것〕.

저는 〔 〕하다고 자부합니다.

● 표현 늘리기

■ 회사 종류

a small company 중소기업   a big company 대기업   an insurance company 보험회사
a bank 은행   a food company 식품회사   a trading company 무역회사
an advertising company 광고회사   a shipping company 선박회사
a construction company 건설회사   a pharmaceutical company 제약회사
an automobile company 자동차 회사   a software company 소프트웨어 회사

■ 회사의 제품 및 서비스

provide reliable insurance products 믿을만한 보험 상품을 제공하다

offer various kinds of banking and financial services 다양한 은행·금융서비스를 제공하다

produce nutritious food products 영양가 있는 식품을 생산하다

import and export wood 목재를 수출·수입하다

create TV commercials TV 광고를 만들다

offer fast shipping service 빠른 배송 서비스를 제공하다

build beautiful architecture 아름다운 건축물을 짓다

produce quick-fix pain killers 효과가 빠른 진통제를 생산하다

produce strong SUVs 튼튼한 SUV 차량을 생산하다

create mobile applications for personal entertainment 오락을 위한 핸드폰 어플리케이션을 만들다

Q2

[사무실 묘사]

Please tell me about your office or workplace. What does it look like and what are there in your office?

당신의 사무실 또는 근무 장소에 대해 이야기해주세요. 어떻게 생겼고 사무실 안에는 무엇이 있나요?

답변 구성 전략

회사 건물 소개 ▶ 사무실의 위치 ▶ 사무실의 전체 모습 ▶ 왼쪽에 보이는 것 ▶ 오른쪽에 보이는 것 ▶ 가장 좋아 하는 부분 ▶ 느낌 및 생각

모범 답변 살펴보기

My company occupies five floors in a 10-story building, from the second to the sixth floor. 회사 건물 소개 My office is located on the third floor. 사무실의 위치 It is the space for 10 employees who are in the Marketing Team. Each desk is partitioned, which is good for independent work. 사무실 크기 및 모습 On the left side of the office, there are photocopiers, printers and a water cooler. 왼쪽에 보이는 것 On the right side, you will see a mini conference room and the restroom. Most desks are in the middle. 오른쪽에 보이는 것 The space I like most in my office is my cubicle. Since my desk is by the window, I can see a whole view of the town outside the window. 가장 좋아하는 공간 Overall, I feel pretty comfortable when I am in my office. 느낌 및 생각

우리 회사는 10층 건물 중에 2층부터 6층까지 다섯 개의 층을 쓰고 있습니다. 제 사무실은 3층에 위치해 있습니다. 그곳은 마케팅 부서에 있는 10명의 직원들을 위한 공간입니다. 각각의 책상은 칸막이로 가려져 있어서, 독립적으로 일하기에 좋습니다. 사무실의 왼쪽에는 복사기, 프린터 그리고 정수기가 있습니다. 오른쪽에는 작은 회의실과 화장실을 볼 수 있습니다. 대부분의 책상들은 가운데에 위치해 있습니다. 사무실에서 제가 가장 좋아하는 공간은 제 책상 공간입니다. 책상이 창문 옆에 놓여 있기 때문에 창문 밖으로 동네 전체를 내다볼 수 있습니다. 전반적으로 저는 제 사무실에 있으면 편안함을 느낍니다.

스피킹 노하우

★ a story VS. a floor

건물의 전체 층수를 나타낼 때는 floor나 story 둘 다 쓰일 수 있지만, story는 주로 형용사처럼 쓰여 '~층짜리 건물'로 표현되고, floor는 각 '층'을 나타내는 명사로 쓰입니다.

VOCA

occupy ~를 쓰다, 차지하다   space 공간   an employee 직원   partition (칸막이 등으로) 분할하다, 나누다
independent 독립적인   conference 회의   a restroom 화장실   a cubicle (칸막이로) 만든 공간   whole 전체의

❶ 회사 건물 소개

My company occupies [사용하는 층수 및 공간].

우리 회사는 _______ 를 쓰고 있습니다.

TIP 회사가 건물 전체를 사용하고 있다면 My company occupies a 15-story building.
'우리 회사는 15층짜리 건물을 사용하고 있습니다.'로 표현하세요.

❷ 사무실의 위치

My office is located [위치].

제 사무실은 _______ 에 위치해 있습니다.

ex on the first floor 1층   on the second floor 2층   on the third floor 3층
on the fourth floor 4층

❸ 사무실 크기 및 모습

It is the space for [사용자 수].

그곳은 _______ 를 위한 공간입니다.

TIP 사무실의 크기를 사용하는 사람의 인원수로 나타내보세요. 혼자 사무실을 사용하고 있다면
It is the space only for me. '그곳은 나만을 위한 공간입니다.'로 표현할 수 있습니다.

❹ 왼쪽에 보이는 것

On the left side of the office, there are [보이는 것들].

왼쪽에는 _______ 가 있습니다.

❺ 오른쪽에 보이는 것

On the right side, you will see [보이는 것들].

오른쪽에는 _______ 가 있습니다.

❻ 가장 좋아하는 공간

The space I like most in my office is [좋아하는 공간].

사무실에서 제가 가장 좋아하는 공간은 _______ 입니다.

❼ 느낌 및 생각

Overall, I feel [느낌 및 생각] when I am in my office.

전반적으로 사무실에 있으면 저는 _______ 을 느낍니다.

● 표현 늘리기

■ 사무실의 물품

desks and chairs 책상과 의자들   a bookcase 책장   a cabinet 보관장   a conference room 회의실
a water cooler 정수기   a photocopier 복사기   a fax machine 팩스기   an air conditioner 에어컨
a flower pot 화분   a coffee machine 커피 자판기   a coffee table 탁자   a sofa 소파
a refrigerator 냉장고   a cabinet 캐비닛

■ 사무실 묘사

There are about four cabinets in my office. 제 사무실에는 4개의 캐비닛이 있습니다.
I keep a laptop on my desk next to the phone. 저는 노트북을 책상 위 전화기 옆에 놓았습니다.
There are a few plants and some flower pots near the window. 창문 옆에는 화분이 몇 개 있습니다.

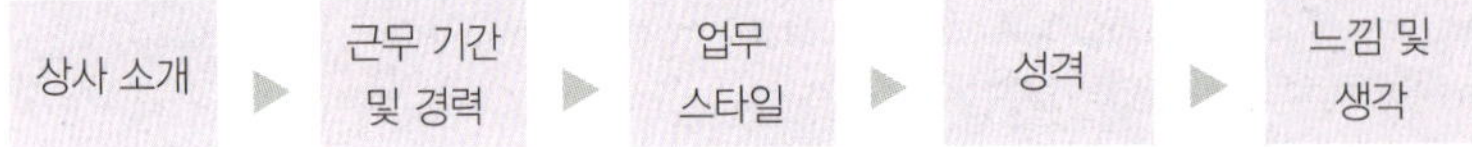

[직장 상사 묘사]

Please tell me about your boss in detail. What kind of person is he or she?

당신의 상사에 대해 자세히 이야기해주세요. 어떤 사람인가요?

답변 구성 전략

상사 소개 ▶ 근무 기간 및 경력 ▶ 업무 스타일 ▶ 성격 ▶ 느낌 및 생각

모범 답변 살펴보기

My boss is the manager of the Human Resources Team I'm working in. 상사 소개 He has worked for our company for about 15 years, and he has a lot of experience in various fields. 근무 기간 및 경력 As for his working style, he always tries to be serious and strict about his work. Sometimes he is tough, but he has become a role model to many people at work. 업무 스타일 When I meet with him personally, he is very funny. He also makes a lot of good jokes. 성격 I feel that I'm lucky to have such a nice boss. 느낌 및 생각

제 상사는 제가 있는 인사 팀의 과장님입니다. 과장님은 우리 회사에서 약 15년 동안 일을 해왔고, 다양한 분야에서 경험이 많습니다. 그의 업무 스타일에 대해 이야기하자면, 그는 언제나 일에 대해 진지하고 엄격하려고 노력합니다. 가끔 거칠기도 하지만 직장의 많은 사람들에게 모범이 되고 있습니다. 제 상사를 개인적으로 만나면, 그는 아주 재미있습니다. 또한 좋은 농담도 많이 합니다. 저는 이런 좋은 상사가 있어서 운이 좋은 것 같습니다.

스피킹 노하우

★ ~동안 ~해왔다 [have/has+동사의 과거분사+for+기간]

ex I have known him for 5 years. 저는 그를 5년 동안 알고 지내왔습니다.
He has experienced in many fields. 그는 많은 분야에서 경험을 쌓아왔습니다.

VOCA

a team manager 팀장, 과장   Human Resources 인적 자원   a working style 업무 방법   serious 심각한
strict 엄격한   tough 거친   a role model 모범이 되는 사람   personally 개인적으로   a joke 농담

❶ 상사 소개

My boss is 상사의 직급 등 .

제 상사는 ___________ 입니다.

❷ 근무 기간

He has worked for our company for 근무 기간 .

그는 우리 회사에서 ___________ 동안 일을 해왔습니다.

❸ 업무 스타일

As for his working style, 업무 스타일 묘사 .

그의 업무 스타일에 대해 이야기하자면, ___________ 합니다.

TIP 업무 스타일을 묘사할 때는, [He is+형용사+about his work] '그는 그의 업무에 대해서 ~입니다'라고 표현할 수 있습니다.

❹ 성격

When I meet with him personally, 성격 묘사 .

개인적으로 만나면, ___________ 합니다.

❺ 느낌 및 생각

I feel that 느낌 및 생각 .

저는 ___________ 인 것 같습니다.

ex I feel that I have an enjoyable time working for my boss.
저는 제 상사 밑에서 일하면서 즐거운 시간을 보내고 있는 것 같습니다.

I feel that I have a hard time working for my boss.
저는 제 상사 밑에서 일하면서 힘든 시간을 보내고 있는 것 같습니다.

● 표현 늘리기

■ **부서 및 직책**

Marketing Department 마케팅 부서   Sales Department 영업 부서
Human Resources Department 인사 부서   Accounting Department 회계 부서
Customer Service 고객 지원 부서   Legal Department 법률 부서   Planning Department 기획 부서
General Affairs Department 총무 부서   R&D(Research and Development) Department 개발 부서
Quality Control Department 품질 관리 부서   the CEO(Chief Executive Officer)/the president 사장
the vice president 부사장   a general manager 부장   a team manager 과장, 팀장
an assistant manager 대리   a staff member 사원   a researcher 연구원
an engineer 기사   an auditor 감사   an advisor 고문, 자문

■ **업무 스타일을 묘사하는 형용사**

· **[He is+형용사+about his work]** 그는 그의 업무에 대해서 ~입니다

flexible 융통성이 있는   practical 실제적인   reasonable 이성적인   effective 효과적인
progressive 진보적인   negligent 태만한   lazy 게으른   indifferent 무심한
picky 까다로운   harsh 엄격한   strict 엄격한   idle 나태한   patient 인내심이 있는

■ **상사의 성격 묘사**

kind 친절한   honest 정직한   generous 관대한   modest 겸손한   sincere 진지한
open-minded 포용력이 큰   rude 무례한   dishonest 정직하지 않은   mean 심술궂은   selfish 이기적인

 **롤플레이 문제 : 제품 및 프로그램**

회사 소개 관련 롤플레이 문제 중에서는 회사의 제품 및 서비스나 회사에서 진행되는 교육 프로그램과 관련하여 질문하기 유형의 문제가 꾸준히 출제되고 있습니다. 어떤 특정한 제품의 종류나 프로그램 종류가 문제 속에 주어지지 않더라도 가상의 제품이나 프로그램을 상상하며 차근차근 질문할 수 있도록 연습해보세요.

C04-U01-04

 **Q1** [직접 질문하기] **I took a training program in my company. Please ask me three or four questions about the program.**

저는 회사에서 교육 프로그램을 들었습니다. 저에게 그 프로그램에 대해 서너 가지 질문을 해보세요. .

인사   Hi, Eva. I'm glad to hear that you took a training program in your company.

질문 목적   I'd like to know about the program you took if you don't mind.

질문   First, what kind of program was it? Was it orientation training or on-the-job training? In my case, I took the on-the-job training for three days last month. For how long was your program? Lastly, what did you learn through the program? I found my program to be very useful especially in dealing with customers. How about you?

끝인사   Thank you for your answers. It was nice talking to you.

안녕하세요 에바 씨. 회사에서 교육 프로그램을 들었다는 것을 알게 되니 반가워요. 괜찮다면 에바 씨가 들었던 교육 프로그램에 대해 알고 싶어요. 먼저, 어떤 종류의 프로그램이었나요? 신입 사원 교육이었나요, 실무 교육이었나요? 저는 지난달에 3일 동안 실무 교육을 들었어요. 교육은 얼마 동안이었나요? 마지막으로, 프로그램에서 어떤 것을 배웠나요? 저는 제가 들은 프로그램에서 특히 고객을 다루는 방법 배우는 것이 아주 유용하다는 것을 알았어요. 에바 씨는 어떤가요? 답변 감사합니다. 이야기 나누어서 즐거웠어요.

> orientation training 신입 교육   on-the-job training 실무 교육   useful 유용한
> deal with 다루다   a customer 고객

C04-U01-05

 **Q2** [전화로 질문하기] **Your company has recently released a new product. Call your coworker to ask three or four questions about the product.**

당신이 다니고 있는 회사에서 새로운 제품을 출시했습니다. 동료에게 전화를 걸어 제품에 대해 서너 가지 질문을 해보세요.

인사   Hello? This is Hyunmin Woo from the Sales Department.

전화 목적   I'm calling you to ask you some questions about the TV we released recently. I have to talk about the TV with my customer this afternoon, but there are some things I don't know about it.

질문   First, how different is it from the old model? From the appearance, I don't see any difference. And, what are the newly added functions? Finally, what is the return policy for this TV? I heard that there are some changes in the return policy.

끝인사   Thank you for your kind answers.

여보세요? 영업부의 우현민입니다. 새로 출시된 TV에 대해 몇 가지 여쭤보려고 전화했는데요. 오늘 오후에 고객에게 새 TV에 대해 설명을 드려야 하는데, 몇 가지 제가 모르는 사항이 있어서요. 먼저, 이전 모델과 어떻게 다른가요? 외모상으로는 별 차이가 안 보이는데요. 그리고, 새로 추가된 기능은 무엇인가요? 마지막으로 이 TV의 환불 정책은 무엇인가요? 환불 정책에 몇 가지 바뀐 것이 있다고 들었어요. 친절한 답변 감사합니다.

> the Sales Department 영업 부서   release 출시하다   model 모델   a return policy 환불 정책

Unit 02 직장 생활

직장 생활과 관련된 주요 문제는 출퇴근, 전형적인 직장 생활 패턴에서부터 동료들이나 상사와의 생활, 직장 내의 복장 규정까지 다양하게 출제될 수 있습니다. 자신의 생활 패턴과 직장 생활에 대한 특별한 경험들을 떠올려 보고 미리 답변을 준비해보세요.

일반 활동 패턴
- 직장에서의 전형적인 하루
- 회사 주위에서 할 수 있는 활동
- 출퇴근 시간 및 방법
- 직장 내의 복장 규정
- 동료들과의 점심 식사
- 점심 시간에 하는 일

경험
- 기억에 남는 회사 행사
- 동료나 상사와 문제가 있었던 경험
- 동료나 상사로부터 도움을 받은 경험
- 직장 생활에서 가장 힘들었던 경험
- 회사에 지각한 경험

출제 가능 질문 살펴보기

[직장에서의 전형적인 하루] Please tell me about your typical day at work. When does your work begin and finish? Do you often work overtime?

직장에서의 당신의 하루에 대해 이야기해주세요. 업무는 언제 시작하고 끝나요? 자주 야근을 하나요?

[직장 내의 복장 규정] What do you usually wear when you go to work? Is there any dress code of your company? Is it different from season to season?

회사에 갈 때는 보통 무엇을 입나요? 회사의 복장 규정이 있나요? 계절에 따라 다른가요?

[동료들과의 점심 식사] Where do you usually have lunch with your coworkers? Is there any reason to go there? What do you usually eat for lunch?

직장 동료들과 주로 어디에서 점심을 먹나요? 그곳에 가는 이유가 있나요? 점심으로 보통 무엇을 먹나요?

[직장에서의 전형적인 하루]

Q1 Please tell me about your typical day at work. When does your work begin and finish? Do you often work overtime?

직장에서 당신의 하루에 대해 이야기해주세요. 업무는 언제 시작하고 끝나나요? 자주 야근을 하나요?

답변 구성 전략

모범 답변 살펴보기

I go to work★ five days a week, Monday through Friday. **My working hours are from** 9 A.M. **to** 6 P.M. 근무일 및 근무 시간 **Every morning, I start off my day by** checking email and my schedule. Then, I attend the daily team meeting and report on the progress of my work. 오전에 하는 일 **I usually have** an hour lunch break. This is the only time I can talk about things other than work with my coworkers. 점심 시간 **In the afternoon, I normally** meet with my customers. My job includes consulting with them and taking their orders. 오후에 하는 일 **Sometimes, I work overtime when** my boss asks me to. I think I work overtime at least two days a week. 야근 **As you can see**, I am pretty busy at work. 느낌 및 생각

저는 일주일에 5일, 월요일부터 금요일까지 일합니다. 제 근무 시간은 아침 9시부터 오후 6시까지입니다. 매일 아침 저는 이메일과 제 스케줄을 확인하는 것으로 하루를 시작합니다. 그리고 나서, 매일 있는 부서 회의에 참석하고 제 업무 진행 상황을 보고합니다. 저는 보통 1시간의 점심 시간이 있습니다. 이때가 바로 동료들과 업무 이외의 것을 이야기할 수 있는 유일한 시간입니다. 오후에는, 보통 고객들과 만남을 갖습니다. 저의 업무는 그들과 상담을 하고 주문을 받는 것입니다. 가끔, 상사가 시킬 때는 야근을 하기도 합니다. 적어도 일주일에 두 번은 야근을 하는 것 같습니다. 보다시피, 저는 직장에서 꽤 바쁜 하루를 보내고 있습니다.

스피킹 노하우

★ 일주일에 ~번 [몇 번+a week]

ex once a week 일주일에 한 번. twice a week 일주일에 두 번. three times a week 일주일에 세 번(세 번 이후로는 숫자 뒤에 times를 붙여 사용합니다.)

VOCA

on weekdays 평일에   working hours 근무 시간   schedule 일정   report 보고하다   progress 진행
a break 휴식 시간   a coworker (직장) 동료   include 포함하다   an order 주문   work overtime 야근하다

❶ 근무일 및 근무 시간

I go to work 〔근무일〕 , and my working hours are from 〔근무 시간〕 .

저는 ____ 에 일을 하고, 제 근무 시간은 ____ 부터입니다.

❷ 오전에 하는 일

Every morning, I start off my day by 〔하는 일〕 .

매일 아침 저는 ____ 하는 것으로 일을 시작합니다.

TIP 오전에 하는 일을 by 다음에 [동사+ing] 형태로 표현해보세요.

❸ 점심 시간

I usually have 〔점심 시간〕 .

저는 보통 ____ 를 갖습니다.

TIP 얼마 동안 점심 시간을 갖는지, 몇 시에 점심 시간을 갖는지,
어디에서 점심을 먹는지 등에 대해 이야기합니다.

ex I usually have lunch time at noon. 저는 보통 정오에 점심시간을 갖습니다.

❹ 오후에 하는 일

In the afternoon, I normally 〔하는 일〕 .

오후에는 보통 ____ 를 합니다.

❺ 야근

Sometimes, I work overtime when 〔야근을 하는 상황〕 .

가끔 저는 ____ 할 때 야근을 합니다.

❻ 느낌 및 생각

As you can see, 〔하루 일과에 대한 생각〕 .

보다시피, ____ 입니다.

ex As you can see, I'm very busy, but my work is very meaningful.
보다시피, 저는 매우 바쁘지만 의미 있는 일을 하고 있습니다.

● 표현 늘리기

▣ 직장에서의 하루 일과

make a list of tasks in order of priority 업무의 우선 순위 목록을 작성하다
review tasks 업무를 검토하다   process delayed work 밀린 업무를 처리하다
attend a meeting 회의에 참석하다   be out on business 외근하다
make a presentation 발표하다   participate in a team project 팀 프로젝트에 참여하다
have a meeting with customers/partners 고객/파트너를 만나다
have a coffee break 휴식 시간을 갖다

▣ 야근을 하는 상황

when my team starts a new project 우리 팀이 새로운 프로젝트를 시작할 때
when things need to be done close to a deadline 마감일이 급박한 업무가 있을 때
when I have to finish urgent work 급한 일을 마무리해야 할 때
when I get suddenly swamped with work 갑자기 일이 몰렸을 때
when my boss works late 상사가 늦게까지 일할 때

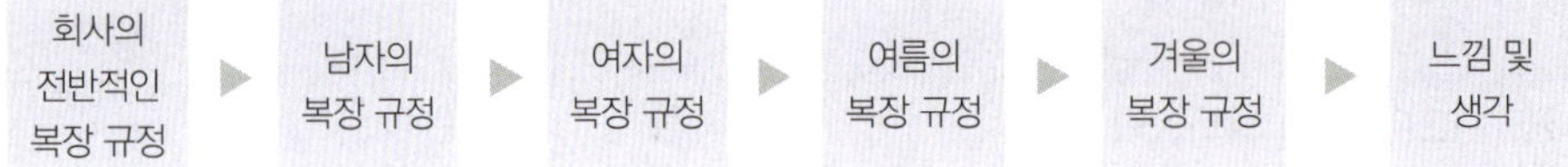

• 답변 구성 전략

회사의 전반적인 복장 규정 ▸ 남자의 복장 규정 ▸ 여자의 복장 규정 ▸ 여름의 복장 규정 ▸ 겨울의 복장 규정 ▸ 느낌 및 생각

• 모범 답변 살펴보기

At my company, we are required to wear formal suits like other companies in Korea. 복장 규정 ★In the case of male workers, they have to wear a business suit and a tie. They shouldn't wear jeans or sneakers in any case. 남자의 복장 규정 Female workers shouldn't wear short skirts or jeans. 여자의 복장 규정 In summer, we are allowed to wear a short sleeve shirt or blouse, but we can't wear shorts or flip-flops. They say we don't look professional if we wear shorts. 여름의 복장 규정 During winter, we can put on any coats or jumpers as long as we wear a business suit inside. 겨울의 복장 규정 Although formal attire makes workers look professional, I sometimes want to wear casual clothes at work. 느낌 및 생각

우리 회사는 한국의 다른 회사들과 마찬가지로 정장을 입어야 합니다. 남자 직원들의 경우에는 양복에 넥타이를 해야 합니다. 어떠한 경우에도 청바지나 운동화를 신으면 안 됩니다. 여직원들은 짧은 치마나 청바지를 입지 말아야 합니다. 여름에 우리는 반팔 셔츠나 블라우스를 입을 수 있지만 반바지나 슬리퍼는 신을 수 없습니다. 반바지를 입으면 전문적으로 보이지 않는다고 합니다. 겨울에는 안에 정장만 입으면 아무 코트나 점퍼를 입을 수 있습니다. 정장을 입으면 직원들이 전문적으로 보이긴 하지만, 가끔 저는 직장에서 캐주얼 옷차림을 하고 싶습니다.

스피킹 노하우

★ ~의 경우에는 [in the case of+명사]

ex In the case of engineers, they can put on sneakers. 기술자들의 경우에는 운동화를 신을 수 있습니다.
In the case of women, they don't have a specific dress code. 여자들의 경우에는 특정한 복장 규정이 없습니다.

VOCA

require 요구하다　a formal suit(attire) 정장　a tie 넥타이　jeans 청바지
sneakers 운동화　in any case 어떠한 경우에도　shorts 반바지　flip-flops 슬리퍼
professional 전문적인　casual 캐주얼(격식을 차리지 않은)

❶ 복장 규정

At my company, we are required to wear [옷의 종류].

직장에서 우리는 [   ]를 입도록 해야 합니다.

❷ 남자의 복장 규정

In the case of male workers, they have to wear [옷의 종류].

남자 직원들의 경우에는 [   ]를 입어야 합니다.

❸ 여자의 복장 규정

Female workers [복장 규정].

여직원들은 [   ]합니다.

❹ 여름의 복장 규정

In summer, we are allowed to wear [옷의 종류].

여름에 우리는 [   ]를 입을 수 있습니다.

❺ 겨울의 복장 규정

During winter, we can put on [옷의 종류].

겨울에는 [   ]를 입을 수 있습니다.

❻ 느낌 및 생각

Although [장점 및 단점], I sometimes want to [바라는 점].

[   ]이긴 하지만, 가끔 저는 [   ]하고 싶습니다.

> **ex** Although casual outfits are comfortable at work, I sometimes want to follow a certain dress code.
> 캐주얼 옷들은 일할 때 편하기는 하지만, 가끔 저는 특정한 복장 규정을 따르고 싶기도 합니다.

● 표현 늘리기

■ **옷의 종류**

business attire/formal attire 정장 business casual 비즈니스 캐주얼(평상 근무복)
casual clothes 캐주얼 옷 a shirt 셔츠 a sweater 스웨터 a blouse 블라우스 a dress 원피스
a skirt 치마 a blazer (단체복으로 통일된) 재킷 a T-shirt 티셔츠 a short sleeve shirt 반팔 셔츠
a sleeveless shirt 민소매 셔츠 a vest 조끼 a tie 넥타이 denim jeans 데님 청바지 shorts 반바지
tights 타이츠 leggings 레깅스 a sweat shirt 운동복 상의 sweat pants 운동복 하의
athletic shoes 운동화 flip-flops (끈을 끼워서 신는) 슬리퍼 slippers 슬리퍼 sandals 샌들
loafers 로퍼, 간편화 dress shoes 정장 구두

■ **복장 규정**

We don't have a specific dress code. 우리는 특정한 복장 규정이 없습니다.
We only have one casual day a month. 우리는 한 달에 하루 평상복 출근일이 있습니다.
We have Casual Friday. 우리는 금요일에만 평상복을 입을 수 있습니다.
The dress code at my company is not that strict. 우리 회사의 복장 규정은 그렇게 엄격하지 않습니다.

Q3

[동료들과의 점심 식사]

Where do you usually have lunch with your coworkers? Is there any reason to go there? What do you usually eat for lunch?

직장 동료들과 주로 어디에서 점심을 먹나요? 그곳에 가는 이유가 있나요? 점심으로 보통 무엇을 먹나요?

답변 구성 전략

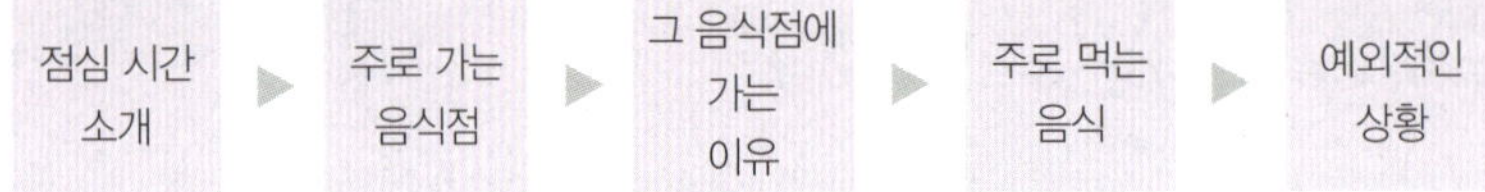

모범 답변 살펴보기

I have a lunch break for about an hour everyday, and have lunch with my coworkers in the team. 점심 시간 소개 We normally go to one of the Korean restaurants near my office for lunch. 주로 가는 음식점 The reason why we go to these restaurants is that they offer relatively cheap but nourishing food. Also, we don't have enough time to go to *restaurants that are far from our office. 그 음식점에 가는 이유 At the restaurants, we usually order rice and some kind of soup which comes with side dishes. These are some typical Korean dishes that Korean office workers love to eat. 주로 먹는 음식 Sometimes, we just grab hamburgers or sandwiches when we have something that has to be done during lunch time.

저는 매일 한 시간 정도 점심 시간이 있고, 같은 부서의 동료들과 점심식사를 합니다. 우리는 주로 회사 근처에 있는 한국 음식점들 중 몇 군데로 점심을 먹으러 갑니다. 이들 음식점으로 가는 이유는 상대적으로 싸지만 영양가 있는 음식을 제공하기 때문입니다. 또한, 회사에서 먼 음식점으로 가기에는 충분한 시간이 없습니다. 음식점에서 우리는 보통 밥과 밑반찬이 같이 나오는 찌개 종류를 주문합니다. 이런 음식들이 한국 직장인들이 좋아하는 전형적인 음식들입니다. 가끔, 점심 시간에 다른 일을 끝내야 할 일이 있으면 간단히 햄버거나 샌드위치를 먹기도 합니다.

스피킹 노하우

★ ~하는(인) 음식점 [a restaurant+which(that)+동사]

> **ex** I love to go to restaurants which offer good food and service.
> 저는 좋은 음식과 서비스를 제공하는 음식점에 가는 것을 좋아합니다.
>
> I go to restaurants which offer a discount to office workers. 저는 직장인들에게 할인을 해주는 음식점에 갑니다.

VOCA

offer 제공하다   **relatively** 상대적으로   **nourishing** 영양가 있는   **order** 주문하다
side dishes 반찬   **come with** ~이 딸려오다

❶ 점심 시간 소개

I have a lunch break for ___시간___ everyday.

저는 매일 _______ 의 점심 시간이 있습니다.

TIP 점심시간의 길이와 함께 동료들에 대해서도 구체적인 소개를 해보세요.

❷ 주로 가는 음식점

We normally go to ___음식점___ for lunch.

우리는 점심 식사를 하러 주로 _______ 에 갑니다.

❸ 그 음식점에 가는 이유

The reason why we go to these restaurants is that ___이유___ .

이들 음식점에 가는 이유는 _______ 이기 때문입니다.

TIP that 다음에는 [주어+동사]의 형태를 사용합니다.

❹ 주로 먹는 음식

At the restaurants, we usually order ___음식 종류___ .

음식점에서 우리는 보통 _______ 를 주문합니다.

❺ 예외적인 상황

Sometimes, we ___예외적인 상황___ .

가끔 우리는 _______ 을 합니다.

ex Sometimes, we try other kinds of food when we get bored with Korean food.
가끔 한국 음식이 지겨울 때는 다른 종류의 음식도 시도합니다.

● 표현 늘리기

■ **음식점의 종류**

a Korean restaurant 한국 음식점　　　　a Chinese restaurant 중국 음식점
a Japanese restaurant 일본 음식점　　　an Italian restaurant 이탈리아 음식점
a steak house 스테이크 전문 음식점　　　a buffet restaurant 뷔페
a seafood restaurant 해산물 음식점　　　a fast-food restaurant 패스트푸드 음식점
a cheap restaurant 싸구려 식당　　　　　an exclusive restaurant 일류 음식점

■ **특정 음식점에 가는 이유**

They use only fresh ingredients. 신선한 재료만 사용합니다.

They offer a discount during lunch time. 점심시간에 할인을 해줍니다.

They serve great dishes. 음식이 맛있습니다.

The price of dishes is reasonable. 음식 가격이 합리적입니다.

All kinds of sodas are on the house. 모든 종류의 음료수가 무료로 제공됩니다.

I like the cozy atmosphere there. 그곳의 안락한 분위기가 좋습니다.

We don't have to wait long. 오래 기다릴 필요가 없습니다.

The service is speedy. 서비스가 빠릅니다.

They are the nearest restaurants from my office. 그곳들이 회사에서 가장 가까운 음식점들입니다.

 **롤플레이 문제 :** 근무 관련 상황

근무와 관련된 롤플레이 문제는 근무 형태나 업무에 대해 질문하기, 근무 시간을 지키지 못하게 되었을 경우의 문제 상황 해결하기 등에 대해 출제됩니다. 각 주어진 상황을 잘 파악하고, 적절한 질문, 상황 설명 및 대안을 제시할 수 있도록 하세요.

C04-U02-04

Q1 **[전화로 질문하기]** I'll give you a situation and ask you to act it out. Suppose that you are going to have a meeting with your supervisor tomorrow. Call your boss and ask him three or four questions about the meeting.

상황을 줄 테니 역할극을 해보세요. 당신은 내일 상사와 회의를 하기로 했습니다. 상사에게 전화를 걸어 회의에 대한 질문을 서너 가지 해보세요.

인사	Hello? This is Jiyoung Yoo in the Planning Department.
전화 목적	I'm calling you to ask you some questions about the meeting we're going to have tomorrow.
질문	First, what do I need to prepare for the meeting? I've finished the report, but do we need something else? And, who will attend the meeting? I'd like to make some copies for them. Lastly, how long will the meeting last? I have to meet with our partner at 4 P.M. tomorrow.
끝인사	Thank you for your kind answers.

여보세요? 기획 부서의 유지영입니다. 내일 있을 회의에 대해 몇 가지 여쭤보려고 전화 드렸어요. 먼저, 회의를 위해 무엇을 준비해야 할까요? 보고서는 끝냈는데, 다른 것들이 더 필요한가요? 그리고, 누가 회의에 참석하나요? 그분들을 위해 복사물을 만들고 싶습니다. 마지막으로, 회의는 얼마나 지속되나요? 내일 오후 4시에 파트너와 만나야 하거든요. 친절한 답변 감사합니다.

the Planning Department 기획 부서   a report 보고서   something else (또) 다른 것   a copy 복사본

C04-U02-05

Q2 **[대안제시 하기]** I'm sorry, but there's a problem that you need to resolve. Your boss has asked you to work over the weekend, but you have an important family event on the weekend. Call your boss, explain the situation and give two or three alternatives.

유감스럽지만 해결해야 할 문제가 생겼습니다. 상사가 당신에게 주말 동안 일을 하라고 했지만, 당신은 주말에 가족들과 중요한 일이 있습니다. 상사에게 전화를 걸어 상황을 설명하고, 두세 가지 대안을 제시해보세요.

인사	Hello? This is Sanghoon Jung.
전화 목적	I'm calling you about the weekend work you've asked me to do.
상황 설명	I'm sorry to tell you this, but I don't think I can work this weekend. I have a very important family event.
대안 제시	So, I came up with some ideas to solve this problem. First, can I work overtime on Monday if it is not urgent? Or why don't I work from home over the weekend? I will get it done at home, even if I have to stay up all night.
끝인사	Please let me know what you think.

여보세요? 정상훈입니다. 요청하신 주말 근무에 대해 전화 드렸는데요. 죄송하지만 이번 주말에 일을 하지 못할 것 같아서요. 가족들과 아주 중요한 일이 있습니다. 그래서 이 문제를 해결할 몇 가지 생각을 해봤는데요. 먼저, 급한 일이 아니라면 월요일에 야근을 해도 될까요? 아니면 제가 주말에 재택 근무를 하는 것은 어떤가요? 밤을 새워서라도, 집에서 일을 끝내겠습니다. 어떻게 생각하시는지 알려 주세요.

over the weekend 주말에   urgent 긴급한, 시급한   work from home 재택근무 하다
get something done ~를 끝내다   stay up all night 밤을 새우다

직장 업무에 대한 문제는 자신이 맡고 있는 업무를 바탕으로 기억에 남는 프로젝트, 어려웠던 프로젝트 및 신입 오리엔테이션이나 교육 프로그램 경험까지 구체적으로 준비하는 것이 좋습니다. 특히 평소 자신의 업무나 진행했던 프로젝트와 관련된 문제는 자주 출제되니 미리 답변을 정리해보세요.

업무 및 프로젝트

▸ 현재 맡고 있는 직장 업무
▸ 가장 좋아하는 업무
▸ 현재 진행하고 있는 프로젝트

프로젝트 및 교육 프로그램 관련 경험

▸ 최근에 마친 프로젝트
▸ 기억에 남는 프로젝트와 그 이유
▸ 프로젝트 수행 시 겪은 어려움
▸ 가장 성공적이었던 프로젝트
▸ 신입 사원 때 받았던 오리엔테이션 프로그램
▸ 초과 업무가 주어졌던 경험

출제 가능 질문 살펴보기

[자신의 주요 업무 소개]

Please tell me about your duties and responsibilities at work. What kind of work do you normally do?

직장에서 당신이 맡고 있는 임무나 역할에 대해 이야기해주세요. 주로 어떤 일들을 하나요?

[기억에 남는 프로젝트]

Can you tell me about one of the most memorable projects you've completed at work? Why was it so memorable?

직장에서 끝낸 가장 기억에 남는 프로젝트 중 하나에 대해서 이야기해 줄 수 있나요? 왜 그 프로젝트가 기억에 남나요?

[프로젝트 수행 시 겪은 어려움]

Have you ever had a problem when you carried out a certain project? What was the problem and how did you resolve the problem?

특정 프로젝트를 수행할 때 문제가 있었던 적이 있나요? 문제는 무엇이었으며 어떻게 해결했나요?

Q1

[자신의 주요 업무 소개]

Please tell me about your duties and responsibilities at work. What kind of work do you normally do?

직장에서 당신이 맡고 있는 임무나 역할에 대해 이야기해주세요. 주로 어떤 일들을 하나요?

● 답변 구성 전략

직책 및 부서 소개 ▶ 자신이 속한 부서의 역할 ▶ 주요 담당 업무 1 ▶ 업무 부연 설명 ▶ 주요 담당 업무 2 ▶ 느낌 및 생각

● 모범 답변 살펴보기

I'm currently working as an assistant manager in the Human Resources Department. 직책 및 부서 In our department, we normally recruit and manage new employees, conduct orientation programs and provide administrative support for a variety of departments. 부서의 역할 My job is to assist in recruiting new employees. 주요 담당 업무 1 This includes screening, interviewing and recommending candidates. 부연 설명 ★I'm also in charge of assisting new employees with paperwork and orientation travel. 주요 담당 업무 2 Because of the characteristics of this job, I sometimes become very sensitive, but I'm very happy to communicate closely with many kinds of people. 느낌 및 생각

저는 현재 인사 부서에서 대리로 일하고 있습니다. 우리 부서는 보통 새로운 직원들을 고용·관리하고, 신입 직원 오리엔테이션을 진행하며 여러 부서에 행정적인 지원을 합니다. 저의 업무는 새 직원을 고용하는 것을 보조하는 일입니다. 이 일은 지원자들을 심사하고, 면접을 하고, 추천하는 일을 포함합니다. 저는 또한 새로 온 직원들이 서류를 작성하고, 오리엔테이션 과정을 마칠 수 있도록 도와주는 것을 담당하고 있습니다. 일의 특성 때문에 저는 가끔 예민해지기도 하지만, 많은 종류의 사람들과 가깝게 의사소통 할 수 있어서 행복합니다.

스피킹 노하우

★ ~(하는 것)을 담당하다, 맡다 [be in charge of+명사 또는 동명사형]

> **ex** I'm in charge of planning educational programs. 저는 교육 프로그램을 계획하는 것을 담당하고 있습니다.

VOCA

recruit 고용하다   conduct 진행하다   administrative support 행정적 지원   assist 보조하다
screen 심사하다   interview 면접을 보다   recommend 추천하다   candidates 지원자
paperwork 서류 작성   characteristics 특징, 특성   sensitive 예민한

❶ 직책 및 부서

I'm currently working as [직책] in [부서].

저는 현재 ___ 부서에서 ___ 로 일하고 있습니다.

❷ 부서 역할

In our department, we normally [부서의 업무 종류].

우리 부서에서는 보통 ___ 를 합니다.

❸ 주요 담당 업무 1

My job is to [업무 종류].

그중에서 저의 업무는 ___ 하는 것입니다.

TIP to 뒤에 [동사]를 붙여 하는 일을 나타냅니다.

❹ 부연 설명

This includes [업무 설명(세부 업무)].

이 일은 ___ 를 포함하고 있습니다.

TIP includes(동사) 뒤에 동명사형(동사+-ing) 또는 명사형으로 세부 업무를 표현합니다.

❺ 주요 담당 업무 2

I'm also in charge of [업무 종류].

저는 또한 ___ 를 담당하고 있습니다.

❻ 느낌 및 생각

Because of the characteristics of this job, [느낌 및 생각].

이 일의 특성 때문에, ___ 합니다.

▣ 업무의 종류를 나타내는 동사

organize 정리하다	**check** 확인하다
deal with, handle 다루다	**arrange** 처리하다
prepare 준비하다	**report** 보고하다
research 조사하다	**build up** 구축하다
analyze 분석하다	**develop** 개발하다, 개척하다
design 고안하다	**conduct** 진행하다. 주관하다
assist 보조하다	**provide** 제공하다
maintain 유지하다	**manage** 관리하다
schedule ~의 일정을 잡다	**respond to** ~에 응하다
coordinate 편성하다	**attend** 참석하다
train 교육시키다	**motivate** 동기를 부여하다
lead 이끌다	**create** 제작하다
meet with ~와 만나다	**recommend** 추천하다
identify (확인하여) 알아보다	**monitor** 관찰하다
distribute 분배하다	**advise** 고문이 되어주다. 자문에 응하다
make sales 영업하다	**do a market survey** 시장 조사를 하다
outsource the work 작업을 외주에 맡기다	

Q2

[기억에 남는 프로젝트]

Can you tell me about one of the most memorable projects you've completed at work? Why was it so memorable?

직장에서 했던 가장 기억에 남는 프로젝트 중 하나에 대해서 이야기해줄 수 있나요? 왜 그 프로젝트가 기억에 남나요?

답변 구성 전략

프로젝트 소개 ▶ 부연 설명 ▶ 맡은 역할 ▶ 기억에 남는 이유 ▶ 프로젝트의 결과 ▶ 느낌 및 생각

모범 답변 살펴보기

★ The most memorable project I've completed at work was employee training last year. 프로젝트 소개 To be specific, it was training our new sales representatives for three days. 부연 설명 In this project, I was in charge of providing on-the-job training. The other team members organized schedules and managed the rest of the program. 맡은 역할 I still remember this project because the new employees I met there were very active and cooperative every step of the way. That training was the smoothest one I've ever conducted. 기억에 남는 이유 As a result, we were able to finish the training very successfully. 프로젝트 결과 Whenever I recall that moment, I feel rewarded for what I do. 느낌 및 생각

회사에서 했던 가장 기억에 남는 프로젝트는 작년에 했던 직원 교육이었습니다. 정확히 말하자면, 그 프로젝트는 3일 동안 새로운 판매 직원들을 교육하는 일이었습니다. 프로젝트에서 저는 실무 교육을 제공하는 일을 담당했습니다. 다른 부서 직원들은 일정을 정리하고, 프로그램의 나머지 부분을 관리했습니다. 제가 이 프로젝트를 아직도 기억하는 이유는 그때 만났던 새 직원들이 매 순간마다 매우 활발하고 협조적이었기 때문입니다. 그 교육은 제가 진행했던 교육 중에 가장 순조로운 교육이었습니다. 그 결과, 우리는 아주 성공적으로 교육을 끝낼 수 있었습니다. 그때의 순간을 기억할 때마다 저는 제가 하는 일에 대한 보람을 느낍니다.

스피킹 노하우

★ (여태까지 ~했던) 가장 기억에 남는 [the most memorable+명사+I've ever+동사의 과거분사]

> **ex** The most memorable project I've ever carried out (여태까지 수행했던) 가장 기억에 남는 프로젝트
> The most memorable moment I've ever had (여태까지 가졌던) 가장 기억에 남는 순간

VOCA

employee training 직원 교육   to be specific 정확히 말하자면   a sales representative 판매원
on-the-job training 실무 교육   cooperative 협조적인   smooth 순조로운   feel rewarded 보람을 느끼다

❶ 프로젝트 소개

The most memorable project I've completed at work was 프로젝트 소개 .

회사에서 했던 가장 기억에 남는 프로젝트는   였습니다.

❷ 부연 설명

To be specific, 프로젝트에 대한 부연 설명 .

정확히 말하자면,   였습니다.

TIP 언제, 무엇을 위한, 어떤 내용의 프로젝트였는지 구체적으로 이야기해보세요.

❸ 맡은 역할

In this project, I was in charge of 업무 종류 .

프로젝트에서 저는   를 맡았습니다.

❹ 기억에 남는 이유

I still remember this project because 이유 .

제가 이 프로젝트를 아직도 기억하는 이유는   때문입니다.

❺ 프로젝트 결과

As a result, 결과 .

그 결과   했습니다.

❻ 느낌 및 생각

Whenever I recall that moment, 느낌 .

저는 그 순간을 기억할 때마다   합니다.

● 표현 늘리기

■ 프로젝트 종류

a product development 상품 개발
a system development 시스템 개발
system management 시스템 관리
a market analysis 시장 분석
an advertising campaign 광고
a consumer trends research 소비자 동향 조사
a product promotion 제품 판촉
a research and development 연구 개발
employee training 사원 교육
sales networking 판매망 형성

■ 기억에 남는 이유

It was the first project that I carried out at work. 직장에서 수행한 첫 번째 프로젝트였습니다.

It helped my promotion. 제 승진을 도왔습니다.

I accomplished a great deal with this project. 이 프로젝트로 큰 거래를 성사시켰습니다.

I received a bonus. 보너스를 받았습니다.

It was the most difficult project I've ever had. 제가 했던 가장 어려웠던 프로젝트였습니다.

I worked closely with many important people. 많은 중요한 사람들과 가까이 일을 했습니다.

It was the biggest project I've ever had. 제가 했던 가장 큰 프로젝트였습니다.

I worked day and night for this project. 이 프로젝트를 위해 밤낮으로 일했습니다.

Q3

[프로젝트 수행 시 겪은 어려움]

Have you ever had a problem when you carried out a certain project? What was the problem and how did you resolve the problem?

특정 프로젝트를 수행할 때 문제가 있었던 적이 있나요? 문제는 무엇이었으며 어떻게 해결했나요?

답변 구성 전략

프로젝트 소개 ▶ 프로젝트의 어려움 ▶ 부연 설명 ▶ 해결 과정 ▶ 결과 ▶ 느낌 및 생각

모범 답변 살펴보기

Last month, I completed a team project, which was a new cosmetic line development in the R&D Department. 프로젝트 소개 While working on the project, we had difficulty due to one of our team members. 프로젝트의 어려움 Because he didn't have much experience in developing a new product line, he often couldn't complete his tasks for the project on time. 부연 설명 To resolve the problem, the rest of our team members ★tried to help him as much as possible. We often gave him advice and worked overtime together for him. 해결 과정 As a result, we barely met the deadline but still released the new cosmetics on time. 프로젝트의 결과 From the difficulty I had, I learned the importance of cooperation. 느낌 및 생각

지난달에 저는 연구개발 부서에서 새로운 화장품을 개발하는 팀 프로젝트를 마쳤습니다. 프로젝트를 하는 동안, 우리는 팀원 중의 한 명 때문에 어려움을 겪었습니다. 그 사람은 신상품 개발에 대한 경험이 많이 없었기 때문에 그 사람이 맡은 프로젝트의 업무를 제때 끝내지 못하는 경우가 종종 있었습니다. 문제를 해결하기 위해 나머지 팀원들은 그를 가능하면 많이 도와주려고 애썼습니다. 우리는 그에게 종종 조언도 주고, 그를 위해 야근도 같이 했습니다. 그 결과, 우리는 겨우 마감일을 맞추었고, 제때에 새로운 화장품을 출시했습니다. 제가 겪은 이 어려움을 통해, 저는 협동심의 중요성을 배웠습니다.

스피킹 노하우

★ ~하려고 노력하다, 애를 쓰다 [주어+try to+동사원형]

> **ex** We tried to overcome the situation. 우리는 그 상황을 극복하기 위해 노력했습니다.
>
> We tried to collect all possible data for the project. 우리는 프로젝트에 필요한 가능한 모든 데이터를 수집하려고 노력했습니다.

VOCA

cosmetic line 화장품   due to+명사 ~때문에   on time 제때에   advice 조언

meet a deadline 마감을 맞추다   release 출시하다   cooperation 협동, 협동심

❶ 프로젝트 소개 　구체적 시기　, I completed 　프로젝트　.

저는 　　　에 　　　　　를 완료했습니다.

TIP 프로젝트의 종류 및 주제에 대해 이야기해보세요.

❷ 프로젝트 어려움 While working on the project, we had difficulty due to 　주요 문제　.

프로젝트를 하는 동안, 우리는 　　　　　 때문에 어려움을 겪었습니다.

❸ 부연 설명(원인) Because 　원인 설명　.

왜냐하면 　　　　　 때문입니다.

TIP [because+주어+동사] 의 형태를 사용하세요.

❹ 해결 과정 To resolve the problem, 　해결 과정　.

문제를 해결하기 위해, 　　　　　 했습니다.

❺ 결과 As a result, we 　결과　.

그 결과, 　　　　　 했습니다.

❻ 느낌 및 생각 From the difficulty I had, 　느낀 점　.

제가 겪은 이 어려움을 통해 　　　　　 했습니다.

▣ 주요 문제

my team members 팀원들　my boss 상사　my computer 내 컴퓨터　my coworker 동료
different opinions among my team members 팀원들 간의 다른 의견들　the meeting schedule 회의 일정
the project schedule 프로젝트 일정　the short deadline 짧은 마감기한　planning 계획
an outsourced contractor 외주 하청업자　budget shortages 예산 부족

▣ 문제의 원인

My boss always made decisions at the last minute. 제 상사가 항상 마지막에 결정을 내렸습니다.
We all had different opinions about the planning. 우리 모두 계획하는 데 있어서 의견이 모두 달랐습니다.
We had a pretty tight schedule. 일정이 너무 빡빡했습니다.
Our outsourced contractor rejected our contract. 외주 하청업자가 우리의 계약을 거절했습니다.
My computer suddenly broke down. 제 컴퓨터가 갑자기 고장 났습니다.

▣ 문제 해결 방법

Our team even had to work every weekend. 매 주말까지도 일을 해야 했습니다.
We had a lot of meetings to talk about the different opinions.
다른 의견을 조정하기 위해서 많은 회의를 가졌습니다.

We had to visit our partner everyday to get a contract. 계약을 체결하기 위해 파트너 회사를 매일 방문했습니다.
We had to prepare for other possibilities. 다른 가능성들을 위해 준비를 해야 했습니다.
We worked overtime everyday until we finished the project. 프로젝트가 끝날 때까지 매일 야근을 해야 했습니다.

롤플레이 문제 : 프로젝트 관련 상황

직장에서의 프로젝트와 관련된 대표적인 롤플레이 문제로는 새로 맡게 된 프로젝트에 대한 질문이나, 그 프로젝트를 정상적으로 마치지 못하게 될 상황에 대한 문제가 연이어 나올 수 있으니 그에 맞는 적절한 질문이나 대안을 미리 마련해보세요.

Q1 [제 3자에게 질문하기] **I'll give you a situation and ask you to act it out. You're asked to work on a new project. Ask your boss three or four questions about the new project.**

상황을 줄 테니 역할극을 해보세요. 당신은 새로운 프로젝트를 하는 업무를 맡았습니다. 상사에게 새로운 프로젝트에 대한 서너 가지 질문을 해보세요.

인사	Excuse me, sir.
질문 목적	I'm supposed to work on the new project. Can I ask you some questions about that project?
질문	First, when should I start to work on the project? And, when is the deadline? I think I may have to reschedule my work based on it. Also, will I be working with people from other departments? Alright then, is it better to contact them in advance?
끝인사	Thank you for your kind answers.

실례합니다, 부장님. 제가 새로운 프로젝트를 하기로 되어있는데요. 그 프로젝트에 대해 몇 가지 질문을 해도 될까요? 먼저, 그 프로젝트를 언제 시작해야 될까요? 그리고 언제가 마감일인가요? 프로젝트를 바탕으로 제 업무 스케줄을 다시 짜야 할 것 같아서요. 마지막으로 다른 부서의 사람들과 일하게 되는 건가요? 그렇다면 그들과 미리 연락을 하는 것이 좋을까요? 친절한 답변 감사합니다.

> **work on** ~를 작업하다. ~에 착수하다   **reschedule** 다시 일정을 짜다   **based on** ~를 바탕으로
> **contact** 연락하다   **in advance** 미리

Q2 [대안제시 하기] **I'm sorry, but there's a problem that you need to resolve. You are working on a project, but you think you can't meet the deadline. Explain to your boss about this situation and offer two or three alternatives.**

유감스럽지만 해결해야 할 문제가 생겼습니다. 당신은 지금 프로젝트를 수행하고 있지만, 마감일까지 끝내지 못할 것 같습니다. 상사에게 상황을 설명하고, 두세 가지 대안을 제시해 보세요.

인사	Excuse me, sir.
상황 설명	I'm working on the advertising campaign for our new TV now. I'm sorry to tell you this, but I can't meet the deadline for it. Our model is too busy, so it is hard to schedule shooting the photos.
대안 제시	So, I came up with some ideas to solve this problem. First, what if we change the model? I think we can find a better model with the same budget. Or, why don't we reschedule the shooting if we can postpone the deadline?
끝인사	Please let me know what you think.

실례합니다 부장님. 제가 지금 우리의 새 TV 광고를 진행하고 있는데요. 죄송하지만 광고 마감 기한을 못 맞출 것 같습니다. 우리 모델이 너무 바빠서 촬영 일정을 잡기가 어려워서요. 그래서 문제를 해결할 몇 가지 생각을 해봤는데요. 모델을 바꾸는 것이 어떨까요? 같은 예산으로 더 나은 모델을 구할 수 있을 것 같은데요. 아니면, 마감 일정을 늦출 수 있다면 촬영 일정을 다시 조정하는 것은 어떨까요? 어떻게 생각하시는지 알려주세요.

> **[it is hard to+동사]** ~하는 것은 어렵다   **shooting** 촬영   **budget** 예산
> **reschedule** 일정을 다시 짜다   **postpone** 연기하다

답변 중
위기 상황 대처 표현

> ★ **상황 3 : 질문과 관련된 경험이 없거나 경험이 생각나지 않을 때**

상황 설명 : 돌발 주제나 어떤 특정 상황의 경험을 묻는 경우에는 경험해보지 못했거나, 기억이 잘 나지 않는 경험에 대해 이야기를 꺼내야 할 상황이 생길 수도 있습니다. 관련된 경험을 생각하거나 망설여 답변 시간을 지체하는 것보다는 솔직하게 경험이 생각나지 않는다고 이야기를 하고, 천천히 답변을 이끌어 가도록 하세요.

▸ **To be honest, I have never experienced such thing.**
솔직히 저는 그런 경험을 한 적이 없어요.

▸ **I don't have any experience related to this.**
저는 이와 관련된 경험이 없어요.

▸ **I don't remember exactly what I experienced.**
제가 경험한 일이 정확히 생각나지 않아요.

▸ **It is hard to remember my experience about this situation.**
이와 비슷한 제 경험을 기억하기가 어려워요.

▸ **But I'll try to recall it as much as possible.**
그러나 가능한 한 많이 기억해보려고 노력할게요.

▸ **I'll talk about my other experiences related to this.**
이와 관련된 다른 경험에 대해 이야기해볼게요.

▸ **I'll talk about some other topics.**
다른 주제에 대해 이야기해볼게요.

UNIT 1 영화 보기 | **UNIT 2** 공연/콘서트 보기 | **UNIT 3** 공원 가기 |
UNIT 4 해변 가기 | **UNIT 5** 스포츠 관람 | **UNIT 6** 혼자/어른들끼리 게임 하기

여가 활동

Chapter 5에서는 OPIc Background Survey의 4번 [여가 시간에는 어떤 활동을 하십니까?] 항목에서 수험생들이 가장 많이 선택하는 주제들을 중심으로 다루었습니다. Chapter 5의 주제들을 참고로 하여 자신이 선택한 주제에 대한 문제 유형들을 파악하고, 제시된 표현 및 패턴 공식에 맞추어 답변을 완성해보세요.

Unit 01 영화 보기

영화 보기는 OPIc에서 많은 수험생들이 공통적으로 선택하는 여가 활동 주제이자, 출제 빈도도 높은 주제입니다. 영화 보기와 관련하여 좋아하는 영화의 내용, 배우, 감상 등에 대한 표현과 답변들을 잘 정리하면, 또 다른 여가 활동 항목인 '공연보기'나 OPIc의 돌발 문제 주제인 '독서, 유명인, TV나 DVD 영화 보기' 등에서도 활용할 수 있으므로 미리 철저하게 나만의 답변을 완성해보세요.

장소 묘사 ▶ 자주 가는 영화관 묘사

인물 묘사 ▶ 가장 좋아하는 영화 배우 묘사

설명
▶ 좋아하는 영화 장르와 이유
▶ 가장 좋아하는 영화/가장 기억에 남는 영화

일반 활동 패턴
▶ 언제, 어디서, 누구와 어떤 영화를 보는지
▶ 영화를 보기 전·후의 활동

경험
▶ 영화를 처음 본 경험과 영화 취향의 변화
▶ 최근에 영화를 본 경험
▶ 영화를 보는 도중 일어났던 기억에 남는 사건

 **출제 가능 질문 살펴보기**

[자주 가는 영화관] Please tell me about a movie theater you often go to. Where is it? Why do you go there rather than to other theaters?

자주 가는 영화관에 대해 이야기해주세요. 어디에 있나요? 다른 영화관보다 그곳에 가는 이유는 무엇인가요?

[가장 좋아하는 영화배우] Who is your favorite actor or actress? Why do you like him or her? Can you also tell me any recent news about him or her?

가장 좋아하는 배우는 누구인가요? 왜 그 배우를 좋아하나요? 그 배우에 대한 최근 소식도 이야기해줄 수 있나요?

[영화 보기 전·후에 하는 일] What do you normally do before watching the movie? What do you do after? Please tell me about your typical day when you go to the movies.

영화를 보기 전에 보통 무엇을 하나요? 그 후에는 무엇을 하나요? 영화를 보러 갈 때의 전형적인 하루에 대해 이야기해주세요.

[기억에 남는 영화] Please tell me about the most memorable movie you've ever seen. What was it about? Why was it memorable to you?

여태까지 본 영화 중 가장 기억에 남는 영화에 대해 이야기해주세요. 그 영화는 무엇에 관한 것이었나요? 왜 그 영화가 기억에 남나요?

[자주 가는 영화관]

Please tell me about a movie theater you often go to. Where is it? Why do you go there rather than to other theaters?

자주 가는 영화관에 대해 이야기해주세요. 어디에 있나요? 다른 영화관보다 그곳에 가는 이유는 무엇인가요?

● 답변 구성 전략

영화관 이름 ▸ 위치 ▸ 크기 및 분위기 ▸ 좋아하는 이유 1 ▸ 좋아하는 이유 2 ▸ 느낌 및 생각

● 모범 답변 살펴보기

The movie theater I often go to is the CGV Theater. 자주 가는 영화관 **It is located in** a shopping mall near my house. 위치 **The theater has** seven screens, and it is always crowded. 크기 및 분위기 **I like to go there because** it has great facilities such as a video arcade, a book store and cafes. These are all for people who are waiting for their movie time. In particular, I like to go to the video arcade in this theater with my friend before the movie. 좋아하는 이유 1 **But, what I like most about that theater is that** they have the best popcorn with many flavors such as caramel, butter and cheese. 좋아하는 이유 2 **That is why I like to go to this theater rather than to other theaters.** 느낌 및 생각

제가 자주 가는 영화관은 CGV극장입니다. 그 극장은 우리 집 근처의 한 쇼핑몰 건물 안에 있습니다. 그곳에는 7개의 상영관이 있고, 항상 많은 사람들로 붐빕니다. 제가 그곳에 가기 좋아하는 이유는 오락실, 서점, 커피숍 같은 좋은 시설을 갖추고 있기 때문입니다. 이 모든 것들이 영화 시간을 기다리는 사람들을 위한 것입니다. 특히 저는 영화 전에 친구들과 극장 안의 오락실에 가기를 좋아합니다. 그러나 그 극장에 대해 제가 가장 좋아하는 점은 캐러멜, 버터, 치즈와 같은 다양한 맛의 가장 맛있는 팝콘이 있다는 것입니다. 이것이 바로 제가 다른 영화관보다 그 극장을 찾는 이유입니다.

스피킹 노하우

★ 차라리 A보다는 B [A rather than B]

rather than 앞뒤의 A와 B는 품사 형태를 맞추어 사용합니다.

> **ex** I go to this theater rather than to other theaters. 다른 영화관보다는 이 극장을 갑니다.
> I will have green tea rather than coffee. 커피보다는 차라리 녹차를 마실래요.

VOCA

a screen (극장 안의) 스크린, 상영관　　**a facility** 시설　　**a video arcade** 오락실
a movie time 영화 시간　　**popcorn** 팝콘

❶ 자주 가는 영화관

The movie theater I often go to is ___영화관 이름___ .

제가 자주 가는 영화관은 ___ 입니다.

❷ 위치

It is located in ___위치___ .

그 영화관은 ___ 에 있습니다.

❸ 크기 및 분위기

The theater has ___상영관 수 및 좌석 수___ .

그 영화관은 ___ 를 가지고 있습니다.

> **TIP** 좌석 수로 영화관의 크기를 나타낸다면 The theater has about 500 seats in total. '그 영화관은 총 500개 정도의 좌석이 있습니다.'라고 표현해보세요.

❹ 좋아하는 이유 1

I like to go there because ___이유___ .

제가 그곳에 가기 좋아하는 이유는 ___ 때문입니다.

❺ 좋아하는 이유 2

But, what I like most about that theater is that ___이유___ .

그러나, 그 극장에 대해 제가 가장 좋아하는 점은 ___ 입니다.

❻ 느낌 및 생각

This is why I like to go to this theater rather than to other theaters.

이것이 바로 제가 다른 영화관보다 그 극장을 찾는 이유입니다.

● 표현 늘리기

◼ 영화관 시설

a movie theater, a cinema 영화관 a multiplex theater 복합 상영관 a ticket assistant 표 판매 직원
a box office 매표소 a snack bar, a concession stand 매점
a ticket vending machine 표 자동 판매기 a screening room 상영관 a restroom 화장실
a lobby 로비 a parking lot 주차장 a 3D movie 3D 영화 an IMAX screen 아이맥스 스크린
a VIP room VIP 상영관 the acoustics 음향시설 popcorn 팝콘 a soft drink, soda 음료수
nachos 나초 a hot dog 핫도그

◼ 특정 영화관을 좋아하는 이유

It takes only 10 minutes on foot from my house to get there. 우리 집에서 10분 밖에 안 걸립니다.
They have the biggest 3D screen in the city. 이 도시에서는 가장 큰 3D 스크린을 가지고 있습니다.
They offer a lot of discounts for couples. 커플들을 위해 할인을 많이 해줍니다.
The seats are wide and there is a lot of leg room. 좌석이 넓고 다리 뻗을 공간이 큽니다.
The theater has a good sound system. 그 영화관은 좋은 음향시설을 갖추고 있습니다.
The staff members there are very kind. 그곳의 직원들이 아주 친절합니다.

[가장 좋아하는 영화배우]

Who is your favorite actor or actress? Why do you like him or her? Can you also tell me any recent news about him or her?

가장 좋아하는 배우는 누구인가요? 왜 그 배우를 좋아하나요? 그 배우에 대한 최근 소식도 이야기해 줄 수 있나요?

• 답변 구성 전략

• 모범 답변 살펴보기

My favorite actor is Johnny Depp, who is one of the most famous actors in the world. 영화배우 소개 I like him because he plays his roles with so much passion in every single movie. He also has a very attractive face. 좋아하는 이유 He has starred in many types of movies from fantasy to adventure movies. 출연 영화 장르 Among his movies, I love the Pirates of Caribbean series best. In those movies, he acted as a lonely pirate who goes through very dangerous ordeals. 배우의 좋아하는 작품 Recently I heard that he has starred in another new movie, Dark Shadows. I'm going to see that movie next week. 최근 소식 Overall I think he is the best actor I've ever known. 느낌 및 생각

제가 가장 좋아하는 배우는 세계적으로 가장 유명한 배우 중 한 명인 조니 뎁입니다. 제가 그를 좋아하는 이유는 매 영화 때마다 많은 열정을 가지고 연기를 하기 때문입니다. 또한 그는 아주 매력적인 얼굴을 가지고 있습니다. 조니 뎁은 판타지 영화부터 모험 영화까지 다양한 영화에 출연해 왔습니다. 저는 그의 영화들 중에 '캐리비안의 해적' 시리즈를 가장 좋아합니다. 그 영화에서 그는 굉장히 위험한 상황들을 겪는 외로운 해적 연기를 했습니다. 최근에 저는 그가 새 영화 '다크 섀도우'에 출연했다고 들었습니다. 저는 다음 주에 그 영화를 볼 예정입니다. 전반적으로 제 생각에 조니 뎁은 제가 아는 배우 중에 최고인 것 같습니다.

스피킹 노하우

★ ~할 예정이다, ~할 것이다 [be going to+동사원형]

> ex He is going to get married next June. 그는 내년 6월에 결혼할 예정입니다.
> She is going to visit Korea this month. 이번 달에 그녀는 한국을 방문할 예정입니다.

VOCA

play a role 역할을 맡다, 연기하다   passion 열정   star in ~에 출연하다   single 단 하나의, 단일의
attractive 매력적인   series 연속물, 시리즈   lonely 외로운   a pirate 해적   go through 겪다
an ordeal 시련, 어려운 상황

❶ 영화배우 소개

My favorite actor/actress is 　영화배우　 .

제가 가장 좋아하는 배우는 　　　　　 입니다.

TIP 좋아하는 배우가 남자면 actor, 여자면 actress라고 표현합니다.

❷ 좋아하는 이유

I like him/her because 　이유　 .

제가 그 배우를 좋아하는 이유는 　　　　　 입니다.

❸ 출연 영화 장르

He/She has starred in 　영화 종류　 .

그는/그녀는 　　　　　 에 출연해 왔습니다.

❹ 좋아하는 작품

Among his/her movies, I love 　좋아하는 영화 대표작　 best.

그의/그녀의 영화 중에, 저는 　　　　　 를 가장 좋아합니다.

❺ 최근 소식

Recently I heard that 　소식　 .

최근에 저는 　　　　　 다고 들었습니다.

TIP 배우의 개인 생활에 대한 소식이나 영화 출연, 수상 소식 등에 대해 이야기해보세요.

❻ 느낌 및 생각

Overall, I think 　느낌 및 생각　 .

전반적으로 저는 　　　　　 라고 생각합니다.

◼ 영화 장르

TIP 장르명 뒤에 movies를 붙여 표현하세요.

action 액션　 adventure 모험　 animation 애니메이션　 comedy 코미디　 classic 고전　 crime 범죄
documentary 다큐멘터리　 drama 드라마　 educational 교육　 family 가족　 fantasy 판타지
horror 공포　 musical 뮤지컬　 mystery 미스터리　 religious 종교　 romance 로맨스
romantic comedy 로맨틱 코미디　 science fiction(SF) 공상 과학　 silent 무성 영화　 sports 스포츠
thriller 스릴러　 war 전쟁　 blockbuster 블록버스터

◼ 배우를 좋아하는 이유

has a lot of talent 많은 재능이 있다　 has distinct individuality 개성이 뚜렷하다
acts very well 연기를 아주 잘하다　 has excellent acting skills 연기가 훌륭하다
plays various types of characters 다양한 종류의 캐릭터를 연기한다
donates most of his earnings to charity 수입의 대부분을 자선단체에 기부하다

◼ 기타 배우 관련

star in ~에 출연하다　 a leading(main) actor 주연배우　 a supporting actor 조연배우
a bit actor 단역배우　 an Oscar-winning actor 오스카상 수상 배우　 a box-office star 흥행 가치가 있는 배우

Q3

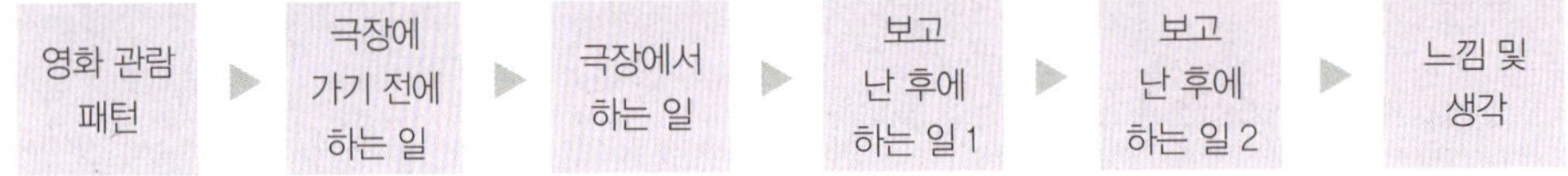

[영화를 보기 전·후에 하는 일]

What do you normally do before watching the movie? What do you do after? Please tell me about your typical day when you go to the movies.

영화를 보기 전에 보통 무엇을 하나요? 그 후에는 무엇을 하나요? 영화를 보러 갈 때의 전형적인 하루에 대해 이야기해주세요.

● 답변 구성 전략

영화 관람 패턴 ▶ 극장에 가기 전에 하는 일 ▶ 극장에서 하는 일 ▶ 보고 난 후에 하는 일 1 ▶ 보고 난 후에 하는 일 2 ▶ 느낌 및 생각

● 모범 답변 살펴보기

I go to the movies with my boyfriend at least once a month. 영화 관람 패턴 Before I go to the theater, I first check on the Internet what is playing. If I find a movie that I want to see, I book the tickets online. 극장에 가기 전에 하는 일 At the theater, my boyfriend and I love to *spend some time playing games at the video arcade before the movie. Then, we buy some popcorn and sodas. 극장에서 하는 일 After it is over, we usually go to a cafe and talk about the movie we watched. We enjoy talking about the characters and the story line of the movie. 영화 관람 후에 하는 일 1 Sometimes we go shopping to a mall near the theater. 영화 관람 후에 하는 일 2 As you can see, my movie days are always fun. 느낌 및 생각

저는 남자친구와 적어도 일주일에 한 번은 영화를 보러 갑니다. 극장에 가기 전에 저는 먼저 인터넷으로 어떤 영화가 상영되는지 확인합니다. 제가 보고 싶은 영화를 찾으면 온라인으로 표를 예약합니다. 극장에서 남자친구와 저는 영화를 보기 전에 오락실에서 게임을 하며 시간을 보내는 것을 좋아합니다. 그리고 나서 팝콘과 음료수를 삽니다. 영화를 보고 난 후에 우리는 보통 커피숍에 가서 우리가 본 영화에 대해 이야기합니다. 우리는 영화의 캐릭터나 줄거리에 대해 이야기하는 것을 좋아합니다. 가끔은 영화관 근처의 쇼핑몰로 쇼핑을 하러 가기도 합니다. 보다시피 저의 영화를 보는 하루는 언제나 즐겁습니다.

스피킹 노하우

★ ~하면서 시간을 보내다 [spend+시간+동명사(동사+ing)]

ex We spent an hour talking about the movie. 우리는 영화 이야기를 하면서 한 시간을 보냈습니다.
I spend a lot of time reading movie reviews before the movie.
영화를 보기 전 저는 영화 후기를 읽으며 많은 시간을 보냅니다.

VOCA

go to the movies 영화를 보러 가다   at least 적어도, 최소한   on the Internet 인터넷에서   book 예약하다
a video arcade 오락실   a character 캐릭터   story line 줄거리

❶ 영화 관람 패턴

I go to the movies with 　같이 보러 가는 사람. 빈도수　.

저는 　　와 　　마다 영화를 보러 갑니다.

TIP 얼마나 자주 가는지 빈도수를 함께 언급하세요.

ex every weekend 매 주말　every month 매달　once every two weeks 2주에 한 번
twice a week 일주일에 두 번　twice a month 한 달에 두 번

❷ 극장에 가기 전에 하는 일

Before I go to the theater, 　활동 묘사　.

영화관에 가기 전에 저는 　　를 합니다.

❸ 극장에서 하는 일

At the theater, 　활동 묘사　.

극장에서는 　　를 합니다.

❹ 영화 관람 후에 하는 일 1

After it is over, 　활동 묘사　.

영화 후에는 　　를 합니다.

❺ 영화 관람 후에 하는 일 2

Sometimes 　활동 묘사　.

가끔은 　　를 하기도 합니다.

❻ 느낌 및 생각

As you can see, my movie days are 　[형용사]　.

보다시피 영화를 보는 제 하루는 　　합니다.

ex As you can see, my movie days are not that special.
보다시피 영화를 보는 제 하루는 그렇게 특별하지 않습니다.

As you can see, my movie days are always enjoyable.
보다시피 영화를 보는 제 하루는 언제나 즐겁습니다.

■ 영화 관람 전에 하는 일

check the newly-released movies 개봉 영화를 확인하다　watch movie trailers 영화 예고편을 보다
read the reviews online 온라인에서 영화 후기를 보다　buy a ticket online 온라인에서 표를 사다
get a ticket from the ticket vending machine 표 자판기에서 표를 사다
make a date with my friend to see a movie 친구와 영화 관람 약속을 잡다
grab a bite 간단히 요기를 하다　buy popcorn and a soda 팝콘과 음료수를 사다
go to the restroom 화장실에 가다

■ 영화 관람 후에 하는 일

go for a drink 술을 마시러 가다　go for dinner 저녁 식사를 하러 가다
talk about the movie 영화에 대해 이야기하다
write a review online 온라인에 후기를 쓰다　go straight home 집으로 곧장 들어가다

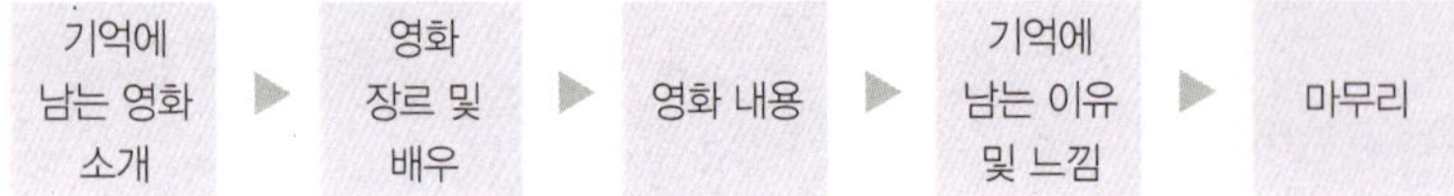

[기억에 남는 영화]

Please tell me about the most memorable movie you've ever seen. What was it about?

여태까지 본 영화 중 가장 기억에 남는 영화에 대해 이야기해주세요. 그 영화는 무엇에 관한 것이었나요?

답변 구성 전략

기억에 남는 영화 소개 ▶ 영화 장르 및 배우 ▶ 영화 내용 ▶ 기억에 남는 이유 및 느낌 ▶ 마무리

모범 답변 살펴보기

The most memorable movie I've ever seen is *Love Actually*. I watched it when I was in high school. 기억에 남는 영화 소개 It is a romantic comedy movie, and many famous British movie stars like Hugh Grant are featured in this movie. 영화 장르 및 배우 The story is about different couples who try to find their true love in eight different tales. 영화 내용 The movie was very memorable to me because the soundtrack was very touching. In addition, each tale was very heart-warming and interesting at the same time. 기억에 남는 이유 및 느낌 Eva, if you like romantic comedy movies, I'd like to recommend this movie to you. 마무리

제가 본 영화 중 가장 기억에 남는 영화는 '러브 액츄얼리'입니다. 저는 고등학교 때 이 영화를 보았습니다. '러브 액츄얼리'는 로맨틱 코미디 영화이고, 휴 그랜트 같이 유명한 영국 배우들이 이 영화에 많이 출연했습니다. 영화 줄거리는 8개의 각기 다른 이야기 속에서 진정한 사랑을 찾으려고 노력하는 커플들에 대한 것입니다. 이 영화가 제게 기억에 남는 이유는 영화 음악들이 아주 감동적이기 때문입니다. 게다가 각각의 이야기 또한 마음을 따뜻하게 하는 동시에 재미도 있습니다. 에바 씨, 로맨틱 코미디를 좋아한다면 저는 이 영화를 에바 씨에게 추천해주고 싶습니다.

스피킹 노하우

★ ~를 ~에게 추천하다 [recommend+추천 대상+to+사람]

> **ex** Can you recommend a good movie to me? 저에게 좋은 영화를 추천해주시겠어요?
> I'd like to recommend this movie to people who feel lonely.
> 저는 이 영화를 외로움을 느끼는 사람들에게 추천하고 싶습니다.

VOCA

British 영국의   **be feature in** ~에 출연하다   **a tale** 이야기   **a movie soundtrack** 영화 음악
touching 감동적인   **heart-warming** 마음이 따뜻해지는   **at the same time** 동시에   **recommend** 추천하다

❶ 기억에 남는 영화 소개

The most memorable movie I've ever seen is 　영화 제목　.

제가 본 가장 기억에 남는 영화는 　　　　　입니다.

> **TIP** · 언제 본 영화인지 영화를 본 시기도 덧붙여 이야기해주세요.
> · 기억에 남는 영화가 한국 영화라면 한국어로 영화 제목을 이야기하고 뜻을 함께 이야기할 수 있습니다.

> **ex** The most memorable movie I've ever seen is 내 머릿속의 지우개, which means 'A Moment to Remember.'

❷ 영화 장르 및 배우

It is a 　영화 장르　 movie.

그것은 　　　　　영화입니다.

> **TIP** 출연한 배우를 이야기할 때는 [배우 이름+was featured in this movie] '~가 이 영화에 출연했습니다'라고 표현할 수 있습니다.

❸ 영화 내용

The story is about 　줄거리　.

영화 줄거리는 　　　　　에 대한 것입니다.

❹ 기억에 남는 이유 및 느낌

The movie was memorable to me because 　이유 및 느낌　.

이 영화가 제게 기억에 남는 이유는 　　　　　이기 때문입니다.

❺ 마무리

Eva, if you like 　영화 장르　 movies, I'd like to recommend this movie to you.

에바 씨, 　　　　　영화를 좋아하신다면 이 영화를 에바 씨에게 추천해주고 싶습니다.

■ 기억에 남는 영화 구성 요소

special effects 특수효과　a famous line, a famous quote 명대사　a plot twist, turnaround 반전
a character 등장인물　a main character 주인공　a soundtrack 영화음악　a director 감독　a cast 출연진
a story line 줄거리　the mood of a movie 영화 분위기　acting of the main actor 주연배우의 연기

■ 기억에 남는 이유

because the cast of the movie was spectacular 영화 출연진이 화려하기 때문에
because the movie has an excellent plot twist 훌륭한 반전을 가지고 있기 때문에
because the acting of the children was surprisingly great 아역 배우들의 연기가 놀랄 만큼 훌륭했기 때문에
because the movie is the masterpiece of my favorite director 내가 좋아하는 감독의 명작이기 때문에
because the movie had an all-star cast 내가 좋아하는 배우들이 다 출연했기 때문에
because the movie was the funniest that I have ever watched 내가 본 영화 중에 가장 웃긴 영화였기 때문에

■ 영화를 본 후의 느낌

· **I was+형용사+while watching the movie** 저는 영화를 보는 동안 ~했습니다
touched, moved 감동을 받은　scared 무서운　thrilled 스릴을 느끼는　excited 신이 난

· **The movie was+형용사** 그 영화는 ~했습니다
touching, moving 감동적인　scary 무서운　thrilling 스릴이 넘치는　entertaining 흥미진진한
funny 웃긴　interesting 재미있는　impressive 감명 깊은　lovely 사랑스러운

 **롤플레이 문제 :** 영화 관련 질문하기

영화 관련 롤플레이 문제 중에서는 Eva가 좋아하는 영화 장르, 기억에 남는 영화, 영화 경험 등과 관련하여 구체적인 정보를 물어보는 질문하기 유형이 많이 출제됩니다. 일반적인 영화 관련 문제에서 나오는 질문 유형들을 잘 파악하고 롤플레이에서 사용할 수 있도록 미리 준비해보세요.

C05-U01-05

 **Q1** [직접 질문하기] **I also like to go to the movies. Please ask me three or four questions about my favorite type of movies.**

저 또한 영화 보러 가는 것을 좋아합니다. 제가 좋아하는 영화 장르에 대해 서너 가지 질문을 해보세요.

인사	Hi, Eva. I'm glad to know that you also like to go to the movies.
질문 목적	I'd like to know about your favorite type of movies if you don't mind.
질문	First, what kind of movies do you like most? Do you like action or comedy movies? In my case, I love comedy movies because they help me release stress. How about you? Why do you like that type of movie? Lastly, who do you usually watch those movies with? I usually watch comedy movies with my girlfriend because she also likes to see comedy movies.
끝인사	Thank you for your answers. It was nice talking to you.

안녕하세요 에바 씨. 당신 또한 영화 보는 것을 좋아한다는 것을 알게 되니 반가워요. 괜찮다면 당신이 가장 좋아하는 영화 장르에 대해 알고 싶어요. 먼저, 어떤 종류의 영화를 가장 좋아하나요? 액션 영화를 좋아하나요, 아니면 코미디 영화를 좋아하나요? 제 경우에는 코미디 영화를 좋아하는데 스트레스를 해소하는데 도움이 되기 때문이에요. 에바 씨는 어떤가요? 왜 그 영화 장르를 좋아하나요? 마지막으로 그 영화 장르를 보통 누구와 같이 보나요? 저는 보통 코미디 영화를 여자친구와 같이 보는데, 여자친구 또한 코미디를 좋아하기 때문이에요. 답변 감사합니다. 이야기 나누어서 즐거웠어요.

type 유형, 종류   **if you don't mind** 괜찮으시다면   **release stress** 스트레스를 풀다

C05-U01-06

 **Q2** [직접 질문하기] **I watched a movie yesterday. Please ask me three or four questions about the movie I watched.**

저는 어제 영화를 봤습니다. 제가 본 영화에 대해 서너 가지 질문을 해보세요.

인사	Hi, Eva. I'm glad to know that you watched a movie yesterday.
질문 목적	I'd like to know about your experience watching the movie yesterday if you don't mind.
질문	First, what movie did you see? I heard that Men in Black 3 has been released recently. Did you watch that movie? And, what was the movie about and how was the movie? If you say the movie was great, I'll watch that movie. Lastly, what did you do after the movie? I love to talk about the movie with my friend at a cafe after it is finished. How about you?
끝인사	Thank you for your kind answers. It was nice talking to you.

안녕하세요, 에바 씨. 어제 영화를 봤다는 것을 알게 되니 반가워요. 괜찮다면 어제 영화를 봤던 경험에 대해 알고 싶은데요. 먼저, 무슨 영화를 봤나요? 듣기로는 최근에 '맨 인 블랙 3'가 개봉되었다고 하던데요. 그 영화를 봤나요? 영화 내용은 무엇이고 그 영화는 어땠나요? 영화가 훌륭했다면 저도 그 영화를 보려고요. 마지막으로, 영화를 본 후에는 무엇을 했나요? 저는 보통 영화 후에 카페에서 친구와 영화 줄거리에 대해 이야기하는 것을 좋아해요. 에바 씨는 어떤가요? 답변 감사합니다. 이야기 나누어서 즐거웠어요.

be released 개봉되다   **recently** 최근에   **at a cafe** 카페에서

공연 관람과 콘서트 관람은 활동 성격이 비슷하기 때문에 문제 유형도 비슷합니다. 두 항목을 모두 선택한다면 효과적으로 답변을 준비할 수 있습니다. 또한, 영화관람이나 음악감상과도 공통적인 이야깃거리를 만들어낼 수 있습니다. 예를 들어, 음악감상에서 가장 좋아하는 음악의 종류나 가수에 대한 답변을 준비한다면, 콘서트 관람 역시 그 음악의 종류나 가수와 엮어서 답변을 만들어낼 수 있겠죠?

장소 묘사 ▶ 자주 가는 콘서트홀/공연장 묘사

일반 활동 패턴
▶ 좋아하는 콘서트/공연의 종류와 이유
▶ 공연/콘서트 관람 빈도와 함께 가는 사람, 관람 전후에 하는 일

경험
▶ 콘서트/공연 관람에 처음 관심을 갖게 된 계기
▶ 최근에 콘서트/공연을 관람한 경험
▶ 가장 기억에 남는 콘서트/공연
▶ 콘서트/공연 관람 중 어려움을 겪은 경험
▶ 콘서트/공연에 가지 못했던 경험

출제 가능 질문 살펴보기

[자주 가는 콘서트홀] Please tell me about a concert hall you like to go to. Where is it? Why do you like that concert hall?

당신이 가기 좋아하는 콘서트홀에 대해 이야기해주세요. 어디에 있나요? 왜 그 콘서트홀을 좋아하나요?

[좋아하는 콘서트 종류] What kinds of concerts do you like to see? Why? Do you prefer concerts with seating or no seating?

어떤 종류의 콘서트 관람을 좋아하나요? 왜 좋아하나요? 앉아서 보는 콘서트와 스탠딩 콘서트 중 어떤 것을 더 선호하나요?

[공연 관람 전후에 하는 일] How often do you go to see performances? Who do you usually go with? What do you do before and after the performances?

얼마나 자주 공연을 보러 가나요? 주로 누구랑 가나요? 공연에 가기 전후에 무엇을 하나요?

[공연에 처음 관심을 갖게 된 계기] How did you first become interested in watching performances?

처음에 어떻게 공연 관람에 관심을 갖게 되었나요?

[최근에 간 공연] Please tell me about the last time you watched a performance.

가장 최근에 공연 관람을 한 경험에 대해 이야기해주세요.

[기억에 남는 콘서트] Please tell me about the most memorable concert you've been to.

당신이 가본 가장 기억에 남는 콘서트에 대해 이야기해주세요.

[자주 가는 콘서트홀]

Please tell me about a concert hall you like to go to. Where is it? Why do you like that concert hall?

당신이 가기 좋아하는 콘서트홀에 대해 이야기해주세요. 어디에 있나요? 왜 그 콘서트홀을 좋아하나요?

● 답변 구성 전략

좋아하는 콘서트홀 ▶ 위치 ▶ 주로 열리는 공연 ▶ 좋아하는 이유 1 ▶ 좋아하는 이유 2 ▶ 느낌 및 생각

● 모범 답변 살펴보기

The concert hall I like to go to is the Olympic Gymnastics Hall. 좋아하는 콘서트홀 It is located at the Olympic Park, in Seoul. 위치 It was built to host the gymnastics competitions, but it has hosted a variety of events for Korean and world-famous musicians. 주로 열리는 공연 I always enjoy catching a show there because I can fully enjoy the great views and acoustics from any seat. 좋아하는 이유 1 Another thing I like about this concert hall is that I can do many other fun things around the hall besides watching a concert. Since it is at a park, I like to take a walk through some beautiful gardens, ponds and sculptures after the concert. 좋아하는 이유 2 I will go there again soon when my favorite singers hold a concert this year. 느낌 및 생각

제가 가기 좋아하는 콘서트홀은 올림픽 체조 경기장입니다. 그 홀은 서울의 올림픽 공원에 위치하고 있습니다. 체조 경기를 유치하기 위해 지어졌지만, 한국인들뿐만 아니라 세계적으로 유명한 음악가들의 다양한 공연을 주최해 왔습니다. 제가 항상 그곳에서 공연을 보길 좋아하는 이유는 어떤 자리에서든 훌륭한 전망과 음향을 충분히 즐길 수 있다는 것입니다. 그 콘서트홀의 또 다른 좋은 점은 콘서트 관람 이외에도 주위에서 많은 재미있는 것들을 즐길 수 있다는 것입니다. 콘서트홀이 공원 안에 있기 때문에, 저는 보통 콘서트 후에 아름다운 정원, 연못, 조각상들을 감상하며 산책하는 것을 좋아합니다. 제가 좋아하는 가수가 이번 해에 콘서트를 열면 그곳에 또 갈 것입니다.

스피킹 노하우

★ besides VS. except

besides는 전치사로 '~외에(~에 덧붙여)'라는 뜻입니다. 뒤에는 명사형이 와야 하며, '~를 제외하고'라는 의미의 except와 혼동하지 말아야 합니다.

> **ex** I like all kinds of sports besides soccer. 저는 축구 이외에도 모든 종류의 스포츠 경기를 좋아합니다.
> I like all kinds of sports except soccer. 저는 축구를 제외하고 모든 종류의 스포츠 경기를 좋아합니다.

VOCA

host 주최하다 gymnastics competitions 체조 경기 a variety of 다양한 catch a show 공연을 관람하다
fully 충분히, 완전히 acoustics 음향시설 a pond 연못 a sculpture 조각품 hold 열다, 개최하다

❶ 좋아하는 콘서트홀

The concert hall I like to go to is [이름].

제가 가기 좋아하는 콘서트홀은 　　　　　입니다.

> **TIP** 공연 관람과 관련하여 문제가 나온다면 The theater I like to go to is~로 바꾸어 준비하세요. 좋아하는 콘서트홀을 '세종문화회관'이나 '예술의 전당' 등으로 정한다면, 콘서트와 공연관람에 대한 장소묘사 답변을 한 번에 준비할 수 있겠죠?

❷ 위치

It is located [위치한 지역].

그것은 　　　　　에 있습니다.

❸ 주로 열리는 공연

It has hosted [공연 종류].

그 콘서트홀은 　　　　　를 주최해 오고 있습니다.

> **ex** It has hosted the biggest concerts of famous singers in Korea.
> 그 콘서트홀은 한국의 유명한 가수들의 가장 큰 콘서트들을 주최해 오고 있습니다.

❹ 좋아하는 이유 1

I always enjoy catching a show there because [이유 설명].

제가 항상 그곳에서 공연을 보는 이유는 　　　　　때문입니다.

❺ 좋아하는 이유 2

Another thing I like about this concert hall is that [이유 설명 (장점)].

그 콘서트홀의 또 다른 좋은 점은 　　　　　라는 것입니다.

> **TIP** that 이후엔 [주어+동사] 형태로 콘서트홀의 장점을 설명합니다.

❻ 느낌 및 생각

I will go there again soon when [주어+동사].

　　　　　하면 조만간 그곳에 또 갈 것입니다.

> **ex** I will go there again soon when my favorite world pop singer holds a concert.
> 제가 좋아하는 세계적인 팝 가수가 콘서트를 열면, 그곳에 또 갈 것입니다.

▣ 특정 콘서트홀을 좋아하는 이유

The acoustics are always excellent. 음향시설이 항상 훌륭합니다.

The stage effects are fabulous. 무대 효과가 아주 멋집니다.

The staff is friendly and helpful. 직원들이 친절하고 적극적으로 도와주려 합니다.

The ticket price is usually cheaper than surrounding venues. 보통 근처 다른 공연장들보다 티켓 값이 더 쌉니다.

The hall gives everyone great views. 모든 사람이 공연을 잘 볼 수 있습니다.

The seats are very comfortable. 좌석이 아주 편안합니다.

It is very easy to get there by any means of transportation. 어떤 교통수단으로든 가기가 쉽습니다.

Parking is easy and reasonably affordable. 주차가 쉽고, 가격도 지불하기에 적당합니다.

The architecture is beautiful. 건축이 아름답습니다.

The hall has a cafe with a lot of good offerings like soup and sandwiches.
그 홀에는 수프와 샌드위치 같은 좋은 먹거리가 많은 카페가 있습니다.

Q2

[좋아하는 콘서트 종류]

What kinds of concerts do you like to see? Why? Do you prefer concerts with seating or no seating?

어떤 종류의 콘서트 관람을 좋아하나요? 왜 좋아하나요? 앉아서 보는 콘서트와 스탠딩 콘서트 중 어떤 것을 더 선호하나요?

● 답변 구성 전략

● 모범 답변 살펴보기

I like hip-hop, so I often go to concerts of my favorite hip-hop singers. 좋아하는 콘서트 종류 1 Most of their concerts are fun and exciting, and they often show a★ variety of interesting performances. 이유 1 I also sometimes like to attend rock festivals held in the summer. 좋아하는 콘서트 종류 2 The reason I like them is that I can enjoy many rock bands' music from indie to popular rock there. Since they are normally held as an open-air concert in a rural area, I can also feel like I'm out in nature. 이유 2 I prefer to stand at a concert because I can freely mosh to the music the artist is singing. 좋아하는 좌석 형태와 그 이유 Regardless of the form of a concert, however, I would say going to a concert is always fun. 느낌 및 생각

저는 힙합을 좋아해서, 제가 가장 좋아하는 힙합 가수들의 콘서트에 자주 갑니다. 그들 콘서트 대부분은 재미있고 신납니다. 또한, 그들은 다양한 재미있는 공연을 보여줍니다. 가끔은 여름마다 열리는 록 페스티벌에 가는 것도 좋아합니다. 제가 록 페스티벌을 좋아하는 이유는, 인디에서 대중적인 록까지 많은 밴드의 음악을 즐길 수 있기 때문입니다. 록 페스티벌은 보통 지방에서 야외 공연으로 열리기 때문에 자연을 느낄 수도 있습니다. 저는 콘서트에서 스탠딩 좌석을 좋아하는데, 가수가 부르는 음악에 맞추어 자유롭게 춤을 출 수 있기 때문입니다. 하지만, 어떤 형태의 콘서트든, 콘서트에 가는 것은 항상 즐거운 일이라고 할 수 있습니다.

스피킹 노하우

★ 다양한 [various+명사] 또는 [a variety of+명사]

various는 형용사이기 때문에 곧바로 명사가 따라 나오지만, variety는 명사이기 때문에 형용사 역할을 하려면 명사 앞에서 a variety of의 형태로 사용되어야 합니다.

ex A variety of musicians attend the festival. 그 페스티벌에는 다양한 음악가들이 참여합니다.

VOCA

a performance 공연   **indie** 인디의, 독립된   **an open-air concert** 야외 콘서트   **rural** 지방의, 시골의
mosh (콘서트 등에서) 격렬하게 춤을 추다   **form** 형태, 유형

❶ 좋아하는 콘서트 종류 1

I like [좋아하는 음악 종류] , so I often go to [콘서트 종류] .

저는 ___ 음악을 좋아해서, ___ 에 가는 것을 좋아합니다.

TIP I like classical music, so I often go to classical concerts like the symphony.
저는 클래식 음악을 좋아해서, 교향악 콘서트 같은 클래식 콘서트에 자주 갑니다.

❷ 이유 1

Most of their concerts are [특징] .

그들 콘서트 대부분은 ___ 합니다.

TIP 콘서트의 특징을 나타낼 수 있는 형용사를 사용합니다.

❸ 좋아하는 콘서트 종류 2

I also sometimes like to attend [콘서트의 종류] .

가끔은 ___ 에 가는 것도 좋아합니다.

❹ 이유 2

The reason I like them is that [이유] .

제가 그런 콘서트를 좋아하는 이유는 ___ 이기 때문입니다.

❺ 좋아하는 좌석 형태와 이유

I prefer [좌석 형태] at a concert because [이유 설명] .

저는 콘서트에서 ___ 을 좋아하는데, 그 이유는 ___ 이기 때문입니다.

TIP 앉아서 보는 콘서트를 좋아한다면 I prefer to sit at a concert.
'저는 콘서트에서 앉아서 보는 것을 선호합니다.'라고 표현해보세요.

❻ 느낌 및 생각

Regardless of the form of a concert, however,
I would say going to a concert is always [느낌] .

그러나 어떤 형태의 콘서트든, 콘서트에 가는 것은 항상 ___ 라고 할 수 있습니다.

● 표현 늘리기

■ **콘서트 종류**

a recital 독창회   an orchestra concert 오케스트라 콘서트   a choral music concert 합창단 콘서트
a pop concert 팝 콘서트   a rock concert 록 콘서트   a jazz concert 재즈 콘서트   a charity concert 자선 공연
a hip-hop concert 힙합 콘서트   a dance performance 춤 공연   an open-air concert 야외 콘서트

■ **특정 좌석 형태를 좋아하는 이유**

Standing tickets are usually cheaper. 스탠딩 좌석 티켓이 보통 더 쌉니다.

I can see the performers more closely. 더 가까이서 가수들을 볼 수 있습니다.

I love to bounce or dance to the music, standing.
저는 서서 음악에 맞추어 점프를 하거나 춤을 추는 것을 좋아합니다.

I don't like getting pushed and punched. 저는 밀리고 부딪히는 것을 좋아하지 않습니다.

A concert is usually two hours long, so I need to be seated.
콘서트는 보통 2시간 정도 하기 때문에, 꼭 앉아야 합니다.

I can put my stuff under the chair, and I don't need to worry about losing it.
제 물건을 의자 밑에 놓을 수 있고, 잃어버리는 것을 염려할 필요가 없습니다.

I can guarantee my own spot even during intermission. 쉬는 시간까지도 제 자리를 확보할 수 있습니다.

Q3 [공연관람 전후에 하는 일]

How often do you go to see performances? Who do you usually go with? What do you do before and after the performances?

얼마나 자주 공연을 보러 가나요? 주로 누구랑 가나요? 공연에 가기 전후에 무엇을 하나요?

● 답변 구성 전략

● 모범 답변 살펴보기

I enjoy going to theatrical performances about three to four times a year. 공연 관람 빈도 I usually go with my best friend, Boyeon because we have the same taste in plays or musicals. 같이 가는 사람 Before we try to catch a show, we usually look online to see if there is anything interesting out. Then, if we found a good show, one of us purchases the tickets. 공연 관람 전에 하는 일 At the theater, we check the program and read the synopsis of the plot. It helps us understand more about the performance. 극장에서 하는 일 After the show is over, we usually go for a drink and share our feelings about the show. If the show was impressive, we write a review online for others. 공연 관람 후에 하는 일 It is always fun to see performances with my dearest friend. 느낌 및 생각

저는 공연을 보러 일년에 서너 번쯤 갑니다. 보통 가장 친한 친구인 보연이와 가는데, 저랑 연극이나 뮤지컬 취향이 같기 때문입니다. 공연을 보기 전에, 우리는 보통 흥미로운 게 있는지 인터넷으로 찾아봅니다. 그리고 나서 좋은 공연이 있으면, 우리 중 한 명이 티켓을 구매합니다. 극장에서는 공연 팜플렛을 확인하고, 공연 줄거리 개요를 읽습니다. 공연에 대해 더 이해하는 데에 도움이 되기 때문입니다. 공연이 끝나면, 보통 한잔하면서 공연에 대한 느낌을 나눕니다. 공연이 인상 깊으면 다른 사람들을 위해 온라인에 후기를 쓰기도 합니다. 제가 사랑하는 친구와 공연을 보러 가는 것은 항상 즐거운 일입니다.

스피킹 노하우

★ 뭔가 ~한 것 [anything/something/nothing+형용사]

anything/something/nothing 등과 형용사가 함께 쓰일 경우에는 보통 형용사가 뒤에서 수식합니다.

ex I like to see something interesting. 저는 뭔가 재미있는 것을 보는 것을 좋아합니다.

Did you get anything special as a gift? 선물로 뭔가 특별한 거라도 받았니?

VOCA

a theatrical performance 연극(극장에서의 공연)　taste 취향　look up 검색하다　purchase 구매하다

a program (공연에서의) 안내 책자, 팜플렛　a synopsis 개요　go for a drink 한잔하러 가다　impressive 인상 깊은

❶ 공연 관람 빈도

I enjoy going to theatrical performances about [빈도수] .

저는 [   ] 번 정도 공연 보는 것을 즐깁니다.

TIP 콘서트 관람과 관련하여 비슷한 문제가 나올 수 있으니, 콘서트 관련 문제와 같이 준비하세요.

ex I enjoy going to concerts about two or three times a year.
저는 일 년에 두세 번 정도 콘서트를 즐깁니다.

❷ 같이 가는 사람

I usually go with [같이 가는 사람] .

저는 주로 [   ] 와 같이 갑니다.

TIP 왜 그 사람이랑 같이 가는지 이유도 덧붙여 이야기해보세요.

❸ 공연 관람 전에 하는 일

Before we try to catch a show, we [활동 묘사] .

공연 관람 전에, 우리는 [   ] 를 합니다.

❹ 극장에서 하는 일

At the theater, [극장에서의 활동 묘사] .

극장에서 우리는 [   ] 를 합니다.

❺ 공연 관람 후에 하는 일

After the show is over, [활동 묘사] .

공연이 끝나고, 우리는 [   ] 를 합니다.

❻ 현재의 게임 활동 패턴

It is always fun to see performances with [같이 가는 사람] .

[   ] 와 공연을 관람하는 것은 언제나 즐거운 일입니다.

● 표현 늘리기

▣ 공연/콘서트 관람 전에 하는 일

read the reviews online 온라인에서 공연 후기를 보다

buy a ticket online 온라인에서 표를 사다   buy an S class seat S석을 끊다

make a date with my friend to see a show 친구와 공연 관람 약속을 잡다

go to the concert hall earlier to get a good seat, if the seats are not reserved.
지정석이 아닌 경우, 좋은 좌석을 얻기 위해 콘서트 홀에 일찍 가다

grab a bite 간단히 요기를 하다

wait in line 줄을 서서 기다리다

buy a bottle of water and a glow stick 물과 야광봉을 사다

go to the restroom 화장실에 가다

▣ 공연/콘서트 관람 후에 하는 일

get an autograph from the actors 배우의 사인을 받다

go for coffee 커피를 마시러 가다

go for dinner 저녁 식사를 하러 가다

share feelings about the show 공연에 대한 느낌을 이야기하다

post the review on my blog 내 블로그에 후기를 올리다

go straight home 집으로 곧장 들어가다

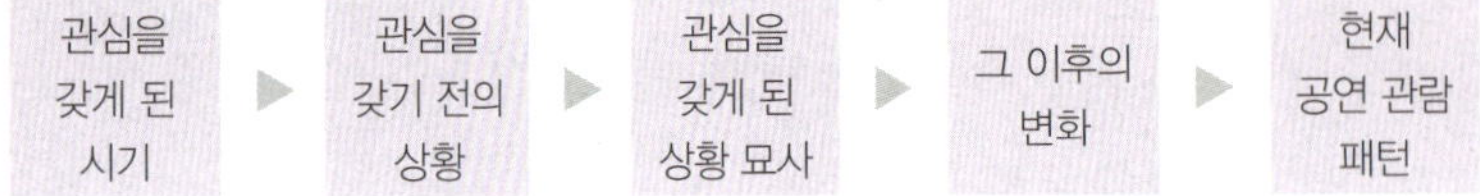

● 답변 구성 전략

관심을 갖게 된 시기 ▶ 관심을 갖기 전의 상황 ▶ 관심을 갖게 된 상황 묘사 ▶ 그 이후의 변화 ▶ 현재 공연 관람 패턴

● 모범 답변 살펴보기

I first became interested in musicals when I was in high school. 관심을 갖게 된 시기 Until then, I didn't have any* interest in musicals because I had thought they were just expensive. 관심을 갖기 전의 상황 One day, however, I had a chance to go to a musical called Mamma Mia free of charge. While I watched the show, I realized that I was really enjoying the story and the music. The acting was also impressive. 공연에 관심을 갖게 된 상황 묘사 After that day, I studied a lot about musicals and professional actors. 그 이후의 변화 Now, whenever I want to turn off my mind and relax, I go to see a musical with my friends. 현재 공연 관람 패턴

제가 처음으로 뮤지컬에 관심을 갖게 된 것은 고등학교 때입니다. 그때까지는 그저 뮤지컬은 비싼 것이라고 생각했기 때문에 관심이 없었습니다. 그런데 어느 날, 저는 '맘마미아'라는 뮤지컬을 무료로 보게 될 기회가 있었습니다. 공연을 보는 동안 저는 제가 그 공연의 이야기와 음악을 정말로 좋아하고 있는 것을 느꼈습니다. 배우들의 연기 또한 인상적이었습니다. 그날 이후로, 저는 뮤지컬과 전문 배우들에 대해 많은 것을 배웠습니다. 지금은 머리를 식히고 쉬고 싶을 때마다 친구들과 뮤지컬을 보러 갑니다.

스피킹 노하우

★ any VS. some

any나 some 둘 다 불가산명사나 복수명사 앞에 쓰여 무엇의 양이나 수를 가리키지만, any는 부정문이나 의문문에서, some은 긍정문에서 사용하는 것에 주의해야 합니다.

ex I didn't have any interest in plays. (O) 저는 연극에 어떠한 관심도 갖지 않았었습니다.

I had any interest in plays. (X)

I had some interest in plays. (O) 저는 연극에 조금 관심이 있었습니다.

VOCA

a musical 뮤지컬   free of charge 무료로   acting 연기   professional 전문적인
turn off one's mind ~의 머리를 식히다

❶ 관심을 갖게 된 시기

I first became interested in ___공연 종류___ , when ___구체적 시기___ .

제가 처음으로 ___에 관심을 갖게 된 것은___ 때였습니다.

❷ 관심을 갖기 전의 상황

Until then, I didn't have any interest in ___공연 종류___ , because ___이유 설명___ .

그때까지 저는 ___에 어떤 관심도 없었는데, ___ 했기 때문입니다.

❸ 관심을 갖게 된 상황 묘사

One day, however, ___공연 관람 계기 묘사___ .

그런데 어느 날, ___ 했습니다.

TIP 관심을 갖게 된 공연이 무엇이었는지, 어떤 상황이었고 어떤 생각을 했는지 자세하게 묘사해보세요.

❹ 그 이후의 변화

After that day, ___이후 상황의 묘사___ .

그날 이후로, ___ 했습니다.

TIP 그 공연을 계기로, 그 이후에 어떤 상황이 변화했는지 묘사해보세요.

ex After that day, my thoughts about musicals changed.
그날 이후로, 뮤지컬에 대한 제 생각이 변했습니다.

After that day, watching musicals became one of my favorite things.
그날 이후로, 뮤지컬을 보는 것은 제가 가장 좋아하는 일 중의 하나가 되었습니다.

❺ 현재 공연 관람 패턴

Now, whenever ___~할 때마다___ , I go to see ___공연 종류___ with ___함께 가는 사람___ .

지금은 ___ 할 때, ___ 와 ___ 를 보러 갑니다.

ex Now, whenever I have a chance, I go to see a play with my mom.
지금은 기회가 생길 때마다 엄마와 연극을 보러 갑니다.

◘ 공연/콘서트 관심을 갖기 전의 상황

I didn't know anything about plays. 저는 연극에 대해 아무것도 몰랐습니다.

I thought plays would be boring. 저는 연극이 지루할 것이라고 생각했습니다.

I thought plays would be difficult to understand. 저는 연극이 이해하기 어려울 것이라고 생각했습니다.

I didn't have a chance to get to know musicals. 뮤지컬에 대해 알 기회가 전혀 없었습니다.

◘ 관심을 갖게 된 계기

My girlfriend suggested going to a play for a date. 여자친구가 데이트로 연극을 보러 가자고 했습니다.

My parents bought me a musical ticket for my birthday.
생일 선물로 부모님께서 뮤지컬 티켓을 사주셨습니다.

I joined a drama club with my friend at college. 대학 때 친구와 함께 연극 동아리에 가입했습니다.

I won musical tickets from a promotion event of a company.
한 회사 홍보 이벤트에서 뮤지컬 티켓에 당첨되었습니다.

I found out that there was a play based on my favorite movie.
제가 제일 좋아하는 영화를 바탕으로 한 연극이 있다는 것을 알았습니다.

I got a chance to play a role in a school play. 학교 연극에서 한 역할을 맡을 기회가 생겼습니다.

I watched a TV show which introduced popular plays. 인기 있는 연극들을 소개하는 TV 프로그램을 봤습니다.

Q5

[최근에 간 공연]

Please tell me about the last time you watched a performance. What performance did you see? Who did you go with, and how was the performance?

가장 최근에 공연 관람을 한 경험에 대해 이야기해주세요. 어떤 공연을 관람했나요? 누구랑 갔고, 그 공연은 어땠나요?

● 답변 구성 전략

● 모범 답변 살펴보기

I went to a show called *Dlib Girls* with my boyfriend a few weeks ago. 공연 이름과 관람 시기 It was a kind of theatrical comedy where famous Korean comedians appeared. 공연 종류 및 설명 I was very eager to see it because my favorite comedian played a leading role. 공연 관람 이유 During the show, I was very impressed by the gripping story and the actors' passion. 공연 감상 1 The best part of the show was when the actors invited some audience members to the stage and asked them to act some scenes together. I kept laughing and laughing the whole time. 공연 감상 2 Overall, it was more interesting than I had expected. 공연 감상 3 Thanks to the show, I was able to have a great date with my boyfriend that day. 느낌 및 생각

저는 몇 주 전에 남자친구와 '드립걸즈'라는 공연을 보러 갔습니다. 드립걸즈는 한국의 유명한 코미디언들이 출연하는 극장 코미디쇼입니다. 제가 좋아하는 코미디언이 주연을 맡았기 때문에 저는 그 공연이 너무 보고 싶었습니다. 공연을 보는 동안, 저는 흥미로운 이야기 구성과 배우들의 열정에 매우 감동받았습니다. 공연의 최고 부분은 배우들이 관객 몇 명을 무대로 초대해 몇몇 장면을 함께 연기하자고 요청하는 부분이었습니다. 저는 내내 웃고 또 웃었습니다. 전체적으로, 공연은 제가 기대했던 것보다 더 재미있었습니다. 그 공연 덕분에, 저는 그날 남자 친구와 좋은 데이트를 할 수 있었습니다.

스피킹 노하우

★ 과거보다 더 과거를 나타낼 때 [had+과거분사]

과거에 사건이 일어난 시점보다 더 이전의 사건을 나타낼 때 [had+과거분사]를 사용합니다.

ex It was more interesting than I had expected. 제가 기대했던 것보다 더 재미있었습니다.

→ It was more interesting : 공연 관람 당일 날 재미있다고 느낀 것
I had expected : 공연 관람 전부터 기대한 것

VOCA

a theatrical comedy 극장에서 하는 코미디   eager 열망하는   a leading role 주연
gripping 흥미로운, 눈을 떼지 못하는   passion 열정   a audience member 관객 중 한 명   a scene 장면

❶ 공연 제목과 관람 시기

I went to a show called 〔제목〕 with 〔같이 간 사람〕, 〔구체적인 시기〕.
저는 〔 〕에 〔 〕와 〔 〕라는 공연에 갔습니다.

❷ 공연 종류

It was a kind of 〔공연의 종류〕.
그 공연은 〔 〕의 일종이었습니다.

❸ 관람 이유

I was very eager to see it because 〔이유 설명〕.
〔 〕했기 때문에 저는 그 공연이 매우 보고 싶었습니다.

❹ 감상 1

During the show, I was very impressed by 〔감명 깊었던 것〕.
공연을 보는 동안 저는 〔 〕에 감동받았습니다.

> **TIP** 공연에서 감명 깊었던 요소들을 명사형으로 표현해보세요. 실망스러운 요소들을 표현하고 싶다면,
> I was very disappointed with~ '저는 ~에 대해 실망했습니다'라고 바꾸어 표현합니다.

❺ 감상 2

The best part of the show was when 〔공연에서 가장 인상 깊은 부분 설명〕.
공연의 최고 부분은 〔 〕할 때였습니다.

> **TIP** 실망스러운 공연이라면, The worst part of the show was when~이라고 표현할 수 있습니다.

❻ 느낌 및 생각

Thanks to the show, I was able to 〔공연의 영향〕.
그 공연 덕분에 저는 〔 〕할 수 있었습니다.

> **ex** Thanks to the show, I was able to have an enjoyable time with my parents.
> 공연 덕분에 부모님과 즐거운 시간을 보낼 수 있었습니다.
>
> The show made me feel like I wasted my time that day.
> 공연 때문에 그날 시간을 낭비했다는 느낌이 들었습니다.

■ 관람 이유

It got rave reviews online. 그 연극은 온라인에서 평판이 아주 좋았습니다.

It was one of the biggest shows in Korea. 한국에서 가장 큰 공연 중의 하나였습니다.

It was a famous Broadway musical. 유명한 브로드웨이 뮤지컬이었습니다.

My favorite movie star appeared in the show. 제가 가장 좋아하는 영화배우가 공연에 출연했습니다.

I heard the story was very touching. 이야기가 감동적이라고 들었습니다.

■ 공연의 감명 깊은 요소

the realistic set 실제적인 무대 장치   the marvelous stage effects 놀라운 무대 효과

the actors' natural performance 배우들의 자연스러운 연기

the enthusiastic audience 열광적인 관객들

the excellent sound system 훌륭한 음향시설   the splendid lighting 화려한 조명

the well-structured story plot 탄탄한 구성의 스토리

the special events for the audience 관객들을 위한 특별 이벤트

 **Q6**

[기억에 남는 콘서트]

Please tell me about the most memorable concert you've been to. Why was it so memorable? Did anything unexpected or interesting happen during the concert?

당신이 가본 가장 기억에 남는 콘서트에 대해 이야기해주세요. 왜 그게 그렇게 기억에 남았나요? 콘서트 중 예기치 못하거나 재미있는 일이 일어났었나요?

● 답변 구성 전략

● 모범 답변 살펴보기

The most memorable concert I've ever been to was Psy's concert last year. Psy is one of the most famous pop singers in Korea. 기억에 남는 콘서트와 시기 I was very excited about the show since I heard that his concerts are usually very fun. 콘서트 전의 상황 In a word, his concert was fantastic. People went wild as he sang his best songs and danced. I also kept bouncing, singing along to his songs. 콘서트 현장 묘사 Suddenly, in the middle of the concert, he started to pour water he had on his body as well as to the audience. Everyone followed his behavior and so did I! We were all wet, and the atmosphere went wilder. 예기치 못한 사건 I couldn't believe ★ how crazy I became at the moment. 사건에 대한 느낌 I'll never forget that night. 마무리

제가 가본 가장 기억에 남는 콘서트는 작년 싸이 콘서트였습니다. 싸이는 한국의 유명한 팝 가수 중 한 명입니다. 그의 콘서트는 보통 매우 재미있다고 들었기 때문에, 저는 그 공연에 대해 기대가 컸습니다. 한마디로 그의 콘서트는 환상적이었습니다. 그가 히트곡들을 부르며 춤을 추자 사람들은 모두 열광했습니다. 저 또한 그의 노래들을 따라 부르며 춤을 추었습니다. 콘서트 중간에 갑자기, 그가 자신의 몸뿐만 아니라 관객들에게 가지고 있던 물을 뿌리기 시작했습니다. 모두가 그의 행동을 따라 했고, 저 또한 예외는 아니었습니다! 우리는 모두 젖었고, 분위기는 더 열광적이 되었습니다. 그 순간 제가 얼마나 흥분했었는지 모릅니다. 저는 그날 밤을 절대 잊지 못할 것입니다.

스피킹 노하우

★ **얼마나 ~한지 [how+형용사+주어+동사]**

평서문에서 주로 문장 안에 사용되어 어떤 것의 정도를 나타냅니다

ex You can't imagine how tall he is. 그가 얼마나 키가 큰지 상상도 못할 것입니다.

You can't imagine how exciting the concert was. 그 콘서트가 얼마나 재미있는지 상상도 못할 것입니다.

VOCA

in a word 한마디로   **go wild/crazy** 미쳐 날뛰다, 열광하다   **bounce** 깡총깡총 뛰다   **pour** 붓다   **behavior** 행동

❶ 콘서트와 시기

The most memorable concert I've ever been to was 　가수　's concert.

제가 가본 가장 기억에 남는 콘서트는　　　　　의 콘서트였습니다.

TIP 문장 마지막에 구체적인 시기나 함께 간 사람을 덧붙여 이야기해보세요.

❷ 콘서트 전의 상황

I was very excited about the show since 　이유 설명　.

　　　　　때문에 저는 콘서트에 대한 기대가 매우 컸습니다.

ex I was very excited about the show since it was my first time to see a concert.
콘서트를 보는 것이 처음이었기 때문에 저는 기대가 매우 컸습니다.

❸ 콘서트 묘사

In a word, his/her/their concert was 　구체적인 콘서트 묘사(형용사)　.

한마디로 그/그녀/그들의 콘서트는　　　　　했습니다.

TIP 당시 콘서트 현장의 분위기를 덧붙여 자세히 묘사해보세요.

❹ 예기치 못한 사건

However, in the middle of the concert, suddenly 　사건 묘사　.

그러나 갑자기 콘서트 중간에　　　　　했습니다.

TIP 콘서트 중 재미있는 일이나 예기치 못한 일에 대해 이야기해보세요.

❺ 사건에 대한 느낌

I couldn't believe 　사건에 대한 느낌　.

　　　　　했는지 모릅니다.

ex I couldn't believe how surprised I was. 얼마나 놀랐는지 모릅니다.
I couldn't believe how amused I was. 얼마나 즐거웠는지 모릅니다.

❻ 마무리

I'll never forget that night.

저는 그날 밤을 절대 잊을 수 없을 것입니다.

▣ 콘서트 묘사

When I entered the concert hall, I was really excited. 콘서트장에 들어서자 정말 흥분되었습니다.

His voice was very powerful/melodious. 그의 목소리는 정말 우렁찼습니다/감미로웠습니다.

When the singer sang our favorite songs, we yelled and danced to the songs.
그 가수가 우리가 가장 좋아하는 노래를 불렀을 때, 우리는 음악에 맞춰 춤을 추며 소리를 질렀습니다.

People were growing wild. 사람들은 광란적으로 되어가고 있었습니다.

His entire performance was really awesome. 그의 공연 전체가 정말 멋졌습니다.

Everyone was moved to tears. 모두가 감동을 받아 눈물을 흘렸습니다.

▣ 예기치 못한 사건

He fell off the stage while he was dancing. 춤을 추다가 그가 무대 밖으로 떨어졌습니다.

One of the band members fainted. 밴드 멤버 중 한 명이 기절했습니다.

The rain started to pour. 비가 쏟아졌습니다.

They came down toward the audience and danced with them.
그들은 관객들 쪽으로 내려와 같이 춤을 추었습니다.

콘서트/공연 관련 롤플레이 문제로는 친구와 콘서트/공연에 가는 상황이나, 콘서트/공연 티켓을 예매하고, 잘못된 티켓 예매 내용을 해결하는 상황에 대한 문제가 자주 출제됩니다. 콘서트나 공연 문제 유형이 비슷하게 출제되니 함께 준비하세요.

C05-U02-07

Q1 [전화로 질문하기] **Your friend got concert tickets and asks if you could go together. Call your friend and ask him three or four questions to learn more about the concert.**

당신의 친구가 티켓을 사고 그 콘서트에 같이 갈 수 있는지 물어봅니다. 친구에게 전화를 걸어, 콘서트에 대해 더 알 수 있는 서너 가지 질문을 해보세요.

인사	Hello? This is Jinhyun.
전화 목적	Thank you for asking, and I'm really excited about the concert. But, can I ask some questions about the concert?
질문	Whose concert is it? Really? I've longed to see his concert. When is it? That's perfect. I'm free that day. How long is the concert? I was thinking of buying you a drink after the show, if it is not too late. What do you think?

여보세요? 나 진현이야. 같이 가자고 해서 고마워. 그 콘서트가 너무 기대돼. 그런데, 콘서트에 대해 몇 가지 물어봐도 될까? 누구 콘서트야? 정말? 나 그 가수 콘서트 너무 가고 싶었어. 언제니? 너무 잘됐다. 나 그날 시간 괜찮거든. 공연 시간은 얼마나 돼? 너무 늦지 않으면 공연 후에 술 한 잔 살까 생각했는데, 네 생각은 어때?

C05-U02-08

Q2 [대안 제시하기] **I'm sorry, but you have a problem to resolve. On the concert day, you cannot join with your friend because you are sick. Call your friend, explain the situation and offer two or three options.**

유감스럽지만 해결해야 할 문제가 있습니다. 콘서트 당일 날, 아파서 친구와 콘서트에 가지 못하게 되었습니다. 친구에게 전화를 걸어 상황을 설명하고, 두세 가지 대안을 제시하세요.

인사	Hello? This is Jinhyun.
전화 목적	I'm calling you about our plan to go to the concert.
상황 설명	I'm sorry to tell you this, but I don't think I can go to the concert. I'm sick in bed because of a bad cold.
대안 제시	What if Minji goes with you instead? I heard Minji is also interested in this show. Oh, I didn't know she went on a vacation. Do you have someone else in mind? How about James? He is also a fan of that singer. Great. Then, I'll ask him if he can go and call you back.
끝인사	Thank you for understanding and I'm sorry again.

여보세요? 나 진현이야. 우리 콘서트 가는 것 때문에 전화했어. 이런 이야기해서 미안한데, 나 콘서트에 갈 수 있을 것 같지 않아. 감기가 심하게 걸려 지금 누워있거든. 대신 민지가 너랑 같이 가는 게 어때? 민지도 이 공연에 관심 있다고 들었거든. 아, 민지가 휴가 중인지 몰랐어. 그럼, 혹시 같이 갈 다른 사람 있니? 제임스는 어때? 제임스도 그 가수 팬이거든. 잘됐다. 그럼 내가 제임스한테 갈 수 있는지 물어보고 다시 전화해줄게. 이해해줘서 고맙고, 다시 한 번 미안해.

be sick in bed 병으로 누워 있다 **go on a vacation** 휴가 가다 **have someone in mind** ~를 생각해두다

Unit 03 공원 가기

공원 가기 역시 많은 수험생들이 선택하는 주제 중 하나입니다. 동네의 위치한 공원이나 자주 가는 공원 한 곳을 머릿속에 떠올려보고, 그 공원을 중심으로 공원 묘사, 공원에서 하는 활동, 공원에 갔던 경험 등을 중심으로 이야깃거리를 미리 만들어보세요. 또한 Background Survey의 '운동'에서 선택한 조깅, 걷기, 배드민턴 등의 운동을 하는 장소로도 공원 이야기를 할 수 있겠죠?

장소 묘사
- ▶ 자주 가는 공원 묘사
- ▶ 우리 동네에 있는 공원 묘사
- ▶ 내가 살고 있는 도시에서 제일 큰 공원 묘사

인물 묘사
- ▶ 공원에서 볼 수 있는 사람들 묘사
- ▶ 공원에서 볼 수 있는 노인들과 아이들 묘사

일반 활동 패턴
- ▶ 언제, 얼마나 자주, 누구와 공원에 가는지
- ▶ 공원에 가서 주로 하는 활동
- ▶ 공원에 가져가는 것들

경험
- ▶ 가장 최근에 공원에 간 경험
- ▶ 공원에서 경험한 기억에 남는 일

 출제 가능 질문 살펴보기

[자주 가는 공원 묘사]

You indicated in the survey that you like to go to the park. Please tell me about the park you often go to. What does it look like? Why do you often go there?

당신은 설문에서 공원에 가는 것을 좋아한다고 답했습니다. 자주 가는 공원에 대해 이야기해주세요. 그 공원은 어떤 모습인가요? 왜 그곳을 자주 가나요?

[일반 활동 패턴]

Please tell me about your typical day when you go to the park from beginning to end. What do you usually do at the park?

공원에 갈 때의 전형적인 하루에 대해 처음부터 끝까지 이야기해주세요. 보통 공원에서 무엇을 하나요?

[최근에 공원에 간 경험]

Please tell me about the last time you went to a park. Who did you go there with? What did you do at the park?

마지막으로 공원에 갔던 때에 대해 이야기해주세요. 그곳에 누구와 갔나요? 공원에서는 무엇을 했나요?

[공원에서의 기억에 남는 경험]

Please tell me about a memorable event that happened at the park when you went there. What were you doing at that time?

공원에 갔을 때 일어났던 기억에 남는 사건을 하나 이야기해주세요. 그때 당시 무엇을 하고 있었나요?

[자주 가는 공원 묘사]

Q1 You indicated in the survey that you like to go to the park. Please tell me about the park you often go to. What does it look like? What do you like about the park?

당신은 설문에서 공원에 가는 것을 좋아한다고 답했습니다. 자주 가는 공원에 대해 이야기해주세요. 그 공원은 어떤 모습인가요? 그 공원에서 어떤 것이 좋은가요?

• 답변 구성 전략

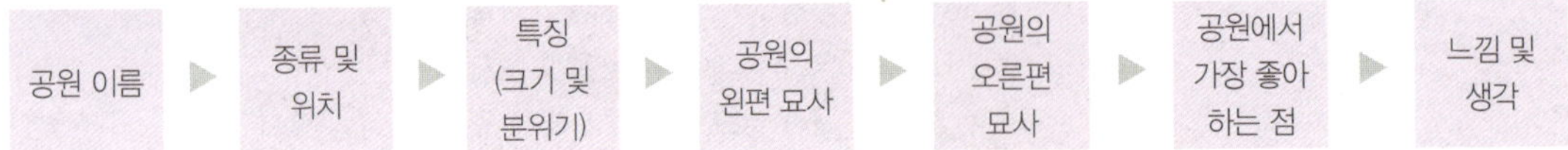

• 모범 답변 살펴보기

I like to visit the Borame Park. 자주 가는 공원 It is a public park located in my neighborhood. 종류 및 위치 It is the biggest park in my town and it is very quiet and clean. 특징(크기 및 분위기) In the middle of the park, you will see a big sports field. You can see many people playing soccer or other sports in that field, especially on weekends. 공원의 중앙 묘사 On the left side of it, there is a beautiful artificial lake. 공원의 왼편 묘사 You will also find a library, basketball courts, and a huge grassy area on the right side of the sports field. 공원의 오른편 묘사 What I like most about the park is the musical fountain show in the lake at night. It is romantic to ★see the water dance to music. 공원에서 가장 좋아하는 점 For this reason, it is always pleasant to go to this park. 느낌 및 생각

저는 보라매 공원에 가는 것을 좋아합니다. 보라매 공원은 우리 동네에 위치한 공립 공원입니다. 그 공원은 우리 동네에서는 가장 크고, 매우 조용하고 깨끗합니다. 공원 중앙에는 큰 운동장이 있습니다. 특히 주말에는 운동장에서 축구나 다른 운동을 하는 많은 사람들을 볼 수 있습니다. 운동장 왼편에는 아름다운 인공 호수가 있습니다. 운동장 오른편에는 또한 도서관, 농구 코트, 큰 잔디밭이 있습니다. 제가 이 공원에서 가장 좋아하는 점은 밤에 호수에서 하는 음악 분수 쇼입니다. 물이 음악에 맞추어 춤을 추는 것을 보는 것은 매우 로맨틱한 일입니다. 이런 이유로 이 공원에 가는 것이 항상 즐겁습니다.

스피킹 노하우

★ A가 ~하는 것을 보다 [see+A+동사원형]

> **ex** I can see many people workout in that field. 운동장에서 많은 사람들이 운동하는 것을 볼 수 있습니다.
> I saw many children play in the water. 많은 아이들이 물놀이하는 것을 보았습니다.

VOCA

a sports field 운동(경기)장   artificial 인공의   a basketball court 농구 코트

a grassy area 잔디밭   a fountain 분수   pleasant 즐거운, 기분 좋은

❶ 자주 가는 공원

I like to visit 　공원 이름　 .

저는 　　　　　 에 가는 것을 좋아합니다.

❷ 종류 및 위치

It is a 　공원 종류　 located 　위치　 .

그 공원은 　　　　　 에 위치한 　　　　　 공원입니다.

❸ 특징(크기 및 분위기)

It is 　특징 묘사　 .

그 공원은 　　　　　 합니다.

TIP 여러 형용사를 이용하여 공원의 분위기를 묘사해보세요.

ex active, lively 활기찬　 peaceful 평화로운　 crowded 복잡한　 noisy 왁자지껄한

❹ 공원의 중앙 묘사

In the middle of the park, you will see 　볼 수 있는 것들　 .

공원의 중앙에는 　　　　　 가 보입니다.

❺ 공원의 왼편 묘사

On the left side of it, there is(are) 　볼 수 있는 것들　 .

그 왼쪽으로는 　　　　　 가 있습니다.

❻ 공원의 오른편 묘사

You will also find 　보이는 것들　 on the right side.

또한 오른편에는 　　　　　 를 볼 수 있습니다.

❼ 가장 좋아하는 점

What I like most about the park is 　가장 좋아하는 점　 .

제가 그 공원에서 가장 좋아하는 것은 　　　　　 입니다.

❽ 느낌 및 생각

For this reason, 　느낌 및 생각　 .

이런 이유로 　　　　　 합니다.

● 표현 늘리기

▣ 공원 종류

a national park 국립 공원　 a city park 시립 공원　 a local park 동네 공원　 a riverside park 강변 공원
an amusement park 놀이 공원. 유원지　 a race park 경마 공원　 a children's park 어린이 공원
a theme park 테마 공원　 a recreation ground 공설 운동장(레크리에이션장)　 a district park 지구 공원

▣ 공원에서 볼 수 있는 것들

a jogging track 조깅 트랙　 a walking trail 산책로　 a bicycle path 자전거 도로
a children's playground 어린이 놀이터　 an outdoor concert hall 야외 공연장　 a zoo 동물원
a botanical garden 식물원　 a bicycle rental shop 자전거 대여점　 a lost and found office 분실물 보관소
a swimming pool 수영장　 a grassy area, the grass 잔디　 benches 벤치　 trees/flowers 나무/꽃
a fountain 분수　 a snack bar/food stand 매점/ 노점　 exercise machines(equipment) 운동 기구
trash cans 쓰레기통

Q2

[일반 활동 패턴]

Please tell me about your typical day when you go to the park from beginning to end. What do you usually do at the park?

공원에 갈 때의 전형적인 하루에 대해 처음부터 끝까지 이야기해주세요. 보통 공원에서 무엇을 하나요?

● 답변 구성 전략

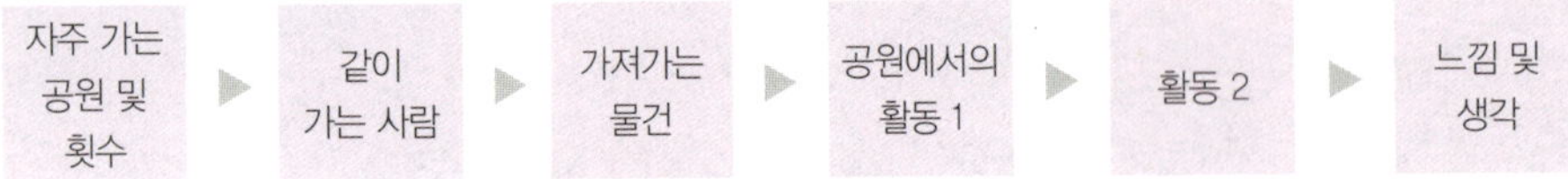

● 모범 답변 살펴보기

I usually go to a local park near my house every weekend. 자주 가는 공원 및 횟수 I like to go there with my family because we all enjoy jogging together there. 같이 가는 사람 및 이유 Whenever I go there, I bring my MP3 player to listen to music while I jog. I sometimes bring my digital camera since I like to take pictures of the park. 가져가는 물건 As soon as we arrive at the park, we warm up and then jog for about 30 minutes. 공원에서의 활동 1 After that★, we take a rest sitting on a bench near the lake. If the weather is nice, we take a walk★ around the park having ice cream from a food stand there. 공원에서의 활동 2 Overall, I enjoy my time being with my family at the park. 느낌 및 생각

저는 보통 매 주말마다 우리 집 근처의 동네 공원에 갑니다. 저희 가족은 모두 그곳에서 같이 조깅하는 것을 좋아하기 때문에 저는 가족과 함께 공원 가는 것을 좋아합니다. 그곳에 갈 때마다 저는 조깅하는 동안 음악을 듣기 위해 MP3 플레이어를 가져갑니다. 공원의 사진을 찍는 것을 좋아해서 가끔은 디지털 카메라를 가져가기도 합니다. 우리는 보통 공원에 도착하자마자 간단한 준비 운동 후 30분 동안 조깅을 합니다. 그 후에는 호수 근처의 벤치에 앉아 휴식을 취합니다. 날씨가 좋으면 공원의 노점에서 아이스크림을 사서 공원을 거닐기도 합니다. 전반적으로 저는 공원에서 가족들과 함께 있는 시간이 즐겁습니다.

스피킹 노하우

★ ~A하며 ~B하다 [주어+동사(B), 동사(A)+ing]

주어의 주된 동작과 동시에 부수적인 또 다른 동작을 표현할 때 쓰입니다.

ex I usually read a book listening to music. 저는 보통 음악을 들으며 책을 읽습니다.
I love to walk my dog listening to music. 저는 음악을 들으며 강아지를 산책시키는 것을 좋아합니다.

VOCA

jog 조깅하다   bring 가져가다   take a picture 사진을 찍다   warm up 준비 운동을 하다
take a rest 쉬다   take a walk 산책하다

❶ 자주 가는 공원, 횟수

I usually go to ___공원 및 위치___ .

저는 보통 ___________ 공원에 갑니다.

❷ 같이 가는 사람 및 이유

I like to go there with ___같이 가는 사람___ because ___이유___ .

저는 ___________ 하기 때문에 ___________ 와 공원에 같이 가는 것을 좋아합니다.

TIP 공원에 혼자 가기를 좋아한다면 I like to go there alone이라고 표현합니다.

❸ 가져가는 물건

Whenever I go there, I bring ___가져가는 물건___ .

그곳에 갈 때마다 저는 ___________ 를 가져갑니다.

❹ 공원에서의 활동 1

As soon as I(we) arrive at the park, I(we) ___활동 묘사___ .

공원에 도착하자마자 저(우리)는 ___________ 를 합니다.

❺ 공원에서의 활동 2

After that, I(we) ___활동 묘사___ .

그 후에 저(우리)는 ___________ 를 합니다.

TIP 보통 하는 일 이외에도 예외적으로 하는 활동에 대해 이야기해보세요.

❻ 느낌 및 생각

Overall, I enjoy my time ___~하는 시간___ at the park.

전반적으로 저는 공원에서 ___________ 하는 시간이 즐겁습니다.

TIP enjoy my time 다음에는 [동사+ing] 형태로 '~하는 시간'을 표현합니다.

● 표현 늘리기

■ 공원에 가져가는 물건

a mat 돗자리   a blanket 담요   a beverage 음료수   a water bottle 물병
some snacks 간식   a lunch box 도시락   a digital camera 디지털 카메라
an MP3 player MP3 플레이어   something to read 읽을거리   a laptop computer 노트북
badminton rackets 배드민턴 라켓   a light jumper 가벼운 점퍼

■ 공원에서 하는 일

have a picnic 소풍을 가다   ride a bike 자전거를 타다
have a cookout 야외 요리를 하다   take a walk 산책을 하다   jog 조깅을 하다
play frisbee 원반을 던지고 놀다   play badminton 배드민턴을 치다
play basketball 농구를 하다   play a board game 보드게임을 하다
enjoy rides 놀이기구를 타다   play on the swing 그네를 타다
take a nap 낮잠을 자다   watch an open-air concert 야외 음악회를 보다
relax on a bench 벤치에 앉아 쉬다   sunbathe 일광욕을 하다
read a book 책을 읽다   exercise 운동을 하다
walk my dog 개를 산책시키다   have a boxed lunch 도시락을 먹다

답변 구성 전략

공원에 간 시기 ▸ 같이 간 사람 ▸ 공원에 가게 된 계기 ▸ 그때 당시의 공원 묘사 ▸ 공원에서 한 일 ▸ 느낌 및 생각

모범 답변 살펴보기

The last time I visited a park was last Thursday. 공원에 간 시기 I went to the Han River Park with my girlfriend. 같이 간 사람 Since she wanted to have a picnic near the Han River, we prepared some snacks and a blanket and headed to the park at around noon. 공원에 가게 된 계기 ★By the time we arrived at the park, there were not many people, only some young people who were having lunch on the grass or riding bikes on the bicycle path. 당시의 공원 묘사 We first looked for a good spot to sit and spread our blanket on the grass. After having snacks, we chatted for a while and then read books. We stayed at the park for about three hours. 공원에서 한 일 It was such a relaxing day. 느낌 및 생각

제가 마지막으로 공원에 간 것은 지난 목요일입니다. 저는 여자친구와 함께 한강 공원에 갔습니다. 여자친구가 한강 근처에서 소풍을 하길 원했기 때문에, 우리는 간식과 담요를 준비해서 정오쯤에 공원으로 향했습니다. 공원에 도착할 때쯤에는 사람들이 많이 없었습니다. 몇몇의 젊은 사람들이 잔디에 앉아 점심을 먹거나 자전거 길에서 자전거를 타고 있었을 뿐이었습니다. 우리는 먼저 앉기에 좋은 곳을 찾아 잔디에 담요를 깔았습니다. 간식을 먹은 후에 우리는 잠시 동안 수다를 떨고 나서 책을 읽었습니다. 공원에는 약 3시간 정도 있었습니다. 정말 여유로운 하루였습니다.

스피킹 노하우

★ ~할 무렵에, ~쯤에 [by the time+주어+동사, 주어+동사]

ex By the time we reached the park, it was dark. 우리가 공원에 도착했을 때는 캄캄해졌었다.

By the time we arrived at the park, no one was there. 우리가 공원에 도착했을 때는 그곳에 아무도 없었다.

VOCA

head to ~로 향하다, 가다   **look for** ~를 찾다, 구하다   **a spot** 자리, 곳   **spread** 펼치다   **for a while** 잠시 동안, 잠깐

❶ 공원에 간 시기

The last time I visited a park was 구체적인 시기 .

제가 마지막으로 공원에 갔던 적은 이었습니다.

❷ 같이 간 사람

I went to 공원 with 같이 간 사람 .

저는 에 와 갔습니다.

❸ 공원에 가게 된 계기

We wanted to 공원에 간 이유 및 목적 at the park.

우리는 를 하고 싶었습니다.

TIP want to 다음에는 동사원형을 사용하여 공원에서 하고 싶었던 일 등의 공원 방문 목적을 표현해보세요.

❹ 당시의 공원 묘사

By the time we arrived at the park, 공원 모습 묘사 .

우리가 공원에 도착했을 때는 였습니다.

❺ 공원에서 한 일

We first 공원에서 한 일 1 and 공원에서 한 일 2 .

우리는 먼저 를 하고 를 했습니다.

❻ 느낌 및 생각

It was such a 형용사 day.

정말 였던 하루였습니다.

ex fun, exciting 재미있는 enjoyable 즐거운 agreeable 기분 좋은 depressing 우울한
long 긴

● 표현 늘리기

▣ **공원 방문 시의 공원 모습 묘사**

TIP 공원에 도착했을 때 볼 수 있었던 사람들의 모습을 묘사해보세요.

There were already many people at the park. 공원에는 이미 많은 사람들이 있었습니다.

I could see quite a number of people, especially children. 저는 많은 사람들, 특히 어린이들을 많이 볼 수 있었습니다.

1. **Many children were [동사+ing]** 많은 아이들이 ~하고 있었습니다.

   playing with water in the fountain 분수에서 물놀이를 하다

   playing on the swings/slides/see-saw 그네/미끄럼틀/시소를 타다

   running all over the park 공원 여기저기를 뛰어다니다

2. **Many old people were [동사+ing]** 많은 노인들이 ~하고 있었습니다.

   taking a walk along the walking trail 산책로를 따라 산책을 하다

   playing chess on benches 벤치에서 장기를 두다

   feeding the birds 새들에게 모이를 주다

   strolling around the park 공원을 한가로이 거닐다

3. **Many young people were [동사+ing]** 많은 젊은 사람들이 ~하고 있었습니다.

   drinking beer on the grass 잔디에서 맥주를 마시다

   workingout with exercise equipment 운동기구로 운동을 하다

   watching an outdoor performance 야외 공연을 보다

   enjoying a nice day in the park 공원에서 화창한 날씨를 즐기다

[공원에서의 기억에 남는 경험]

Q4 Please tell me about a memorable event that happened at the park when you went there. What were you doing at that time?

공원에 갔을 때 일어났던 기억에 남는 사건 하나에 대해 이야기해주세요. 그 때 당시 무엇을 하고 있었나요?

● 답변 구성 전략

공원에 간 시기 ▶ 공원에 간 목적 ▶ 사건의 발단 ▶ 전개 ▶ 결말 ▶ 느낌 및 생각

● 모범 답변 살펴보기

I had a very memorable experience at the park about two months ago. 공원에 간 시기 At that time, I *went to the park near my house with my friend to play badminton. 공원에 간 목적 As soon as we got there, we noticed that there were many people around the playground. Some of them were cheering. We were curious, so we went there to find out what happened. 발단 Surprisingly, there was a movie shooting at the playground. What is more, the actress was my favorite, Taehee Kim. She looked really beautiful. 전개 After the shooting was over, we were able to get her autograph and take pictures with her. 결말 It was an unforgettable moment. 느낌 및 생각

약 2개월 전에 저는 공원에서 아주 기억에 남을 만한 경험을 했습니다. 그 때 당시, 저는 친구와 함께 집 근처 공원으로 배드민턴을 치러 갔습니다. 공원에 도착하자마자 우리는 놀이터 근처에 많은 사람들이 있다는 것을 알아차렸습니다. 그들 중 몇 명은 환호성을 지르고 있었습니다. 우리는 궁금해서 무슨 일인지 알아보기 위해 그쪽으로 갔습니다. 놀랍게도 놀이터에서는 영화 촬영을 하고 있었습니다. 게다가 영화배우는 제가 가장 좋아하는 김태희였습니다. 김태희는 정말로 아름다워 보였습니다. 영화 촬영이 끝나고 우리는 그녀의 사인을 받고, 같이 사진도 찍을 수 있었습니다. 정말 잊지 못할 순간이었습니다.

스피킹 노하우

★ ~하러 ~에 가다 [go to+장소+to+동사]

어떤 장소에 가는 목적을 나타낼 때 to부정사[to+동사]를 붙여 표현할 수 있습니다.

ex We went to the park to take a walk. 우리는 산책을 하러 공원에 갔습니다.

My girlfriend and I went to the park to watch the fountain show. 여자친구와 저는 분수쇼를 보러 공원에 갔습니다.

VOCA

cheer 환호성을 지르다   curious 호기심이 있는   find out ~을 알아내다   surprisingly 놀랍게도

movie shooting 영화 촬영   an autograph (유명인의) 사인   unforgettable 잊지 못할

❶ 공원에 간 시기

I had a very memorable experience at the park 구체적 시기 .

저는   에 공원에서 아주 기억에 남을 만한 경험을 했습니다.

❷ 공원에 간 목적

At that time, I went to the park to 동사 (공원에 간 목적) .

그때 당시 저는   를 하기 위해 공원에 갔습니다.

TIP 같이 간 사람이나 공원에 대한 정보도 이야기해보세요.

❸ 발단

As soon as I got there, I noticed that 도착하자 마자 본 일이나 느낀 일 .

그곳에 도착하자마자   했습니다.

❹ 전개

Surprisingly, 예기지 못했던 사건에 대한 묘사 .

놀랍게도   했습니다.

TIP 사건에 따라 suddenly '갑자기', unfortunately '불행하게도', luckily '다행히' 등의 부사도 사용해보세요.

❺ 결말

After the 사건 was over, 사건이 끝난 후의 일 .

    가 끝난 후에,   했습니다.

❻ 느낌 및 생각

It was a(n) 형용사 moment.

    한 순간이었습니다.

ex pleasant 기분 좋은　exciting 신나는　touching, impressive 감동적인
embarrassing 부끄러운　ridiculous 황당한　stressful 힘든　awkward 어색한

● 표현 늘리기

▣ **공원에서 경험할 수 있는 일**

see an open-air concert 야외 콘서트를 보다
see/watch a fountain show 분수쇼를 보다
watch a parade 퍼레이드를 구경하다
attend a local festival 지역축제에 참여하다
attend a singing contest 노래 자랑에 참여하다
watch a fight 싸움 구경을 하다
get lost in the park 공원에서 길을 잃다
meet my old friend/first love accidentally 우연히 옛 친구/첫사랑을 만나다
get a bicycle accident 자전거 사고를 당하다
meet a sudden rain shower 갑작스러운 소나기를 만나다
lose my wallet 지갑을 잃어버리다

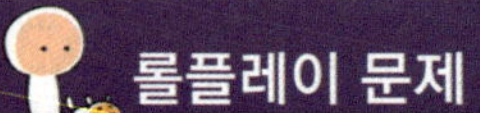 **롤플레이 문제** : 친구와 공원에 가는 약속

공원 관련 롤플레이 문제에서는 친구와 같이 공원에 가는 약속을 하기 위한 질문하기 유형과 약속 후 공원에 가지 못하게 되어 해결책을 제시하는 유형이 같이 자주 출제 됩니다. 그러므로 이 두 유형의 답변을 미리 철저하게 준비해 두는 것이 좋습니다. 또한 Eva가 자주 가는 공원에 대한 질문하기 유형이 출제될 수도 있으니 미리 질문거리를 생각해보세요.

Q1 [전화로 질문하기] You would like to go to a park with your friend. Call your friend and ask three or four questions to make a plan to go to the park.

당신은 친구와 함께 공원에 가고 싶어 합니다. 친구에게 전화를 걸어 공원에 가는 약속을 잡기 위한 질문을 서너 가지 해보세요.

인사	Hello? This is Summer.
전화 목적	The weather is nice today, so why don't we go to a park? Let's ride a bike or inline skate.
질문	Which park do you want to go to? If you don't want to go far, the Olympic Park will be good. O.K. Then, what time shall we meet? Is six o'clock O.K. for you? That's great. Lastly, where should we meet? We can meet in front of the entrance or near the fountain inside the park. That sounds good.
끝인사	See you at six. Bye.

여보세요? 나 서머야. 오늘 날씨도 좋은데 공원에 가는 게 어때? 자전거나 인라인 스케이트 타자. 어떤 공원에 가고 싶니? 멀리 가고 싶지 않으면 올림픽 공원이 괜찮을 것 같아. 그래. 그럼 몇 시에 만날까? 저녁 6시 괜찮아? 잘됐다. 마지막으로 어디서 보지? 정문 앞에서 봐도 되고, 공원 안에 분수 근처에서 봐도 돼. 그게 좋겠다. 6시에 보자. 안녕.

go far 멀리 가다　**That's great.** 잘됐다.　**the entrance** 입구　**That sounds great.** 그게 좋겠다.

Q2 [상황설명/대안제시] You're supposed to go to the park with your friend, but you can't go to the park because it is raining heavily. Call your friend again, explain the situation and offer two or three alternatives.

당신은 친구와 공원에 가기로 했지만 비가 많이 와서 공원에 갈 수 없게 되었습니다. 친구에게 다시 전화를 걸어 상황을 설명하고, 두세 가지 대안을 제시해보세요.

인사	Hello? This is Summer again.
전화 목적	I'm calling you about our plan to go to the park.
상황 설명	I'm sorry to tell you this, but I don't think we can go to the park because it is raining heavily now.
대안 제시	So, I came up with some ideas. First, what if we go to the movies instead? I heard *The Avengers* has been released recently and it seems to be very interesting. Or, if you don't want to see *The Avengers*, why don't you come over my house? We could play video games. I got a brand-new soccer game.
끝인사	Please let me know what you think.

여보세요? 나 또 서머야. 우리 공원 가는 약속 때문에 전화했어. 유감스럽지만, 지금 비가 많이 와서 공원에 갈 수 있을 것 같지 않아. 그래서 몇 가지 생각을 해봤는데, 먼저, 대신 영화를 보는 것은 어떨까? 최근에 '어벤져스'가 개봉했다고 들었는데, 정말 재미있을 것 같아. 어벤져스 보는 게 싫으면, 우리 집에 놀러 오는 것은 어때? 같이 비디오 게임하자. 나 새로 나온 축구 게임 샀어. 어떻게 생각하는지 알려줘.

heavily 심하게, 세게　**go to the movies** 영화 보러 가다　**come over** (누군가의 집에) 들르다　**brand-new** 최신의

Unit 04 해변 가기

해변 가기는 앞에서 다룬 공원 가기 문제 유형들과 거의 다르지 않기 때문에 해변과 관련된 활동이나 해변 묘사에 대한 표현들을 잘 익혀두면 비교적 쉽게 준비할 수 있을 것입니다. 가장 자주 가는 해변이나 그 해변에서 주로 하는 활동, 해변에서의 기억에 남는 경험 등에 대해 이야깃거리를 떠올려보고 답변을 완성할 수 있도록 해보세요.

장소 묘사
▸ 자주 가는 해변 묘사
▸ 최근에 다녀온 해변 묘사
▸ 한국에서 유명한 해변 소개
▸ 자주 가는 해변에 가는 방법 설명

일반 활동 패턴
▸ 언제, 얼마나 자주, 누구와 해변에 가는지
▸ 해변에서 주로 하는 활동
▸ 해변에 가져가는 것들

경험
▸ 가장 최근에 해변에 간 경험
▸ 해변에서 경험한 기억에 남는 일
▸ 해변에 갔을 때 날씨가 안 좋았던 경험

 **출제 가능 질문 살펴보기**

[자주 가는 해변 묘사]

You indicated in the survey that you like to go to the beach. Please tell me about the beach you often go to. Why do you often go there? What do you like about the beach?

당신은 설문에서 해변에 가는 것을 좋아한다고 답했습니다. 자주 가는 해변에 대해 이야기해주세요. 왜 그곳을 자주 찾나요? 그 해변의 어떤 점이 좋은가요?

[일반 활동 패턴]

How often and when do you usually go to the beach? What do you normally do on the beach?

보통 언제, 얼마나 자주 해변에 가나요? 해변에서는 주로 무엇을 하나요?

[가장 최근에 해변에 간 경험]

Please tell me about the last time you went to the beach. Where did you go? Who did you go there with? What did you do on the beach?

마지막으로 해변에 갔던 때에 대해 이야기해주세요. 어디로 갔나요? 누구와 갔나요? 해변에서는 무엇을 했나요?

[해변에 갔을 때 날씨가 안 좋았던 경험]

Have you ever experienced any difficulty because of the bad weather when you were at the beach? What happened? Please tell me about it in detail.

해변에 갔을 때 날씨가 안 좋아서 어려움을 겪은 적이 있나요? 무슨 일이 있었나요? 자세하게 이야기해주세요.

Q1

[자주 가는 해변 묘사]

You indicated in the survey that you like to go to the beach. Please tell me about the beach you often go to. Why do you often go there? What do you like about the beach?

당신은 설문에서 해변에 가는 것을 좋아한다고 답했습니다. 자주 가는 해변에 대해 이야기해주세요. 왜 그곳을 자주 찾나요? 그 해변의 어떤 점이 좋은가요?

● 답변 구성 전략

자주 가는 해변 소개 ▶ 위치 및 특징 설명 ▶ 그 해변에 간 이유 ▶ 그 해변의 좋은 점 1 ▶ 그 해변의 좋은 점 2 ▶ 느낌 및 생각

● 모범 답변 살펴보기

The beach I go to most often is Deacheon Beach. 자주 가는 해변 소개 It is located on the west coast of Korea, and it is one of the most popular beaches among young people. 위치 및 특징 I often go there because I can enjoy many fun things there, like festivals and water rides. 그 해변에 가는 이유 What I like about the beach is the Mud Festival every summer. There is a huge mud sprinkler, and people can dance or enjoy music while taking a mud shower. 해변의 좋은 점 1 I also like the seafood restaurants near the beach. I can taste a variety of seafood dishes and they are all fresh. 해변의 좋은 점 2 However, sometimes I feel annoyed because of the trash people leave on the beach. Except for that, Dacheon Beach is a very good place for a summer vacation. 느낌 및 생각

제가 가장 자주 가는 해변은 대천 해수욕장입니다. 대천 해수욕장은 한국의 서해안에 위치해 있고, 젊은 사람들에게 가장 인기 있는 해수욕장 중 하나입니다. 그곳에 자주 가는 이유는 축제나 물놀이 기구 등 여러 가지를 재미있는 것들을 즐길 수 있기 때문입니다. 제가 그 해변에서 좋아하는 것은 매년 열리는 머드 축제입니다. 진흙을 뿌리는 아주 큰 장치가 있어서 사람들이 진흙 샤워를 하며 춤을 추거나 음악을 즐길 수 있습니다. 저는 또 해변 근처의 해산물 음식점들을 좋아합니다. 다양한 해산물 요리를 맛 볼 수 있고, 음식들이 모두 신선합니다. 그러나 가끔은 사람들이 해변에 버리고 가는 쓰레기 때문에 짜증이 날 때도 있습니다. 그 점만 제외하고는, 대천 해수욕장은 여름 휴가를 보내기에 정말 좋은 장소입니다.

스피킹 노하우

★ ~와 같은 [like/such as+명사]

어떤 특정한 예를 보여줄 때 like나 such as를 이용하여 표현할 수 있습니다.

ex I can enjoy a variety of seafood such as shellfish, crabs or shrimps.

조개, 게, 새우와 같은 다양한 해산물을 즐길 수 있습니다.

VOCA

the west cost 서해안 rides 놀이 기구 mud 진흙 a sprinkler 물을 뿌리는 장치
take a shower 샤워를 하다 a variety of 다양한 annoyed 짜증이 나는

❶ 자주 가는 해변

The beach I go to most often is 해변 이름 **.**

제가 가장 자주 가는 해변은 입니다.

❷ 해변의 위치 및 특징

It is located 해변의 위치 **, and** 해변의 특징 **.**

그 해변은 에 있고, 합니다.

TIP 해변의 특징 또는 분위기에 대해 문장으로 이야기해보세요.

❸ 그 해변에 가는 이유

I often go there because 이유 설명 **.**

저는 그곳에 때문에 자주 갑니다.

❹ 그 해변의 좋은 점 1

What I like about the beach is 좋아하는 점 **.**

그 해변의 좋은 점은 입니다.

TIP is 다음에는 명사가 올 수 있지만, 문장으로 연결한다면 [that+주어+동사]의 형태로 표현해야 합니다.

❺ 그 해변의 좋은 점 2

I also like 좋아하는 점 **.**

저는 또한 도 좋아합니다.

❻ 느낌 및 생각

However, sometimes 안 좋게 생각하는 점 **.**

하지만 가끔은 하기도 합니다.

TIP 해변의 단점에 대해서도 이야기해보세요.

● 표현 늘리기

▣ 해변의 특징 및 분위기

It is the longest beach in Korea. 한국에서 가장 긴 해변입니다.
It is a pebble/sand beach. 자갈로 된/모래로 된 해변입니다.
It is known for its sunrise/sunset. 일출/일몰로 유명한 해변입니다.
Its atmosphere is very quiet and calm. 해변의 분위기는 아주 조용합니다.
It is a small cozy beach. 아늑한 작은 해변입니다.

▣ 해변의 좋은 점 [What I like about the beach is+명사]

its solitary atmosphere 외로운 분위기
the wide sand beach 넓은 모래 사장
the beautiful beach front-resorts 아름다운 바닷가 리조트
many famous tourist attractions near the beach 바닷가 근처의 많은 유명한 관광 명소들
the little stores along the beach 해변 근처의 작은 상점들
the beautiful sunset from the beach 해변에서의 아름다운 일몰
the variety of new people I meet on the beach 해변에서 만나는 다양한 새로운 사람들
fun water activities I can enjoy 즐길 수 있는 재미있는 물놀이들

[일반 활동 패턴]

How often and when do you usually go to the beach?
What do you normally do on the beach?

보통 언제, 얼마나 자주 해변에 가나요? 해변에서는 주로 무엇을 하나요?

● 답변 구성 전략

● 모범 답변 살펴보기

I generally go to the beach at least twice a year. 해변에 가는 빈도 Particularly, I like to go to the beach on my summer vacation because I can enjoy many fun water activities in summer. 구체적인 시기 I usually head to Daecheon beach, which is located on the west coast of Korea. It is easy to get there by train from Seoul. 자주 가는 해변 At the beach, I love to float on the water in a tube and enjoy the waves. 해변에서의 활동 1 Making a campfire on the beach is another fun activity I enjoy. This is the one I always do on the beach. 해변에서의 활동 2 For these reasons, going to the beach is always fun for me. 느낌 및 생각

저는 보통 적어도 일년에 두 번은 해변에 갑니다. 특히, 저는 여름 방학에 해변에 가는 것을 좋아하는데 여름에 많은 물놀이를 즐길 수 있기 때문입니다. 저는 보통 한국의 서부 해안에 위치한 대천 해수욕장에 갑니다. 서울에서는 기차로 그곳에 쉽게 갈 수 있습니다. 해변에서 저는 튜브를 타고 물에 떠다니며 파도 타는 것을 좋아합니다. 해변에서 캠프파이어를 하는 것은 또 하나의 재미있는 활동입니다. 이것이 바로 제가 해변에 가면 항상 하는 일입니다. 이러한 이유로 해변에 가는 것은 저에게 언제나 즐거운 일입니다.

스피킹 노하우

★ 시간을 나타내는 전치사 on

on은 보통 요일, 날짜, 휴일, 특정 기간의 때를 나타낼 때 사용합니다.

ex on Sunday 일요일에   on the first of April 4월 1일에   on Christmas Day 크리스마스 날에
on my vacation 휴가 때   on my birthday 내 생일에

VOCA

particularly 특히   water activities 수상 활동   the west coast 서해안   float 떠다니다
the wave 파도   make a campfire 캠프파이어를 하다

❶ 해변에 가는 빈도

I generally go to the beach [빈도수] .

저는 [   ] 마다 해변에 가는 것 같습니다.

❷ 구체적인 시기

Particularly, I like to go to the beach [언제] .

특히 저는 [   ] 에 해변에 가는 것을 좋아합니다.

> **ex** in summer 여름에 in winter 겨울에 on my winter vacation 겨울 방학에
> on the weekend 주말에

❸ 자주 가는 해변

I usually head to [해변의 이름 및 위치] .

저는 주로 [   ] 해변에 갑니다.

> **ex** a beach on the east coast 동해안에 있는 해수욕장

❹ 해변에서의 활동 1

At the beach, I love to [활동 묘사] .

해변에서는 [   ] 하는 것을 좋아합니다.

❺ 해변에서의 활동 2

[활동 종류] is another fun activity I enjoy.

[   ] 하는 것은 제가 즐기는 또 하나의 재미있는 활동입니다.

> **TIP** '~하는 것'을 주어로 사용할 때는 동명사[동사+ing]로 표현합니다.

❻ 느낌 및 생각

For these reasons, going to the beach is always [느낌 및 생각] .

이런 이유로 해변에 가는 것은 언제나 [   ] 합니다.

● 표현 늘리기

■ **해변에서 할 수 있는 활동**

make a dam using sand and pebbles 모래와 조약돌로 댐을 만들다
make a sand sculpture or castles 모래 조각상이나 모래성을 만들다
search for shells or crabs 조개나 게를 찾다
draw pictures(write messages) in the sand with a stick 막대기로 모래에 그림을 그리다(메시지를 적다)
play beach volleyball 비치발리볼을 하다 float on the water in a tube 튜브를 타고 물에 떠다니다
have fun in the water 물놀이를 하다 ride a boat 배를 타다 ride on a banana boat 바나나 보트를 타다
ride the waves 파도를 타다 swim in the ocean 바다에서 수영을 하다
go snorkeling/waterskiing/scuba diving 스노클링/수상스키/스쿠버 다이빙을 하러 가다
go hiking to the nearby trail 근처 산책로로 하이킹을 가다
go window shopping in the little seaside shops 해안 근처 작은 상점들에서 아이쇼핑을 하다
take a walk along the boardwalk 해안 길을 따라 산책을 하다
make a campfire on the beach 해변에서 캠프파이어를 하다
shoot off fireworks at the beach 해변에서 불꽃 놀이를 하다
sitting in the sun, sunbathe 일광욕을 하다
take a picture with a waterproof camera 수중 카메라로 사진을 찍다
relax under the beach umbrella 파라솔에서 휴식을 취하다

[가장 최근에 해변에 간 경험]

Please tell me about the last time you went to the beach. Where did you go? Who did you go there with? What did you do on the beach?

마지막으로 해변에 갔던 때에 대해 이야기해주세요. 어디로 갔나요? 누구와 갔나요? 해변에서는 무엇을 했나요?

● 답변 구성 전략

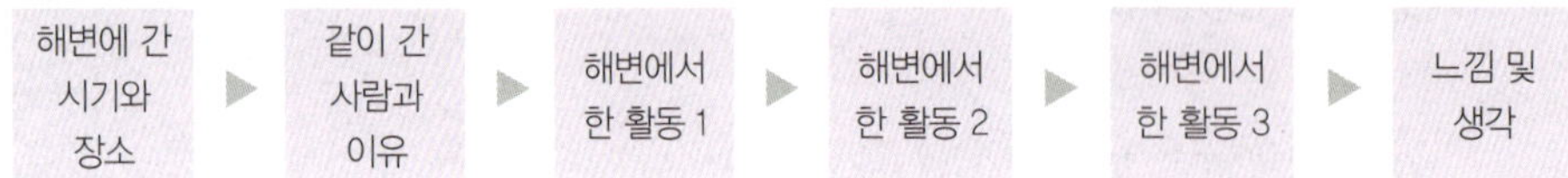

● 모범 답변 살펴보기

Last summer, I went to Heaundae beach in Busan. It is one of the biggest beaches in Korea. 해변에 간 시기와 장소 I was accompanied by my family because we wanted to spend our summer vacation together. 같이 간 사람과 이유 As soon as we arrived at the beach, we enjoyed swimming in the sea together. Even though the water was a little cold, it was fun because of the big waves. ★ 해변에서 한 활동 1 After that, we had a lot of seafood at a seaside restaurant. We had some raw fish which was very fresh. 활동 2 The most exciting thing we did was riding a banana boat. Everyone in my family loved riding the banana boat. 활동 3 I will never forget that summer at the beach. 느낌 및 생각

지난여름에 저는 부산에 있는 해운대 해수욕장에 갔습니다. 해운대 해수욕장은 한국에서 가장 큰 해수욕장 중의 하나입니다. 저는 그곳에 가족들과 같이 갔는데, 여름 휴가를 같이 보내고 싶어서였습니다. 해수욕장에 도착하자마자 우리는 같이 바다 수영을 즐겼습니다. 물이 조금 차갑긴 했지만 큰 파도 때문에 재미있었습니다. 그 후에는 해안 근처 음식점에 가서 많은 해산물을 먹었습니다. 우리는 회를 먹었는데 아주 신선했습니다. 우리가 했던 가장 재미있었던 일은 바나나 보트를 탄 것이었습니다. 가족 모두 바나나 보트를 타는 것을 좋아했습니다. 해변에서 보냈던 그 여름을 저는 절대 잊을 수 없을 것입니다.

스피킹 노하우

★ **because of, due to**를 이용하여 이유 설명하기

because of나 due to 다음에는 반드시 명사를 사용해야 합니다.

ex We couldn't ride a banana boat because of my sister. 여동생 때문에 우리는 바나나 보트를 탈 수 없었습니다.
The beach was very crowded due to the festival. 그 해변은 축제 때문에 매우 혼잡했습니다.

VOCA

in the sea 바다에서   the waves 파도   seafood 해산물   seaside 바닷가   raw 날 것의   fresh 신선한

❶ 해변에 간 시기와 장소　　구체적인 시기　　, I went to 　해변 이름　 in 　해변 위치　 .

　　　　에 저는 　　　　해변(해수욕장)에 갔습니다.

TIP 해변의 위치나 해변에 대한 간단한 설명도 해주세요.

❷ 같이 간 사람과 이유　　I was accompanied by 　같이 간 사람　 because 　이유 설명　 .

저는 　　　　와 같이 갔는데, 　　　　였기 때문입니다.

❸ 해변에서의 한 활동 1　　As soon as we arrived at the beach, we 　활동 묘사　 .

해변에 도착하자마자 우리는 　　　　를 했습니다.

❹ 해변에서 한 활동 2　　After that, we 　활동 묘사　 .

그 후에는 　　　　를 했습니다.

❺ 해변에서 한 활동 3　　The most exciting thing we did was 　활동 묘사　 .

우리가 했던 가장 재미있었던 일은 　　　　를 하는 것이었습니다.

TIP '~하는 것'을 보어로 사용할 때는 동명사[동사+ing]로 표현합니다.

❻ 느낌 및 생각　　I will never forget 　잊을 수 없는 것　 .

저는 　　　　를 절대 잊을 수 없을 것입니다.

ex that happy moment with my family 가족들과 행복했던 그 순간
that beautiful beach 그 아름다웠던 해변
my first experience riding a banana boat 바나나 보트를 탄 첫 경험

■ 같이 간 사람과 이유 [I was accompanied by+같이 간 사람]

my classmates for our school trip 수학여행(MT)으로 반 친구들과
my classmates for our graduation trip 졸업여행으로 반 친구들과
my family to visit our relatives who live near the beach 해변 근처에 사는 친척을 방문하기 위해 가족들과
my family for our summer/winter vacation 여름/겨울 휴가로 가족들과
my friends because we wanted to avoid the heat 더위를 피하고 싶었기 때문에 친구들과
my friends because we all loved swimming in the sea 모두 바다 수영을 좋아하기 때문에 친구들과

■ 해변에서 한 활동 묘사

We had fun in the water by floating in a tube. 우리는 튜브를 타고 떠다니며 물놀이를 했습니다.
We could have more fun because of the big waves. 우리는 큰 파도 때문에 더 재미있게 보낼 수 있었습니다.
We bought some firecrackers and shot them off at the beach. 우리는 폭죽을 몇 개 사서 해변에서 쏘아 올렸습니다.
The night sky view with the fireworks was very beautiful. 불꽃과 함께 밤하늘이 더 아름다웠습니다.
We took a walk along the beach, having ice cream. 우리는 아이스크림을 먹으며 해변을 따라 산책을 했습니다.
The cool breeze from the ocean made us feel good. 바다에서 불어오는 선선한 바람이 기분 좋게 만들었습니다.

[해변에 갔을 때 날씨가 안 좋았던 경험]

Q4 Have you ever experienced any difficulty because of the bad weather when you were at the beach? What happened? Please tell me about it in detail.

해변에서 안 좋은 날씨 때문에 어려움을 겪은 적이 있었나요? 무슨 일이 있었나요? 그 경험에 대해 자세하게 이야기해주세요.

● 답변 구성 전략

경험 시기 ▶ 배경 설명 ▶ 날씨가 변하기 전의 상황 ▶ 날씨의 변화 ▶ 날씨가 변한 후의 상황 ▶ 결말 ▶ 느낌 및 생각

● 모범 답변 살펴보기

Yes, I had this exact experience★ last summer. 경험 시기 At the time, I was going to Sokcho beach with my classmates for our school trip. 배경 설명(어디로, 누구와, 왜) Everything seemed fine until we got there. It was very sunny, and people were sunbathing on the beach. 날씨가 변하기 전의 상황 However, when we were about to swim in the sea, it suddenly started to rain heavily. We hurriedly headed to our hotel to avoid the rain. 날씨의 변화 What was worse, it was not a temporary shower. It rained for two days while we were there. 날씨가 변한 후의 상황 After all, we couldn't do anything, but stay at the hotel. 결말 I think it was my worst experience at the beach. 느낌 및 생각

네, 저는 작년 여름에 정확히 그러한 경험을 했습니다. 그때 당시, 저는 수학여행으로 반 친구들과 속초 해수욕장에 갔습니다. 우리가 그곳에 도착하기 전까지는 모든 것이 괜찮은 듯했습니다. 화창한 날씨였고, 사람들은 해변에서 일광욕을 하고 있었습니다. 그러나 우리가 바다에서 막 수영을 하려고 할 때, 갑자기 비가 많이 오기 시작했습니다. 우리는 서둘러 비를 피하기 위해 호텔로 향했습니다. 심지어 그 비는 일시적인 소나기가 아니었습니다. 우리가 그곳에 있던 이틀 동안 비가 내렸습니다. 결국 우리는 아무 것도 못하고 호텔에 머물러야 했습니다. 해변에서 겪은 최악의 경험이었던 것 같습니다.

스피킹 노하우

★ 지난 (시기) [last+시기를 나타내는 명사]

last '지난' 또는 this '이번'을 이용하여 시기를 나타낼 때는 보통 앞에 전치사가 붙지 않습니다.

> ex 지난 여름에 in last summer (X)   last summer (O)
> 지난 학기에 in last semester (X)   last semester (O)

VOCA

exact 정확한   seem ~인 것 같다   be about to+동사 ~를 (막) 하려고 하다   heavily 심하게, 세게

hurriedly 황급히, 서둘러   what was worse 심지어   temporary 일시적인   worst 최악의

❶ 경험 시기

Yes, I had this exact experience [구체적 시기] .

네, 저는 ______ 에 이와 같은 경험을 했습니다.

❷ 배경 설명

At the time, I was going to [해변 이름] with [같이 간 사람] .

그때 당시 저는 ______ 와 ______ 에 갔습니다.

> **TIP** 해변에 갔던 목적을 [for+명사] 또는 [to+동사]의 형태를 이용하여 표현해보세요.

❸ 날씨가 변하기 전의 상황

Everything seemed fine until [~하기 전] .

______ 까지는 모든 것이 괜찮아 보였습니다.

> **TIP** until 다음에는 that evening '그날 저녁' 등의 명사나 [주어+동사]의 문장으로 날씨가 변하기 전의 상황을 이야기할 수 있습니다.

❹ 날씨가 변화

However, when we were about to [동사] , [날씨 묘사] .

그러나 우리가 막 ______ 하려고 했을 때, ______ 했습니다.

❺ 날씨가 변한 후의 상황

What was worse, [더 악화된 상황의 묘사] .

심지어 ______ 했습니다.

❻ 결말

After all, we [상황이 종료 된 후에 한 일이나 상황 묘사] .

결국 우리는 ______ 했습니다.

> **TIP** 날씨의 변화에도 불구하고 좋은 쪽으로 일이 마무리 되었다면 Luckily '다행히' 등과 같은 부사로 문장을 시작해보세요.

❼ 느낌 및 생각

I think [느낌 및 생각] .

제 생각에 ______ 이었던 것 같습니다.

● 표현 늘리기

■ 날씨 변화 묘사

The sky suddenly went dark and it started to rain. 하늘이 어두워지더니 갑자기 비가 내리기 시작했습니다.

The rain suddenly started to pour. 갑자기 비가 쏟아지기 시작했습니다.

There was a light shower. 가벼운 소나기가 내렸습니다.

It suddenly turned cold. 갑자기 추워졌습니다.

We heard a typhoon warning. 우리는 태풍 경보를 들었습니다.

A typhoon was approaching to the area. 태풍이 접근하고 있었습니다.

The waves were getting higher. 파도가 높아지고 있었습니다.

The tide was coming in. 조수가 들어오고 있었습니다.

The sun was getting too strong. 햇볕이 너무 강해지고 있었습니다.

It started to snow unexpectedly. 예상치 못하게 눈이 내리기 시작했습니다.

There was no sign of the rain ceasing. 비가 그칠 기미가 보이지 않았습니다.

Soon the rain stopped. 곧 비가 그쳤습니다.

 **롤플레이 문제 : 친구와 해변에 가는 약속**

해변 관련 롤플레이 역시 공원 가기 롤플레이 문제와 마찬가지로 친구와 해변에 가는 약속을 잡기 위한 질문하기 유형과 궂은 날씨 때문에 해변에 가지 못하게 되는 상황 해결 문제가 가장 많이 출제됩니다. 공원 가기 롤플레이 문제와 같이 비슷한 패턴으로 내용을 생각해보고 미리 준비해보세요.

Q1 [전화로 질문하기] You would like to go to the beach with your friend. Call your friend and ask three or four questions to make a plan to go to the beach.

당신은 친구와 함께 해변에 가고 싶어 합니다. 친구에게 전화를 걸어 해변에 가는 약속을 잡기 위한 질문을 서너 가지 해보세요.

인사	Hello? This is Hyung-gyu.
전화 목적	What are you going to do this weekend? Let's go to the beach together. I heard the Mud Festival will be at Deacheon beach this weekend.
질문	Which day is better for you? Saturday or Sunday? O.K. Saturday it is. Do you want to go there by train or bus? I think a train will be faster but I don't know if there are any tickets left. I'll look into it. Oh, do you have a tube or a beach ball? Great. I'm very excited about this.
끝인사	I'll see you on Saturday then. Bye.

여보세요? 나 형규야. 이번 주말에 뭐하니? 같이 해변에 가자. 이번 주에 대천 해수욕장에서 머드 축제가 있대. 어떤 날이 더 좋겠니? 토요일 아니면 일요일? 좋아, 토요일로 하자. 기차 타고 가고 싶어, 아니면 버스 타고 가고 싶어? 기차가 더 빠를 것 같은데 남은 표가 있는지는 모르겠어. 내가 알아볼게. 참, 너 튜브나 비치볼 있어? 좋아. 정말 기대된다. 그럼, 토요일에 보자. 안녕.

> **better** 더 좋은   **by train** 기차로   **look into** 알아보다, 조사하다   **a beach ball** 비치볼(물놀이용 공)

Q2 [상황설명/대안제시] You're supposed to go to the beach with your friend this weekend, but you've just heard that the weather will be terrible. Call your friend again, explain the situation and offer two or three alternatives.

당신은 이번 주에 친구와 해변에 가기로 했지만 날씨가 안 좋을 것이라는 소식을 들었습니다. 친구에게 다시 전화를 걸어 상황을 설명하고, 두세 가지 대안을 제시해보세요.

인사	Hello? This is Hyung-gyu again.
전화 목적	I'm calling you about our plan to go to the beach.
상황 설명	I'm sorry to tell you this, but I've just heard that the weather will be terrible this weekend. I don't think we can go to the beach.
대안 제시	So, I came up with some ideas. First, what if we postpone our plan until next weekend? Do you have any plans next weekend? I think the weather will be O.K. then. Or, why don't we go to a water park instead? I know one indoor water park nearby and the water slides there are really awesome.
끝인사	Please let me know what you think.

여보세요? 나 또 형규야. 우리 해변 가는 계획 때문에 전화했어. 유감스럽지만, 이번 주에 날씨가 안 좋을 거래. 해변에 갈 수 있을 것 같지 않아. 그래서 몇 가지 생각을 해봤는데, 먼저, 우리 계획을 다음 주로 미루는 게 어때? 다음 주에 계획 있니? 그때는 날씨가 괜찮을 것 같아. 아니면, 대신에 워터 파크에 가는 건 어때? 근처에 실내 워터 파크 한 곳을 알고 있는데, 거기 워터 슬라이드가 어마어마해. 어떻게 생각하는지 알려줘.

> **terrible** 끔찍한, 형편없는   **postpone** 미루다, 연기하다   **a water park** 물놀이를 할 수 있는 공원
> **indoor** 실내의   **a slide** 미끄럼틀

Unit 05 스포츠 관람

스포츠 관람은 좋아하는 경기를 경기장이나 집에서 관람할 경우에 선택할 수 있는 여가 활동입니다. 좋아하는 스포츠의 팀과 선수, 경기 규칙, 관람 장소, 관람 경기 등과 관련하여 다양한 이야깃거리를 생각해보세요. 또한 설문항목 중에 자신이 직접 하는 운동을 농구/축구/야구 등으로 선택하여 스포츠 관람과 같이 준비한다면 더욱 효과적으로 답변을 준비할 수 있습니다.

장소 묘사 ▶ 좋아하는 스포츠를 관람하는 장소 묘사

일반 활동 패턴
- ▶ 언제, 얼마나 자주, 누구와 스포츠 관람을 하는지
- ▶ 관람하기 좋아하는 스포츠와 그 이유
- ▶ 스포츠 관람 전·후에 하는 일

경험
- ▶ 가장 최근에 스포츠를 관람한 경험
- ▶ 스포츠 관람 중 겪었던 재미있거나 예기치 못한 일
- ▶ 스포츠 관람 중 어려움을 겪은 경험
- ▶ 스포츠 관람을 좋아하게 된 계기/처음으로 스포츠를 관람한 경험

설명
- ▶ 좋아하는 스포츠 팀과 선수
- ▶ 좋아하는 스포츠 선수

 **출제 가능 질문 살펴보기**

[가장 좋아하는 팀과 선수]

Please tell me about your favorite sports team and your favorite player. Why do you like the team and the player?

가장 좋아하는 스포츠 팀과 선수에 대해 이야기해주세요. 그 팀과 선수를 왜 좋아하나요?

[좋아하는 스포츠]

Which sport do you like to watch most? Why do you like to watch it?

관람하기 가장 좋아하는 스포츠는 무엇인가요? 왜 그 스포츠를 보는 것을 좋아하나요?

[최근에 관람한 스포츠 경기]

Please tell me about the last sporting event that you watched. Where did you watch that game? Did anything interesting happen during the game?

가장 최근에 봤던 스포츠 경기에 대해 이야기해주세요. 그 경기를 어디에서 봤나요? 경기 중에 재미있는 일이 일어났나요?

[경기 관람 중 겪은 어려움]

Have you experienced any difficulty when you attended a sports game? What happened? How did you manage the problems?

스포츠 경기 관람 중 어려움을 겪은 적이 있나요? 무슨 일이었나요? 그 문제를 어떻게 해결했나요?

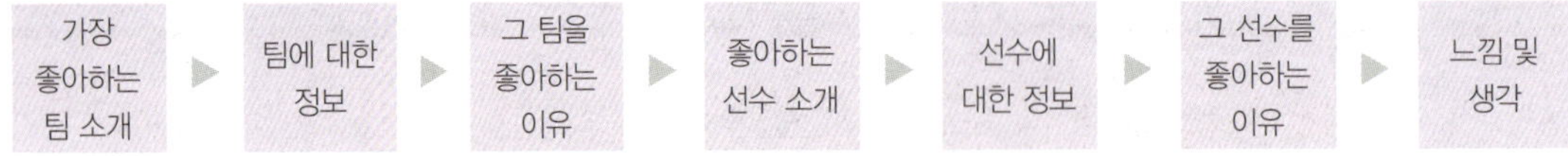

● 답변 구성 전략

| 가장 좋아하는 팀 소개 | ▶ | 팀에 대한 정보 | ▶ | 그 팀을 좋아하는 이유 | ▶ | 좋아하는 선수 소개 | ▶ | 선수에 대한 정보 | ▶ | 그 선수를 좋아하는 이유 | ▶ | 느낌 및 생각 |

● 모범 답변 살펴보기

My favorite sports team has to be Manchester United. 가장 좋아하는 팀 It is an English professional football club, and it has won many trophies in English football ★ as well as European Cups. 팀에 대한 정보 The reason I like this team is because they are the world's best soccer team. Also, a famous Korean soccer player, Jisung Park, played on that team. 그 팀을 좋아하는 이유 My favorite player on the team is Wayne Rooney. 좋아하는 선수 He is the team's striker, which is like the lead player on the team. 선수에 대한 정보 He is so fun to watch because he has such a dominating play style. 선수를 좋아하는 이유 I hope to one day attend a Manchester United soccer game so I can see them in person. 느낌 및 생각

제가 가장 좋아하는 스포츠 팀은 맨체스터 유나이티드입니다. 맨체스터 유나이티드는 영국 프로 축구팀이고, 영국 축구에서 뿐만 아니라 유럽 경기에서도 많은 트로피를 타왔습니다. 제가 이 팀을 좋아하는 이유는 세계 최강의 팀이기 때문입니다. 또한, 한국의 유명한 축구 선수 박지성이 이 팀에서 활약을 했습니다. 이 팀에서 제가 가장 좋아하는 선수는 웨인 루니입니다. 그는 팀의 리드 선수라고 할 수 있는 스트라이커입니다. 그의 주도적인 경기 스타일 때문에 그를 보는 것은 정말 즐겁습니다. 언젠가는 맨체스터 유나이티드 경기에 가서 직접 그들을 보고 싶습니다.

스피킹 노하우

★ ~B뿐만 아니라 A도, ~와 마찬가지로 [A as well as B]

as well as 앞뒤에 나오는 A, B는 두 형태(품사)를 맞춰 주어야 합니다.

> **ex** He has excellent brawn as well as brain. 그는 머리도 체력도 훌륭합니다.

VOCA

a club (프로스포츠) 구단　　**won** win의 과거형　　**a striker** (축구의) 공격수　　**dominating** 우세한, 지배적인　　**in person** 직접

❶ 가장 좋아하는 팀

My favorite sports team has to be [팀 이름].

제가 가장 좋아하는 스포츠 팀은 ___ 입니다.

❷ 팀에 대한 정보

It is a(n) [소속 지역/분야] team.

그 팀은 ___ 한 팀입니다.

❸ 그 팀을 좋아하는 이유

The reason I like this team is because [이유 설명].

제가 이 팀을 좋아하는 이유는 ___ 입니다.

❹ 좋아하는 선수

My favorite player on the team is [선수 이름].

그 팀에서 제가 좋아하는 선수는 ___ 입니다.

❺ 선수에 대한 정보

He is [특징].

그는 ___ 입니다.

TIP 선수의 포지션 및 역할 등에 대해 이야기해보세요.

❻ 그 선수를 좋아하는 이유

He is so fun to watch because [이유].

___ 때문에 그를 보는 것은 즐겁습니다.

❼ 느낌 및 생각

I hope to one day attend [좋아하는 팀의 경기].

언젠가는 ___ 를 관람하고 싶습니다.

• 표현 늘리기

▣ 특정 스포츠팀을 좋아하는 이유

It is my home team. 그 팀이 우리 지역 팀입니다.

It has many skilled players. 그 팀에는 노련한 선수들이 많이 있습니다.

It is the current champion of the league. 그 팀은 현재 리그에서 챔피언입니다.

It plays very interesting and aggressive basketball. 그 팀은 재미있고 공격적인 농구를 합니다.

It is an all-time-best baseball team. 그 팀은 사상 최고의 야구팀입니다.

The players on that team always show the best cooperation.
그 팀의 선수들은 항상 최고의 호흡을 보여줍니다.

▣ 특정 선수를 좋아하는 이유

He has won the MVP award five times. 그는 5번이나 MVP상을 받았습니다.

He always tries to do his best. 그는 항상 최선을 다합니다.

He is very handsome. 그는 아주 잘생겼습니다.

He is second to none overseas. 그는 해외에서도 뒤지지 않습니다.

He always plays with passion. 그는 항상 열정적으로 경기합니다.

He is the greatest player in soccer history. 그는 축구 역사상 최고의 선수입니다.

Q2

Which sport do you like to watch most? Why do you like to watch it?

당신이 관람하기 가장 좋아하는 스포츠는 무엇인가요? 왜 그 스포츠를 보는 것을 좋아하나요?

● 답변 구성 전략

● 모범 답변 살펴보기

I really like watching baseball when I get the chance. 좋아하는 스포츠 I think baseball is a very good sport to watch for two reasons. First, you can feel the passion of the game in the stadium. Korean baseball fans really get together and root for their teams. 좋아하는 이유 1 Second, it is very exciting to see when players jump over a wall and catch the ball. I think they are all world's greatest athletes. 좋아하는 이유 2 I have loved watching it ever since my father took me to the Korean Series in 2002. 스포츠 관람 계기 Now, I go to watch baseball games at least twice a year with my school friends. While watching baseball games, we love to drink beer and participate in the cheering. 스포츠 관람 패턴 It is always a fun time. 느낌 및 생각

저는 기회가 생길 때마다 야구 경기를 보는 것을 정말 좋아합니다. 제 생각에 야구는 두 가지 이유에서 관람하기 좋은 스포츠입니다. 먼저, 경기장 안의 경기 열정을 느낄 수 있습니다. 한국 야구 팬들은 모두 하나가 되어 그들의 팀을 응원합니다. 두 번째로 선수가 경기장 벽을 넘어 어떻게 공을 잡는지 보는 것은 정말 재미있습니다. 제 생각에 그들은 모두 세계적으로 대단한 운동 선수들 같습니다. 저는 아버지께서 2002년도에 한국 시리즈에 데려가 주신 이후로 야구 보는 것을 좋아했습니다. 지금은 적어도 1년에 두 번씩은 학교 친구들과 야구를 보러 갑니다. 야구를 보면서 우리는 맥주를 마시고 응원에 참여하는 것을 좋아합니다. 이때는 항상 재미있는 시간입니다.

스피킹 노하우

★ 분사구문 [while/before/after/when+동사ing, 주어+동사]

분사구문은 접속사와 주어를 생략하고 동사를 -ing 형태로 바꾸어 사용합니다. 단, 주어가 같을 경우에만 동사를 -ing 형태로 바꿀 수 있습니다.

> **ex** While we watch baseball games, we love to drink beer. 우리는 야구를 보는 동안 맥주 마시는 것을 좋아합니다.
> → While watching baseball games, we love to drink beer.

VOCA

chance 기회　**get together** 모이다　**root for** ~를 응원하다　**jump over** ~를 뛰어넘다
catch 잡다　**an athlete** 운동선수　**cheering** 응원

❶ 좋아하는 스포츠   I really like watching _좋아하는 스포츠_ .
저는 _____ 를 보는 것을 정말 좋아합니다.

❷ 좋아하는 이유 1   First, _이유 설명_ .
먼저, _____ 입니다.

❸ 좋아하는 이유 2   Second, it is very exciting to see _경기에서 볼 수 있는 것_ .
두 번째로, _____ 를 보는 것은 정말 재미있습니다.

❹ 스포츠 관람 계기   I have loved watching it ever since _처음 관람한 시기_ .
저는 _____ 이후로 그것(스포츠)을 보는 것을 좋아했습니다.

> **TIP** since 이후에는 처음 경기 관람했던 때를 [주어+동사]의 형태로 표현합니다.

❺ 스포츠 관람 패턴   Now, I go to watch _경기 종목, 빈도_ with _함께 보는 사람들_ .
지금은 _____ 와 _____ 마다 _____ 를 보러 가는 것을 좋아합니다.

❻ 느낌 및 생각   It is always a _형용사_ time.
이때가 항상 _____ 한 시간인 것 같습니다

● 표현 늘리기

■ 스포츠 관람을 좋아하는 이유

When I watch soccer, I feel I am recharged. 저는 축구를 보면 재충전되는 느낌을 받습니다.
I can have a nice little chat with my friends when we watch the game together.
같이 경기를 보면서 친구들과 오순도순 이야기를 나눌 수 있습니다.

The more I know about the rules, the more I like it. 규칙을 알면 알수록 더 좋아집니다.

The atmosphere of the stadium is always great. 경기장의 분위기가 항상 좋습니다.

It is not boring at all because the game is so fast. 경기가 빠르게 돌아가서 전혀 지루하지 않습니다.

It is exciting to see people chanting and cheering with passion.
사람들이 열정적으로 노래하고 응원하는 모습을 보는 것은 재미있습니다.

It is very exciting to see the players always moving, and the game is so fast.
선수들이 항상 움직이는 것을 보는 것은 정말 재미있고, 경기도 빠르게 진행됩니다.

It is very exciting to see tension among players. 선수들 사이에 긴장감을 보는 것은 정말 재미있습니다.

It is very exciting to see my favorite player hit a homerun.
제가 좋아하는 선수가 홈런을 치는 것을 보는 것은 정말 재미있습니다.

It is very exciting to see dramatic twists in the game. 경기의 극적인 전개를 보는 것은 정말 재미있습니다.

Q3

Please tell me about the last sporting event that you watched. Where did you watch that game? Did anything interesting happen during the game?

가장 최근에 봤던 스포츠 경기에 대해 이야기해주세요. 그 경기를 어디에서 봤나요? 경기 중에 재미있는 일이 일어났나요?

● 답변 구성 전략

| 관람한 경기 | ▶ | 시기/장소/같이 본 사람 | ▶ | 경기에서 관심 있던 부분 | ▶ | 경기 관람 당시의 묘사 | ▶ | 사건 전의 상황 | ▶ | 사건 | ▶ | 느낌 및 생각 |

● 모범 답변 살펴보기

The last sporting event I watched was the London Olympic Games. 관람한 경기 I watched the games with my family at home on the weekends. We were interested in the Women's fencing event, because a Korean fencer, Ah Lam Shin, advanced to the semifinals. 시기/장소/같이 본 사람 We were very nervous to see her match, and everyone prayed for her victory. 관람 상황 묘사 There was nothing special in that match until the last few seconds. 사건 전 Suddenly, however, an unbelievable thing happened. She was cheated out of a medal when the timer broke during her match! 사건 We were all shocked and disappointed in the Olympic judges. 느낌 및 생각

가장 최근에 관람한 스포츠 경기는 올림픽 경기였습니다. 저는 가족들과 주말에 집에서 올림픽 경기를 봤습니다. 우리는 특히 여자 펜싱 경기에 관심이 있었는데, 한국 펜싱 선수 신아람이 준결승전에 진출했기 때문입니다. 우리는 그녀의 경기를 보는 것이 매우 긴장되었고, 모두 그녀의 승리를 기원했습니다. 마지막 몇 초가 남을 때까지는 경기에서 별다른 점은 없었습니다. 그러나 갑자기 믿지 못할 일이 일어났습니다. 경기 도중 타이머가 고장 났을 때 메달을 빼앗긴 것이었습니다! 우리 모두 충격을 받았고, 올림픽 심판에 실망을 했습니다.

스피킹 노하우

★ 감정을 나타내는 형용사 [주어(사람)+be동사+형용사(ed 형태)]

-ing 형태의 형용사와 -ed 형태의 형용사의 사용을 혼동하지 말아야 합니다.

ex We were disappointed. (O) 우리는 실망했습니다.

We were disappointing. (X) 우리는 실망스러운 사람들입니다.

VOCA

sporting 스포츠의   fencing 펜싱   advance 오르다, 진출하다   the semifinals 준결승   pray for ~를 기원하다
victory 승리   unbelievable 믿을 수 없는   be cheated out of ~를 빼앗기다   be disappointed 실망한

❶ 관람한 경기

The last sporting event I watched was　　관람 경기　　.

가장 최근에 관람한 스포츠 경기는　　　　　경기였습니다

❷ 시기/장소/같이 본 사람

I watched the game with　　같이 본 사람, 장소, 시기　　.

저는　　　　　와　　　　　에서 경기를 같이 봤습니다.

TIP 같이 본 사람, 장소, 시기의 순으로 문장을 완성하세요.

❸ 관람 당시의 상황

We were very nervous because　　긴장된 상황 묘사　　.

　　　　　때문에 우리는 매우 긴장했습니다.

ex We were very nervous because it was a very important game in the league.
그 경기는 리그에서 정말 중요한 경기였기 때문에 우리는 매우 긴장했습니다.

❹ 사건 전의 상황

There was nothing special until　　사건 시기/상황　　.

　　　　　때까지는 별다른 일이 없었습니다.

ex until the second half started 후반전이 시작되기 전까지
until the first half of the ninth inning 9회 초 전까지

❺ 사건 묘사

Suddenly, however, an unbelievable thing happened.　사건 묘사　.

그러나 갑자기 믿을 수 없는 일이 일어났습니다.　　　　　.

TIP 경기 관람 중 일어나 재미있거나 예기치 못한 사건을 덧붙여 묘사해보세요.

❻ 결과

As a result,　　사건 결말 묘사　　. 결국,　　　　　했습니다.

❼ 느낌 및 생각

We were　　느낌을 나타내는 형용사　　. 우리는　　　　　했습니다.

ex We were so touched that we all cried. 우리는 너무 감동 받은 나머지 모두 울었습니다.
We were very happy to see the victory. 승리를 보는 것이 정말 행복했습니다.
We were very proud of our Korean Olympic athletes.
우리는 올림픽 선수들이 정말 자랑스러웠습니다.

● 표현 늘리기

▣ 재미있거나 예기치 못한 사건

One of the players form my team got ejected from the game. 우리 선수 중 한 명이 퇴장을 당했습니다.

Our team made a dramatic reversal just seconds before the final whistle.
경기가 끝나기 단 몇 초 전에 우리 팀이 극적으로 역전을 했습니다.

One of my team players hit a grand slam in the second half of the ninth inning.
9회 말에서 우리 팀 선수가 만루 홈런을 쳤습니다.

My team scored the tying goal dramatically. 우리 팀이 극적으로 동점골을 기록했습니다.

▣ 경기 결과

My team won/lost the game. 우리 팀이 경기에서 이겼습니다/졌습니다.

The game ended in a tie. 그 경기는 동점으로 끝났습니다.

Q4

[경기 관람 중 겪은 어려움]

Have you experienced any difficulty when you attended a sports game? What happened? How did you manage the problems?

스포츠 경기 관람 중 어려움을 겪은 적이 있나요? 무슨 일이었나요? 그 문제를 어떻게 해결했나요?

• 답변 구성 전략

경험 시기 ▶ 배경 설명 ▶ 어려움 ▶ 문제 해결 ▶ 결말 ▶ 느낌 및 생각

• 모범 답변 살펴보기

I experienced some difficulty at the last baseball game I went to. 경험 시기 I went to see the KIA Tigers with my friends. Since we were all KIA's fans, we were very excited about the game. 배경 설명(어떤 게임을, 누구와, 왜) We were watching the second half of the fifth inning when it began to rain cats and dogs! Nobody had an umbrella because the weather report didn't say it would rain. 어려움 I had to do something, so I went to a nearby convenience store and bought several umbrellas for us. 문제 해결 방법 Luckily, we were able to continue watching the game. 결과 Even though we were wet and cold during the whole game, we felt very good because our team won that day. 느낌 및 생각

저는 제가 갔던 지난 야구 경기에서 어려움을 겪었습니다. 친구들과 함께 기아 타이거즈의 게임을 보러 갔습니다. 우리는 모두 기아 팬이었기 때문에 그 경기에 대해 매우 기대를 했습니다. 그러나 5회 말 경기를 보고 있을 때, 비가 억수같이 내리기 시작했습니다! 일기 예보에서 비가 올 것이라고 하지 않았기 때문에 아무도 우산을 가지고 있지 않았습니다. 저는 뭔가를 해야만 했고, 그래서 근처 편의점에 가서 우산 몇 개를 사왔습니다. 다행히 우리는 경기를 계속 볼 수 있었습니다. 경기 내내 춥고 비에 젖었지만, 그날 우리 팀이 이겨서 기분이 아주 좋았습니다.

스피킹 노하우

★ ~에게 ~를 사주다 [buy+물건+사람] 또는 [buy+물건+for+사람]

> **ex** My father bought me this cell phone. (O) 아버지께서 이 휴대폰을 사주셨습니다.
> My father bought this cell phone for me. (O)
> My father bought this cell phone to me. (X)

VOCA

the second half of the fifth inning (야구의) 5회 말   rain cats and dogs 비가 억수같이 내리다
a weather report 일기 예보   a convenience store 편의점   continue ~를 계속하다

❶ 경험 시기

I experienced some difficulty at ｜관람 경기 종목｜ .

저는 ＿＿＿＿＿ 에서 어려움을 겪었습니다.

❷ 배경 설명

I went to see ｜관람 경기｜ with ｜같이 관람한 사람｜ .

저는 ＿＿＿＿＿ 와 ＿＿＿＿＿ 에 갔습니다.

❸ 어려움

We(I) were watching ｜경기의 한 부분｜ when ｜발생한 문제 묘사｜ .

＿＿＿＿＿ 했을 때 우리(저)는 ＿＿＿＿＿ 를 보고 있었습니다.

TIP when 다음에는 [주어+동사]의 문장으로 문제가 발생한 상황을 묘사할 수 있습니다.

❹ 문제 해결

I had to do something, so I ｜해결 방법 묘사｜ .

저는 뭔가를 해야만 했고, 그래서 ＿＿＿＿＿ 했습니다.

❺ 결과

Luckily, we(I) were(was) able to ｜결과 묘사｜ .

다행히 우리(저)는 ＿＿＿＿＿ 할 수 있었습니다.

❻ 느낌 및 생각

Even though ｜어려움에 대한 느낌 및 생각｜ , we ｜어려움을 극복한 느낌｜ .

비록 ＿＿＿＿＿ 하긴 했지만, 우리는 ＿＿＿＿＿ 했습니다.

● 표현 늘리기

■ 경기의 한 부분

· 농구/축구 : the first half 전반전
　　　　　　 the second half 후반전
· 야구 : the first half of the second inning 2회 초
　　　　 the second half of the second inning 2회 말
　　　　 cheering during the half-time 하프 타임의 응원전

■ 경기 관람 중 겪은 어려운 상황

Some drunken people started to behave badly. 술에 취한 몇몇 사람들이 행패를 부리기 시작했습니다.
My body suddenly started to ache. 갑자기 몸이 아프기 시작했습니다.
My view was blocked. 제 시야가 가려졌습니다.
I got an urgent phone call from my boss. 저는 상사의 급한 전화를 받았습니다.
There was a fight in the stands. 관중석에서 싸움이 있었습니다.
Someone behind me kept kicking my seat. 제 뒤에 앉은 사람이 제 자리를 계속 발로 찼습니다.

■ 해결 방법

I called the staff and reported this problem. 경기 관련 스텝에게 전화를 걸어 문제를 보고했습니다.
I left the stadium in the middle of the game. 경기 중간에 경기장을 떠났습니다.
I moved to another empty seat. 빈 다른 좌석으로 옮겼습니다.
I politely asked him not to kick my seat. 자리를 발로 차지 않도록 그에게 정중히 부탁했습니다.

 **롤플레이 문제 : 스포츠 경기 티켓 예매하기**

스포츠 관람 롤플레이에서는 친구와 같이 스포츠 관람을 하러 가는 약속에 대한 롤플레이 유형과 스포츠 경기 티켓을 예매하는 유형이 자주 출제됩니다. 특히, 스포츠 경기 티켓 예매 관련 질문이나 문제 해결 상황에 대한 해결책 등은 시험장에서 바로 생각해내기 어려운 답변이 될 수 있으므로 미리 준비를 하고 가는 것이 중요합니다.

 **Q1** [전화로 질문하기] **You would like to watch a baseball game with your friend. Call the stadium and ask three or four questions to book the tickets.**

당신은 친구와 함께 야구 경기를 보러 가고 싶어 합니다. 경기장에 전화를 걸어 티켓을 예매하기 위한 서너 가지 질문을 해보세요.

인사	Hello? Is this Jamsil Stadium?
전화 목적	I'm calling you to book two tickets for the Nexen Heroes game this Sunday.
질문	Do you have any seats available near the home plate? Oh, how about the seats along the first base line? Great! I'd like to take them. How much are they? Do you have any discount for students? That's too bad. O.K. I'd like to pay by credit card.
끝인사	Thank you.

여보세요? 잠실 경기장이죠? 이번 주 일요일 넥센 히어로 경기 티켓 두 장을 예매하려고 전화했는데요. 본루 근처에 남는 자리 있나요? 아, 그러면 1루쪽 자리는요? 잘됐네요! 그쪽 자리로 살게요. 티켓은 얼마인가요? 학생 할인 있나요? 아쉽네요. 그럼, 신용카드로 계산할게요.

> **available** 남는, 여유 있는 **the home plate** (야구의) 본루 **the fist base** (야구의) 1루 **a discount** 할인

 **Q2** [상황설명/대안제시] **You booked two tickets for the baseball game, but you've just found out that you can't sit together with your friend. Call your friend, explain the situation and discuss what you can do.**

당신은 야구 경기를 위한 티켓을 예매했지만, 친구와 함께 앉을 수 없다는 것을 알았습니다. 친구에게 전화를 걸어, 상황을 설명하고, 어떻게 할 것인지 의논해보세요.

인사	Hello? This is Dongmyung.
전화 목적	I'm calling you about the baseball game we're going to.
상황 설명	I booked the tickets, but I just found out that we can't sit together at the game.
문제 해결	What should we do? Is it O.K. if we sit apart? I know you've really wanted to see that game, so if you don't mind, maybe we can sit apart. Or should we call the ticket box and change the seats? I don't think we will get good seats now though. I see. Then, I'll look for other seats and call you back.
끝인사	Bye.

여보세요? 나 동명이야. 우리 가기로 한 야구 경기 때문에 전화했어. 티켓을 예매했는데 경기장에서 우리가 같이 앉을 수 없다는 것을 알았어. 어떻게 해야 할까? 따로 앉아도 괜찮겠어? 너 이 경기 굉장히 보고 싶어했잖아. 그래서 네가 괜찮으면 따로 앉아도 될 것 같아. 아니면 티켓 박스에 다시 전화해서 좌석을 바꾸어야 할까? 그런데 지금은 좋은 좌석을 얻지 못할 것 같긴 해. 알았어. 그럼, 다른 좌석을 알아보고 다시 전화해줄게. 안녕.

> **sit together** 같이 앉다 **apart** (서로) 떨어져 **if you don't mind** 괜찮다면
> **though** ~이긴 하지만 **look for** ~를 알아보다

Unit 06 게임하기

Background Survey에서 게임하기를 선택했다면 비디오, 카드, 보드, 휴대폰 게임 등에 대한 이야기를 하게 됩니다. 게임의 종류나 규칙, 게임을 하는 시기와 장소, 게임했던 경험 등에 대한 답변을 준비하고, 여럿이 같이하는 게임이라면 같이 게임을 하는 사람들에 대한 이야깃거리도 생각해보세요.

사물묘사
- ▸ 좋아하는 게임의 종류와 이유
- ▸ 가장 좋아하는 게임과 게임 방법(규칙)

일반 활동 패턴
- ▸ 언제, 얼마나 자주, 어떤 종류의 게임을 하는지
- ▸ 게임을 하는 장소와 사람
  (어른들끼리 게임 하기를 선택한 경우)

경험
- ▸ 최근에 게임을 했던 경험
- ▸ 기억에 남는 게임 경험

기타 설명
- ▸ 게임을 하는 이유와 목적 설명
- ▸ 혼자 또는 여럿이 게임을 하는 것의 장점

출제 가능 질문 살펴보기

[게임 활동 패턴]

What kind of games do you usually play? When and where do you usually play the games?

주로 어떤 종류의 게임을 하나요? 언제, 어디에서 그 게임을 하나요?

[가장 좋아하는 게임 소개]

What is your favorite game to play? What are the rules? Why do you like to play that game most?

가장 좋아하는 게임은 무엇인가요? 규칙은 무엇인가요? 왜 그 게임 하는 것을 가장 좋아하나요?

[게임에 관심을 갖게 된 계기]

How did you first become interested in playing games? Who taught you how to play?

언제 처음 게임 하는 것에 관심을 갖게 되었나요? 누가 게임 하는 방법을 가르쳐주었나요?

[최근에 게임을 한 경험]

Please tell me about the last time you played games. What kind of games did you play? Was there anything interesting that happened while you played the games?

가장 최근에 게임을 한 경험에 대해 이야기해주세요. 어떤 게임을 했나요? 게임을 하는 중간에 재미있는 일이 있었나요?

[게임 활동 패턴]

Q1 What kind of games do you usually play? When and where do you usually play the games?

당신은 주로 어떤 종류의 게임을 하나요? 언제, 어디에서 그 게임을 하나요?

답변 구성 전략

좋아하는 게임의 종류와 장소 ▶ 장소에 대한 설명 ▶ 게임을 하는 시기 ▶ 좋아하는 게임의 종류와 그 이유 ▶ 가장 좋아하는 게임 ▶ 느낌 및 생각

모범 답변 살펴보기

I enjoy playing strategy board games at game cafes with my friends. 좋아하는 게임의 종류와 장소 At the game cafe, I can play various kinds of board games and also enjoy some snacks and drinks at the same time. 게임을 하는 장소 설명 We usually play some games for a few hours every weekend, but sometimes we can't because we are too busy studying. 게임을 하는 시기 I enjoy strategy board games because they are a break from my study and work routine, but they still challenge my mind. 좋아하는 게임 종류와 그 이유 Among strategy board games, I love to play *Monopoly* most. It is so fun that I sometimes lose track of time. 가장 좋아하는 게임 Playing board games is a good way to have fun with my friends. 느낌 및 생각

저는 친구들과 게임 카페에서 전략 보드 게임 하는 것을 좋아합니다. 게임 카페에서 저는 다양한 종류의 보드 게임을 할 수 있고, 동시에 간식과 음료를 즐길 수 있기도 합니다. 우리는 보통 매 주마다 몇 시간은 게임을 하지만, 가끔은 공부 때문에 너무 바빠서 하지 못할 때도 있습니다. 제가 전략 보드게임을 좋아하는 것은 보드 게임이 매일 하는 공부와 일로부터의 휴식 거리이기도 하지만 저의 정신적인 도전 의식을 북돋우기 때문입니다. 전략 보드 게임 중에 저는 모노폴리 하는 것을 가장 좋아합니다. 그 게임이 정말 재미있어서 가끔 시간 가는 줄도 모릅니다. 보드 게임을 하는 것은 친구들과 즐겁게 놀 수 있는 좋은 방법입니다.

스피킹 노하우

★ 너무 ~해서 ~하다 [주어+동사+so+형용사+that+문장]

ex The game is so interesting that I often stay up all night playing the game.
그 게임은 정말 재미있어서 저는 종종 게임 하느라 밤을 새우기도 합니다.

VOCA

a strategy 전략   a board game 보드 게임   at the same time 동시에   a break 휴식
routine 일상   challenge 도전하다(도전을 북돋우다)   lose track of time 시간이 가는 줄 모르다

❶ 좋아하는 게임의 종류와 장소

I enjoy playing　게임 종류　at　장소　.
저는　　　에서　　　게임을 하는 것을 좋아합니다.

❷ 장소 설명

At　장소　, I can　게임 장소의 장점 설명　.
　　　에서 저는　　　할 수 있습니다.

> **ex** At home, I can play the games very comfortably.
> 집에서는 아주 편하게 게임을 할 수 있습니다.
>
> At the cybercafé, I can use top-of-the-line computers.
> PC방에서는 가장 최신 컴퓨터를 사용할 수 있습니다.

❸ 게임을 하는 시기

I(We) usually play some games for　시간, 시기　.
저(우리)는 보통　　　에　　　시간 동안 게임을 합니다.

❹ 좋아하는 게임 종류와 그 이유

I enjoy　게임 종류　because　이유 설명　.
제가　　　를 즐겨 하는 것은　　　때문입니다.

❺ 가장 좋아하는 게임

Among　게임 종류　, I love to play　게임 이름　most.
　　　게임 중에서 저는　　　하는 것을 가장 좋아합니다.

> **TIP** 선택한 게임 종류에서 가장 하기 좋아하는 대표적인 게임에 대해 간단하게 이야기해주세요.

❻ 느낌 및 생각

Playing　게임 종류　is a good way to　게임을 하는 것의 장점　.
게임을 하는 것은　　　하는 좋은 방법입니다.

> **ex** a good way to end a hard week of work and study
> 공부와 일로 보낸 힘든 한 주를 마무리 짓기에 좋은 방법

● 표현 늘리기

◼ 게임의 종류

computer games 컴퓨터 게임　online games 온라인 게임　video games 비디오 게임
mobile phone games 핸드폰 게임　card games 카드 게임　board games 보드 게임
outdoor games 야외 놀이　billiards 당구　simulation games 가상 게임　racing games 레이싱 게임
strategy games 전략 게임　war games 전쟁 게임　fighting games 싸우기 게임
shooting games 슈팅 게임　adventure games 모험 게임　role-playing games 롤플레이 게임

◼ 게임을 하는 이유

I can play them, anywhere and at anytime. 언제, 어디서든 게임을 할 수 있습니다.
I can kill time easily by playing them. 그 게임들을 하면서 시간을 쉽게 보낼 수 있습니다.
They help me relieve stress. 스트레스를 해소하는 데 도움이 됩니다.
They are really easy to play. 그 게임은 정말 하기 쉽습니다.
I get a feeling of achievement through my character in the games.
게임에서 캐릭터를 통해 성취감을 느낄 수 있습니다.
I can easily get along with others by playing the games. 게임을 하면서 다른 사람들과 쉽게 친해질 수 있습니다.
I like to compete with others. 저는 다른 사람들과 경쟁하는 것을 좋아합니다.
I can learn many things through the games. 게임을 통해 저는 많은 것들을 배울 수 있습니다.

 **Q₂**

답변 구성 전략

좋아하는 게임 소개 ▶ 게임 종류 ▶ 규칙 1 ▶ 규칙 2 ▶ 그 게임을 좋아하는 이유 ▶ 느낌 및 생각

모범 답변 살펴보기

My favorite game to play is *Diablo*. 좋아하는 게임 소개 It is a kind of online role-playing game. 게임의 종류 I've been playing it since I was a freshman in college. 게임을 시작한 시기 The goal of this game is to kill the boss monster called "*Diablo*." 게임의 목적 To win the game, you have to raise the level of your character and learn combat skills and techniques. 규칙 1 When you are playing, you can use these skills and create a party with other players to kill the monsters. ★ 규칙 2 I love playing this game because I can feel a kind of achievement when my character levels up. 그 게임을 좋아하는 이유 Eva, if you also like online role-playing games, I really want to recommend this game to you. 느낌 및 생각

제가 가장 좋아하는 게임은 디아블로입니다. 디아블로는 온라인 롤플레이 게임입니다. 저는 대학교 1학년 때부터 이 게임을 해왔습니다. 이 게임의 목적은 '디아블로'라고 불리는 보스 몬스터를 죽이는 것입니다. 게임에서 이기기 위해서는 맡은 캐릭터의 레벨을 올리고 전투 기술들을 배워야 합니다. 게임을 하는 동안에 몬스터들을 죽이기 위해서는 이런 기술들을 이용하거나 다른 플레이어들과 조직을 구성할 수도 있습니다. 제가 이 게임을 좋아하는 이유는 제 캐릭터의 레벨이 올라가면서 일종의 성취감 같은 것을 느끼기 때문입니다. 에바 씨, 에바 씨도 온라인 롤플레이 게임을 좋아한다면, 이 게임을 정말로 추천해주고 싶습니다.

스피킹 노하우

★ ~하기 위해 [(in order) to+동사원형]

어떤 동작이나 행동의 목적을 나타낼 때 문장 앞이나 뒤에서 [to+동사원형]의 형태로 표현할 수 있습니다.

ex You have to buy some game items online to raise your game level.
게임 레벨을 올리기 위해서는 온라인에서 아이템들을 사야 합니다.

VOCA

a goal 목표 **a monster** 괴물 **raise** 키우다, 올리다 **combat** 전투 **techniques** 기술 **a party** 단체, 조직
achievement 업적, 성취감 **level up** 레벨을 올리다/높이다

❶ 좋아하는 게임

My favorite game to play is [게임 이름].

제가 가장 좋아하는 게임은 ___________ 입니다.

❷ 게임의 종류

It is a kind of [게임 종류].

이 게임은 일종의 ___________ 입니다.

❸ 게임 목적

The goal of this game is to [동사원형].

이 게임의 목적은 ___________ 하는 것입니다.

❹ 규칙 1

To win the game, you have to [게임을 이기기 위해 필요한 규칙 1].

게임에서 이기기 위해서는, ___________ 를 해야 합니다.

❺ 규칙 2

When you are playing, you can [이외의 규칙들].

게임을 하는 동안에, 당신은 ___________ 를 할 수 있습니다.

❻ 그 게임을 좋아하는 이유

I love playing this game because [이유 설명].

제가 이 게임을 좋아하는 이유는 ___________ 이기 때문입니다.

❼ 느낌 및 생각

Eva, if you also like [게임 종류], I really want to recommend this game to you.

에바 씨 역시 ___________ 게임을 좋아한다면, 이 게임을 정말로 추천하고 싶습니다.

● 표현 늘리기

■ **게임의 규칙**

match certain kinds of cards together 특정 종류의 카드를 일치시키다
play against one, two or even three other people 한두 사람, 심지어 세 사람을 상대로 게임을 하다
throw the dice, taking turns 차례로 주사위를 던지다
design my own village 나만의 마을을 설계하다
figure out the opponent's strategies 상대방의 전략을 파악하다
be the highest-rated player 최고 득점 선수가 되다
shoot the enemy players 상대 플레이어들을 쏴서 맞히다
choose your avatar and play as that avatar 아바타를 골라, 그 아바타로 게임을 하다
buy special items to make your avatar stronger 아바타를 더 강하게 만들기 위해 특별 아이템을 사다
use various items and skills 다양한 아이템과 기술을 사용하다
destroy the opponent's troops 상대방의 군대(병력)을 파괴하다

■ **특정 게임을 좋아하는 이유**

I love the storyline of the game. 그 게임의 줄거리를 좋아합니다.
It is the only game I am good at. 제가 잘하는 유일한 게임입니다.
The graphics are beautiful, and everything looks so realistic. 그래픽이 아름답고, 모든 것이 진짜처럼 보입니다.
The rules are not complicated at all. 규칙이 전혀 복잡하지 않습니다.
The game is really well-made. 그 게임은 매우 잘 만들어졌습니다.

 **Q3**

[게임에 관심을 갖게 된 계기]

How did you first become interested in playing games? Who taught you how to play?

언제 처음 게임 하는 것에 관심을 갖게 되었나요? 누가 게임 하는 법을 가르쳐주었나요?

● 답변 구성 전략

● 모범 답변 살펴보기

I like to play card games. 좋아하는 게임 종류 I first became interested in playing card games when I was a freshman at college. 게임에 관심을 갖게 된 시기 My friends taught me how to play several kinds of card games when we went on a trip together. 가르쳐준 사람 At that time, we didn't have anything to do at night, so we just started playing some card games, like *Black Jack* or *Go-stop*. *Go-stop* is a kind of famous Korean card game. 게임을 배운 계기 At first, I thought the rules were a bit difficult to learn, but later I had a lot of fun with the games. 게임을 배울 당시의 느낌 After that, my friends and I have enjoyed playing card games together every week. 현재의 게임 활동 패턴

저는 카드 게임 하는 것을 좋아합니다. 제가 카드 게임에 관심을 갖게 된 것은 대학교 1학년 때였습니다. 제 친구들과 여행을 갔을 때, 친구들이 몇몇 종류의 카드 게임을 하는 방법을 가르쳐 주었습니다. 그때 당시 우리는 밤에 특별히 할 일이 없어서, 블랙잭이나 고스톱 같은 카드게임을 하기 시작했습니다. 고스톱은 한국의 유명한 카드 게임 중 하나입니다. 처음에는 배우면서 규칙들이 조금 어려웠지만, 나중에는 정말 재미있었습니다. 그 후에, 친구들과 저는 매주 같이 카드 게임 하는 시간을 즐깁니다.

스피킹 노하우

★ 하루 중 시간

아침, 오후, 밤 등 하루 중 시간을 나타낼 때 전치사는 때에 따라 달라지므로 구분하여 사용해야 합니다.

ex 전치사 in : **in the morning** 아침에   **in the afternoon** 오후에   **in the evening** 저녁에   **in the daytime** 낮에
전치사 at : **at noon** 정오에   **at lunch time** 점심 시간에   **at night** 밤에   **at midnight** 자정에

VOCA

become interested in ~에 관심을 갖게 되다   **various** 다양한   **go on a trip** 여행을 가다
a bit 조금, 약간   **later** 나중에, 후에

❶ 좋아하는 게임 종류

I like to play [게임 종류] .

저는 ___ 게임을 하는 것을 좋아합니다.

❷ 게임에 관심을 갖게 된 시기

I first became interested in playing [게임 종류] when [시기] .

제가 ___ 게임 하는 것에 관심을 갖게 된 것은 ___ 때였습니다.

TIP when 다음에는 [주어+동사]로 시기에 대해 묘사를 하거나, when절 대신에 two years ago '2년 전에', last year '작년에' 등 시간을 나타내는 명사구를 사용할 수 있습니다.

❸ 게임을 가르쳐 준 사람

[누가] taught me how to play the games.

___ 가 그 게임을 하는 방법을 가르쳐 주었습니다.

❹ 게임을 배운 계기

At that time, [게임을 배우게 된 상황 묘사] .

그 당시에, ___ 였습니다.

❺ 당시의 느낌 및 생각

At first, I though [처음 든 생각] , but later [나중에 든 생각] .

처음에는 ___ 했지만, 나중에는 ___ 했습니다.

❻ 현재의 게임 활동 패턴

After that, I have enjoyed playing the games [언제, 얼마나 자주] .

그 이후에, 저는 ___ 마다 그 게임을 하는 시간을 즐기고 있습니다.

● 표현 늘리기

▣ 게임을 배운 계기

I was the only one who hadn't played that game. 그 게임을 해보지 못한 사람은 저뿐이었습니다.

My friend got a brand-new videogame console, and I wanted to try it.
제 친구가 최신 게임기를 사서, 저도 해보고 싶었습니다.

My friend often took me to Internet cafes between classes.
공강 시간에 제 친구가 저를 PC방에 종종 데려갔습니다.

I would often get bored when commuting to work. 저는 통근시간에 자주 지루해했습니다.

My brother was addicted to the game, so I was curious about it.
제 동생이 그 게임에 중독되어 있어서, 저도 그 게임이 궁금했습니다.

Playing that game was very popular among young people. 젊은 사람들 사이에서 그 게임은 매우 인기 있었습니다.

▣ 게임을 배울 때의 느낌 및 생각 묘사

At first, I was not interested in that game, but later, I fell into the game and spent five hours playing it. 처음에는 그 게임에 관심이 없었지만, 나중에는 게임에 빠져서 5시간 동안 그 게임을 했습니다.

At first, I thought the rules would be simple, but later, the rules were getting complicated.
처음에 규칙이 단순할 거라고 생각했지만, 나중에는 점점 더 어려워졌습니다.

At first, I just watched my friends play the game, but later, I got into it.
처음에는 친구들이 게임 하는 것만 지켜봤지만, 나중에는 그 게임에 빠져들었습니다.

At first, I thought it would be boring, but later I found it very exciting.
처음에는 그 게임이 지루할 거라고 생각했지만, 나중에는 매우 재미있는 게임이라는 것을 깨달았습니다.

Q4

[최근에 게임을 한 경험]

Please tell me about the last time you played games. What kind of games did you play? Was there anything interesting that happened while you played the games?

가장 최근에 게임을 한 경험에 대해 이야기해주세요. 어떤 게임을 했나요? 게임을 하는 중간에 재미있는 일이 있었나요?

답변 구성 전략

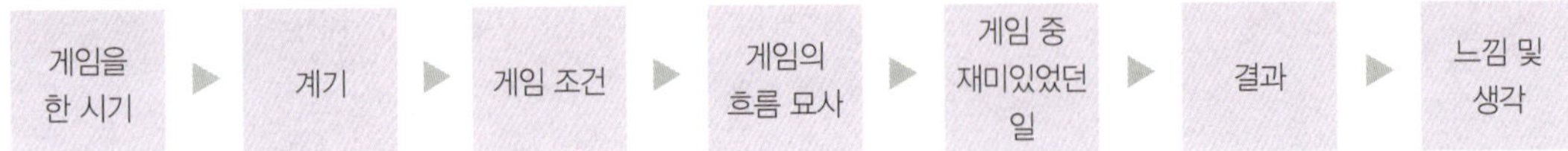

모범 답변 살펴보기

The last time I played games was ☆ a couple of weeks ago. 최근에 게임을 한 시기 My friend and I decided to play pool since we had some spare time before our classes. 게임을 하게 된 계기 To make the games more interesting, we agreed to bet, and the person who lost would pay for the games. We played four games for almost two hours. Usually, my friend is better at playing pool, but at that time, I played very well. 게임의 흐름 묘사 What's more interesting was that my friend made a lot of mistakes unlike normal. 게임 중 재미있었던 일 In the end, I won the games! 결과 I hope I will be as lucky next time. 느낌 및 생각

마지막으로 제가 게임을 했던 것은 몇 주 전이었습니다. 제 친구와 저는 수업 전 여유 시간이 있었기 때문에 당구를 치기로 했습니다. 게임을 더 재미있게 하기 위해 우리는 내기를 하기로 했고, 진 사람이 게임비를 지불하기로 했습니다. 우리는 거의 두 시간 동안 네 게임을 했습니다. 보통은 제 친구가 저보다 당구를 잘 치지만, 그날에는 제가 꽤 잘 쳤습니다. 더 재미있는 것은, 보통 때와 달리 제 친구가 실수를 많이 했다는 것입니다. 결국에는 제가 게임에 이겼습니다! 다음 번에도 이런 행운이 있었으면 좋겠습니다.

스피킹 노하우

★ 몇 개의, 두서너 개의 [a couple of+복수(가산) 명사]

많은 개수가 아니라 두서너 개 정도의 수량을 나타낼 때 사용합니다.

ex We played a couple of different board games there. 우리는 그곳에서 몇 개의 다른 보드 게임을 했습니다.

A couple of days ago, my friend asked me to play card games with her.
며칠 전에 친구가 같이 카드게임을 하자고 했습니다.

VOCA

decide 결정하다 spare time 여유 시간 lose (게임에서) 지다 be good(better) at ~를 (더) 잘하다
unlike ~와 달리 in the end 결국

❶ 게임을 한 시기

The last time I played games was [구체적인 시기] .

마지막으로 제가 게임을 한 것은 ______ 입니다.

❷ 게임을 하게 된 계기

(My friend and) I decided to play [게임 종류] since [이유 설명] .

(제 친구와) 저는 ______ 했기 때문에 ______ 게임을 하기로 했습니다.

TIP since 다음에는 [주어+동사] 형태로 게임을 하게 된 이유를 설명해보세요.

❸ 게임 흐름 묘사

Usually, [주어+동사] , but at that time [주어+동사] .

보통 우리는 ______ 하지만, 그때는 ______ 했습니다.

TIP 평상시 게임 때와 다른 일이나 상황이 있었다면 같이 묘사해보세요.

ex Usually, we play only for about an hour, but at that time we played for five hours.
보통 우리는 게임을 1시간 정도 밖에 안 하지만, 그 때에는 5시간이나 게임을 했습니다.

❹ 게임 중 재미있었던 일

What's more interesting was that [주어+동사] .

더 재미있었던 것은 ______ 였습니다.

TIP 게임 중 재미있는 일이나 예기치 못한 일에 대해 이야기해보세요.

❺ 게임의 결과

In the end, [결과 묘사] .

결국에는 ______ 했습니다.

❻ 느낌 및 생각

I hope I will [바라는 점] next time.

다음에는 ______ 했으면 좋겠습니다.

ex I hope I will have the luck to win next time.
다음 번에는 제가 이기는 행운이 있었으면 좋겠습니다.
I hope I will beat my friend next time. 다음 번에는 제 친구를 이겼으면 좋겠습니다.

▣ 게임 중 일어난 재미있었던 일

I got twice the score that he got. 제 점수가 친구보다 두 배였습니다.
I got a new high score. 저는 신기록을 세웠습니다.
We were neck and neck for two hours. 우리는 두 시간 동안 막상막하였습니다.
My team showed the best teamwork that night. 그날 밤 우리 팀은 최고의 팀워크를 보여주었습니다.
I passed the final stage of the game that day. 그날 저는 게임의 마지막 단계를 통과했습니다.

▣ 게임의 결과

My friend lost the game, and he bought me dinner. 제 친구가 졌고, 저에게 저녁을 사주었습니다.
I won every game. 제가 모든 게임에 이겼습니다.
I was totally defeated. 제가 완패했습니다.

 **롤플레이 문제 :** 게임에 대해 질문하기

게임 관련 롤플레이 문제에서는 Eva가 좋아하는 게임에 대한 질문하기 유형이나 게임 가게에 전화를 걸어 새로 출시된 게임에 대해 질문하는 유형이 자주 출제됩니다. 어른들끼리 게임하기를 선택했다면 친구들에게 전화를 걸어 게임을 하기 위한 약속을 잡는 롤플레이 문제에 대한 답변도 준비해보세요.

Q1 [면접관에게 직접 질문하기] **I also love to play games alone. Please ask me three or four questions about my favorite game to play.**

저 또한 혼자 게임 하는 것을 좋아합니다. 제가 가장 좋아하는 게임에 대해 서너 가지 질문을 해보세요.

인사	Hi, Eva. I'm glad to know that you also enjoy games.
질문 목적	I'd like to know about your favorite game if you don't mind.
질문	First, what kind of game is it? Is it a card game, an online video game, or something else? In my case, I love to play card games because I can enjoy playing them together with my friends. How about you? Why do you like that game? Lastly, what are the rules of the game? Is it difficult to play? I hope I can play it with you someday.
끝인사	Thank you for your answers. It was nice talking to you.

안녕하세요, 에바 씨. 에바 씨 또한 게임을 즐긴다는 것을 알게 되니 반가워요. 괜찮다면 에바 씨가 가장 좋아하는 게임에 대해 알고 싶어요. 먼저, 어떤 종류의 게임인가요? 카드 게임인가요, 온라인 비디오 게임인가요, 아니면 다른 게임인가요? 제 경우에는 친구들과 함께 즐길 수 있어서 카드 게임 하는 것을 좋아해요. 에바 씨는요? 왜 그 게임을 좋아하나요? 마지막으로, 그 게임의 규칙은 무엇인가요? 하기 어려운가요? 언젠가 같이 그 게임을 하면 좋겠어요. 답변 감사합니다. 이야기 나누어서 즐거웠어요.

Q2 [제3자에게 전화로 질문하기] **A new video game you have been interested in has been released at a game store. Call the store and ask three or four questions about the new game.**

당신이 관심 있던 새 비디오 게임이 게임 가게에 출시되었습니다. 가게에 전화를 걸어 새 게임에 대한 질문을 서너 가지 해보세요.

인사	Hello? Is this Win Games?
전화 목적	I heard that *Monster Hunter 4* has been released, so I'm calling to ask some questions about the game.
질문	First, how much is it? Oh, I think that's a little bit too expensive for me. Can I get one at a cheaper price through your online store? I see. And, how is it different from *Monster Hunter 3*? Are there many updates? That's good to hear. I can't wait to get it.
끝인사	Thank you for your kind answers.

여보세요? 윈 게임스죠? 몬스터 헌터 4가 출시되었다고 들었는데요, 그 게임에 대해 몇 가지 물어보려고 전화했습니다. 먼저, 가격이 어떻게 되나요? 아, 저에게는 조금 비싼 가격이네요. 그곳 온라인 사이트에서는 더 싼 가격에 구입할 수 있나요? 그렇군요. 그리고, 몬스터 헌터 3와는 어떻게 다른가요? 업데이트가 많이 되었나요? 좋은 소식이네요. 정말 빨리 사고 싶네요. 친절한 답변 감사합니다.

> **be released** 출시되다   **a little bit** 조금   **at a cheaper price** 더 싼 가격에
> **[I can't wait to+동사원형]** 빨리 ~하고 싶다

답변 중
위기 상황 대처 표현

⭐ 상황 4 : 앞에서 이미 답변한 내용에 대해 물어볼 때

상황 설명 : OPIc 문제들은 같은 주제에 대해 적어도 두세 가지 문제가 연이어 나오는 경우가 대부분이기 때문에, 한 주제에 대해 이야기를 하다 보면 앞 문제에서 이미 답변한 내용을 또 이야기해야 하는 경우가 많습니다. 앞에서 언급을 했더라도, 문제를 풀수록 더 자세하게 많은 내용을 이야기할 수 있어야 점수를 높게 받을 수 있습니다. 이미 앞에서 언급한 내용임을 알리고, 더불어 더 자세한 이야기를 할 수 있도록 하세요.

➛ **I think I've already talked about this earlier.**
저는 이전에 이미 이것에 대해 이야기를 한 것 같아요.

➛ **I mentioned this in the previous question.**
저는 이전 문제에서 이것을 이야기했어요.

➛ **I'll give you more details this time.**
이번에는 더 자세하게 이야기해볼게요.

➛ **I'll tell you about another experience I had related to this.**
이와 관련된 다른 경험에 대해 이야기해볼게요.

➛ **As I mentioned,**
제가 언급했듯이.

➛ **As I told you,**
제가 이야기했듯이.

UNIT 1 음악 감상하기 | **UNIT 2** 혼자 노래하기 |
UNIT 3 요리하기 | **UNIT 4** 애완동물 기르기

취미 생활

Chapter 6에서는 OPIc Background Survey의 5번 [다음 중 어떤 취미나 관심사를 갖고 계십니까?] 항목에서 수험생들이 가장 많이 선택하는 주제들을 중심으로 다루었습니다. Chapter 6의 주제들을 참고하여 자신이 선택한 주제에 대한 문제 유형들을 파악하고, 제시된 표현 및 패턴 공식에 맞추어 답변을 완성해 보세요.

OPIC

Unit 01　음악 감상하기

음악 감상은 OPIc에서 많은 수험생이 공통적으로 선택하는 취미 활동 주제이자, 빈출 또한 높은 주제입니다. 음악 감상과 관련하여 좋아하는 음악의 장르와 노래, 가수, 음악 감상 패턴 등에 대한 표현 및 답변들을 잘 정리하면, 또 다른 여가/취미 활동 항목인 '콘서트 보기'나 '혼자 노래하기' 등에 대해서도 효과적으로 활용할 수 있으므로 미리 철저하게 나만의 답변을 완성해 보세요.

인물 묘사　▶ 가장 좋아하는 가수 또는 밴드 묘사

설명
▶ 좋아하는 음악 장르, 가수와 그 이유
▶ 가장 좋아하는 노래나 가장 기억에 남는 노래
▶ 음악을 좋아하는 이유와 음악이 미치는 영향

일반 활동 패턴　▶ 언제, 어디서, 어떻게 음악을 감상하는지

경험
▶ 특정 음악 장르를 처음에 좋아하게 된 계기
▶ 특정 노래와 관련된 추억
▶ 음악 취향의 변화

 **출제 가능 질문 살펴보기**

[좋아하는 음악 장르와 가수]

You indicated in the survey that you enjoy listening to music. What types of music do you like to listen to? I'd also like to know your favorite singer or composer.

당신은 설문에서 음악 감상을 좋아한다고 답했습니다. 어떤 장르의 음악을 듣기 좋아하나요? 그리고 좋아하는 가수나 작곡가에 대해서도 알고 싶습니다.

[음악 감상 패턴]

When and where do you usually listen to music? Do you go to a concert, or do you listen to music on the radio? Please tell me where you like to listen to music.

언제, 어디서 주로 음악을 듣나요? 콘서트에 가나요, 아니면 라디오를 통해 음악을 듣나요? 어디에서 음악 듣기를 좋아하는지 이야기해보세요

[특정 음악 장르를 좋아하게 된 계기]

How did you first become interested in your favorite music? How did you feel when you first listened to your favorite music?

좋아하는 음악에 어떻게 처음 관심을 갖게 되었나요? 그 음악을 처음 들었을 때 느낌이 어땠나요?

[음악 취향의 변화]

How has your taste in music changed over the years? What kind of music did you listen to when you were a child? What do you usually listen to now?

시간이 지나면서 음악 취향이 어떻게 바뀌어왔나요? 어렸을 때는 어떤 음악을 좋아했나요? 지금은 어떤 음악을 주로 듣나요?

[좋아하는 음악 장르와 가수]

Q1 You indicated in the survey that you enjoy listening to music. What types of music do you like to listen to? I'd also like to know your favorite singer or composer.

당신은 설문에서 음악 감상을 좋아한다고 답했습니다. 어떤 장르의 음악을 듣기 좋아하나요? 그리고 좋아하는 가수나 작곡가에 대해서도 알고 싶습니다.

답변 구성 전략

좋아하는 음악 장르 ▶ 이유 ▶ 좋아하는 가수 ▶ 가수 특징 1 ▶ 가수 특징 2 ▶ 느낌 및 생각

모범 답변 살펴보기

I love almost all kinds of music, but I like Korean dance music best. 좋아하는 음악 장르 I like dance music because its lyrics and rhythm are very upbeat and catchy. Whenever I listen to this sort of music, I feel very happy. 좋아하는 이유 My favorite singer in this genre of music is Psy, who is one of the most famous Korean singers. 좋아하는 가수 What I like most about him is that he is a great performer. He always tries something new and fun on stage and loves to share it with many others. So, his performances are always fantastic. 가수 특징 1 Another point I like about him is that he also writes many good songs. He is very serious about music, and I love him for that. 가수 특징 2 If you have a chance, I recommend you listen to his songs. 느낌 및 생각

저는 거의 모든 종류의 음악을 좋아하지만, 한국 댄스 음악을 가장 좋아합니다. 제가 댄스 음악을 좋아하는 이유는 가사와 박자가 매우 신나고, 따라 하기 쉽기 때문입니다. 이 장르의 음악을 들을 때마다, 저는 행복함을 느낍니다. 이 장르에서 제가 가장 좋아하는 가수는 한국에서 가장 유명한 가수 중 한 명인 싸이입니다. 저는 그가 훌륭한 공연자라는 점이 가장 좋습니다. 그는 항상 무대에서 뭔가 새롭고 재미있는 것을 시도하고, 그것을 다른 사람들과 공유하는 것을 좋아합니다. 그래서 그의 공연은 항상 환상적입니다. 싸이가 좋은 또 다른 점은 좋은 노래도 많이 작곡한다는 것입니다. 그는 음악에 대해 매우 진중하고, 저는 그의 그 점이 좋습니다. 에바 씨도 기회가 있다면 그의 노래들을 들어보기를 추천하고 싶습니다.

스피킹 노하우

★ ~을 듣다 [listen to+something]

많은 수험생이 실수하는 것 중 하나가 자동사 listen 다음에 전치사 없이 바로 목적어를 붙이는 것입니다. '~을 듣다'를 표현할 때는 항상 listen 뒤에 전치사 to를 붙여 사용하는 것을 잊지 마세요.

ex I like to listen hip-hop music. (X) 저는 힙합 음악을 듣는 것을 좋아합니다.
I like to listen to hip-hop music. (O)

VOCA

kind, sort 종류, 장르   **lyrics** 가사   **beat** 박자   **catchy** 따라 하기 쉬운   **a performer** 공연자, 연기자
on the stage 무대에서   **write a song** 작곡하다   **be serious about** ~에 대해 진중한, 심각한

❶ 좋아하는 음악 장르 I love almost all kinds of music, but I like [음악 장르] best.

저는 거의 모든 종류의 음악을 좋아하지만, ___을 가장 좋아합니다.

❷ 좋아하는 이유 I like [음악 장르] because [이유 설명].

제가 ___를 좋아하는 것은 ___하기 때문입니다.

❸ 좋아하는 가수 My favorite singer in this genre of music is [가수 이름].

이 장르에서 제가 가장 좋아하는 가수는 ___입니다.

TIP 가수의 국적이나 음악 장르를 who is a ( ) singer로 연결하여 같이 표현해보세요.

ex who is a very famous ballad singer in Korea 한국에서 아주 유명한 발라드 가수

❹ 가수 특징 1 What I like most about him is that [주어+동사].

저는 그가 ___라는 점이 가장 좋습니다.

❺ 가수 특징 2 Another point I like about him is that [주어+동사].

그에 대해 좋아하는 또 다른 점은 ___라는 것입니다.

❻ 느낌 및 생각 If you have a chance, I recommend you listen to his songs.

에바 씨도 기회가 있다면 그의 노래를 들어보기를 추천하고 싶습니다.

● 표현 늘리기

■ **음악 장르**

Korean pop music 한국 대중 음악   Western pop music 서양 음악   Japanese pop music 일본 음악
dance music 댄스 음악   ballad music 발라드 음악   hip-hop music 힙합   house music 하우스 음악
jazz music 재즈 음악   R&B music R&B 음악   rock music 록 음악   classical music 클래식 음악
electronic music 일렉트로닉 음악   heavy metal music 헤비메탈 음악   country music 컨트리 음악
blues music 블루스 음악   indie music 인디 음악   soundtrack 영화 음악

■ **특정 가수의 특징**

· **[Her/his voice is+형용사]** 그의/그녀의 목소리는 ( )합니다.

angelic 천사 같은   flawless 흠잡을 데 없는   attractive 매력적인   addictive 중독성 있는
She is really talented. 그녀는 재능이 정말 뛰어납니다.
He is a really creative singer song-writer. 그는 정말 창의적인 가수 겸 작곡가입니다.
He writes great lyrics. 그는 정말 훌륭한 가사를 씁니다.
He is quite passionate about his music. 그의 음악에 대해 매우 열정적입니다.
She has an amazing figure. 그녀는 몸매가 훌륭합니다.
He is very good-looking. 그는 매우 잘생겼습니다.
She doesn't care what others think about her. 그녀는 다른 사람이 그녀에 대해 어떻게 생각하는지 신경 쓰지 않습니다.
She does many good things in her real life. 그녀는 실제 삶에서도 좋은 일들을 많이 합니다.

[음악 감상 패턴]

Q₂ When and where do you usually listen to music? Do you go to a concert, or do you listen to music on the radio? Please tell me where you like to listen to music.

언제, 어디서 주로 음악을 듣나요? 콘서트에 가나요, 아니면 라디오를 통해 음악을 듣나요? 어디에서 음악 듣기를 좋아하는지 이야기해보세요.

답변 구성 전략

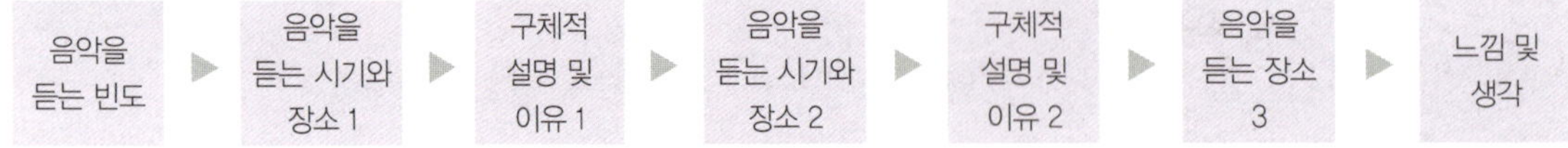

모범 답변 살펴보기

I would say I listen to music almost everyday. 음악을 듣는 빈도 I usually listen to music when I commute to school, especially ★ on the bus. 음악을 듣는 시기와 장소 1 It usually takes about an hour to get to school, so it can be very boring. I kill time by listening to music. 구체적 설명 1 I also sometimes listen to music ★ at home while I work on my assignments. 음악을 듣는 시기와 장소 2 I don't know why, but I can focus more on my work if I listen to music. 구체적 설명 2 Another place where I like to listen to music is at concerts. I love to listen to live music, especially my favorite singers'. 음악을 듣는 장소 3 Overall I think listening to music is always going to be a part of my life regardless of where or when. 느낌 및 생각

저는 거의 매일 음악을 듣는다고 할 수 있습니다. 저는 주로 통학할 때, 특히 버스에서 음악을 듣습니다. 학교에 가는 것은 보통 한 시간 정도 걸리는데, 자칫 지루해질 수 있기 때문입니다. 음악을 들으면서 시간을 때울 수 있습니다. 가끔은 집에서 과제를 할 때 음악을 듣기도 합니다. 왜 그러는지는 모르겠지만, 음악을 들으면 일에 조금 더 집중할 수 있습니다. 제가 음악을 듣기 좋아하는 또 다른 장소는 콘서트에서입니다. 저는 특히 제가 좋아하는 가수들이 라이브로 부르는 노래들을 듣는 것이 좋습니다. 전반적으로 시간과 장소에 관계없이 음악을 듣는 것은 제 삶의 일부분인 것 같습니다.

스피킹 노하우

★ **장소를 나타내는 전치사 in, at, on**

in (경계나 범위 안쪽을 의미) **ex** in a park 공원에서   in Seoul 서울에서   in a room 방에서

at (조금 더 명확한 장소를 의미) **ex** at the bus stop 버스 정류장에서   at school 학교에서

on (맞닿아 있는 위를 의미) **ex** on the train 기차에서   on the desk 책상 위에서

VOCA

commute to school 통학하다   on the bus 버스에서   kill time 시간을 때우다   work on ~를 작업하다

an assignment 과제   focus on ~에 집중하다   regardless of ~에 상관없이

❶ 음악을 듣는 빈도

I would say I listen to music [빈도수].

저는 ___ 마다 음악을 듣는다고 할 수 있습니다.

❷ 음악을 듣는 시기와 장소 1

I usually listen to music when [주어+동사], especially [장소].

저는 주로 ___ 할 때, 특히 ___ 에서 음악을 듣습니다.

TIP 음악을 듣는 장소를 나타낼 때에는 장소의 특징에 따라 전치사와 같이 사용해야 합니다.
[전치사+특정 장소]

❸ 음악을 듣는 시기와 장소 2

I also sometimes listen to music [장소] while [주어+동사].

가끔은 ___ 에서 ___ 를 할 때 음악을 듣기도 합니다.

❹ 음악을 듣는 장소 3

Another place where I like to listen to music is [장소].

제가 음악을 듣기 좋아하는 또 다른 장소는 ___ 에서입니다.

❺ 느낌 및 생각

Overall, I think [느낌/생각].

전반적으로 저는 ___ 라고 생각합니다.

■ 음악을 듣는 장소

at home 집에서   at school 학교에서   at work 직장에서   at the library 도서관에서
at a concert 콘서트에서   at a jazz bar 재즈 바에서   at a cafe 카페에서   at the gym 헬스장에서
in the park 공원에서   on my way somewhere 이동 중에   on the street 길에서
on the radio at my office 사무실에서 라디오를 통해   on the bus/subway/train 버스/지하철/기차에서

■ 음악을 듣는 시기/상황

when I commute to work 출퇴근을 할 때
when I study for a test 시험 공부를 하면서
when I surf the net 인터넷을 할 때
when my favorite jazz bands have a performance 좋아하는 재즈 밴드가 공연을 할 때
when I feel stressed 스트레스를 느낄 때
when I feel depressed 우울할 때
while I clean up the house 청소를 하면서
while I run on the treadmill 러닝머신에서 달리며
while I jog/take a walk 조깅/산책을 하며
while I read a book on the bench 벤치에 앉아 책을 읽으며
before I go to bed 잠자기 전에

Q3

[특정 음악 장르를 좋아하게 된 계기]

How did you first become interested in your favorite music? How did you feel when you first listened to your favorite music?

좋아하는 음악에 어떻게 처음 관심을 갖게 되었나요? 그 음악을 처음 들었을 때 느낌이 어땠나요?

● 답변 구성 전략

좋아하는 음악 ▶ 좋아하게 된 시기 ▶ 음악을 듣게 된 상황 1 ▶ 음악을 듣게 된 상황 2 ▶ 음악에 대한 느낌 ▶ 음악 감상 후의 변화 ▶ 마무리

● 모범 답변 살펴보기

My favorite music is jazz music. 좋아하는 음악 I first became interested in it when I was a college freshman. 좋아하게 된 시기 One day, one of my friends took me to his favorite jazz cafe. It was my first time visiting a jazz cafe. 음악을 듣게 된 상황 1 While I was chatting with my friend there, I overheard a song named *Over the Rainbow*. 음악을 듣게 된 상황 2 As I listened to that song, I felt very peaceful and relaxed. The melody was very beautiful. 음악에 대한 느낌 Because of that song, I got into jazz music and became a fan of several jazz bands. 음악 감상 후의 변화 Until now, I like to listen to jazz particularly whenever I want to take comfort. 마무리

제가 좋아하는 음악 장르는 재즈 음악입니다. 제가 이 음악에 처음 관심을 갖게 된 것은 대학교 1학년 때였습니다. 하루는 제 친구 중 한 명이 저를 그가 가장 좋아하는 재즈카페에 데리고 가 주었습니다. 재즈카페에 간 것은 그때가 처음이었습니다. 친구랑 그곳에서 이야기를 하는 동안, 우연히 '오버 더 레인보우'라는 곡을 듣게 되었습니다. 음악을 들으면서 저는 매우 평온하고 편안함을 느꼈습니다. 멜로디 또한 매우 아름다웠습니다. 그 곡을 시작으로, 저는 재즈 음악에 빠지게 되었고, 여러 재즈 밴드의 팬이 되었습니다. 지금까지도, 특히 위안을 받고 싶을 때마다 재즈 음악을 듣는 것을 좋아합니다.

스피킹 노하우

★ ~를 ~에 데려가다 [take+사람+to+장소]

ex He took me to a hip-hop concert. 그가 저를 힙합 콘서트에 데려갔습니다.
My father took me to an orchestra. 아버지께서 저를 오케스트라에 데려가셨습니다.

VOCA

a freshman 1학년   overhear 우연히 듣다   relaxed 편안한   melody 멜로디
a band 밴드   take comfort 위안을 받다

❶ 좋아하는 음악
My favorite music is 음악 장르 .
제가 좋아하는 음악은 입니다.

❷ 좋아하게 된 시기
I first became interested in it when 구체적 시기 .
제가 처음 그 음악에 관심을 가진 것은 입니다.

❸ 당시의 상황 1
One day, 상황 묘사 .
하루는 했습니다.

❹ 당시의 상황 2
While I was [동사의 진행형] , I overheard 특정 음악 및 노래 .
 하면서, 저는 라는 노래를 우연히 듣게 되었습니다.

❺ 음악 감상 후의 느낌
As I listened to that song, 느낌 및 생각 묘사 .
노래를 들으니, 했습니다.

❻ 음악 감상 후의 변화
Because of that song, 변화 묘사 .
그 노래를 시작으로 했습니다.

> **ex** Because of that song, I began to collect various kinds of jazz albums.
> 그 노래를 시작으로 저는 다양한 종류의 재즈 앨범을 모으기 시작했습니다.
>
> Because of that song, jazz music became my favorite music genre.
> 그 노래를 시작으로 재즈 음악은 제가 가장 좋아하는 음악이 되었습니다.

❼ 마무리
Until now, I like to listen to 장르 particularly whenever [주어+동사] .
지금까지도 저는 특히 할 때마다 를 듣길 좋아합니다.

● 표현 늘리기

▣ 좋아하는 음악을 듣게 된 상황 묘사

While I was walking on the street, I overheard that song from a record shop.
길을 걷고 있을 때 레코드 샵에서 흘러 나오는 그 노래를 우연히 듣게 되었습니다.

While I was reading a book at a cafe, I overheard~ 카페에서 책을 읽고 있었을 때, ~를 우연히 듣게 되었습니다
While I was listening to radio, I overheard~ 라디오를 듣고 있을 때, ~를 우연히 듣게 되었습니다
While I was cleaning the auditorium, I overheard~ 강당을 청소하고 있을 때, ~를 우연히 듣게 되었습니다

▣ 음악 감상 묘사 및 이유

relieve stress 스트레스를 해소하다 　 ease my mind 마음을 달래다 　 kill time 시간을 때우다
relieve boredom 무료함을 달래다 　 feel relaxed 긴장을 풀다 　 cheer myself up 힘을 내다

[음악 취향의 변화]

How has your taste in music changed over the years? What kind of music did you listen to when you were a child? What do you usually listen to now?

시간이 지나면서 음악 취향이 어떻게 바뀌어왔나요? 어렸을 때는 어떤 음악을 좋아했나요? 지금은 어떤 음악을 주로 듣나요?

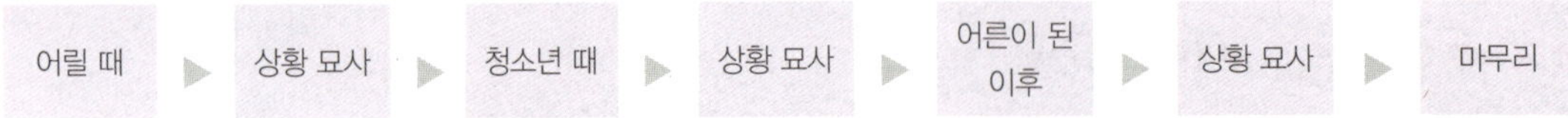

● 답변 구성 전략

어릴 때 ▶ 상황 묘사 ▶ 청소년 때 ▶ 상황 묘사 ▶ 어른이 된 이후 ▶ 상황 묘사 ▶ 마무리

● 모범 답변 살펴보기

As far as I remember, I used to listen to classical music in my childhood. 어릴 때 At that time, my school teachers often let us listen to some symphonies. So, naturally I had interest in that music. 음악 감상 영향 요인 As I entered high school, however, I got into rock music. 청소년 때 It often helped me clear my head whenever I felt stressed because of my studies. 음악 감상 영향 요인 Since growing up, I still enjoy listening to rock music, but now my favorite is hip-hop. 어른이 된 이후 My dance club at college influenced me a lot to listen to hip-hop music. 음악 감상 영향 요인 I guess my taste in music might change in the future, but my love for music will not be changed. 마무리

제가 기억하기로 저는 어릴 때 클래식 음악을 듣곤 했습니다. 그때 당시 선생님들께서는 우리들에게 교향곡을 자주 들려주셨습니다. 그래서 자연스럽게 그 음악에 관심을 가지게 되었습니다. 그러나, 고등학교에 들어가면서 저는 록 음악에 빠지게 되었습니다. 제가 공부 때문에 스트레스 받을 때마다, 록 음악은 제 머리를 맑게 하는 데 도움이 되었습니다. 어른이 된 이후, 아직까지 록 음악을 좋아하기는 하지만, 지금 제가 가장 좋아하는 음악은 힙합입니다. 대학교 때 제 댄스 동아리가 힙합 음악 감상에 영향을 많이 주었습니다. 앞으로도 음악에 대한 제 취향이 바뀌겠지만, 음악에 대한 제 사랑은 변함이 없을 것입니다.

스피킹 노하우

★ ～에게 ～하는 영향을 미치다 [influence+사람+to+동사원형]

ex Movies about hip-hop singers influenced me to listen to hip hop.
힙합 가수들에 대한 영화가 제 힙합 음악 감상에 영향을 주었습니다.

VOCA

as far as I remember 내가 기억하기로는   [used to+동사원형] ～하곤 했다   childhood 어린 시절   grade 학년
symphony 교향곡   naturally 자연스럽게   influence 영향을 미치다   love for ～에 대한 애정

❶ 어릴 때

As far as I remember, I used to listen to 　특정 장르 1　.

제가 기억하기로 저는 어릴 때 　　　　를 듣곤 했습니다.

❷ 음악 감상 영향 요인

At that time, 　당시 상황 묘사　.

그 때 당시, 　　　　했습니다.

❸ 청소년 때

As I entered high school, however, I got into 　특정 장르 2　.

그러나, 고등학교에 들어가면서 저는 　　　　에 빠지게 되었습니다.

❹ 음악 감상 영향 요인

It often helped me 　[동사원형]　.

그 음악은 제가 　　　　하는 데에 도움을 주었습니다.

> ex It often helped me focus on my study. 공부에 집중하는 데에 종종 도움을 주었습니다.
> It helped us become closer. 우리가 더 가까워지는 데에 도움을 주었습니다.

❺ 어른이 된 이후

Since growing up, I still enjoy listening to 　장르 2　, but now my favorite is 　특정 장르 3　.

어른이 된 이후, 아직까지 　　　　을 좋아하기는 하지만, 지금 제가 가장 좋아하는 음악은 　　　　입니다.

❻ 음악 감상 영향 요인

　특정 요인　 influenced me a lot to listen to 　장르 3　.

　　　　가 저의 　　　　감상에 영향을 많이 주었습니다.

❼ 마무리

I guess my taste in music might change in the future, but my love for music will not be changed.

앞으로도 음악에 대한 제 취향이 바뀌겠지만, 음악에 대한 제 사랑은 변함이 없을 것입니다.

● 표현 늘리기

■ 특정 음악 감상에 관심을 갖게 된 상황

My sister used to play ballad songs at home all the time. 언니가 집에서 항상 발라드 노래를 듣곤 했습니다.

My boyfriend loved that music. 남자친구가 그 음악을 무척 좋아했습니다.

I joined a rock band at school. 학교에서 록 밴드 그룹에 가입했습니다.

American pop singers like Mariah Carey were very popular in Korea at that time.
그때 당시 머라이어 캐리와 같은 미국 대중 가수들이 한국에서 매우 인기있었습니다.

Some of my friends introduced me to R&B music. 몇몇 제 친구가 R&B 음악을 소개해주었습니다.

My favorite radio show often played that music. 제가 좋아하는 라디오 쇼에서 그 음악을 많이 틀었습니다.

My father bought me some blues music CDs for my birthday.
아버지께서 생일 선물로 블루스 음악 CD를 몇 개 사주셨습니다.

My parents always had classical music on in the house. 부모님께서 항상 집에 클래식 음악을 틀어놓으셨습니다.

I used to watch my brother practice with his band. 형이 밴드에서 연습하는 것을 보곤 했습니다.

 **롤플레이 문제 :** MP3 플레이어 관련 질문 및 상황해결

음악 관련 롤플레이는 Eva가 좋아하는 음악이나 가수에 대한 질문하기 유형도 출제되지만, MP3 플레이어 관련 정보를 물어보는 질문이나, 특정 문제 상황 해결에 대한 유형의 빈도가 높습니다. 미리 질문거리나 해결 방법을 생각하여 답변에 활용할 수 있도록 하세요.

Q1 [전화로 질문하기] **You want to buy an MP3 player, and you heard that your friend got a new one recently. Call your friend and ask three or four questions to get information about the MP3 player.**

당신은 MP3 플레이어를 사고 싶어하는데, 친구가 최근에 새 MP3 플레이어를 샀다는 이야기를 들었습니다. 친구에게 전화를 걸어 MP3 플레이어에 대한 정보를 얻기 위한 서너 가지 질문을 해보세요.

인사	Hello, this is Hyunoh. How have you been?
질문 목적	I heard that you got a new MP3 player, so I'm calling you to ask some questions about it. In fact, I want to buy one too.
질문	First, what brand is it? I don't know what brand I should look for. What kinds of functions does it have? Can you see music videos on that device? And, how much did you pay for it? Did you get it online? I heard that we can get it at a better price online, but is that true?
끝인사	Thank you for your answers. It was really helpful.

여보세요, 나 현오야. 어떻게 지냈어? 네가 새 MP3 플레이어를 샀다고 들어서, 몇 가지 물어보려고 전화했어. 사실, 나도 하나 구입하고 싶거든. 먼저, 어떤 브랜드 제품이니? 어떤 브랜드를 골라야 할지 잘 모르겠어. 어떤 종류의 기능이 있니? 그걸로 뮤직 비디오도 볼 수 있니? 그리고 얼마 주고 샀어? 온라인으로 샀니? 온라인에서 사면 가격이 더 괜찮다던데, 정말이니? 대답 고마워. 정말 도움이 됐어.

in fact 사실은   **brand** 제품의 브랜드   **functions** 기능   **a device** 기기   **helpful** 유용한, 도움이 되는

Q2 [대안 제시하기] **You borrowed an MP3 player from your friend, but you broke it by mistake. Call your friend, explain the situation and offer two or three solutions.**

MP3 플레이어를 빌렸는데, 실수로 고장을 냈습니다. 친구한테 전화를 걸어 상황을 설명하고, 해결책 두세 가지를 제시해보세요.

인사	Hello, this is Hyunoh.
전화 목적	As you know, I borrowed your MP3 player, but I had a problem.
상황 설명	I'm sorry, but I broke it by mistake. The thing is that I stepped on it accidentally yesterday, and it hasn't worked since then.
대안 제시	So, can I bring it to the after-service center and get it fixed? I'll make sure to get it fixed by this weekend. Well, if they can't repair it, I'll buy the same one for you. Or do you prefer to get money instead? Oh, O.K. I'll do it.
끝인사	Thank you for your understanding and I'm so sorry again.

여보세요, 나 현오야. 내가 네 MP3 플레이어를 빌렸잖아. 그런데 문제가 생겼어. 미안하지만 실수로 그걸 고장 냈어. 사실은 어제 실수로 그 MP3 플레이어를 밟아서 그 이후로 작동이 안돼. 그래서, 내가 서비스 센터에 가져가 고쳐놔도 될까? 이번 주까지는 고칠 수 있도록 해볼게. 음, 만약 고칠 수 없다면 똑같은 걸로 사줄게. 아니면, 돈으로 받는 게 더 낫니? 아, 그래. 그렇게 할게. 이해해줘서 고맙고 다시 한 번 너무 미안해.

break 고장 내다   **accidentally** 우연히, 잘못하여   **get it fixed** 고치게 하다   **repair** 고치다

혼자 노래부르거나 합창하기를 선택했다면 부르기 좋아하는 음악의 장르나 노래, 부르는 장소 및 시기, 느낌 등과 관련하여 앞의 음악 감상과 함께 준비할 수 있는 주제입니다. 다른 사람 앞에서 노래를 부르거나 다른 사람과 같이 노래를 불렀던 경험에 대한 이야깃거리도 함께 준비할 수 있도록 하세요.

설명
- ▸ 부르기 좋아하는 노래나 음악
- ▸ 다른 사람 앞에서 불렀던 기억에 남는 노래
- ▸ 노래 부르는 것을 좋아하는 이유와 노래 실력
- ▸ 노래 실력의 변화

일반 활동 패턴
- ▸ 노래를 부르는 장소와 시기

경험
- ▸ 노래를 처음 배운 경험
- ▸ 최근에 노래를 한 경험
- ▸ 기억에 남는 노래 경험
- ▸ 다른 사람들 앞에서 노래를 불렀던 경험

출제 가능 질문 살펴보기

[노래 부르는 장소와 시기]

You indicated in the survey that you like to sing alone. Where do you like to sing a song and when do you usually sing?

당신은 설문에서 혼자 노래 부르는 것을 좋아한다고 답했습니다. 어디에서 노래 부르는 것을 좋아하며, 보통 언제 노래를 부르나요?

[주로 부르는 노래]

What kinds of music or songs do you like to sing? Why do you like to sing those kinds of music or songs?

어떤 종류의 음악이나 노래를 부르는 것을 좋아하나요? 왜 그 음악이나 노래 부르는 것을 좋아하나요?

[노래를 처음 배운 경험]

When did you first have interest in singing? How did you learn to sing?

언제 처음 노래 부르는 것에 관심을 갖게 되었나요? 어떻게 노래를 배웠나요?

[다른 사람들 앞에서 노래한 경험]

Have you ever experienced singing in front of others? When was it, and how did you feel?

다른 사람들 앞에서 노래한 경험이 있나요? 언제였고, 어떤 기분이 들었나요?

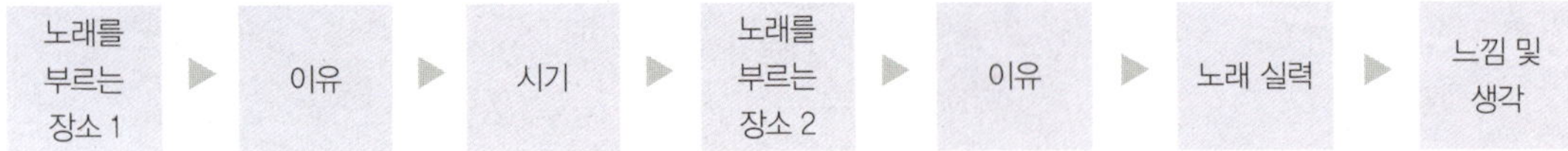

[노래 부르는 장소와 시기]

Q1 You indicated in the survey that you like to sing alone. Where do you like to sing a song and when do you usually sing?

당신은 설문에서 혼자 노래 부르는 것을 좋아한다고 답했습니다. 어디에서 노래 부르는 것을 좋아하며, 보통 언제 노래를 부르나요?

• 답변 구성 전략

노래를 부르는 장소 1 ▶ 이유 ▶ 시기 ▶ 노래를 부르는 장소 2 ▶ 이유 ▶ 노래 실력 ▶ 느낌 및 생각

• 모범 답변 살펴보기

I usually sing in my room. 노래를 부르는 장소 1 I don't know why, but I guess I feel very comfortable when I sing in my room. Maybe it is because there is no one listening to my song. 이유 I sing songs especially when I surf the Internet or clean my room. I play my favorite songs loudly and like to sing along to those songs. 노래를 부르는 시기 Sometimes I like to sing with my friends at a karaoke room. 노래를 부르는 장소 2 Since this is a place where I can use a karaoke machine and a microphone, I can sing loudly. 이유 In fact, I'm not really good at singing, but it doesn't matter in that place. It is just fun singing with my friends. 노래 실력 At the moment I sing a song, I feel the joy of my life. 느낌 및 생각

저는 보통 제 방에서 노래를 부릅니다. 왜 그런지 제 방에서 노래를 부르면 참 편안함을 느낍니다. 아마도 제 노래를 듣는 사람이 없어서일지도 모릅니다. 저는 특히 방에서 인터넷을 하거나 방을 청소할 때 노래를 부릅니다. 제가 좋아하는 노래들을 크게 틀어 놓고, 따라 부르는 것을 좋아합니다. 가끔은 친구들과 노래방에서 노래 부르는 것도 좋아합니다. 그곳에서는 노래방 기계와 마이크를 사용할 수 있기 때문에, 노래를 크게 부를 수 있습니다. 사실, 저는 노래를 썩 잘하지 못하지만, 노래방에서는 그런 것이 중요하지 않습니다. 그냥 친구들과 같이 노래를 부르는 것이 재미있습니다. 노래를 하는 순간에는 삶의 즐거움을 느낍니다.

스피킹 노하우

★ 아무도 ~않다 [no one]

no one은 주어나 목적어로 쓰이고, 동사는 반드시 3인칭 단수 형태로 사용해야 합니다

ex No one care about my singing skills. (X) 아무도 제 노래 실력을 신경 쓰지 않습니다.

No one cares about my singing skills. (O)

VOCA

surf the Internet 인터넷을 하다　sing along to ~를 따라 부르다　a karaoke room 노래방

a karaoke machine 노래방 기계　a microphone 마이크　sing loudly 크게 노래를 부르다　joy 기쁨, 즐거움

❶ 노래를 부르는 장소 1   I usually sing `구체적 장소 1` .

저는 보통 　　　　　 에서 노래를 부릅니다.

TIP 노래를 부르는 장소를 나타낼 때는 장소의 특징에 따라 전치사와 같이 사용해야 합니다.
[전치사+특정 장소]

❷ 이유 1   I don't know why, but I guess I feel `느낌` when I sing `장소 1` .

왜 그런지 　　　　　 에서 노래를 부르면 　　　　　 를 느낍니다.

❸ 노래를 부르는 시기   I sing songs especially when I `노래를 부르는 시기 및 상황` .

저는 특히 　　　　　 할 때 노래를 부릅니다.

TIP when절 대신 In the morning 등 구체적인 시간을 나타내는 부사구를 이용하여 문장을 완성할 수도 있습니다.

ex I sing songs especially in the morning because I can wake up easily by singing.
노래를 함으로써 잠에서 깰 수 있기 때문에, 특히 아침에 노래를 부릅니다.

❹ 노래를 부르는 장소 2   Sometimes I like to sing `구체적 장소 2` .

가끔은 　　　　　 에서 노래를 부르는 것도 좋아합니다.

❺ 이유   This is a place where I can `이유` .

이곳에서는 　　　　　 를 할 수 있습니다.

❻ 노래 실력   In fact, `노래 실력 묘사` , but it doesn't matter in that place.

사실, 저는 　　　　　 이지만, 그런 것은 중요하지 않습니다.

❼ 느낌 및 생각   At the moment I sing a song, I feel `노래할 때의 느낌` .

노래를 하는 순간에는 참 　　　　　 를 느낍니다.

● 표현 늘리기

■ **노래를 부르는 장소**

at home 집에서　　in my room 방에서　　in the shower 샤워하는 중에
in my practice room 연습실에서　　in my car 차 안에서　　at a karaoke room 노래방에서

■ **노래를 부르는 시기 및 상황**

when I'm cooking 요리를 하면서	when I'm taking a shower 샤워를 하면서
when I'm drinking alcohol 술을 마시며	when I feel tipsy 술이 약간 취했을 때
when I'm cleaning 청소를 하며	when I'm surfing the Internet 인터넷을 하며
when I feel good 기분이 좋을 때	when I feel depressed 우울할 때

■ **노래 실력**

be good/great at singing, sing well 노래를 잘하다	have a fantastic voice 멋진 목소리를 가지다
be poor/terrible at singing 노래를 못하다	can't sing in tune 음치이다

 **Q2**

[주로 부르는 노래]

What kinds of music or songs do you like to sing? Why do you like to sing those kinds of music or songs?

어떤 종류의 음악이나 노래를 부르는 것을 좋아하나요? 왜 그 음악이나 노래 부르는 것을 좋아하나요?

● 답변 구성 전략

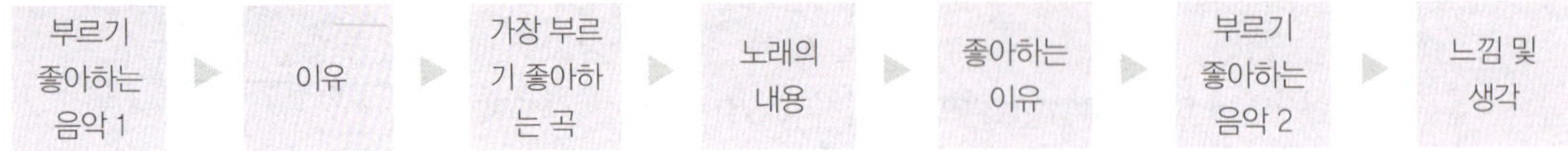

● 모범 답변 살펴보기

The songs I like to sing are mostly ballad songs. 부르기 좋아하는 음악 1 It is because it is easy to follow their slow tempo when I sing. I can't sing fast-paced songs well. 이유 Of many ballad songs, my favorite is *Soju Han Jan*, which is a Korean ballad sung by Changjung Lim. 가장 부르기 좋아하는 곡 The song is about a man who thinks of his past love. 노래의 내용 I like to sing that song because the lyrics are very similar to my story. It reminds me of my ex-girlfriend. 좋아하는 이유 Sometimes, when I feel depressed, I sing pop music. 부르기 좋아하는 음악 2 I think singing is one of the best ways to relieve stress and express my feelings. That's why I like singing. 느낌 및 생각

제가 부르기 좋아하는 노래는 대부분 발라드 노래들입니다. 노래 부를 때 발라드 노래의 느린 템포를 따라 하기 쉽기 때문입니다. 저는 빠른 노래들은 잘 못합니다. 많은 발라드 곡들 중에서 제가 제일 부르기 좋아하는 노래는 임창정이 부른 한국 발라드 노래 '소주 한 잔'입니다. 그 노래는 지난 사랑을 회상하는 한 남자에 관한 노래입니다. 그 노래를 부르기 좋아하는 이유는 가사가 제 이야기랑 아주 비슷하기 때문입니다. 그 노래는 제 옛 여자 친구를 생각나게 합니다. 가끔 기분이 우울할 때는 대중가요를 부르기도 합니다. 노래를 부르는 것은 스트레스를 해소하고 제 감정을 나타내는 방법 중의 하나인 것 같습니다. 그게 제가 노래 부르는 것을 좋아하는 이유입니다.

스피킹 노하우

★ **A가 B를 생각나게 하다 [A remind me of B]**

> ex That song reminds me of my trip to Europe five years ago. 그 노래는 5년 전 저의 유럽 여행을 생각나게 합니다.
> That song reminds me of my grandfather. 그 노래는 우리 할아버지를 생각나게 합니다.

VOCA

a tempo 박자, 템포　fast-paced songs 빠른 노래　sung 동사 sing의 과거분사　lyrics 가사
be similar to ~와 비슷한　express 표현하다

❶ 부르기 좋아하는 음악 1

The songs I like to sing are mostly   장르 1   .

제가 부르기 좋아하는 노래는 대부분   입니다.

❷ 이유

It is because   이유 설명   .

그 이유는   하기 때문입니다.

❸ 가장 부르기 좋아하는 노래

Of many   장르 1   songs, my favorite is   노래 제목   .

많은   곡들 중에서 제가 제일 부르기 좋아하는 노래는   입니다.

❹ 노래의 내용

The song is about   노래 내용 설명   .

그 노래는   에 대한 것입니다.

❺ 좋아하는 이유

I like to sing that song because   이유 설명   .

제가 그 노래를 부르기 좋아하는 이유는   때문입니다.

❻ 부르기 좋아하는 음악 2

Sometimes, when   [주어+동사]   , I sing   장르 2   .

가끔   할 때는,   를 부르기도 합니다.

❼ 느낌 및 생각

I think singing is one of the best ways to   [동사원형]   .

노래를 부르는 것은   하는 방법의 하나인 것 같습니다.

■ 부르기 좋아하는 노래 장르

sad songs 구슬픈 노래   melancholy songs 서글픈 노래   pop songs 대중가요
the latest songs 최신 노래   older songs 흘러간 노래   western pop songs 서양 대중 가요
rap 랩   rock music 록 음악   fast-paced songs 빠른 노래

■ 특정 장르(노래)를 좋아하는 이유

The tones of the songs are not that high. 음이 그렇게 높지 않습니다.
I can refresh myself with the songs. 그 노래를 부르면 기분전환이 됩니다.
The lyrics are mostly cheerful. 노래 가사들이 대부분 밝기 때문입니다.
I like to dance while singing. 노래하는 동안 춤을 추는 것을 좋아합니다.
Everyone can enjoy the songs together. 모두가 그 노래들을 같이 즐길 수 있습니다.
It relieves stress when I sing high-pitched tones. 고음을 지르면 스트레스가 해소됩니다.
The lyrics are very touching. 가사가 매우 감동적입니다.
That is the only song I can sing well. 제가 잘 부를 수 있는 유일한 노래입니다.
I can improve my mood through that song. 그 노래를 통해 분위기를 좋게 만들 수 있습니다.

Q3

[노래를 처음 배운 경험]

When did you first have interest in singing? How did you learn to sing?

언제 처음 노래 부르는 것에 관심을 갖게 되었나요? 어떻게 노래를 배웠나요?

● 답변 구성 전략

| 관심을 갖게 된 시기 | ▶ | 부연 설명 | ▶ | 관심을 갖게 된 계기 | ▶ | 관심을 갖고 난 후 | ▶ | 노래를 가르쳐 준 사람 | ▶ | 배운 내용 | ▶ | 마무리 |

● 모범 답변 살펴보기

I became interested in singing when I was in high school. 관심을 갖게 된 시기 I was often stressed out because of my studies, so I needed something fun to relieve stress. 부연 설명 One way to relive stress was singing songs with my friends at a karaoke room. We used to spend about two hours every week singing our favorite songs. 관심을 갖게 된 계기 As I sang together with my friends, I realized how fun singing was. 관심 갖고 난 후 I don't really remember how I learned to sing, but some of my friends taught me some singing skills. 노래를 가르쳐 준 사람 For example, an important thing in singing is singing with emotion. 배운 내용 Now, I go to a karaoke room at least once a month, and *everytime I go there, I really have fun. 마무리

저는 고등학교 때 노래 부르는 것에 관심을 갖게 되었습니다. 공부 때문에 종종 스트레스를 받았기 때문에, 스트레스를 풀 뭔가 재미있는 것이 필요했습니다. 스트레스를 푸는 방법 중 하나가 바로 노래방에서 친구들과 노래를 부르는 것이었습니다. 우리는 매주 우리가 좋아하는 노래들을 보통 2시간 정도 부르곤 했습니다. 친구들과 노래를 같이 부르면서 저는 노래 부르는 것이 얼마나 재미있는지 깨달았습니다. 노래를 어떻게 배웠는지 잘 기억이 나지 않지만, 몇몇 친구들이 노래 부르는 법을 가르쳐주었습니다. 예를 들면, 노래 부를 때 중요한 것은 감정을 실어 노래하는 것입니다. 지금은 적어도 한 달에 한 번은 노래방에 가고, 매번 갈 때마다 정말 즐겁습니다.

스피킹 노하우

★ ~할 때마다 [everytime+주어+동사]

'항상 ~할 때마다'를 표현하기 위해서는 관계대명사 everytime 또는 whenever를 이용한 관계대명사절로 표현할 수 있습니다.

ex Everytime I get the chance, I go to a karaoke room. 기회가 될 때마다 저는 노래방에 갑니다.

Everytime I sing a song, I feel very relaxed. 노래를 부를 때마다 긴장이 완화되는 것 같습니다.

VOCA

be stressed out 스트레스를 받는   realize 깨닫다   skills 기술   emotion 감정   everytime ~할 때마다

❶ 노래에 관심을 갖게 된 시기   I became interested in singing when   [주어+동사]   .

저는   때 노래 부르는 것에 관심을 갖게 되었습니다.

❷ 부연 설명   At that time,   그 당시에 대한 묘사   .

그 때 당시,   했습니다.

❸ 관심을 갖게 된 계기   One way to   [동사원형]   was   [명사형]   .

하는 방법 중의 하나가   였습니다.

❹ 관심을 갖고 난 후   As   [주어+동사]   , I realized   [주어+동사]   .

하면서, 저는   하다는 것을 깨달았습니다.

ex As I practiced the song, I realized that I had a talent for singing.
그 노래를 연습하면서, 저는 노래에 소질이 있다는 것을 깨달았습니다.

❺ 노래를 가르쳐 준 사람   I don't really remember how I learned to sing, but   [주어+동사]   .

어떻게 노래를 배웠는지 잘 기억이 나지 않지만,   했습니다.

❻ 배운 내용   For example, an important thing in singing is   배운 내용   .

예를 들면, 노래에서 중요한 것 한 가지는   입니다.

ex For example, an important thing in singing is having fun.
예를 들면, 노래에서 중요한 것 한 가지는 즐기는 것입니다.

❼ 마무리   Now,   현재의 노래 부르는 패턴   . 지금은   합니다.

▣ 관심을 갖게 된 시기/상황

I joined a singing band. 노래하는 밴드에 가입을 했습니다.

Singing in a karaoke room was a very popular activity.
노래방에서 노래를 하는 것은 매우 인기 있는 활동이었습니다.

I had to sing a song I learned for a test in my music class.
음악 수업에서 시험으로 배운 노래를 불러야 했습니다.

My girlfriend liked men who could sing well. 제 여자친구가 노래를 잘하는 사람을 좋아했습니다.

I was tone-deaf. 저는 음치였습니다.

▣ 관심을 갖게 된 계기

One way to have fun with my friends was going to a karaoke room.
친구들과 재미있게 노는 방법 중 하나가 노래방에 가는 것이었습니다.

One way I could do was practicing the song day and night.
제가 할 수 있는 방법 중 하나가 밤낮으로 그 노래를 연습하는 것이었습니다.

One way to attract her was singing a song. 그녀의 마음을 끄는 것 중 하나가 노래를 부르는 것이었습니다.

One way to relax was singing a song. 긴장을 풀 수 있는 방법 중 하나가 노래를 부르는 것이었습니다.

[다른 사람들 앞에서 노래한 경험]

Have you ever experienced singing in front of others? When was it, and how did you feel?

다른 사람들 앞에서 노래한 경험이 있나요? 언제였고, 어떤 기분이 들었나요?

● 답변 구성 전략

● 모범 답변 살펴보기

I experienced a very memorable singing event when I was in my first year at college. 시기 I was in a singing club, and my club had regular performances. 부연 설명 That year, we were supposed to sing three Korean folk songs at the school festival. 노래를 부르게 된 계기 For that event, we practiced singing day and night for two months. 준비 과정 On the day of our performance, I was very nervous. My heart started to beat fast, especially when I stood on the stage. 노래 부를 당시의 상황 및 느낌 Luckily, we finished our performance successfully, and we were applauded. 노래 후의 상황 및 느낌 Even now, whenever I think of that moment, I feel very proud of myself. 마무리

대학교 1학년 때 저는 기억에 남을 만한 노래 경험을 했습니다. 저는 노래하는 동아리 회원이었고, 우리 동아리는 정기적인 공연을 했습니다. 그 해, 학교 축제를 위해 우리는 한국 민요 세 개를 노래하기로 했습니다. 그 공연을 위해 우리는 밤낮으로 두 달 동안 연습을 했습니다. 공연 당일 날, 저는 매우 떨렸습니다. 특히 무대에 올랐을 때, 제 심장은 빠르게 뛰기 시작했습니다. 다행히 우리는 공연을 성공적으로 끝냈고, 박수 갈채를 받았습니다. 지금도, 그때의 순간을 생각할 때마다 제 자신에 대해 자부심을 느낍니다.

스피킹 노하우

★ ~하는 것을 연습하다 [practice+동사ing]

'~하는 것을 연습하다'를 표현하는 경우, practice 뒤에 나오는 동사는 반드시 동명사형이어야 합니다.

ex I practiced playing the guitar for two months. 저는 두 달 동안 기타 치는 연습을 했습니다.

VOCA

experience 경험하다　**a club** 동아리　**regular** 정기적인　**folk songs** 민요　**practice** 연습하다

day and night 밤낮으로　**beat** (심장이) 고동치다　**applaud** 박수, 갈채를 보내다

be proud of ~에 대해 자랑스럽게 여기다, 자부심을 느끼다

❶ 경험 시기

I experienced a very memorable singing event 구체적 시기 .

저는　　　　　때 기억에 남을 만한 노래 부르는 경험을 했습니다.

❷ 노래를 부르게 된 계기

That year, 노래를 부르게 된 상황 묘사 . 그 해에, 　　　　했습니다.

❸ 준비 과정

For that event, 준비 상황 . 그 공연을 위해 　　　했습니다.

❹ 노래 부를 당시의 상황 및 느낌

On the day of the event, 상황 및 느낌 묘사 .

공연 당일 날, 　　　했습니다.

❺ 노래 후의 상황 및 느낌

Luckily, 상황 및 느낌 묘사 .

다행히, 　　　했습니다.

❻ 마무리

Even now, whenever I think of that moment, I feel 느낌 묘사 .

지금도, 그 순간을 생각하면, 　　　함을 느낍니다.

● 표현 늘리기

▣ 노래를 부르게 된 계기

My sister asked me to sing a song for her wedding. 언니가 결혼식 때 노래를 불러달라고 했습니다.

I had to sing in front of my class for the test. 시험 때 반 친구들 앞에서 노래를 해야 했습니다.

I decided to sing for our team at a talent show of our company.
회사의 장기 자랑 자리에서 팀 대표로 노래하기로 했습니다.

We attended the annual choir competition. 연례 합창 대회에 참여를 했습니다.

▣ 준비 과정

I went to a karaoke room everyday for practice after work. 퇴근 후 연습을 위해 매일 노래방에 갔습니다.

I took singing lessons for a month. 한달 동안 노래 교실에 다녔습니다.

I couldn't practice at all because I was too busy. 너무 바빠서 연습을 전혀 하지 못했습니다.

My friend helped me practice that song. 친구가 그 노래의 연습을 도와주었습니다.

▣ 노래 부를 당시의 상황 및 느낌

I was very surprised because I was off the first few notes while singing.
노래하는 동안 처음 몇 음을 이탈했기 때문에 깜짝 놀랐습니다.

I was so nervous that I forgot some of the lyrics while singing.
너무 긴장해서 노래하는 동안 가사 몇 부분을 까먹었습니다.

I sang so loudly that I got a sore throat. 노래를 너무 크게 불러서 목이 아팠습니다.

I was very anxious because it was my first time singing in front others.
다른 사람 앞에서 처음 노래를 했기 때문에 굉장히 걱정이 되었습니다.

I wasn't that nervous because my friends were cheering for me.
친구들이 응원하고 있어서 그렇게 불안하지 않았습니다.

I couldn't keep my voice from trembling. 목소리가 떨리는 것을 어쩔 수가 없었습니다.

 **롤플레이 문제 :** 노래하기 관련 정보 묻기

노래 부르기 관련 롤플레이 문제에서는 Eva가 노래 부르는 상황에 대한 정보를 물어보는 질문하기 유형이나, 노래 수업을 듣는 상황에서 관련 정보를 물어보는 질문하기 유형이 자주 출제됩니다. 앞에서 준비한 답변 내용을 바탕으로 노래 부르기 관련 어휘나 표현을 정리하고 롤플레이 문제에서 활용하세요.

 **[직접 질문하기]** I also enjoy singing. Please ask me three or four questions about the kind of music I like to sing most.

저 또한 노래 부르는 것을 좋아합니다. 제가 가장 부르기 좋아하는 노래에 대해 서너 가지 질문을 해보세요.

인사	Hi, Eva. I'm glad to know that you also enjoy singing.
질문 목적	I'd like to know about your favorite type of music to sing if you don't mind.
질문	What kind of songs do you like to sing most? In my case, I like to sing pop music best because it is fun and exciting. Why do you like to sing that type of music? And, what is your favorite song in that genre? Why is it your favorite?
끝인사	Thank you for your kind answers. It was nice talking to you.

안녕하세요, 에바 씨. 에바 씨 또한 노래하는 것을 즐긴다니 반갑네요. 괜찮다면 에바 씨가 부르기 좋아하는 음악에 대해 알고 싶습니다. 어떤 종류의 노래를 부르는 것을 가장 좋아하나요? 제 경우에는, 대중음악이 재미있고 신나서 가장 좋아합니다. 왜 그 음악을 즐겨 부르나요? 그리고, 그 중에서 가장 부르기 좋아하는 곡은 무엇인가요? 왜 그 노래를 제일 좋아하나요? 친절한 답변 감사합니다. 이야기해서 즐거웠어요.

 **[전화로 질문하기]** This is a situation question. You want to take singing lessons. Call the teacher and ask him three or four questions to get all the information you need before taking the lesson.

상황 관련된 문제입니다. 당신은 노래 수업을 듣고 싶어합니다. 노래 수업 선생님께 전화를 걸어 수업을 듣기 전 필요한 정보를 얻기 위한 서너 가지 질문을 해보세요.

인사	Hello? Is this Mr. Song? This is Jiyoung Lee.
전화 목적	I'd like to take your class, so, I'm calling you to ask some questions about it.
질문	First, what kind of songs will we be singing in the class? I wonder if we will learn any newly released songs. How many songs am I going to learn in a month? Oh, one more thing. Well, I'm actually a little tone-deaf. Do you think it will be O.K. if I take this class?
끝인사	Thank you for your kind answers. I'll see you in class. Bye.

여보세요? 송선생님이죠? 저는 이지영이라고 하는데요. 선생님 수업을 듣고 싶은데요, 몇 가지 여쭤보려고 전화했어요. 먼저, 수업 시간에 어떤 노래들을 부르게 되나요? 요즘 나온 곡들도 부르게 되는지 궁금해요. 그리고, 한 달에 몇 곡 정도 부르게 되나요? 아, 한 가지 더요. 제가 사실 조금은 음치인데요. 이 수업을 들어도 괜찮을까요? 친절한 답변 감사합니다. 수업 시간에 뵐게요. 안녕히 계세요.

I wonder if+주어+동사 ~해도 되는지 궁금하다   **newly released** 새롭게 나온   **tone-deaf** 음치의

Unit 03 요리하기

요리하기는 다소 어려운 주제인 것 같지만, 좋아하는 요리 한 가지에 대한 설명과 만드는 과정에 대한 어휘와 표현을 잘 준비하면 쉽게 준비할 수 있는 주제입니다. 또한, 요리하기에 대한 답변을 준비하면 '한국의 전통음식'이나 '외식'과 같은 돌발 주제에 대해서도 효과적으로 답변할 수 있을 것입니다. 요리 과정, 자신의 요리 패턴, 요리와 관련된 여러 가지 경험에 대한 답변을 미리 정리해보세요.

설명
- ▸ 가장 좋아하는 요리와 만드는 과정 설명
- ▸ 좋아하는 음식을 만들기 위한 준비 과정 설명
- ▸ 요리를 할 때 주의해야 할 점 설명

일반 활동 패턴
- ▸ 언제, 얼마나 자주, 누구를 위해 요리를 하는지

경험
- ▸ 처음에 요리에 관심을 갖게 된 계기
- ▸ 가장 최근에 요리를 한 경험
- ▸ 특별한 식사 준비 경험
- ▸ 요리를 하던 중에 예기치 못하거나 기억에 남는 사건 경험
- ▸ 요리를 망친 경험과 그 이유

 **출제 가능 질문 살펴보기**

[요리 패턴]

You indicated in the survey that you like to cook. How often do you cook? When and where do you usually cook? I also want to know what kind of dishes you cook.

당신은 설문에서 요리하는 것을 좋아한다고 답했습니다. 얼마나 자주 요리를 하나요? 언제 어디서 주로 요리를 하나요? 또한, 어떤 요리를 만들기를 좋아하는지도 알고 싶습니다.

[좋아하는 요리와 요리 과정]

What kind of dish do you like to cook most? Can you tell me how to cook that dish?

요리하기 가장 좋아하는 음식은 무엇인가요? 그 음식을 만드는 방법을 이야기해줄 수 있나요?

[처음 관심을 갖게 된 계기]

How did you first become interested in cooking? From whom did you learn how to cook?

처음에 요리에 어떻게 관심을 갖게 되었나요? 누가 요리하는 법을 가르쳐주었나요?

[최근에 요리를 한 경험]

When was the last time you cooked for someone? What did you cook, and for whom did you cook that dish?

가장 최근에 누군가를 위해 요리를 한 적은 언제였나요? 무엇을 만들었으며, 누구를 위해 그 음식을 요리했나요?

[요리 패턴]

You indicated in the survey that you like to cook. How often do you cook? When and where do you usually cook? I also want to know what kind of dishes you cook.

당신은 설문에서 요리하는 것을 좋아한다고 답했습니다. 얼마나 자주 요리를 하나요? 언제 어디서 주로 요리를 하나요? 또한, 어떤 요리를 만들기를 좋아하는지도 알고 싶습니다.

답변 구성 전략

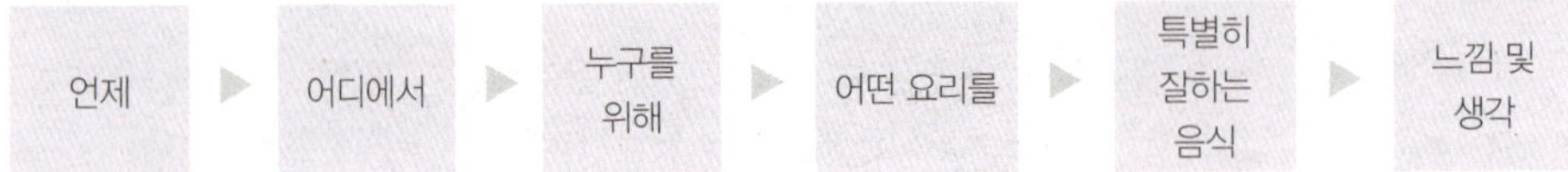

모범 답변 살펴보기

I think I cook at least once a month, especially when I feel hungry after coming back from school. 언제 I prefer to cook at home since everything I need for cooking is already there. 어디에서 I usually cook for myself, but sometimes I make dishes for my sister, too. She loves my dishes. 누구를 위해 I can't cook many different dishes, but I do make very good fried rice, chicken soup, and several kinds of egg dishes. 어떤 요리를 I'm especially good at making Kimchi Fried Rice. The recipe is very easy and simple, so I usually make it when I don't have enough time to cook. 특별히 잘하는 음식 Cooking is sometimes burdensome, but it is very fun once you start it. 느낌 및 생각

저는 적어도 한 달에 한 번, 특히 학교에서 돌아와 배고플 때 요리를 합니다. 집에는 제가 요리에 필요한 모든 것이 다 있기 때문에 저는 집에서 요리하는 것을 좋아합니다. 주로 제 자신을 위해 요리하지만, 가끔은 여동생을 위해 요리를 하기도 합니다. 여동생은 제 요리를 무척 좋아합니다. 제가 요리할 수 있는 음식은 많지 않지만, 볶음밥, 삼계탕, 여러 종류의 계란 요리는 잘할 수 있습니다. 특히 저는 김치 볶음밥을 살 만듭니다. 요리법이 쉽고 간단해서 요리할 시간이 별로 없을 때 주로 만듭니다. 요리하는 것은 때때로 힘들긴 하지만, 한 번 시작하면 매우 재미있습니다.

스피킹 노하우

★ ~(하는 것)을 잘하다 [be good/great at+명사 또는 동명사]

반대로 '~를 잘 못하다'는 good/great 대신 poor/bad를 사용할 수 있습니다.

ex I love cooking, even though I'm not good at it. 저는 잘은 못하지만, 요리하는 것을 좋아합니다.

VOCA

cook, make a dish 요리하다   fried 기름에 (볶은) 튀긴   particularly 특히
a recipe 요리법, 조리법   burdensome 힘든

❶ 언제

I think I cook [빈도수] , especially when [주어+동사] .

저는 특히 ____ 할 때에, ____ 정도 요리를 합니다.

> ex　especially when I'm alone at home 특히 집에 혼자 있을 때
> especially when I have time on weekends 특히 주말에 시간이 날 때

❷ 어디에서

I prefer to cook at [장소] .

저는 ____ 에서 요리하는 것을 좋아합니다.

> TIP　특정한 장소에서 요리하는 것을 좋아하는 이유도 같이 이야기해보세요.

❸ 누구를 위해

I usually cook for myself, but sometimes I make dishes for [요리 대상] .

저는 주로 저를 위해 요리를 하지만, 가끔은 ____ 를 위해 요리도 합니다.

❹ 어떤 요리를

I make very good [잘하는 요리 종류] .

제가 잘 만드는 요리들은 ____ 입니다.

❺ 특별히 잘하는 음식

I'm especially good at making [음식 이름] .

특히 저는 ____ 를 잘합니다.

> TIP　특별히 잘하는 음식에 대한 설명도 덧붙여 이야기해보세요.

❻ 느낌 및 생각

Cooking is sometimes burdensome, but [주어+동사] .

요리하는 것은 가끔 힘들기도 하지만, ____ 합니다.

• 표현 늘리기

음식 종류

Korean food 한국 음식　Japanese food 일본 음식　Chinese food 중국 음식　Western food 서양 음식
beef dishes 소고기 요리　pork dishes 돼지고기 요리　chicken dishes 닭 요리
seafood dishes 해산물 요리　noodles 국수　ramen 라면　spaghetti 스파게티
fried rice 볶음밥　kimchi stew 김치찌개　sandwich 샌드위치　spicy rice cake(ddukbokki) 떡볶이
pancakes 부침개　salad 샐러드　pizza 피자　soybean paste stew 된장찌개

잘하는 음식에 대한 설명

It is very healthy and nourishing. 건강에 좋고 영양가가 있습니다.
It costs only five dollars to cook that dish. 그 요리를 하는 데에는 5달러 정도 밖에 들지 않습니다.
It is very tasty(delicious). 맛이 아주 좋습니다.
It is very popular among young people in my country. 우리 나라의 젊은 사람들 사이에서 인기 있는 음식입니다.
I usually cook it on rainy days. 저는 특히 비 오는 날에 그 음식을 만듭니다.
It doesn't take a long time to cook it. 요리하는 데에 시간이 별로 걸리지 않습니다.
I used to cook it all the time for my father. 아버지를 위해 항상 그 음식을 요리했었습니다.
I have my own special recipe for that dish. 저만의 특별한 조리법이 있습니다.

Q2

[좋아하는 요리와 요리 과정]

What kind of dish do you like to cook most? Can you tell me how to cook that dish?

요리하기 가장 좋아하는 음식은 무엇인가요? 그 음식을 만드는 방법을 이야기해줄 수 있나요?

• 답변 구성 전략

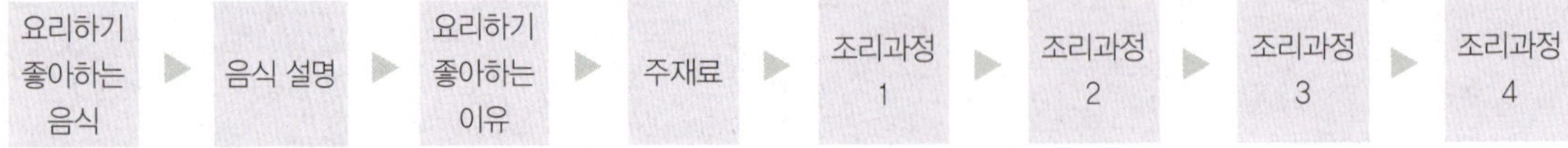

• 모범 답변 살펴보기

My favorite dish to make is kimchi fried rice. 요리하기 좋아하는 음식 It is a very common rice dish that most Korean people can make easily. 음식에 대한 설명 I like to cook it because the recipe is simple and I can make it fast. 요리하기 좋아하는 이유 Its main ingredients are kimchi, rice, ham, one onion and one fried egg. 주재료 To cook this dish, first you need to chop the kimchi, the onion and the ham. 조리과정 1 Next, sauté them in a large pan. 조리과정 2 When they are cooked, add the rice into the pan and mix them all together. 조리과정 3 Finally, you add the fried-egg on the top, and it is ready to serve! 조리과정 4

제가 만들기 좋아하는 음식은 김치볶음밥입니다. 김치볶음밥은 대부분의 한국 사람들이 쉽게 만들 수 있는 흔한 밥 요리입니다. 제가 김치볶음밥을 만들길 좋아하는 이유는 조리법이 쉽고 빨리 만들 수 있기 때문입니다. 이 요리의 주재료는 김치, 밥, 햄, 양파와 계란 프라이입니다. 요리를 하려면 먼저 김치, 양파와 햄을 잘게 썹니다. 그 다음 이 재료들을 큰 프라이팬에 넣고 기름에 볶습니다. 재료가 다 익으면, 밥을 팬에 넣고 같이 섞어줍니다. 마지막으로 맨 위에 계란프라이를 얹으면 음식이 다 완성된 것입니다.

스피킹 노하우

★ 셀 수 있는 명사 VS. 셀 수 없는 명사

음식의 재료를 이야기할 때, 셀 수 있는 명사 앞에는 수를 나타내는 형용사를 붙여 복수로 이야기하거나 a/an 등의 관사를 붙여 사용하고, 셀 수 없는 명사는 반드시 단수형으로 앞에 a little of, some의 한정사를 붙이거나 셀 수 있는 단위를 연결하여 사용합니다.

> **ex** 셀 수 있는 명사 : **two eggs** 계란 두 개   **one potato** 감자 한 개   **one carrot** 당근 한 개
> 셀 수 없는 명사 : **some flour** 밀가루 조금   **one packet of noodles** 국수 한 봉지   **a little bit of butter** 약간의 버터

VOCA

common 흔한   **a recipe** 조리법   **ingredients** 음식 재료   **an onion** 양파   **chop** 잘게 썰다
sauté (기름에) 볶다   **mix** 섞다   **combine** 혼합하다   **be cooked** (음식이) 익다   **serve** (음식을) 내다

❶ 요리하기 좋아하는 음식　　My favorite dish to make is ___음식 이름___ .

제가 만들기 좋아하는 음식은 ___________ 입니다.

❷ 음식에 대한 구체적 설명　　It is ___특징 및 종류___ .

이 요리는 ___________ 입니다.

TIP 음식의 지역이나 재료에 따라 종류를 설명할 수도 있습니다.

ex It is a kind of Chinese pork dish. 이 요리는 중국식 돼지고기 요리의 한 종류입니다.

❸ 요리하기 좋아하는 이유　　I like to cook it because ___이유 설명___ .

제가 이 요리를 하기 좋아하는 것은 ___________ 때문입니다.

❹ 주재료　　Its main ingredients are ___재료들___ .

요리의 주재료는 ___________ 입니다.

❺ 조리과정 1　　To cook this dish, first you need to ___동사___ .

요리를 하려면 먼저, ___________ 을 해야 합니다.

❻ 조리과정 2　　Next, ___과정 설명___ .

그 다음에는 ___________ 을 합니다.

TIP 과정 설명에서는 주어를 생략하고 동사를 먼저 사용하거나, 주어를 you로 사용하여 설명할 수 있습니다.

❼ 조리과정 3　　When ___[주어+동사]___ , ___과정 설명___ .

___________ 하면, ___________ 를 합니다.

❽ 조리과정 4　　Finally, you ___[동사]___ , and it's ready to serve.

마지막으로 ___________ 를 하면, 음식이 다 완성된 것입니다.

● 표현 늘리기

▣ 조리 관련 단어

cut (something) into small pieces, chop 잘게 자르다　mince 다지다　slice 얇게 썰다　sprinkle 뿌리다
heat the pan with oil 기름으로 팬을 달구다　sauté, stir-fry (기름에) 볶다　fry 튀기다　boil 끓이다
simmer 약한 불에 끓이다　steam 찌다　blanch (물에 살짝) 데치다　grill (고기 등을) 굽다　bake (빵 등을) 굽다
marinate (양념에) 재우다　add, put 넣다. 더하다　mix 풀다. 섞다　stir 젓다　melt 녹이다　cool 식히다

▣ 조리 단계 설명

mix together the flour, salt and pepper in a bowl 밀가루. 소금. 후추를 넣고 섞다
cook on medium heat for 10 minutes 중간 불에서 10분 동안 익히다
drain off the grease 기름을 빼다
stir until the sauce is well blended 소스가 다 버무려질 때까지 젓다
add some seasoning at the end 마지막에 소금과 후추 양념을 더하다
boil the meat with some soy sauce 고기를 간장에 졸이다

Q3

How did you first become interested in cooking? From whom did you learn how to cook?

처음에 요리에 어떻게 관심을 갖게 되었나요? 누가 요리하는 법을 가르쳐주었나요?

● 답변 구성 전략

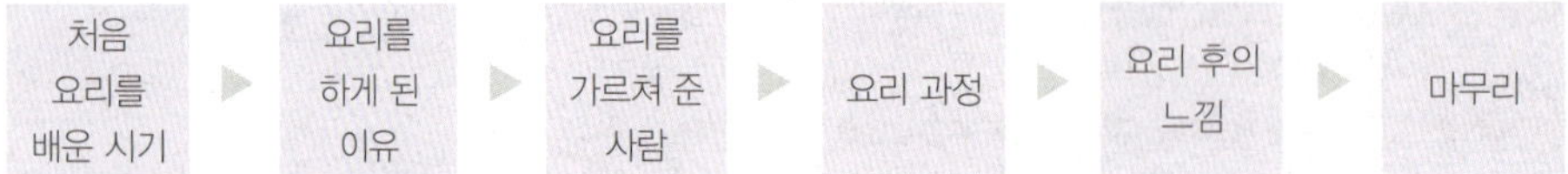

● 모범 답변 살펴보기

I learned how to cook about four years ago. 처음 요리를 배운 시기 One day I wanted to make a cake for my mom since I wanted to please her with something new for her birthday. 요리를 한 계기 I didn't know how to bake a cake, so I ★asked my friend Jinmin for help. She knew everything about cooking including baking. 요리를 가르쳐 준 사람 At first, I thought baking a cake would be very difficult, but later I found it easy and fun. All I did were mixing flour, sugar and baking soda and baking it in an oven. 요리 과정에서 느낀점 Finally, when I finished cooking, I felt very proud of myself, and my mom loved it. 요리 후의 느낌 Since then, I have enjoyed cooking, and I feel very happy when I cook. 마무리

저는 약 4년 전에 요리하는 법을 배웠습니다. 하루는 엄마를 위해 케이크를 만들고 싶었습니다. 뭔가 새로운 것으로 엄마 생신 때 기쁘게 해드리고 싶었기 때문입니다. 저는 케이크를 어떻게 굽는지 몰라서 제 친구 진민이에게 도움을 요청했습니다. 진민이는 베이킹뿐만 아니라 요리에 대한 모든 것을 알고 있었습니다. 처음에는 케이크 굽는 것이 어려울 거라고 생각했는데, 나중에 알고 보니 쉽고 재미있었습니다. 제가 한 것이라고는 밀가루, 설탕과 베이킹 소다를 섞고, 오븐에 굽는 것이었습니다. 마침내 제가 요리를 끝냈을 때는 제 자신이 너무 자랑스러웠고, 엄마 또한 제 케이크를 좋아하셨습니다. 그 때 이후로 저는 요리하는 것을 즐겼고, 요리할 때는 참 행복함을 느낍니다.

○ 스피킹 노하우

★ ~에게 ~를 요청하다/요구하다 [ask+사람+for+명사]

ask 다음에 [to+사람]이 나오지 않도록 주의합니다.

ex I asked my mother for help. 저는 어머니에게 도움을 요청했습니다.

She asked me for advice. 그녀는 저에게 조언을 구했습니다.

○ VOCA

bake (빵, 쿠키 등을 오븐에) 굽다　please 기쁘게 하다　including ~을 포함하여　flour 밀가루

baking soda 베이킹 소다　oven 오븐　be proud of ~를 자랑스럽게 여기다

❶ 처음 요리를 배운 시기

I learned how to cook　　구체적인 시기　　.

저는　　　　　　에 요리하는 것을 배웠습니다.

❷ 요리를 한 계기

One day I wanted to　[동사]　since　[주어+동사]　.

하루는　　　　　　였기 때문에　　　　　　를 하고 싶었습니다.

ex One day I wanted to cook something simple since I was home alone.
하루는 집에 혼자 있게 되어 뭔가 간단한 요리를 하고 싶었습니다.

❸ 요리를 가르쳐 준 사람

I didn't know how to cook it, so　누구에게 요리를 배웠는지　.

저는 그 요리를 어떻게 하는지 몰라서,　　　　　　했습니다.

❹ 요리 과정에 대한 느낌

At first, I thought　처음 든 생각　, but later　나중에 든 생각　.

처음에는　　　　　　라고 생각했는데, 나중에는　　　　　　했습니다.

ex At first, I thought the preparation was complicated, but later I decided that cooking was easier than I thought.
처음에는 준비 과정이 복잡하다고 생각했는데, 나중에는 요리가 생각보다 쉽다는 생각이 들었습니다.

At first, I thought it would be easy, but later I found it very difficult.
처음에는 쉬울 거라고 생각했는데, 나중에 알고 보니 매우 어렵다는 것을 알았습니다.

❺ 요리 후

Finally, when I finished cooking,　요리 후의 느낌 및 반응　.

마침내 요리를 끝냈을 때,　　　　　　했습니다.

ex Finally, when I finished cooking, everyone said it was great!
마침내 요리를 끝냈을 때, 모두가 그 음식이 훌륭하다고 말해주었습니다!

Finally, when I finished cooking, I felt very relieved.
마침내 요리를 끝냈을 때, 안도감이 들었습니다.

❻ 느낌 및 생각

Since then, I have enjoyed cooking.

그 때 이후로, 저는 요리하는 것을 즐깁니다.

▣ 요리를 배운 방법

look for a recipe on the Internet 인터넷에서 조리법을 찾다

reference my mother's recipe card 엄마의 조리법 노트를 참고하다　　take a cooking class 요리 수업을 듣다

learn the recipe from my sister 언니에게 조리법을 배우다　　buy a cookbook 요리책을 사다

ask my mom for help 엄마에게 도움을 요청하다

▣ 잘하는 음식에 대한 설명

good 좋은　　great/excellent 훌륭한　　delicious/tasty 맛이 있는　　mouth-watering 군침이 도는

not bad 나쁘지 않은　　bad 나쁜　　tasteless 맛이 안 나는　　bland 싱거운　　mild 맛이 순한　　strong 맛이 강한

sweet 단　　salty 짠　　spicy 매운　　sour 신　　bitter 쓴　　creamy 크림이 풍부한　　juicy 물기가 많은

[최근에 요리를 한 경험]

When was the last time you cooked for someone? What did you cook, and for whom did you cook that dish?

가장 최근에 누군가를 위해 요리를 한 적은 언제였나요? 무엇을 만들었으며, 누구를 위해 그 음식을 요리했나요?

● 답변 구성 전략

최근에 요리한 시기 ▶ 요리 대상과 이유 ▶ 요리한 음식 ▶ 요리 중 에피소드 ▶ 요리에 대한 반응 ▶ 느낌 및 생각

● 모범 답변 살펴보기

The last time I cooked was just two days ago. 요리한 시기 I cooked for my sister because my mom was out and we were very hungry at that time. She didn't know how to cook at all, so I did. 요리 대상과 이유 The food that I decided to make was Kimchi stew, which is very easy to cook. 요리한 음식 I did my best to make that dish perfect, but I made a small mistake. I added vinegar instead of oil while I was cooking it! The taste became a bit sour, and I couldn't fix it. 요리 중 에피소드 Despite my mistake, my sister told me that★ my dish was great. 요리에 대한 반응 I felt very thankful to her, but I hope I can cook better next time. 느낌 및 생각

제가 최근에 요리를 한 것은 이틀 전이었습니다. 제 여동생을 위해 요리를 했는데, 어머니께서 그 때 밖에 나가 계셨고, 우리는 매우 배가 고팠기 때문입니다. 여동생은 요리를 전혀 할 줄 몰라서 제가 하게 되었습니다. 제가 만들기로 한 음식은 쉽게 만들 수 있는 김치찌개였습니다. 저는 완벽한 김치찌개를 만들기 위해 최선을 다 했지만, 작은 실수를 하고 말았습니다. 요리하는 동안 기름 대신에 식초를 넣은 것이었습니다! 맛은 약간 시큼하게 되었고, 시큼한 맛은 바로 잡을 수 없었습니다. 제 실수에도 불구하고, 여동생은 제 요리가 훌륭했다고 이야기해주었습니다. 여동생에게 고마움을 느꼈지만, 다음에는 조금 더 요리를 잘할 수 있으면 좋겠습니다.

스피킹 노하우

★ ~에게 ~하다고 이야기하다 [tell+사람+that+주어+동사]

이야기할 때 tell의 과거형인 told로 이야기한다면, that절 이하에 나오는 동사 역시 과거형으로 맞춰주어야 합니다.

ex She told me that she cooked spaghetti for me. 그녀는 저를 위해 스파게티를 만들었다고 말했습니다.

I told her that my dish would be better next time. 저는 그녀에게 다음 번에는 제 요리가 나아질 거라고 말했습니다.

VOCA

hungry 배가 고픈   **at all** 전혀 ~하지 않은   **Kimchi Stew** 김치찌개   **make a mistake** 실수를 하다

add 더하다   **vinegar** 식초   **sour** 신, 시큼한   **fix** 바로 잡다   **thankful** 고맙게 생각하는

❶ 최근에 요리를 한 시기 The last time I cooked was ［구체적 시기］.

제가 최근에 요리를 한 것은 ＿＿＿＿ 였습니다.

❷ 요리를 한 대상과 이유 I cooked for ［누구］ because ［이유 설명］.

＿＿＿＿ 를 위해 요리를 했는데, ＿＿＿＿ 때문이었습니다.

❸ 요리한 음식 The food that I decided to make was ［요리 이름］.

제가 만들기로 한 음식은 ＿＿＿＿ 였습니다.

> **TIP** 요리 이름 다음에 which절을 연결하여 요리의 종류나 요리 특징에 대해 설명해보세요.

> **ex** The food that I decided to make was spaghetti, which was my sister's favorite.
> 제가 만들기로 한 음식은 제 여동생이 가장 좋아하는 스파게티였습니다.

❹ 요리 중 에피소드 I did my best to make that dish perfect, but I made a small mistake. ［실수 경험담］.

저는 완벽한 요리를 하기 위해 최선을 다 했지만, 작은 실수를 하고 말았습니다.

> **TIP** 어떤 작은 실수를 했는지 문장으로 덧붙여 설명해보세요.

❺ 요리에 대한 반응 Despite my mistake, she/he/they told me that ［요리에 대한 의견］.

제 실수에도 불구하고, 그녀/그/그들은 ＿＿＿＿ 하다고 이야기해주었습니다.

> **TIP** 실수 때문에 반응이 좋지 않다면 despite 대신에 due to를 이용해 문장을 완성해보세요.

> **ex** Due to my mistake, they told me that my dish was below expectations.
> 제 실수 때문에 그들은 제 요리가 기대 이하라고 이야기했습니다.

❻ 느낌 및 생각 I felt ［느낌 묘사］, but(and) I hope ［주어+동사］.

＿＿＿＿ 한 생각이 들었지만, ＿＿＿＿ 하면 좋겠습니다.

> **ex** I felt sorry, and I hope I can make better dishes next time.
> 그들에게 미안한 생각이 들었고, 다음 번에는 조금 더 요리를 잘했으면 좋겠습니다.

● 표현 늘리기

▣ 요리 중의 에피소드

overcooked the meat a little bit 고기를 약간 오래 익혔다

added too much salt 소금을 너무 많이 넣었다

used rotten eggs by mistake 실수로 상한 계란을 사용했다

burned the rice 밥을 태웠다

didn't preheat the pan, so the fish turned out soggy 팬을 미리 달구지 않아 생선에 물기가 가득했다

didn't put in enough water 물을 충분히 넣지 않았다

boiled it instead of simmering it 은근히 끓이는 대신 팔팔 끓였다

added the wrong ingredients 재료를 잘못 넣었다

cut my finger on one of the cans (with a knife) 깡통에 (칼에) 손가락을 베였다

forgot to make the sauce 소스 만드는 것을 잊었다

 **롤플레이 문제 :** 요리 관련 정보 물어보기

요리 관련 롤플레이 문제에서는 Eva에게 요리 수업 상황에서 요리 관련 정보를 묻는 질문하기 유형, 또는 특정 사람들을 초대해 식사 준비를 하는 상황과 관련된 상황 문제 유형이 출제될 수 있습니다. 앞에서 준비한 답변 내용을 바탕으로 음식, 요리 준비나 요리 과정 등에 대한 어휘와 표현을 정리하고 롤플레이 문제에서 활용하세요.

 Q1   [직접 질문하기] I also enjoy cooking. Please ask me three or four questions about my favorite dish to make.

저 또한 요리하는 것을 좋아합니다. 제가 만들기 좋아하는 음식에 대해 서너 가지 질문을 해보세요.

인사	Hi, Eva. I'm glad to know that you also enjoy cooking.
질문 목적	I'd like to know about your favorite dish to make if you don't mind.
질문	What kind of dish is it, and why do you like to make that dish? In my case, I like making kimchi pancakes because the recipe is very simple. What are the ingredients of that dish? Is the preparation complicated? If it is not that complicated, I want to make that dish someday.
끝인사	Thank you for your kind answers. It was nice talking to you.

안녕하세요, 에바 씨. 에바 씨 또한 요리하는 것을 즐긴다니 반갑네요. 괜찮다면 에바 씨가 만들기 좋아하는 음식에 대해 알고 싶습니다. 어떤 음식이고, 왜 그 음식 만드는 것을 좋아하나요? 저 같은 경우에, 저는 조리법이 간단한 김치전을 만드는 것을 좋아합니다. 에바 씨가 좋아하는 그 요리의 재료들은 무엇인가요? 준비 과정이 복잡한가요? 그렇게 복잡하지 않다면 한 번 만들어보고 싶네요. 친절한 답변 감사합니다. 이야기해서 즐거웠어요.

> **kimchi pancakes** 김치전   **preparation** 준비 과정   **complicated** 복잡한

 Q2   [전화로 질문하기] This is a situation question. You want to register for cooking class. Call the cooking class teacher, and ask him or her three or four questions to get all the information you need before taking the class.

상황 관련된 문제입니다. 당신은 요리 수업을 듣고 싶어합니다. 요리 수업 선생님께 전화를 걸어, 요리 강습을 듣기 전 필요한 정보를 얻기 위한 서너 가지 질문을 해보세요.

인사	Hello? Is this Mrs. Park? This is Jisoo Kang.
전화 목적	I'd like to register for your class, but I don't know much about it yet. So, I'm calling you to ask some questions about the class.
질문	First, I heard we're going to make some Italian food. What are the specific dishes? I like meatball spaghetti. Will we make that dish, too? And, does the class fee include ingredients? Lastly, can I bring home the dishes that I made after the class? I'd like my husband to taste my dishes.
끝인사	Thank you for your kind answers. I'll see you in class. Bye.

여보세요? 박 선생님이시죠? 저는 강지수라고 합니다. 선생님 요리 수업을 듣고 싶은데요, 아직 수업에 대해 아는 게 없어요. 그래서 몇 가지 여쭤보려고 전화했는데요. 먼저, 수업 시간에 이탈리안 음식을 만들 거라고 들었는데, 구체적인 요리들이 무엇인가요? 제가 미트볼 스파게티를 좋아하는데, 미트볼 스파게티도 만드나요? 그리고 수업료에 음식 재료들까지 포함된 건가요? 마지막으로 제가 요리한 음식들을 수업 후에 집으로 가져가도 되나요? 제 남편이 음식들을 맛봤으면 해서요. 친절한 답변 감사합니다. 수업 시간에 뵐게요. 안녕히 계세요.

> **register for** ~를 등록하다   **Italian food** 이탈리안 음식   **specific** 구체적인   **class fee** 수업료
> **include** 포함하다   **taste** 맛보다

Unit 04 애완동물 기르기

애완동물 기르기는 다소 어렵게 느껴질 수 있는 주제지만, 자신이 기르는 애완동물을 중심으로 애완동물의 특성, 기르는 방법, 애완동물과 겪었던 재미있거나 어려운 일 등에 대한 이야깃거리와 어휘 및 표현을 충분히 준비하면 어렵지 않게 다룰 수 있는 주제이기도 합니다. 아래 빈출 문제를 바탕으로 미리 답변을 준비해보세요.

묘사
- ▸ 기르고 있는 애완동물 묘사
- ▸ 애완동물을 기르는 장소 묘사

일반 활동 패턴
- ▸ 애완동물을 위해 하는 일
- ▸ 애완동물의 장단점

경험
- ▸ 애완동물에 관심을 갖게 된 계기
- ▸ 처음 애완동물을 기른 경험
- ▸ 애완동물을 기르면서 기억에 남는 일
- ▸ 애완동물을 기르면서 겪은 어려움

 ## 출제 가능 질문 살펴보기

[애완동물 묘사]

What kind of pet do you have? What does it look like? How is its personality?

어떤 종류의 애완동물을 기르고 있나요? 어떻게 생겼나요? 그 애완동물의 성격은 어떤가요?

[애완동물의 장단점]

Raising a pet has both advantages and disadvantages. What kind of advantages and disadvantages have you experienced while raising a pet? Please tell me about the main advantage and disadvantage you have experienced as a pet owner.

애완동물을 키우는 것은 장단점이 있습니다. 키우는 동안에 어떤 장점과 단점들을 겪었나요? 애완동물의 주인으로서 겪었던 주요 장점과 단점을 이야기해주세요.

[애완동물을 위해 하는 일]

What do you do for your pet? Do you have any particular daily, monthly, or yearly routines for your pet?

애완동물을 위해 어떤 것을 하나요? 매일, 매달, 매년마다 애완동물을 위해 특별히 해야 하는 것들이 있나요?

[애완동물 기르는 것의 문제점]

Sometimes problems arise when you raise a pet. What kind of problems have you had? How did you solve the problems?

애완동물을 기르다 보면 가끔 문제가 생기기도 합니다. 어떤 문제점을 겪었었나요? 어떻게 문제를 해결했나요?

Q1

[애완동물 묘사]

What kind of pet do you have? What does it look like? How is its personality?

어떤 종류의 애완동물을 기르고 있나요? 어떻게 생겼나요? 그 애완동물은 성격이 어떤가요?

● 답변 구성 전략

● 모범 답변 살펴보기

I **own** a cat **named** "Monster". He is known as a tuxedo cat. 애완동물 종류 **I got him from a store when** I moved into my very first apartment because I had always wanted a cat, and my parents never let me have one while I was living with them. 기르게 된 계기 **As for his appearance**, he is very black with white paws. He is about 40 centimeters long. 외모 **In terms of his personality**, I guess he is a little crazy. He always runs around the house chasing things. 성격 **When I'm home with him, I like to** get a laser light and play with him. He loves chasing the laser light! I often lose track of time playing with him. 같이 하기 좋아하는 활동 **I feel that he is like** my little brother. 느낌 및 생각

저는 '몬스터'라는 고양이를 기르고 있습니다. 제 고양이는 턱시도 고양이로 알려져 있습니다. 저는 처음 저 혼자 사는 아파트로 이사 왔을 때 가게에서 그 고양이를 샀는데, 항상 고양이를 기르고 싶었기 때문입니다. 부모님과 같이 살 때는 부모님께서 애완동물을 허락하지 않으셨습니다. 제 고양이의 생김새에 대해 이야기하자면, 하얀 발을 가진 전체가 까만 고양이입니다. 크기는 약 40센티미터 정도 됩니다. 성격은 약간 정신이 없는 편입니다. 항상 물건들을 쫓아 집안 전체를 뛰어다닙니다. 제 고양이와 집에 있으면, 저는 레이저 빛으로 그와 놀기를 좋아합니다. 몬스터는 레이저 빛을 쫓아다니는 것을 정말 좋아합니다. 몬스터와 놀고 있으면 종종 시간가는 줄 모릅니다. 몬스터가 마치 제 남동생처럼 느껴집니다.

스피킹 노하우

★ **~가 ~을 하도록 두다(허락하다) [let(make)+사람+동사원형]**

사역동사 let은 '~에게 ~을 시키다'라는 의미보다 '~가 ~를 하도록 허락하다'라는 의미가 강합니다

ex When I was twelve, my parents let me have a dog. 12살 때 부모님께서는 제가 강아지를 기르도록 허락하셨습니다.

VOCA

own 소유하다   **be known as** ~로 알려지다   **move into** 이사 오다   **a paw** (동물의) 발
run around 뛰어다니다   **chase** 쫓다   **laser** 레이저   **lose track of time** 시간이 가는 줄 모르다

❶ 애완동물 종류

I own 종류 **named** 이름 .

저는 라는 를 기르고 있습니다.

TIP 애완동물의 정확한 종에 대한 정보를 덧붙이고 싶다면, [It is a kind of+종] '그것은 ~의 일종입니다' 라고 표현해보세요.

❷ 기르게 된 계기

I got him/her when 기르게 된 상황 묘사 .

저는 했을 때 제 애완동물을 얻게 되었습니다.

TIP 애완동물은 성별에 따라 인칭대명사 him이나 her로 지칭할 수도 있습니다.

❸ 외모

As for his/her appearance, 외모 묘사 .

생김새에 대해 이야기하자면, 합니다.

❹ 성격

In terms of his/her personality, 성격 묘사 .

성격은 합니다.

TIP 애완동물이 하기 좋아하는 행동에 대해서도 묘사해보세요.

ex She likes to sleep on my arm. 내 애완동물은 내 팔 위에서 자는 것을 좋아합니다.

❺ 같이 하기 좋아하는 활동

When I'm with him/her, I like to [동사원형] .

저는 애완동물과 같이 있으면, 하는 것을 좋아합니다.

❻ 느낌 및 생각

I feel that he/she is like [명사] .

제 애완동물이 마치 인 것처럼 느껴집니다.

ex I feel that she is like my little sister. 제 여동생인 것처럼 느껴집니다.
I feel that he is like my best friend. 저의 제일 친한 친구인 것처럼 느껴집니다.

▣ 애완동물의 종류

a puppy 강아지   a dog 개   a kitten 새끼 고양이   a cat 고양이   a hamster 햄스터   a mouse 쥐
a rabbit 토끼   gold fish 금붕어   tropical fish 열대어   a snake 뱀   a lizard 도마뱀   an iguana 이구아나
a turtle 거북이   a parrot 앵무새   a hedgehog 고슴도치

▣ 애완동물의 외모 묘사 [He/She has+형용사+명사]

soft fur 부드러운 털   a short/long tail 짧은/긴 꼬리   smooth/rough skin 매끈한/거친 피부
a blunt/sharp beak 뭉뚝한/날카로운 부리   blue scales 파란 비늘   pointed ears 뾰족한 귀

▣ 애완동물의 성격을 나타내는 형용사

friendly 다정한   loyal 충실한   active 활발한   playful 장난기가 많은   noisy 시끄러운   curious 호기심이 많은
independent 자립심이 강한   intelligent 똑똑한   picky 까다로운   shy 부끄러움을 타는   aggressive 공격적인
calm 차분한   lazy 게으른   wild 거친   sensitive 예민한   obedient 순종하는

Q2

[애완동물의 장단점]

What kind of advantages and disadvantages have you experienced while raising a pet? Please tell me about the main advantage and disadvantage you have experienced as a pet owner.

애완동물을 기를 때 어떤 장점과 단점들을 겪었나요? 애완동물의 주인으로서 겪었던 주요 장점과 단점을 이야기해주세요.

답변 구성 전략

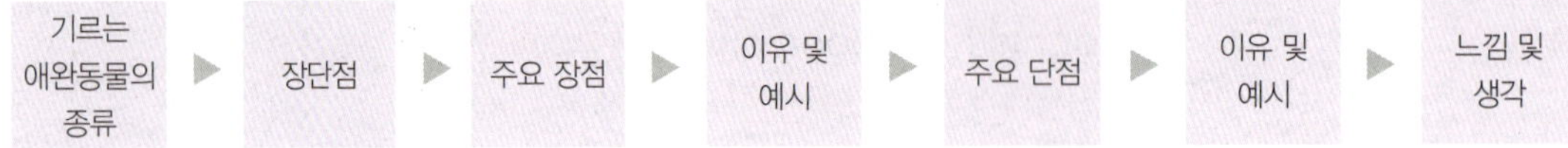

모범 답변 살펴보기

I have a small dog. 기르는 애완동물 I can say there are some advantages and disadvantages to having a dog. 장단점 The main advantage is that I never feel lonely at home thanks to him. 장점 For example, he always stays around me whatever I do at home. Sometimes he encourages me when I feel depressed. 이유 및 예시 The main disadvantage is the cost. 단점 I have to buy food and toys for my dog. Also, I have to take my dog to the vet regularly. Last month, I took my dog to the vet because he had a cold, and it was very expensive! 이유 및 예시 ★Despite this disadvantage, however, I think it is worth it to have a dog. 느낌 및 생각

저는 작은 개를 한 마리 기르고 있습니다. 개를 기르는 데에는 몇몇의 장점과 단점이 있다고 말할 수 있습니다. 주요 장점으로는 제 개 덕분에 집에서는 절대 외롭지 않다는 것입니다. 예를 들면, 집에서 제가 무엇을 하든, 제 개는 항상 제 곁에서 떠나지 않습니다. 가끔 제가 외로울 때는 위로가 되기도 합니다. 주요 단점은 비용입니다. 개를 위해 음식과 장난감들을 사야 하기 때문입니다. 또한, 정기적으로 병원에 데려가야 하기도 합니다. 지난 달에는 개가 감기에 걸려서 병원에 데리고 가야 했는데, 진료비가 매우 비쌌습니다! 그러나 이런 단점에도 불구하고, 개를 기르는 것은 가치 있는 일인 것 같습니다.

스피킹 노하우

★ ～에도 불구하고 [despite/in spite of+명사]

수험생들이 가장 많이 실수하는 것 중의 하나가 despite/in spite of 뒤에 문장을 붙이는 것입니다. despite 뒤에는 반드시 명사형을 사용해야 합니다.

ex Despite the cost, I never regret having a dog. 비용에도 불구하고, 저는 개를 기르는 것을 절대 후회하지 않습니다.

VOCA

an advantage 장점　a disadvantage 단점　stay around 떠나지 않다　encourage 격려하다, 용기를 북돋우다
depressed 우울한　cost 비용　a vet 수의사, 동물병원　regularly 정기적으로, 규칙적으로

❶ 기르는 애완동물

I have 애완동물 종류 .

저는 를 가지고 있습니다.

❷ 장단점

I can say there are some advantages and disadvantages
to having 애완동물 .

 를 기르는 데는 몇몇의 장점과 단점이 있다고 말할 수 있습니다.

❸ 장점

The main advantage is that [주어+동사] .

주요 장점으로는 하다는 것입니다.

TIP 장점을 명사형으로 나타낼 때에는 that을 제외하고 the main advantage is 다음에 곧바로 명사를 덧붙여
사용합니다.

❹ 이유 및 예시

For example, 구체적인 이유나 예시 .

예를 들면, 입니다.

❺ 단점

The main disadvantage is [명사] . 주요 단점은 입니다.

TIP 단점을 문장으로 표현할 경우, is 다음에 that으로 연결하여 문장을 덧붙입니다.

❻ 이유 및 예시

I have to [동사원형] . 저는 해야 합니다.

TIP 단점과 연결하여 자신이 애완동물을 위해 해야 하는 것들에 대해 예를 들어보세요.

❼ 느낌 및 생각

Despite this disadvantage, however, I think 느낌 및 생각 .

그러나 이런 단점에도 불구하고, 인 것 같습니다.

◼ 장점

My cat is so cute and lovable. 제 고양이는 아주 귀엽고 사랑스럽습니다.
She is such a charmer. 애교를 아주 잘 부립니다.
He protects my apartment. 집을 지켜줍니다.
It doesn't cost much to raise her. 기르는 비용이 그렇게 많이 들지 않습니다.
My dog always obeys me. 제 개는 항상 저를 잘 따릅니다.
Cats don't need much care. 고양이는 보살핌을 별로 필요로 하지 않습니다.

◼ 단점

the hair 털: I have to clean my house all the time. 항상 집을 청소해야 합니다.
the training 훈련: I have to walk him every day. 매일 산책을 시켜주어야 합니다.
the noise 소음: I have to make her quiet all the time, especially at night. 항상, 특히 밤에 조용히 시켜야 합니다.
the waste 배설물: I have to bring plastic bags whenever I'm out with him.
같이 밖에 나갈 때 항상 봉투를 가지고 가야 합니다.
the bathing 목욕: I have to struggle everytime to bathe her. 목욕을 시킬 때마다 항상 전쟁을 치러야 합니다.

Q3

[애완동물을 위해 하는 일]

What do you do for your pet? Do you have any particular daily, monthly, or yearly routines for your pet?

애완동물을 위해 어떤 것을 하나요? 매일, 매달, 매년마다 애완동물을 위해 특별히 해야 하는 것들이 있나요?

• 답변 구성 전략

해야 하는 일들 ▶ 매일 하는 일 ▶ 매달 하는 일 ▶ 매년 하는 일 ▶ 느낌 및 생각

• 모범 답변 살펴보기

It is a big responsibility owning a dog. 애완동물에 따른 책임감 There are some daily, monthly and yearly routines that I must do for my dog. 해야 하는 일들 For example, every day I have to walk him several times for exercise and so he can go to the bathroom outside. I have to carry plastic bags with me to pick up his droppings, too. 매일 하는 일 What I do monthly is to trim his nails. Otherwise, they would get too long and sharp. I also have to give him a bath every month. 매달 하는 일 On a yearly basis, I have to take him to the vet for a health checkup and his vaccinations. 매년 하는 일 It is a lot of work, but he is like my baby, so I have to take good care of him. 느낌 및 생각

개를 기르는 것은 큰 책임감이 따릅니다. 제 개를 위해 매일, 매달, 매년 제가 해야 하는 일들이 있습니다. 예를 들면, 매일 저는 운동을 위해 제 개를 여러 번 산책시키고, 밖에서 볼일을 볼 수 있도록 합니다. 또한, 배설물을 담기 위한 봉지도 들고 다녀야 합니다. 매달마다 제가 해야 하는 것은 개의 발톱을 다듬는 일입니다. 그렇지 않으면, 발톱이 너무 길어지고 날카로워질 수 있습니다. 또한 매달 목욕을 시켜야 하기도 합니다. 매년에는 건강검진과 예방접종을 위해 동물 병원에 데려가야 합니다. 할 일이 정말 많기는 하지만, 제 개는 저의 아이와도 같아서 잘 보살펴 줘야 합니다.

스피킹 노하우

★ 만약 그렇지 않다면, ~ [Otherwise, +문장]

접속사 otherwise는 앞의 문장의 내용과 연결되어 '(앞의 문장 내용을) 하지 않으면'이라는 의미로 쓰입니다.

ex I have to take my dog to the vet for his vaccinations. Otherwise, he could easily get a disease or a cold.
저는 예방접종을 위해 개를 병원에 데리고 가야 합니다. 그렇지 않으면, 쉽게 병이나 감기에 걸릴 수 있습니다.

VOCA

a routine 정해진 일　**walk the dog** 개를 산책시키다　**a plastic bag** 비닐봉지　**a dropping** (동물의) 배변
trim 다듬다　**sharp** 날카로운　**on a~ basis** ~에 근거하여　**a health checkup** 건강검진　**a vaccination** 예방접종

❶ 기르는 애완동물　It is a big responsibility owning [애완동물].
　　　　　　　　　　　　[　　] 를 기르는 것은 큰 책임감이 따릅니다.

❷ 해야 하는 일들　There are some daily, monthly and yearly routines that I must do.
　　　　　　　　　저는 매일, 매달, 매년 제가 해야 하는 일들이 있습니다.

❸ 매일 하는 일　For example, every day I have to [동사].
　　　　　　　　예를 들면, 저는 매일 [　　] 를 합니다.

❹ 매달 하는 일　What I do monthly is to [동사].
　　　　　　　　매달 제가 하는 일은 [　　] 입니다.
　　　　　　　　TIP 매달 하는 일이 여러 가지라면, what I do monthly are to~를 이용해 하는 일을 나열해보세요.

❺ 매년 하는 일　On a yearly basis, I have to [동사].
　　　　　　　　매년에는 [　　] 를 해야 합니다.

❻ 느낌 및 생각　It is a lot of work, but [생각].
　　　　　　　　정말 많은 일이지만 [　　] 입니다.

● 표현 늘리기

▣ **매일 하는 일**

feed and water him twice a day 하루에 두 번 먹이와 물을 주다
clean the litter box 애완동물용 변기를 청소하다
clean his cage/kennel 우리/개집을 청소하다
brush him 털을 빗어주다
play with him 놀아주다
train him 훈련을 시키다
observe him at play 노는 모습을 관찰하다
observe his nap and sleep pattern 낮잠과 잠자는 패턴을 관찰하다
keep his things clean 애완동물의 물건을 깨끗이 유지하다

▣ **매달 하는 일**

give him a bath/bathe him 목욕을 시키다
check his nail 발톱 길이를 점검하다
trim his beak 부리를 손질하다
give flea medication 벼룩 방지약 치료를 하다

▣ **매년 하는 일**

get him his shots 주사를 맞히다
renew his insurance plan 보험을 갱신하다

Q4

[애완동물 기르는 것의 문제점]

Sometimes problems arise when you raise a pet. What kind of problems have you had? How did you solve the problems?

애완동물을 기르다 보면 가끔 문제가 생기기도 합니다. 어떤 문제점을 겪었었나요? 어떻게 문제를 해결했나요?

● 답변 구성 전략

● 모범 답변 살펴보기

I love my dog very much, but sometimes there can be unexpected problems. 시작 Usually, my dog doesn't like other dogs, and this occasionally causes problems. 문제가 되는 애완동물의 성향 For example, I once took him to a park for a walk, and there was a very big dog. 사건의 발단 Suddenly, my dog started to bark and escaped from her collar. 전개 I was very terrified when he charged the other dog. The owner of the other dog looked embarrassed, too. 절정 Fortunately, the other dog was very calm, and I managed to pick up my dog before there was a fight. 결말(해결) Now I always make sure that I put his collar on him tightly when I'm out with him. 느낌 및 생각

저는 제 개를 많이 사랑하지만, 가끔 예기치 못한 문제가 생길 때도 있습니다. 제 개는 보통 다른 개들을 좋아하지 않아서, 이것이 때때로 문제를 일으키기도 합니다. 예를 들면, 한 번은 제 개를 데리고 공원으로 산책을 갔는데, 그곳에 아주 큰 개가 한 마리 있었습니다. 갑자기 제 개는 짖기 시작했고, 목걸이를 빠져나갔습니다. 제 개가 그 개를 공격했을 때 저는 정말 무서웠습니다. 상대 개의 주인 또한 당황스러워 하는 것 같았습니다. 다행히, 그 개는 아주 얌전했고, 저는 싸움이 일어나기 전에 제 개를 간신히 데리고 올 수 있었습니다. 지금은 제 개를 데리고 밖에 나갈 때, 항상 목걸이를 단단히 맸는지 확실히 합니다.

스피킹 노하우

★ usually, sometimes, always, often 등 빈도부사의 위치

빈도부사는 주로 문장 안에서 일반동사 앞이나 be동사/조동사 바로 뒤에 위치한다는 것을 기억하세요.

> **ex** My dog often chews something. 제 개는 자주 무언가를 물어뜯습니다.
> My cat is usually calm and quiet. 제 고양이는 보통 얌전하고 조용합니다.

VOCA

occasionally 가끔   cause 야기하다, 일으키다   bark 짖다   escape 도망가다   a collar (개의 목에 거는) 목걸이
charge 공격하다, 돌진하다   [manage to+동사] 간신히 ~해내다   make sure 확실히 하다

❶ 시작

I love my [애완동물] very much, but sometimes there can be unexpected problems.

저는 제 _____ 를 많이 사랑하지만, 가끔 예기치 못한 문제가 생길 때도 있습니다.

❷ 문제가 되는 애완동물의 성향

Usually, [성향 묘사], and this occasionally causes problems.

보통 제 _____ 는 _____ 하는데, 이것이 가끔 문제를 일으키기도 합니다.

❸ 사건의 발단

For example, one day [사건의 배경 묘사].

예를 들면 하루는 _____ 했습니다.

TIP 사건이 일어나게 된 계기나 배경에 대해 묘사해보세요.

❹ 전개

Suddenly, [예기치 못한 문제점 묘사]. 갑자기 _____ 했습니다.

❺ 절정

I was very terrified when [주어 + 동사].

_____ 할 때에는 정말 무서웠습니다.

TIP 사건이 일어났을 때의 감정이나 느낌을 terrified 이외에 다른 형용사를 이용해 묘사해보세요.

ex shocked 충격받은   embarrassed 당황스러운   angry, upset 화가 난   ashamed 창피한

❻ 결말(해결)

Fortunately, [해결 및 결말 묘사]. 다행히 _____ 했습니다.

❼ 느낌 및 생각

Now I always make sure that [주어 + 동사].

지금은 항상 _____ 하도록 확실히 합니다.

ex Now I always make sure that he pees in his litter box.
지금은 항상 제 개가 배변 용기에서 소변을 보도록 확실히 합니다.

● 표현 늘리기

▣ 사건의 전개 묘사 (문제점)

My dog started to chew my shoes. 제 개가 저의 신발들을 물어뜯기 시작했습니다.
My cat peed on my best clothes. 고양이가 제가 가장 아끼는 옷에 오줌을 눴습니다.
My dog barked very loudly. 제 개가 아주 크게 짖었습니다.
My bird disappeared in the blink of an eye. 눈 깜짝 할 사이에 제 새가 없어졌습니다.
My dog started to puke. 제 개가 토하기 시작했습니다.

▣ 사건의 절정 묘사

I was very upset when I found my clothes all wet and smelly.
제 옷이 다 젖어 냄새가 나는 것을 알았을 때는 매우 화가 났습니다.

I was very apologetic when my neighbor came down to my apartment and complained about him.
이웃이 내려와 불평을 했을 때 정말 미안한 마음이 들었습니다.

I was very anxious when I couldn't see her anywhere. 제 애완동물이 어디에도 없자 저는 매우 불안했습니다.

I was very worried when I saw him having a hard time.
제 개가 힘들어하는 것을 봤을 때 저는 매우 걱정이 되었습니다.

애완동물과 관련된 롤플레이는 Eva가 기르는 애완동물에 대한 정보나, 친구의 애완동물을 돌봐주는 상황에서 필요한 정보를 묻는 질문이 자주 출제됩니다. 위에서 답변했던 내용을 바탕으로 애완동물 관련 필요한 정보를 묻는 질문들을 미리 만들어 연습해두기 바랍니다.

C06-U04-05

 **[직접 질문하기] I also love pets and have one now. Please ask me three or four questions about my pet.**

저 또한 애완동물을 좋아하고, 현재 한 마리 기르고 있습니다. 제 애완동물에 대해 서너 가지 질문을 해보세요.

인사	Hi, Eva. I'm glad to know that you also have a pet.
질문 목적	I'd like to know about your pet if you don't mind.
질문	First, what kind of pet is it? Do you have a cat like me? I have two cats named Jing and Ming. What's your pet's name? And, what does it look like? Is it big or small? Lastly, I also want to know what your pet likes to do. My cats love to sleep all day long. I think they are pretty lazy. Is yours lazy too?
끝인사	Thank you for your answers. It was nice talking to you.

안녕하세요, 에바 씨. 에바 씨도 애완동물을 기르고 있다니 반갑네요. 괜찮다면 에바 씨가 기르고 있는 동물에 대해 알고 싶은데요. 먼저, 어떤 종류의 애완동물인가요? 저처럼 고양이를 가지고 있나요? 전 징과 밍이라는 고양이 두 마리를 기르고 있어요. 에바 씨의 애완동물 이름은 무엇인가요? 그리고, 어떻게 생겼나요? 큰가요 작은가요? 마지막으로, 그 애완동물이 무얼 하길 좋아하는지 알고 싶어요. 제 고양이들은 하루 종일 자는 것을 좋아해요. 제 생각엔 꽤 게으른 것 같아요. 에바 씨 애완동물도 게으른가요? 답변해 주셔서 감사합니다. 이야기해서 즐거웠어요.

C06-U04-06

 **[전화로 질문하기] I'll give you a situation and ask you to act it out. You are supposed to take care of your friend's dog while he is on his vacation. Call your friend and ask him three or four questions about taking care of his dog.**

상황을 하나 줄 테니 역할극을 해보세요. 당신은 친구가 휴가 가 있는 동안에 친구의 개를 돌봐주기로 했습니다. 친구에게 전화를 걸어, 개를 돌봐주는 것에 대해 서너 가지 질문을 해보세요.

인사	Hello? This is Taehee.
전화 목적	As you know, I'm supposed to take care of your dog, and I need to know what I should do. So, I'm calling you to ask some questions about it.
질문	First, how many times should I feed her per day? Is two times enough? When should I feed her? And, I also don't know how I should play with her. What does she like to do? Finally, is there anything else I should know about her?
끝인사	Thank you for your answers. I'll do my best. I hope you enjoy your vacation.

여보세요? 나 태희야. 내가 너네 개를 돌봐주기로 했잖아. 그런데 어떻게 돌봐야 할지 모르겠어. 그래서 몇 가지 질문이 있어서 전화했어. 먼저, 하루에 몇 번 먹이를 주어야 하니? 두 번이면 충분하니? 언제 먹여야 해? 그리고, 같이 있으면 어떻게 놀아줘야 할지도 모르겠어. 너네 개는 뭘 하길 좋아하니? 마지막으로 내가 너네 개에 대해 알아야 할 게 있니? 답변 고마워. 최선을 다할게. 휴가 잘 다녀와.

take care of ~를 돌보다   how many times 몇 번

답변 중
위기 상황 대처 표현

⭐ 상황 5 : 정확한 표현이 기억나지 않거나 사용하고 싶은 영어 표현을 모를 때

상황 설명 : 대부분의 수험생들이 답변을 준비하여 외워가는 경우가 많지만, 시험장에서의 여러 가지 상황에서는 준비한 내용이나 알고 있던 표현이 기억나지 않는 경우가 많습니다. 또한 처음 접해보는 문제에 대한 답변 중에 하고 싶은 이야기를 영어로 표현하지 못하는 경우도 발생합니다. 이런 경우에는 당황하여 같은 단어를 계속 반복하거나, '음, 어' 등과 같은 의성어를 되풀이 하는 것보다는, 단어가 기억나지 않음을 솔직히 이야기하고, 다른 방식으로 표현하는 방법을 빨리 찾아야 합니다.

➤ **Well, I don't know how to say this in English.**
이것을 영어로 어떻게 이야기하는지 모르겠어요.

➤ **I'm not sure if this word is right.**
이 단어가 맞는지 잘 모르겠어요.

➤ **Let me think about it for a second.**
잠깐만 생각해볼게요.

➤ **Let me see.**
잠시만요.

➤ **I'd rather say it in another way.**
다른 방식으로 이야기하는 것이 낫겠어요.

➤ **I'd rather say it in a different way.**
다른 방식으로 이야기하는 것이 낫겠어요.

UNIT 1 야구/축구 | **UNIT 2** 자전거 | **UNIT 3** 조깅

운동

Chapter 7에서는 OPIc Background Survey의 6번 [어떤 스포츠나 운동을 즐기십니까?] 항목에서 수험생들이 가장 많이 선택하는 주제들을 중심으로 다루었습니다. Chapter 7의 주제들을 참고하여 여러분이 자신이 주제에 대한 문제 유형들을 파악하고, 제시된 표현 및 패턴 공식에 맞추어 답변을 완성해보세요.

Unit 01 야구/축구

야구, 축구 및 구기종목은 OPIc Background Survey의 6번 항목 '스포츠나 운동'에서 많이 선택되는 주제입니다. 이들 구기종목을 좋아하는 이유, 규칙, 특징 등과 관련하여 표현 및 답변들을 잘 정리하면 여가 활동 항목인 '스포츠 관람'에서도 효과적으로 활용할 수 있으므로 미리 철저하게 나만의 답변을 완성해보세요.

인물 묘사
- ▸ 운동하는 사람들 및 자신이 속한 팀에 대한 묘사
- ▸ 좋아하는 야구/축구 팀 및 선수

장소 묘사
- ▸ 야구/축구를 하는 장소에 대한 묘사
- ▸ 좋아하는 야구/축구 팀 및 선수

설명
- ▸ 야구/축구를 좋아하는 이유
- ▸ 야구/축구의 규칙 설명
- ▸ 야구/축구 기술 설명

활동 패턴
- ▸ 언제, 얼마나 자주, 누구와 같이 야구/축구를 하는지

경험
- ▸ 야구/축구 하는 것을 좋아하게 된 계기
- ▸ 가장 최근에 야구/축구를 한 경험
- ▸ 기억에 남는 야구/축구 경기
- ▸ 야구/축구를 하다 부상당한 경험

 **출제 가능 질문 살펴보기**

[활동 패턴]

You indicated in the survey that you enjoy playing soccer. How often and when do you play soccer? Who do you usually play with? Where do you play it?

당신은 설문에서 축구 하는 것을 좋아한다고 답했습니다. 언제, 얼마나 자주 축구를 하나요? 주로 누구와 축구를 하나요? 축구를 하는 장소는 어디인가요?

[축구를 하는 장소]

Where do you usually play soccer? What does it look like? Why do you like to play soccer there?

어디에서 주로 축구를 하나요? 그곳은 어떻게 생겼나요? 왜 그곳에서 축구 하는 것을 좋아하나요?

[야구의 규칙 설명]

You indicated in the survey that you enjoy playing baseball. Can you tell me how to play baseball and some of its rules?

당신은 설문에서 야구 하는 것을 좋아한다고 답했습니다. 야구 경기를 하는 방법과 규칙 몇 가지를 이야기해 줄 수 있나요?

[기억에 남는 야구 경기]

Please tell me about one of the memorable baseball games you've played. How was the game? What made it so memorable?

당신이 했던 기억에 남는 야구 경기 하나에 대해 이야기해주세요. 경기는 어땠나요? 왜 그 경기가 특히 기억에 남나요?

Q1

You indicated in the survey that you enjoy playing soccer. How often and when do you play soccer? Who do you usually play with? Where do you play it?

당신은 설문에서 축구 하는 것을 좋아한다고 답했습니다. 언제, 얼마나 자주 축구를 하나요? 주로 누구와 축구를 하나요? 축구를 하는 장소는 어디인가요?

● 답변 구성 전략

얼마나 자주/누구와 ▶ 언제/어디서 ▶ 특정 사람들과 운동을 하게 된 계기 ▶ 실력 ▶ 내가 맡은 포지션 ▶ 느낌 및 생각

● 모범 답변 살펴보기

I ★ do like to play soccer. I play soccer every week with my college friends. 얼마나 자주/누구와 We go to a park near our university and rent a field for two hours on Wednesdays and Saturdays. 언제/어디서 We started playing soccer together when we decided to form an amateur soccer league team. 특정 사람들과 운동을 하게 된 계기 I think we are pretty good, and we still play in the league. In fact, next week we have a game. 팀의 실력 On our team, I am the goal keeper, and in our last game I didn't let the other team score a single goal. I'm hoping to do it again. 내 포지션 Playing soccer is a good way to spend time with my friends. 느낌 및 생각

저는 축구 하는 것을 정말 좋아합니다. 매 주 대학교 친구들과 축구를 합니다. 우리는 매 수요일과 토요일마다 학교 근처 공원에 가 두 시간 정도 축구장을 빌립니다. 우리가 축구를 같이 하게 된 것은 아마추어 축구 리그팀을 결성하기로 한 때부터 입니다. 제 생각에 우리는 정말 잘하고, 아직도 리그에서 활동하고 있습니다. 사실, 다음 주에 경기 하나를 할 것입니다. 우리 팀에서 저는 골키퍼이고, 지난 경기에서 저는 상대방에게 한 골도 내주지 않았습니다. 앞으로도 또 그렇게 되었으면 좋겠습니다. 축구를 하는 것은 친구들과 시간을 보내는 좋은 방법인 것 같습니다.

스피킹 노하우

★ do의 강조 용법

다른 조동사가 없는 문장에서 말하는 내용을 강조할 때, 일반동사 앞에 do를 써서 그 동사를 강조할 수 있습니다. 단, 시제는 do에서 나타냅니다.

ex A: You really like soccer, don't you? 너 정말 축구를 좋아하는구나, 그렇지?
B: Yes, I do like soccer. 응, 나 축구 정말 좋아해.

VOCA

rent (사용료를 내고) 빌리다　**decide to** ~하기로 결정하다　**form** 형성하다, 구성하다　**amateur** 아마추어
league 리그, 연맹　**a goal keeper** (축구의) 골키퍼

❶ 얼마나 자주/누구와

I play soccer [빈도수] **with** [운동을 같이 하는 사람들] .

저는 ___ 마다 ___ 와 축구를 합니다.

TIP 야구를 하는 경우 I play baseball every week with my neighbors. '저는 이웃 사람들과 매주 야구를 합니다'로 표현해보세요.

❷ 언제/어디서

We go to [특정 장소] **on** [운동을 하는 요일] .

우리는 주로 ___ 에 ___ 로 갑니다.

TIP 축구를 하는 시기는 [on+요일] 이외에 after school '방과 후에', after work '퇴근 후에', every weekend '매 주말에', during the lunch hour '점심 시간에' 등으로 표현할 수 있습니다.

❸ 특정 사람들과 운동을 하게 된 계기

We started playing soccer together when [주어+동사] .

우리는 ___ 하면서 같이 축구를 시작했습니다.

❹ 팀의 실력

I think [현재 팀의 실력] . 제 생각에 우리는 ___ 인 것 같습니다.

❺ 내 포지션(역할)

On our team, I am the [내 포지션] . 팀에서 저는 ___ 입니다.

❻ 느낌 및 생각

Playing soccer is a good way to [동사원형] .

축구를 하는 것은 ___ 하는 좋은 방법인 것 같습니다.

ex Playing soccer is a good way to get closer with my neighbors.
축구를 하는 것은 이웃 사람들과 가까워질 수 있는 좋은 방법인 것 같습니다.

● 표현 늘리기

■ 팀의 실력

We all have good hands at baseball. 우리는 모두 야구를 잘하는 것 같습니다.
We are not that good yet, but I'm sure we will. 아직 그렇게 잘하지는 못하지만, 잘하게 될 것이라고 확신합니다.
We are strong at shooting. 우리는 슈팅에 강합니다.
ex passing 패스 tackling 태클 heading 헤딩 defending 수비 attacking 공격

■ 축구 선수 포지션

a forward, a striker 공격수 a defender 수비수 a midfielder 미드필더
a goal keeper 골키퍼 a referee 심판 a benchwarmer 후보 선수

■ 야구 선수 포지션

an umpire 심판 a catcher 포수 a batter, a hitter 타자 a starting pitcher 선발 투수
a relief pitcher 구원 투수 a left fielder 좌익수 a right fielder 우익수 an infielder 내야수
an outfielder 외야수 a shortstop 유격수 a coach 코치

Q2

[축구를 하는 장소]

Where do you usually play soccer? What does it look like? Why do you like to play soccer there?

어디에서 주로 축구를 하나요? 그곳은 어떻게 생겼나요? 왜 그곳에서 축구 하는 것을 좋아하나요?

답변 구성 전략

축구를 하는 장소 1 ▷ 위치 ▷ 그곳에서 축구를 하는 이유 1 ▷ 이유 2 ▷ 축구를 하는 장소 2 ▷ 축구를 한 후에 하는 일

모범 답변 살펴보기

I usually like to play soccer along the Han River Park, near Yeoido. 축구를 하는 장소 1 It is conveniently located in the middle of Seoul near the subway and bus routes. 위치 I like to go there because there are a few good soccer fields there. 이유 1 Also, it is near the river, so the air is cooler and there is a nice breeze. 이유 2 Sometimes we go to a different part of the Han River Park when Yeoido is too crowded. There are so many good places to play soccer along the Han River. 축구를 하는 장소 2 Afterwards we usually go out for some chicken and beer. 축구를 한 후에 하는 일

저는 여의도 근처 한강 공원에서 축구 하는 것을 좋아합니다. 한강 공원은 서울 중심부 지하철과 버스길 근처에 편리하게 위치해 있습니다. 우리가 거기서 축구 하는 것을 좋아하는 이유는 그곳에 좋은 축구장이 몇 개 있기 때문입니다. 또한, 강 근처에 있어서 공기도 더 시원하고, 바람도 좋습니다. 가끔 여의도에 사람이 너무 많으면, 한강 공원의 다른 쪽에 가기도 합니다. 한강을 따라서 축구를 할 수 있는 좋은 장소가 많습니다. 축구를 하고 난 뒤에, 우리는 보통 치킨과 맥주를 마시러 갑니다.

스피킹 노하우

★ ~가 있다 [there+be동사+명사]

there 다음에 따라 나오는 명사의 개수에 따라 단수형인 there is~ 또는 복수형인 there are~로 바꾸어 사용해야 한다는 점을 잊지 마세요.

ex There is a good soccer field near my house. 우리 집 근처에 좋은 축구장이 하나 있습니다.

There are not many soccer fields in my neighborhood. 우리 동네에는 축구장이 많지 않습니다.

VOCA

the Han River Park 한강 공원   **conveniently** 편리하게   **bus routes** 버스 노선, 버스길

a soccer field 축구장   **a breeze** 미풍, 산들바람   **crowded** 붐비는, 복잡한

along ~를 따라서   **afterwards** 나중에, 그 뒤에

❶ 축구를 하는 장소 1

I usually like to play soccer 특정 장소 1 .

저는 주로   에서 축구 하는 것을 좋아합니다.

TIP 장소의 특징에 따라 전치사와 함께 사용하세요. [전치사+특정 장소]

❷ 위치

It is located 위치 설명 .

그곳은   에 위치해 있습니다.

ex on the left side of my school campus 학교 캠퍼스 왼쪽에
in the southern part of my town 동네의 남쪽에

❸ 그곳에 가는 이유 1

I like to go there because 이유 설명 .

제가 그곳에 가는 이유는   때문입니다.

❹ 그곳에 가는 이유 2

Also, 이유 설명 .

또한,   이기도 합니다.

❺ 축구를 하는 장소 2

Sometimes we go to 특정 장소 2 .

가끔은 우리는   에 가기도 합니다.

TIP 어떤 경우에 그 장소에 가는지, 그곳의 특징이나 가는 이유는 무엇인지 덧붙여 설명해보세요.

ex Sometimes we go to an indoor gym for practice when it rains.
가끔 우리는 비가 오면 연습을 위해 실내 체육관에 가기도 합니다.

❻ 축구를 한 후에 하는 일

Afterwards we usually [동사] .

축구를 하고 난 뒤에 우리는 보통   를 합니다.

■ 특정 장소에서 축구/야구를 하는 이유

It is very clean. 그곳은 매우 깨끗합니다.

It is free to use. 그곳은 무료로 사용할 수 있습니다.

It is not crowded. 그곳은 붐비지 않는 곳입니다.

It is big enough to use. 그곳은 사용하기에 충분히 큽니다.

It is easy to get there by any transportation means. 그곳은 어떤 교통수단으로도 가기가 쉽습니다.

It is not that expensive to rent the field. 그 축구장을 빌리는 것은 그렇게 비싸지 않습니다.

It is easy to find another team to play with there. 그곳에서는 같이 경기를 할 다른 팀들을 쉽게 찾을 수 있습니다.

The grass in the field is well-maintained. 잔디가 잘 되어 있습니다.

We don't need to care about passers-by. 지나가는 사람들을 신경 쓰지 않아도 됩니다.

There are some benches around the field where I can take a rest. 근처에 쉴 수 있는 벤치가 있습니다.

There are some good snack bars to use near the field. 근처에 좋은 분식점들이 몇 개 있습니다.

Q3

[야구의 규칙 설명]

You indicated in the survey that you enjoy playing baseball. Can you tell me how to play baseball and some of its rules?

당신은 설문에서 야구하는 것을 좋아한다고 답했습니다. 야구 경기를 하는 방법과 규칙 몇 가지 이야기해줄 수 있나요?

● 답변 구성 전략

● 모범 답변 살펴보기

I can tell you a little bit about how to play baseball. 소개 First of all, baseball is a sport where one team will bat while the other team is out in the field. 야구의 전반적인 규칙 ★The game consists of nine innings, and each team has nine players. 경기 구성/팀의 인원 To win the game, the team has to score more runs throughout nine innings. 우승 규칙 To be specific, the pitcher will throw the ball towards the batter, and the batter will try to hit the ball with the bat. If he hits the ball then he should run around the bases until he scores a run. 경기 방법 1 The other team has to catch the ball the batter hit. 경기 방법 2 It will be considered a foul if the batter hits the ball and it goes behind him. 파울 The rules sound complicated, but once you know these rules, you will have a lot of fun. 느낌 및 생각

야구 하는 방법을 조금은 이야기해줄 수 있습니다. 먼저, 야구는 한 팀이 공을 치고 다른 한 팀이 공을 잡으러 필드에 나가 있는 스포츠입니다. 경기는 9개의 이닝으로 이루어져 있고, 각 팀은 한 번에 9명까지 경기를 할 수 있습니다. 경기에서 이기기 위해서는 팀이 9개의 이닝에 걸쳐 더 많은 점수를 얻어야 합니다. 구체적으로 말하면, 투수가 타자 쪽으로 공을 던지고, 그 타자는 야구 방망이로 공을 쳐야 합니다. 타자가 공을 치면 점수를 낼 때까지 베이스를 다 돌아야 합니다. 상대방 팀은 타자가 친 공을 받아내야 합니다. 타자가 공을 쳐서 그 공이 타자의 몸 뒤로 가면 파울로 인정이 됩니다. 야구 경기 규칙은 복잡하게 들리겠지만, 한번 규칙에 대해 알면, 더 재미를 느낄 수 있을 것입니다.

스피킹 노하우

★ ～로 이루어져 있다 [주어+consist of+명사]

많은 수험생이 consist라는 일반동사 앞에 is 등의 be동사를 붙여 사용하는 실수를 많이 합니다. consist는 자동사로 독립된 형태로 사용되어야 합니다.

> **ex** Each team is consisted of nine players. (X) 각 팀은 9명의 선수로 이루어져 있습니다.
> Each team consists of nine players. (O)

VOCA

bat 방망이, 공을 치다 score 점수를 얻다 to be specific 구체적으로 말하면 throw 던지다 toward ～쪽으로
the bases 야구의 베이스(만루) catch 잡다 consider ～로 여기다 a foul 파울 complicated 복잡한

❶ 소개

I can tell you a little bit about how to play [경기] .

[경기]하는 방법을 조금은 이야기해줄 수 있습니다.

❷ 전반적인 규칙

First of all, [경기] is a sport where one team will [동사] while the other team [동사] .

먼저, [경기]는 한 팀이 [동사]하고, 다른 한 팀이 [동사]하는 스포츠입니다.

❸ 경기 구성 및 팀의 인원

The game consists of [경기 시간 구성] , and each team has [인원수] .

경기는 [경기 시간 구성]로 이루어져 있고, 각 팀은 [인원수]명을 선수로 합니다.

❹ 우승 규칙

To win the game, the team has to [동사원형] .

경기에서 이기기 위해서는, 팀이 [동사원형]를 해야 합니다.

❺ 경기 방법 1

To be specific, [규칙 설명] .

구체적으로 이야기하면, [규칙 설명]합니다.

❻ 경기 방법 2

The other team has to [동사원형] .

상대팀은 [동사원형]를 해야 합니다.

❼ 파울

It will be considered a foul if [주어+동사] .

[주어+동사]하면 파울로 인정됩니다.

❽ 느낌 및 생각

Once you know these rules, you will [동사원형] .

일단 규칙에 대해 알면, 더 [동사원형]할 것입니다.

◪ 축구 경기 규칙

One team will attack while the other team defends. 한 팀은 공격을 하고 다른 팀은 수비를 합니다.

The game consists of two 45 minute halves. 경기는 45분짜리 전반과 후반으로 이루어져 있습니다.

Each team has eleven players. 각 팀은 11명을 선수로 합니다.

To win the game, the team has to score more goals. 이기기 위해서는 더 많은 골을 넣어야 합니다.

The team has to kick the ball into the net for a score. 득점을 위해 골대 안으로 공을 차 넣어야 합니다.

They can use any parts of body except for hands when they have the ball.
공을 가지고 있을 때는 손을 제외한 모든 몸의 부분을 이용할 수 있습니다.

The other team has to try to stop the goal. 상대 팀은 골을 막기 위해 노력해야 합니다.

They can steal the ball by tackling. 태클을 이용하여.공을 빼앗을 수 있습니다.

It will be considered a foul if a player kicks or attempt to kick an opponent.
상대방 선수를 발로 차거나 차려고 시도하면 파울로 인정됩니다.

They should not push the opponents, including the goalkeeper.
골키퍼를 포함해 상대방 선수를 밀지 말아야 합니다.

Q4

[기억에 남는 야구 경기]

Please tell me about one of the memorable baseball games you've played. How was the game? What made it so memorable?

당신이 했던 기억에 남는 야구 경기 하나에 대해 이야기해주세요. 경기는 어땠나요? 왜 그 경기가 특히 기억에 남나요?

● 답변 구성 전략

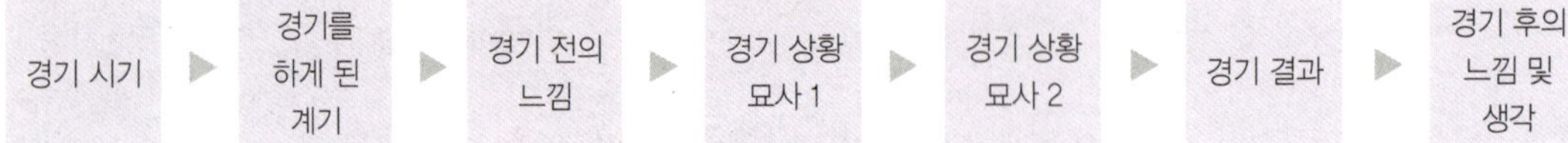

● 모범 답변 살펴보기

It was last month **when I played a memorable baseball game.** 경기 시기 I am on a local baseball team, and **we decided to** have a friendly game with another local team. 경기를 하게 된 계기 **We were very** ★nervous about the game **because** the opponent team was our greatest rival. 경기 전의 느낌 **It was** a tough **game since** it was a rainy day and the ground was quite slippery. In addition, the game was tied until the eighth inning. 경기 상황 묘사 1 **In the very last inning**, however, there was a miracle home run! 경기 상황 묘사 2 **In the end**, we won the game against our rival! 경기 결과 **Even though we were all exhausted after the game**, we couldn't conceal our delight. 경기 후의 느낌 및 생각

제가 기억에 남는 야구 경기를 했던 것은 지난 달이었습니다. 저는 지역 야구팀에 있는데, 그 때 당시 우리 팀은 다른 지역 팀과 친선경기를 하기로 했습니다. 상대 팀은 우리의 최대의 라이벌이었기 때문에 우리는 모두 경기에 대해 긴장을 하고 있었습니다. 그 날은 비 오는 날이었고, 땅은 매우 미끄러웠기 때문에 힘든 경기였습니다. 게다가, 8회까지는 동점을 기록하고 있었습니다. 그러나, 9회말 마지막에 기적적인 홈런이 있었습니다. 마침내, 우리는 우리의 라이벌을 이겼습니다. 경기 후에 우리 모두는 지치긴 했지만, 기쁨은 감출 수 없었습니다.

스피킹 노하우

★ ~에 (대해) ~한 [감정을 나타내는 형용사+전치사]

감정을 나타내는 형용사는 그 대상과 함께 쓰이는 경우가 많은데, 형용사에 따라 전치사를 다르게 사용해야 한다는 것을 명심하세요.

ex amused by/at ~에 즐거워하는   excited about ~에 신난, 흥분한   embarrassed by/in ~에 당황한
disappointed with ~에 실망한   satisfied with ~에 만족한   interested in ~에 관심 있는   surprised by/at ~에 놀란

VOCA

local 지역의   a friendly game 친선 경기   the opponent team 상대방 팀   a rival 라이벌   slippery 미끄러운
tied 동점인   miracle 기적적인   a home run 홈런   exhausted 지친   conceal 감추다   delight 기쁨

❶ 경기 시기

It was   구체적 시기   when I played a memorable baseball game.

제가 기억에 남는 야구 경기를 했던 것은   였습니다.

❷ 경기를 하게 된 계기

I(We) decided to   [동사원형]   .

제(우리)는   하기로 했습니다.

❸ 경기 전의 느낌

We were very   [형용사]   because   [주어+동사]   .

우리는   했기 때문에 매우   했습니다.

ex   We were very nervous because it was our last chance to a bigger league.
더 큰 리그 진출의 마지막 기회였기 때문에 우리는 매우 긴장했습니다.

❹ 경기 상황 묘사 1

It was a   [형용사]   game since   [주어 + 동사]   .

         해서 정말   한 경기였습니다.

ex   hard, tough 힘든   easy 쉬운   difficult 어려운   interesting 재미있는   challenging 도전적인

❺ 경기 상황 묘사 2

In the very last inning,   상황 묘사   .

9회말 마지막까지는   였습니다.

TIP   축구라면, In the first half '전반전에' 등 half로 표현해보세요. 그 외에 in the last few minutes '마지막 몇 분을 남기고', In the middle of the game '경기 중간에' 등으로 표현할 수도 있습니다.

❻ 경기 결과

In the end,   경기 결과 묘사   .

마침내,   했습니다.

❼ 느낌 및 생각

Even though we were all exhausted after the game,   경기 후의 느낌   .

경기 후에 우리 모두는 지치긴 했지만,   했습니다.

■ 기억에 남는 야구/축구 경기 상황 묘사

There were some professional players in the other team. 상대방 팀에 프로 선수들이 몇 명 있었습니다.
It was a rainy/snowy day. 그 날은 비가 오는/눈이 오는 날이었습니다.
The game was really close until the end. 마지막까지 막상막하였습니다.
Some of my team members got hurt. 우리 팀 몇 명이 부상을 당했습니다.
Suddenly, I tripped and sprained my ankle. 갑자기 제가 넘어져서 발목을 삐었습니다.
I hit a homerun! 제가 홈런을 쳤습니다!
I scored a goal at a critical moment. 결정적인 순간에 제가 골을 넣었습니다.
I made a mistake and kick the ball in the wrong goal. 제가 실수로 자살골을 넣었습니다.
We got a penalty kick. 우리는 페널티 킥을 얻었습니다.
The most skillful player got struck out. 가장 뛰어난 선수가 삼진아웃을 당했습니다.
We won/lost the game a score of six to four. 우리는 6대 4로 이겼습니다/졌습니다.
We came from behind to win. 우리는 역전승을 했습니다.
We won the game by a narrow margin. 우리는 경기에서 간신히 이겼습니다.

 **롤플레이 문제 : 축구장 예약**

야구 및 축구 관련 롤플레이는 Eva의 야구/축구 경험에 대한 질문하기 유형도 종종 출제되지만, 야구장이나 축구장 예약과 관련 질문하기, 문제 상황 해결에 대한 유형의 빈도가 높습니다. 미리 질문거리나 해결 방법을 생각하여 답변에 활용할 수 있도록 하세요.

C07-U01-05

 **Q1** [전화로 질문하기] **You want to reserve a place to play soccer with your friends next weekend. Call the park's office and ask three or four questions to reserve the place.**

당신은 다음 주말에 친구들과 축구를 할 장소를 예약하고 싶어 합니다. 공원 사무실에 전화해서 축구장 예약을 위한 서너 가지 질문을 해보세요.

인사	Hello, is this the ABC Park?
전화 목적	I'd like to reserve one of the soccer fields there for next Saturday, so I'd like to ask some questions about it.
질문	First, do you have any availability for Saturday afternoon? Yes, maybe from 3 P.M. for two hours. You do? Great. How much is it per hour? I see. Do you offer any discount for students? I heard students can get a 10-percent discount. Oh, and do you have shower facilities there?
끝인사	Thank you for your answers. Then, I'd like to make a reservation.

여보세요, ABC 공원이죠? 다음 주 토요일에 축구장 하나를 예약하고 싶어서 몇 가지 여쭤볼게 있는데요. 먼저, 토요일 오후에 축구장을 빌릴 수 있나요? 네, 아마 오후 3시부터 2시간 동안이요. 있어요? 잘됐네요. 시간당 얼마인가요? 그렇군요. 학생에게 할인을 해주나요? 학생이면 10% 할인을 받을 수 있다고 들었는데요. 아, 그리고 샤워시설도 있나요? 친절한 답변 감사합니다. 그러면 예약을 할게요.

reserve 예약하다　**per hour** 시간당　**get a discount** 할인을 받다　**shower facilities** 샤워시설

C07-U01-06

 **Q2** [대안 제시하기] **You went to the place you reserved, but there are already some people playing soccer at that place. Call the park's office again, explain the situation and offer two or three options to solve the problem.**

예약한 장소에 갔지만, 그 장소에는 이미 다른 사람들이 축구를 하고 있었습니다. 공원 사무실에 다시 전화해서, 상황을 설명하고 문제를 해결하기 위한 대안을 두세 가지 제시해보세요.

인사	Hello, my name is Tommy Kim, and I rented a soccer field for today.
전화 목적	I rented field number three from 3 to 5 P.M., but I think we have a problem.
상황 설명	When I got there, some people were already playing on that field.
대안 제시	Could you check the schedule again? I think there must be some misunderstanding. Is the field double booked? Oh, well, is there another field we can play on right now? How about from 4 P.M.? O.K. I guess we have no choice.
끝인사	Thank you.

여보세요, 제 이름은 토미 김이고, 오늘 축구장을 빌렸는데요. 오늘 3시부터 5시까지 3번 축구장을 빌렸는데, 문제가 생긴 것 같아요. 도착하니 어떤 사람들이 이미 그 축구장에서 축구를 하고 있던데요. 다시 한번 스케줄표를 확인해주시겠어요? 무슨 착오가 생긴 것 같은데요. 축구장이 이중으로 예약된 건가요? 아, 그럼 지금 당장 사용할 수 있는 다른 축구장이 있나요? 4시부터는 어떤가요? 그래요. 달리 선택할 방법이 없네요. 감사합니다.

rent (돈을 주고) 빌리다　**misunderstanding** 오해, 착오　**double** 이중의　**right now** 당장

Unit 02　자전거

OPIc Background Survey의 6번 '운동' 항목에서 자전거처럼 어떤 장비나 기구를 이용하는 운동 종목을 선택한다면 그 장비나 기구와 관련하여 외관 묘사라든지, 그 장비를 이용할 때 주의해야 할 점 등에 대한 문제가 출제될 가능성이 있습니다. 이외의 문제들은 다른 항목과 비슷하게 운동 패턴, 경험, 그 운동을 하는 장소 등에 대한 문제가 출제되니 이런 부분들에 대해 답변을 잘 정리해두는 것이 좋습니다.

장소 묘사 ▶ 자전거를 주로 타는 장소

사물 묘사 ▶ 갖고 있는 자전거 묘사

설명
▶ 자전거 타는 것을 좋아하는 이유
▶ 자전거 타기 좋은 계절

일반 활동 패턴 ▶ 언제, 어디서 주로 자전거를 타는지

경험
▶ 자전거를 처음 탄 경험
▶ 자전거를 타던 중 겪은 기억에 남는 일
▶ 자전거를 타던 중 부상을 겪은 경험
▶ 자전거 고장 경험

출제 가능 질문 살펴보기

[자전거 묘사]

You indicated in the survey that you like to ride a bicycle. Can you describe your bicycle? What does it look like? Where did you buy it?

당신은 설문에서 자전거 타는 것을 좋아한다고 답했습니다. 가지고 있는 자전거를 묘사해 줄 수 있나요? 어떻게 생겼나요? 그 자전거는 어디에서 샀나요?

[자전거를 배운 경험]

When was the first time you rode a bike? Who taught you how to ride it?

자전거를 처음 탄 적은 언제인가요? 누가 자전거 타는 법을 가르쳐 주었나요?

[부상 경험]

Sometimes you might get hurt when you ride a bicycle. Do you have any experience getting injured while you rode a bicycle? What happened? How can you avoid an injury?

가끔은 자전거를 타다 다칠 수도 습니다. 자전거를 타다가 다친 경험이 있나요? 무슨 일이 있었나요? 어떻게 부상을 피할 수 있을까요?

Q1

[자전거 묘사]

You indicated in the survey that you like to ride a bicycle. Can you describe your bicycle? What does it look like? Where did you buy it?

당신은 설문에서 자전거 타는 것을 좋아한다고 답했습니다. 가지고 있는 자전거를 묘사해 줄 수 있나요? 어떻게 생겼나요? 그 자전거는 어디에서 샀나요?

• 답변 구성 전략

자전거를 구입한 곳 ▶ 가격 ▶ 종류 ▶ 색깔 및 외관 ▶ 자전거의 좋은 점 ▶ 타는 장소 및 용도 ▶ 느낌 및 생각

• 모범 답변 살펴보기

Yes, I do like to ride a bicycle, and I have a great one. 도입 I got my bicycle from the best Korean bicycle store, Samchuly. 자전거를 구입한 곳 It was very expensive, costing me over a thousand US dollars. But it was worth it because I wanted to have the best bicycle possible. 가격 It is a racing bike. I like to race. 자전거의 종류 It is black and silver, with a painted Korean flag on the body. 색깔 및 외관 What I like about my bicycle is that it is very fast and lightweight but still very strong. 자전거의 좋은 점 I usually ride my bicycle at the park near my house for races. When I go there, the other riders are always impressed with my bicycle. 자전거를 타는 장소/용도 Overall, I'm very satisfied with my bicycle. 느낌 및 생각

네, 저는 자전거 타는 것을 정말 좋아하고, 좋은 자전거를 한 대 가지고 있습니다. 저는 그 자전거를 한국 최고의 자전거 브랜드인 삼천리에서 샀습니다. 제 자전거는 매우 비싼데, 미국 달러로 약 1,000불 이상 됩니다. 그러나 가능하면 최고의 자전거를 가지고 싶었기 때문에 그만큼 가치는 있습니다. 그 자전거는 경주용 자전거입니다. 저는 자전거 경주를 좋아합니다. 자전거 몸체에는 한국 국기가 그려져 있고, 색깔은 검정색과 은색입니다. 제 자전거의 좋은 점은 가볍고 빠르지만, 강하다는 것입니다. 저는 주로 레이스를 위해 자전거를 가지고 집 근처 공원에 갑니다. 거기에 가면 다른 사람들이 항상 제 자전거에 감탄합니다. 전반적으로, 저는 제 자전거에 아주 만족하고 있습니다.

스피킹 노하우

★ **대명사 one**

대명사 one은 앞에서 언급했거나, 이야기를 듣는 상대방이 알고 있는 사람, 사물 등을 다시 가리킬 때 명사의 반복을 피하기 위해 쓰일 수 있습니다.

ex My old bicycle was broken, so I bought a new one. 이전 자전거가 고장 나서, 새 자전거를 구입했습니다.

VOCA

ride a bicycle 자전거를 타다   cost (값, 비용이) 들다   worth ~의 가치가 있는   race 경주를 하다
a flag 국기   lightweight 경량의   a rider (자전거 등을) 타는 사람   be impressed with ~에 감명을 받은

❶ 도입

Yes, I do like to ride a bicycle, and I have a [형용사] one.

네, 저는 자전거 타는 것을 정말 좋아하고, [   ] 자전거를 한 대 가지고 있습니다.

(ex) 형용사 활용: the latest 가장 최신의   pretty 예쁜   nice 좋은   old 오래된

❷ 자전거를 구입한 곳

I got my bicycle from [구입한 곳] .

저는 그 자전거를 [   ] 에서 구입했습니다.

(ex) I got my bicycle from the Internet. 저는 인터넷에서 제 자전거를 샀습니다.

❸ 가격

It costed me about [비용] . 그것은 [   ] 정도였습니다.

(TIP) 얼마 정도의 비용이 들었는지 가격과 더불어 싼지, 비싼지 등에 대해서도 이야기해보세요.

❹ 자전거의 종류

It is a [종류] . 그것은 [   ] 입니다.

(TIP) 자전거의 종류와 함께 용도도 이야기해보세요.

(ex) It is a city bike. I bought it for my commute to work.
그것은 도시용 자전거입니다. 출퇴근을 위해 샀습니다.

❺ 색깔 및 외관(부속품)

It is [색깔] with [특징적인 부속품] .

[   ] 가 달려있는 [   ] 색 자전거입니다.

❻ 자전거의 좋은 점

What I like about my bicycle is that [주어 + 동사] .

제 자전거의 좋은 점은 [   ] 하다는 것입니다.

❼ 느낌 및 생각

Overall, [느낌 및 생각] . 전반적으로 [   ] 합니다.

◼ 자전거의 종류(용도)

a road bike 일반 도로용 자전거   a mountain bike 산악 자전거   a trekking bike 트래킹용(등산용) 자전거
a recreational bike 레저용 자전거   an urban commuting bike 도시용(출근용) 자전거
a touring bike 여행용(먼 거리용) 자전거   a cross bike, a racing bike 레이스용 자전거

◼ 자전거 외관 묘사

· 색깔을 나타내는 형용사: silver-stripped 은색 줄이 있는   blue 파란색의   black 검은색의   yellow 노란색의
· 부속품: a basket 바구니   a bell 벨   a comfortable seat 편안한 의자   a child seat 어린이용 의자
small cycle mirrors 작은 거울   a water bottle cage 물통   a GPS 지피에스 (네비게이션)
a cycling computer 자전거용 컴퓨터   a front light 전조등   a rear light 후미등

◼ 자전거의 장점

It has many adjustable speeds. 다양하게 스피드를 조절할 수 있습니다.
The brakes are excellent. 브레이크가 훌륭합니다.   It is handcrafted. 그 자전거는 수제품입니다.
It is well-suited for paths in the woods. 숲 속 길을 달리기에 딱 적당합니다.
It is famous for its durability. 내구성이 있기로 유명합니다.

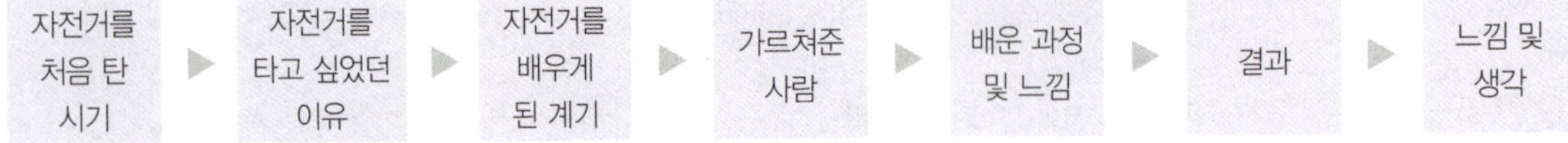

Q2

[자전거를 배운 경험]

When was the first time you rode a bike? Who taught you how to ride it?

자전거를 처음 탄 적은 언제인가요? 누가 자전거 타는 법을 가르쳐 주었나요?

• 답변 구성 전략

자전거를 처음 탄 시기 ▶ 자전거를 타고 싶었던 이유 ▶ 자전거를 배우게 된 계기 ▶ 가르쳐준 사람 ▶ 배운 과정 및 느낌 ▶ 결과 ▶ 느낌 및 생각

• 모범 답변 살펴보기

I first rode a bicycle when I was six. 자전거를 처음 탄 시기 My older brother was always riding his bicycle, and I wanted to be like my brother. 자전거를 타고 싶었던 이유 At Christmas, I was able to get my very first new bicycle. My parents bought me that bicycle as a gift! 자전거를 배우게 계기 ★It was my father who taught me how to ride my new bike. 가르쳐준 사람 I always remember how difficult it was to learn to ride my bicycle in the snow! I was very terrified for the first few hours. 자전거를 배운 과정 및 느낌 Eventually, I was riding successfully because my father was very patient with me. 결과 Since then, I have always enjoyed riding a bicycle, and I often ride it for races with my friends. 느낌 및 생각

제가 처음 자전거를 탄 것은 6살 때였습니다. 형이 항상 자전거를 타서, 항상 형처럼 되고 싶었습니다. 크리스마스 때, 저는 저의 첫 번째 자전거를 가질 수 있게 되었습니다. 부모님께서 선물로 자전거를 사주신 것입니다! 자전거 타는 법을 가르쳐 준 사람은 우리 아버지입니다. 저는 눈 속에서 자전거를 타는 것이 얼마나 어려웠는지 아직까지 기억납니다! 처음 몇 시간 동안은 정말 무서워했었습니다. 아버지께서 인내심을 가지고 가르쳐주신 덕분에 저는 마침내 성공적으로 자전거를 탈 수 있었습니다. 그때 이후로 항상 자전거 타는 것을 즐겨왔고, 종종 친구들과 레이스를 하기도 합니다.

스피킹 노하우

★ ~한 사람은 바로 ~이다 [It is+특정한 사람 who+동사]

어떤 동작이나 행동을 한 사람을 강조할 때 사용할 수 있습니다.

ex It was my brother who taught me how to ride a bike. 자전거 타는 법을 가르쳐 준 사람은 바로 제 형입니다.
It was my uncle who bought me that bike. 그 자전거를 사준 사람은 바로 제 삼촌입니다.

VOCA

[be able to+동사원형] ~할 수 있다   in the snow 눈 속에서   terrified 무서워하는, 겁에 질린   patient 인내심이 있는

❶ 자전거를 처음 탄 시기

I first rode a bicycle when [주어+동사] .
제가 처음 자전거를 탄 것은　　　　　때였습니다.

❷ 자전거를 타고 싶었던 이유

I wanted to [동사원형] .
저는　　　　하고 싶었습니다.

❸ 자전거를 배우게 된 계기

One day , I was able to [동사원형] .
어느 날, 저는　　　　를 할 수 있게 되었습니다.

> ex I was able to get the chance to learn how to ride a bike.
> 자전거 타는 법을 배울 기회를 가질 수 있었습니다.

❹ 가르쳐준 사람

It was 사람 who taught me how to ride my bicycle.
제게 자전거 타는 방법을 가르쳐준 사람은　　　　였습니다.

❺ 배운 과정 및 느낌

I always remember how 형용사 it was to [동사원형] .
　　　　하는 것이 얼마나　　　　했는지 항상 기억납니다.

❻ 결과

Eventually, I was riding successfully.
마침내, 저는 성공적으로 자전거를 탈 수 있었습니다.

❼ 느낌 및 생각

Since then, I have always [동사의 과거분사형] .
그때 이후로 저는 항상　　　　해왔습니다.

● 표현 늘리기

◼ 자전거를 타게 된 계기(이유)

do something regularly for my health 건강을 위해 뭔가 규칙적으로 하다
do something fun with my boyfriend 남자친구와 뭔가 재미있는 것을 하다
lose weight 살을 빼다　commute to school by bicycle 자전거로 학교에 통학하다
save money 돈을 절약하다　join the cycling club 자전거 동아리에 가입하다
ride a bicycle well like my friends 친구들처럼 자전거를 잘 타다

◼ 배운 과정 및 느낌

how difficult it was to keep the balance 균형을 유지하는 것이 얼마나 어려운지
how difficult it was to control the brakes 브레이크를 조작하는 것이 얼마나 어려운지
how difficult it was to adjust the speed 스피드를 조절하는 것이 얼마나 어려운지
how hard it was to keep pedaling 페달을 밟고 있는 것이 얼마나 힘들었는지
how hard it was to ride up the hill 자전거로 언덕을 오르는 것이 얼마나 힘들었는지
how exciting it was to ride down the hill 자전거로 언덕을 내려오는 것이 얼마나 재미있었는지
how exciting it was to ride through the wind 바람을 가르며 자전거를 타는 것이 얼마나 재미있었는지

Q3

[부상 경험]

Sometimes you might get hurt when you ride a bicycle. Do you have any experience getting injured while you rode a bicycle? What happened? How can you avoid an injury?

가끔은 자전거를 타다 다칠 수도 습니다. 자전거를 타다가 다친 경험이 있나요? 무슨 일이 있었나요? 어떻게 부상을 피할 수 있을까요?

답변 구성 전략

모범 답변 살펴보기

Yes, I have been injured before while riding my bicycle. 도입 **It happened** about seven years ago. 경험 시기 **I was riding with** my friends along a dirt path in a mountain park. My friends decided that it would be fun to have a race. 사건의 발단 **While I was riding**, I rode faster than all of my friends because I wanted to win. 전개 **Suddenly**, there came a sharp turn in the path, and I was going too fast to turn or stop. 절정 **As a result**, I fell down and was seriously injured. I woke up in the hospital but luckily I only broke my arm. 결과 **I still like to ride my bicycle** with my friends, **but I have learned** to never have a race on a mountain path again. 느낌 및 생각

네. 저는 자전거를 타다가 다친 적이 있습니다. 약 7년 전에 일어난 일입니다. 저는 제 친구들과 산에서 흙길을 따라 자전거를 타고 있었습니다. 친구들이 경주를 하는 것이 재미있을 것 같다고 했습니다. 저는 경주에서 이기고 싶었기 때문에 타는 동안 다른 친구들보다 더 빠르게 달렸습니다. 갑자기 급커브길이 나타났고, 저는 그 커브를 돌거나 멈추기에는 너무 빨리 달리고 있었습니다. 결국, 저는 넘어져 심하게 다쳤습니다. 저는 병원에서 깨어났지만 다행히 팔만 부러져 있었습니다. 아직까지도 친구들과 자전거 타는 것을 좋아하지만, 산길에서는 다시는 경주를 하면 안 된다는 것을 깨달았습니다.

스피킹 노하우

★ 자동사 happen '~가 발생하다, 일어나다'

수험생 중에는 가끔 happen을 수동태나 타동사 형태로 잘못 사용하는 경우가 있습니다. 주어 다음에 목적어를 취하지 않는 happen이 자동사로 바로 나올 수 있도록 유의하세요.

ex The accident happened last month. (O) 그 사고는 지난달에 일어났습니다.

The accident was happened last month. (X)   It was happened the accident last month. (X)

VOCA

get hurt, get injured 다치다, 부상을 당하다   **happen** 발생하다, 벌어지다   **a dirt path** 흙길   **turn** 돌다
a sharp turn 급커브   **fall down** 넘어지다   **seriously** 심하게

❶ 도입

Yes, I have been injured before while riding my bicycle.
네, 저는 자전거를 타다가 다친 적이 있습니다.

❷ 경험 시기

It happened [구체적 시기] .
그 일은   에 일어났습니다.

❸ 사건의 발단

I was riding with [사람+자전거를 탄 장소] .
저는   와   에서 자전거를 타고 있었습니다.

> ex I was riding alone on a rugged trail. 저는 울퉁불퉁한 산책로에서 자전거를 타고 있었습니다.

❹ 전개

While I was riding, [주어+동사] .
자전거를 타는 동안,   했습니다.

> ex While I was riding, I was listening to music. 자전거를 타면서 저는 음악을 듣고 있었습니다.

❺ 절정

Suddenly, [사건이나 사건의 원인 묘사] .
갑자기   했습니다.

❻ 결과

As a result, [결과 및 부상 묘사] .
결국   했습니다.

❼ 마무리

I still like to ride my bicycle, but I have learned to [동사원형] .
아직까지도 자전거 타는 것을 좋아하지만,   해야 한다는 것을 깨달았습니다.

● 표현 늘리기

▣ 사건 및 원인 묘사

I didn't see a car coming toward me. 제 쪽으로 다가오는 차를 보지 못했습니다.
I saw off the road while I was trying to see a map. 지도를 보려고 하다가 길을 제대로 보지 못했습니다.
I bumped into a person coming from the other side. 반대쪽에서 오던 사람과 부딪혔습니다.
I got a flat tire. 타이어가 펑크 났습니다.   The chain fell off. 체인이 빠졌습니다.
I crashed into a tree. 나무에 충돌했습니다.   I couldn't control the speed. 스피드를 조절할 수 없었습니다.
The gear shift broke. 기아 변속기가 고장이 났습니다.

▣ 결과 및 부상 묘사

I fell off my bike. 자전거에서 떨어졌습니다.
I tumbled down the hill with my bike. 자전거와 함께 언덕에서 굴러 떨어졌습니다.
I got hurt on my neck. 목을 다쳤습니다.
I had to go to the emergency room. 응급실에 가야 했습니다.
The accident left me a scar. 그 사고로 흉터가 남았습니다.
My bicycle got smashed. 자전거가 박살이 났습니다.

 **롤플레이 문제 :** 자전거 및 자전거 대회 관련 정보 묻기

자전거 관련 롤플레이 문제에서는 Eva의 자전거 및 경험 관련 정보를 물어보거나, 친구에게 전화를 걸어 자전거 대회 및 자전거 타는 것과 관련된 정보를 물어보는 질문하기 유형이 자주 출제됩니다. 앞에서 준비한 답변 내용을 바탕으로 어휘나 표현을 정리하고 롤플레이 문제에서 활용할 수 있도록 하세요.

Q1 [직접 질문하기] **I also enjoy cycling and I have one bicycle. Please ask me three or four questions about my bicycle.**

저 또한 자전거 타는 것을 좋아하고, 자전거를 하나 갖고 있습니다. 제 자전거에 대해 서너 가지 질문을 해보세요.

인사	Hi, Eva. I'm glad to know that you also enjoy riding a bicycle.
질문 목적	I'd like to know about your bicycle if you don't mind.
질문	What type of bicycle do you have, and when do you usually ride that bicycle? I like races, so I have a racing bike. It is very lightweight but still strong. What is your bicycle like? What do you like about your bicycle?
끝인사	Thank you for your kind answers. It was nice talking to you.

안녕하세요, 에바 씨. 에바 씨 또한 자전거 타는 것을 좋아한다니 반갑네요. 괜찮다면 에바 씨가 가지고 있는 자전거에 대해 알고 싶어요. 어떤 종류의 자전거를 가지고 있고, 언제 주로 그 자전거를 타나요? 저는 경주를 좋아해서, 경주용 자전거를 가지고 있어요. 제 자전거는 아주 가볍지만 튼튼해요. 에바 씨 자전거는 어떤가요? 자전거의 어떤 점이 가장 좋은가요? 친절한 답변 감사합니다. 이야기해서 즐거웠어요.

Q2 [전화로 질문하기] **This is a situation question. Your friend asks you to attend a big bicycle ride with him next weekend. Call him and ask three or four questions to get more information about it.**

상황 관련 문제입니다. 친구가 다음 주말에 큰 자전거 경주 대회에 같이 나가자고 했습니다. 친구에게 전화를 걸어 자전거 대회에 대한 정보를 더 얻을 수 있도록 서너 가지 질문을 해보세요.

인사	Hello? This is Hosung. How are you doing?
전화 목적	You told me about the big bicycle ride for next weekend, so I'm calling you to get more information about it.
질문	Where is the ride held, and how many people will attend the ride? Oh, that's a lot of people! Are there any specific rules I have to know? I see. How much is the entry fee? There's no entry fee? Great!
끝인사	Thank you for the information. I'll see you that day.

여보세요? 나 호성이야. 잘 지내? 네가 다음 주 자전거 경주 대회에 대해 이야기했었잖아. 그래서 조금 더 알고 싶어 전화했어. 그 대회는 어디서 열리고, 몇 명 정도가 그 대회에 참가하니? 와, 정말 많구나! 그럼 내가 알아야 할 특정한 규칙이 있니? 그렇구나. 참가비는 얼마야? 참가비가 없다고? 너무 잘됐다. 정보 줘서 고마워. 그럼 그날 보자.

a big bicycle ride 자전거 경주 대회   **attend** 참가하다   **entry fee** 참가비

조깅은 운동 항목 중에 특정한 장소, 인물, 규칙 등의 제약이 없어 접근하기 다소 쉬운 주제입니다. 조깅과 비슷한 성격의 운동 항목인 '걷기'를 같이 선택한다면 두 가지 주제를 좀 더 효과적으로 준비할 수 있을 것입니다. 주로 조깅을 하는 장소, 필요한 것, 조깅을 하는 패턴, 기억에 남는 일 등에 대한 답변을 구체적인 예들로 철저하게 준비하세요.

장소 묘사
- 주로 조깅을 하러 가는 장소
- 조깅을 하러 가는 가장 좋아하는 장소 묘사

설명
- 조깅할 때 필요한 준비나 부상을 피하기 위해 주의해야 할 점
- 다른 운동과 비교하여 조깅의 좋은 점

일반 활동 패턴
- 언제, 얼마나 자주 조깅을 하는지
- 조깅하기 전·후의 활동
- 조깅을 같이 하는 사람

경험
- 처음 조깅을 시작하게 된 계기
- 가장 최근에 조깅을 한 경험
- 조깅을 하던 중에 겪은 기억에 남는 일
- 뜻하지 않은 경로로 조깅을 했던 경험

출제 가능 질문 살펴보기

[조깅하기 좋은 장소]

Can you tell me about your favorite place for jogging? Why do you like that place?

조깅하기 가장 좋아하는 장소에 대해 이야기해 줄 수 있나요? 왜 그곳을 좋아하나요?

[조깅하기 전·후에 하는 일]

How often and when do you go jogging? Who do you usually go jogging with? What do you usually do before and after jogging?

언제, 얼마나 자주 조깅을 하러 가나요? 주로 누구와 조깅을 하나요? 조깅을 하기 전과 후에는 주로 무엇을 하나요?

[조깅할 때 필요한 것과 주의해야 할 점]

What do you need or wear when you go jogging? Is there anything you need to consider to avoid injury while jogging?

조깅을 하러 갈 때 필요하거나, 입어야 할 것이 무엇인가요? 조깅하는 동안 부상을 피하기 위해 주의해야 할 것이 있나요?

[조깅을 하게 된 계기와 좋은 점]

How did you first become interested in jogging? What do you like about jogging?

처음에 조깅에 어떻게 관심을 갖게 되었나요? 조깅의 좋은 점은 무엇인가요?

[조깅을 하던 중에 겪은 기억에 남는 일]

Please tell me about one of the unexpected or interesting episodes you've had while you were jogging.

조깅을 하던 중에 겪었던 예기치 못했거나 재미있었던 일 중 하나를 이야기해주세요.

Q1

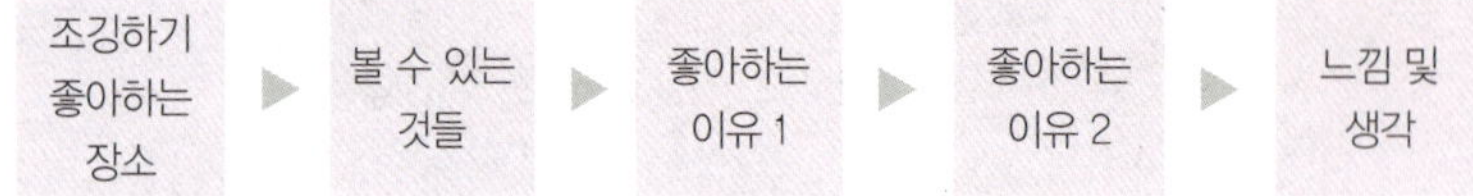

Can you tell me about your favorite place for jogging? Why do you like that place? What can you see there?

조깅하기 가장 좋아하는 장소에 대해 이야기해 줄 수 있나요? 왜 그곳을 좋아하나요? 그곳에서 무엇을 볼 수 있나요?

● 답변 구성 전략

조깅하기 좋아하는 장소 ▶ 볼 수 있는 것들 ▶ 좋아하는 이유 1 ▶ 좋아하는 이유 2 ▶ 느낌 및 생각

● 모범 답변 살펴보기

My favorite place for jogging is the Seokchon Lake Park, which is located in the southern part of Seoul. 장소 소개 및 위치 It is a beautiful park that has a big lake and one of the best jogging courses in Seoul. 특징 및 볼 수 있는 것들 There are several reasons I like to go there for jogging. First, I love the jogging track there since I can appreciate the beautiful scenery around the lake while jogging. 좋아하는 이유 1 Another reason I like this place is that there are speakers installed along the track, so I can always hear ambient music while jogging. 좋아하는 이유 2 For these reasons, I think it is a very good place for joggers. 느낌 및 생각

제가 가장 좋아하는 조깅 장소는 서울 남쪽에 위치한 석촌 호수 공원입니다. 석촌 호수 공원은 큰 호수와 서울에서 가장 좋은 조깅 코스 중 하나를 가지고 있는 아름다운 공원입니다. 제가 조깅을 위해 그곳에 가는 이유는 여러 가지가 있습니다. 먼저, 조깅을 하면서 호수 주위의 아름다운 경치를 감상할 수 있어서 저는 그곳의 조깅 트랙을 좋아합니다. 그곳을 좋아하는 또 하나의 이유는 조깅 트랙을 따라 스피커들이 설치되어 있어, 조깅을 하는 동안에 항상 잔잔한 음악을 들을 수 있다는 것입니다. 이러한 이유로, 그곳은 조깅을 하는 사람들에게 아주 좋은 장소인 것 같습니다.

스피킹 노하우

★ '조깅을 하다' 동사 사용 주의

아래의 조깅과 관련된 동사를 올바르게 사용할 수 있도록 하고, do jogging과 같은 실수는 피하도록 주의하세요.

ex 조깅을 하러 가다: go jogging, go for a jog, go running, go for a run

조깅을 하다: jog, run

VOCA

a jogging course 조깅 코스   a jogging track 조깅 트랙   appreciate 감상하다   scenery 경치
install 설치하다   ambient 잔잔한, 은은한   a jogger 조깅을 하는 사람

❶ 조깅하는 장소 및 위치   My favorite place for jogging is 특정 장소 , which is located 위치 .

제가 가장 좋아하는 조깅 장소는   에 위치한   입니다.

❷ 특징 및 볼 수 있는 것들   It is a 장소 종류 that has 볼 수 있는 것들 .

그곳은   를 가지고 있는   입니다.

> **ex** It is a beautiful mountain park that has good exercise facilities.
> 그곳은 좋은 운동 시설이 갖춰진 아름다운 산 공원입니다.

❸ 좋아하는 이유   There are several reasons I like to go there for jogging.

제가 조깅을 위해 그곳에 가는 이유는 몇 가지가 있습니다.

❹ 좋아하는 이유 1   First, I love the jogging track there since [주어+동사] .

먼저,   하기 때문에 저는 그곳 조깅 트랙을 좋아합니다.

> **TIP** 그곳에 있는 조깅 트랙의 좋은 점에 대해 이야기해보세요.
> the jogging track 대신 자연스럽게 나 있는 길이라면 the jogging trail이라고 표현할 수도 있습니다.

❺ 좋아하는 이유 2   Another reason I like this place is that [주어 + 동사] .

그곳을 좋아하는 또 하나의 이유는   하다는 것입니다.

❻ 느낌 및 생각   For these reasons, I think it is a very good place for joggers.

이러한 이유로, 그곳은 조깅을 하는 사람들에게 아주 좋은 장소인 것 같습니다.

● 표현 늘리기

▣ 특정 장소의 조깅 트랙 특징

> **TIP** 달리는 길: a trail (자연스럽게 난) 산책길   a track 트랙   a sidewalk 인도
> a boardwalk (해변, 물가에) 판자를 깔아 만든 길   a mall 나무 그늘진 산책길

It is well-maintained. 잘 관리되어 있습니다.
It has a smooth surface, so it is very comfortable to run. 바닥이 매끄러워 뛰기에 아주 편합니다.
The route is straightforward. 달리는 경로가 복잡하지 않습니다.
Water points are available at regular intervals. 트랙의 일정한 간격마다 물을 마실 수 있는 곳이 있습니다.
It is allowed for shoeless jog on the track. 트랙에서 신발을 벗고 달릴 수 있게 허용되어있습니다.
It is beautifully located along a stretch of beach. 그 트랙은 해변을 따라 아름답게 위치해 있습니다.

▣ 특정 장소에서 조깅하기 좋아하는 이유

The lakeside area of the park has a number of snack and beverage kiosks.
공원의 호수 부근에는 간식과 음료를 파는 매점들이 몇 개 있습니다.

Shower and bathroom facilities are well spaced out. 샤워 시설과 화장실 시설이 잘 퍼져 있습니다.
I can enjoy many other activities there besides jogging.
그곳에서는 조깅 이외에 다른 많은 활동들을 즐길 수 있습니다.

There are an array of shops and restaurants for post-run.
뛰고 난 후에 시간을 보낼 수 있는 가게나 음식점들이 줄지어 있습니다.

I can enjoy the beautiful nature while jogging. 조깅을 하면서 아름다운 자연을 즐길 수 있습니다.

Q2

[조깅하기 전·후에 하는 일]

How often and when do you go jogging? Who do you usually go jogging with? What do you usually do before and after jogging?

언제, 얼마나 자주 조깅을 하러 가나요? 주로 누구와 조깅을 하나요? 조깅을 하기 전과 후에는 주로 무엇을 하나요?

● 답변 구성 전략

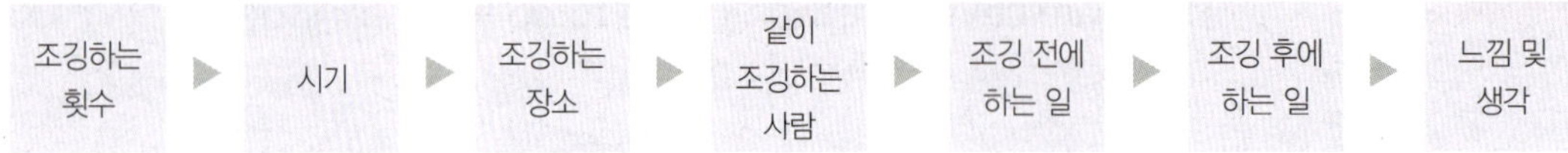

● 모범 답변 살펴보기

I go jogging twice a week, almost every Wednesday and Saturday. I try to jog everyday but it is not easy. 조깅하는 횟수 I like to jog in the evening after work because I can get a good sleep after jogging. 조깅하는 시기 The place I usually go jogging is a small park near my house. It has a very nice jogging track. 조깅하는 장소 I normally jog alone since I like to listen to music while jogging. 같이 조깅하는 사람 Before jogging, I usually do some warm-up exercises so that I won't breathe hard while jogging. 조깅 전에 하는 일 After jogging for an hour, I like to take a warm bath at home. 조깅 후에 하는 일 Then, I feel really refreshed and relaxed. 느낌 및 생각

저는 거의 매 수요일과 토요일마다, 일주일에 두 번 조깅을 하러 나갑니다. 조깅을 매일 하려고 노력하지만 그게 쉽지는 않습니다. 저는 퇴근 후에 저녁 때 조깅하는 것을 좋아하는데, 조깅 후에는 잠을 푹 잘 수 있기 때문입니다. 제가 주로 조깅을 하러 가는 장소는 집 근처 작은 공원입니다. 그곳에는 아주 좋은 조깅 트랙 하나가 있습니다. 저는 조깅을 하면서 음악을 듣는 것을 좋아하기 때문에 보통 혼자 조깅을 합니다. 조깅하는 동안 숨이 차지 않도록 조깅 전에는 보통 준비운동을 해야 합니다. 1시간 정도 조깅을 한 후 저는 집에서 따뜻하게 목욕하는 것을 좋아합니다. 그러면 정말 상쾌하고 편안해지는 것 같습니다.

스피킹 노하우

★ ~하기 위해서/~하도록 [주절+so that+종속절]

that 이후 종속절에는 보통 can/could/may/might/will/would 등의 조동사가 쓰입니다.

ex Before jogging I usually stretch so that I won't get cramp in my legs.

다리에 쥐가 나지 않도록 조깅 전에는 주로 스트레칭을 합니다.

VOCA

go out for ~하러 나가다   get a good sleep 푹 자다   warm-up exercises 준비운동

breathe 숨을 쉬다   take a bath 목욕을 하다   refreshed 상쾌한   relaxed 편안한

❶ 조깅하는 횟수

I go jogging ⟨빈도수⟩ .

저는 ⟨   ⟩ 마다 조깅을 하러 나갑니다.

❷ 조깅하는 시기

I like to jog ⟨조깅하는 시기⟩ because ⟨이유 설명⟩ .

저는 ⟨   ⟩ 에 조깅하는 것을 좋아하는데, ⟨   ⟩ 하기 때문입니다.

> **ex** I like to jog in the early morning because I can get fresh air that time.
> 저는 이른 아침에 조깅하는 것을 좋아하는데, 그 시간에는 상쾌한 공기를 마실 수 있기 때문입니다.

❸ 조깅하는 장소

The place I usually go jogging is ⟨특정 장소⟩ .

조깅을 위해 주로 가는 장소는 ⟨   ⟩ 입니다.

> **TIP** 장소의 위치나 특징에 대해서도 간단히 덧붙여 이야기해보세요.

❹ 같이 조깅하는 사람

I normally jog with ⟨사람⟩ .

저는 보통 ⟨   ⟩ 와 조깅을 합니다.

> **ex** I normally jog with my mom. We have jogged together for about four years.
> 저는 보통 엄마와 조깅을 합니다. 우리가 같이 조깅을 한 지는 4년 정도 되었습니다.

❺ 조깅 전에 하는 일

Before jogging, ⟨활동 묘사⟩ .

조깅 전에는 ⟨   ⟩ 를 합니다.

❻ 조깅 후에 하는 일

After jogging for ⟨조깅 시간⟩ , I like to ⟨동사원형⟩ .

⟨   ⟩ 정도 조깅을 한 후에는 ⟨   ⟩ 하는 것을 좋아합니다.

❼ 느낌 및 생각

Then, I feel ⟨느낌⟩ .

그리고 나면, ⟨   ⟩ 함을 느낍니다.

▣ 조깅 시기

in the early morning 이른 아침에   during my lunch break 점심 시간에   after dinner 저녁 식사 후에
when I have time between classes 공강 시간에 시간이 나면
a few hours before going to bed 잠자기 몇 시간 전에

▣ 조깅하기 전·후에 하는 일

use some exercise equipment for warming up 준비운동으로 운동 기구로 운동하다
do some stretching to loosen muscles 근육을 완화시키기 위해 스트레칭을 하다
make sure to bring a water bottle 물병을 가져가는 것을 확실히 확인하다
eat some food as fuel for my runs 달리는데 필요한 에너지를 위해 음식을 조금 먹다
sit on a bench and relax for a while 벤치에 앉아 잠시 동안 긴장을 풀다
have a shower and have something light 샤워를 하고 가볍게 먹다
go grocery shopping 장을 보러 가다

 **Q3**

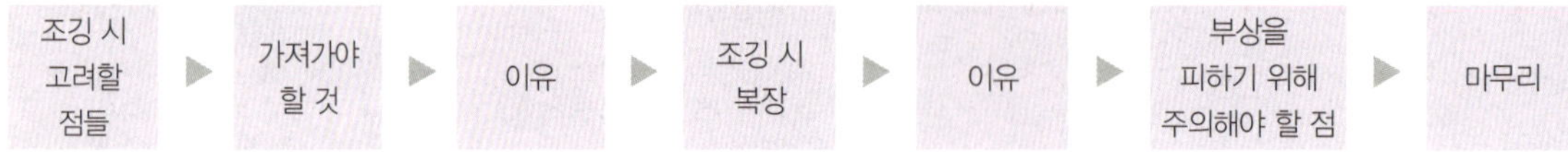

What do you need or wear when you go jogging? Is there anything you need to consider to avoid injury while jogging?

조깅을 하러 갈 때 필요하거나, 입어야 할 것은 무엇인가요? 조깅하는 동안 부상을 피하기 위해 주의해야 할 것이 있나요?

● 답변 구성 전략

조깅 시 고려할 점들 ▶ 가져가야 할 것 ▶ 이유 ▶ 조깅 시 복장 ▶ 이유 ▶ 부상을 피하기 위해 주의해야 할 점 ▶ 마무리

● 모범 답변 살펴보기

There are a few things you need to consider when you jog. 조깅 시 고려할 점들 First, it is important to bring a bottle of water. 가져가야 할 것 This will help you stay hydrated while running. 이유 Second, as for outfits for jogging, you need to wear technical fabric running clothes. 조깅 시 복장 You can stay dry and comfortable by wearing these kinds of clothes. 이유 More importantly, make sure you do some warm-up exercises before jogging to avoid injury. 부상을 피하기 위해 주의할 점 If you remember these things, your exercising will be more comfortable. 마무리

조깅을 할 때 고려해야 할 점이 몇 가지 있습니다. 먼저, 물 한 병을 가져가는 것이 중요합니다. 달리는 동안 수분 상태를 유지할 수 있도록 도와주기 때문입니다. 두 번째로, 조깅 시 복장은, 기능 원단으로 만들어진 러닝복을 입을 필요가 있습니다. 이런 옷을 입으면, 몸이 마르고 편한 상태를 유지할 수 있습니다. 더 중요하게는, 부상을 피하기 위해 조깅 전에 준비운동을 하는 것입니다. 이러한 점들을 지킨다면, 조금 더 편하게 달릴 수 있을 것입니다.

스피킹 노하우

★ ~하는 것은 ~하다 [it is+형용사+to+동사원형]

[to+동사] 부분이 주어의 의미로 쓰이며, it은 가주어로 사용됨에 주의합니다.

> **ex** It is important to wear comfortable shoes. 편안한 신발을 신는 것이 중요합니다.
> It is safer to avoid busy street. 번잡한 길을 피하는 것이 더 안전합니다.

VOCA

stay hydrated 수분을 유지하다　**outfits** 복장, 옷　**technical fabric** 기능 원단, 기능 원단의
avoid 피하다　**injury** 부상

❶ 조깅 시 고려할 점들 There are a few things you need to consider when you jog.
조깅을 할 때 고려해야 할 점이 몇 가지 있습니다.

❷ 가져가야 할 것 First, it is important to bring 　　物건　　.
먼저, 　　　　　　을 가져가는 것이 중요합니다.

❸ 이유 This will help you 　[동사원형]　. 　　　　　하는 데에 도움이 될 것입니다.
TIP 가져가는 물건이 어떤 도움을 주는지 설명해보세요.

❹ 조깅 시 복장 Second, as for outfits for jogging, you need to wear 　복장　.
두 번째로, 조깅 시 복장은, 　　　　　를 입어야 합니다.

❺ 이유 You can 　[동사원형]　 by wearing 　복장　.
　　　　　를 입으면 　　　　　할 수 있습니다.

❻ 부상을 피하기 위해 주의할 점 More importantly, make sure you 　[동사원형]　 to avoid injury.
더 중요한 것은 부상을 피하기 위해 　　　　　를 해야 합니다.

❼ 마무리 If you keep these things, your exercising will be more comfortable.
이러한 점들을 지킨다면, 조금 더 편하게 달릴 수 있을 것입니다.

◙ 조깅 시 가져갈 것

a cap 모자　 sunblock cream 선크림　 ID and money 신분증과 돈
protect your skin from sun exposure 햇빛을 피하다
prepare for a case of emergency 비상 사태를 준비하다

◙ 조깅 시 복장

shoes that fit well 잘 맞는 신발　 running socks 러닝 양말　 loose-fitting clothing 헐렁한 복장
light-colored clothing 밝은 색깔의 옷　 shades, sunglasses 선글라스
protect your feet from blisters 발에 물집이 생기는 것을 막다
make your body breathe and cool itself naturally 몸이 숨 쉬고 자연적으로 열을 식히게 하다
prevent the clothes from absorbing the sunlight and heat 햇빛과 열을 흡수하는 것을 막다
protect eyes from the sun's damaging rays 자외선으로부터 눈을 보호하다

◙ 부상을 피하기 위해 주의해야 할 점

stretch your body before and after jogging 조깅 전후에 스트레칭을 하다
stay visible 보이는 곳에 머무르다
drink lots of water 물을 많이 마시다
take occasional breaks 때때로 휴식을 취하다
watch out for cyclists or other runners 자전거 타는 사람들이나 조깅하는 사람들을 주의하다

Q4

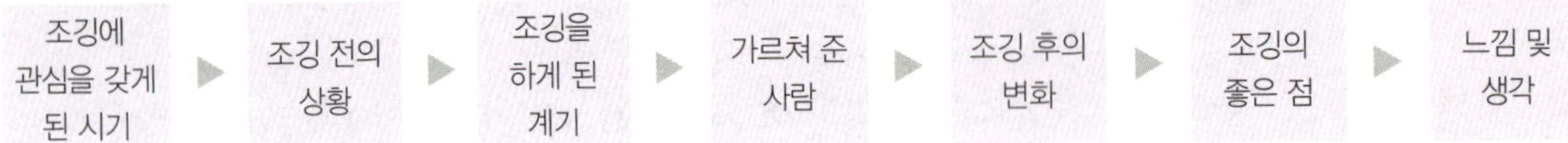

[조깅을 하게 된 계기와 좋은 점]

How did you first become interested in jogging? Who taught you how to jog? What do you like about jogging?

처음 조깅에 어떻게 관심을 갖게 되었나요? 누가 조깅하는 법을 가르쳐 주었나요? 조깅의 좋은 점은 무엇인가요?

답변 구성 전략

조깅에 관심을 갖게 된 시기 ▶ 조깅 전의 상황 ▶ 조깅을 하게 된 계기 ▶ 가르쳐 준 사람 ▶ 조깅 후의 변화 ▶ 조깅의 좋은 점 ▶ 느낌 및 생각

모범 답변 살펴보기

I first became interested in jogging when I was in high school. 조깅에 관심을 갖게 된 시기 Until that time, I had been very weak and often got a cold. 조깅 전의 상황 One day, my doctor said I needed to do light exercise regularly, and he suggested jogging. Therefore, I decided to do it for my health. 조깅을 하게 된 계기 My brother taught me several things about jogging, such as how to breathe while jogging. 조깅을 가르쳐 준 사람 After I started jogging, I have rarely got a cold, and I feel my body got much lighter. 조깅 후의 변화 The best point about jogging is that I can do it at anytime and anywhere. 조깅의 좋은 점 If you're considering light exercise for your health, I would definitely recommend jogging to you. 느낌 및 생각

제가 조깅에 처음 관심을 갖게 된 것은 고등학교 때였습니다. 그 때까지만 해도 저는 매우 약했고, 감기에 종종 걸렸었습니다. 어느 날, 의사가 저에게 정기적으로 가벼운 운동을 할 필요가 있다며 조깅을 권했습니다. 그래서 건강을 위해 조깅을 하기로 결심했습니다. 형이 제게 조깅하는 동안 숨을 쉬는 방법 같은 조깅에 대한 몇 가지 사항을 가르쳐 주었습니다. 조깅을 시작하고 나서는 감기에 거의 걸리지 않았고, 몸이 아주 가벼워진 것처럼 느껴졌습니다. 조깅의 가장 좋은 점은 언제, 어디에서든 조깅을 할 수 있다는 점입니다. 건강을 위해 가벼운 운동을 생각하고 있다면 저는 당연히 조깅을 추천하고 싶습니다.

스피킹 노하우

★ 거의 ~하지 않다 [부사 rarely/seldom/hardly]

문장 안에서 rarely와 같은 부사의 위치는 일반동사 앞에, be동사나 조동사 뒤에 쓰도록 합니다.

ex I rarely did any exercise before. 전에는 운동을 거의 하지 않았습니다.

I hardly saw people liked jogging around me. 제 주위에서는 조깅을 좋아하는 사람을 좀처럼 볼 수 없었습니다.

VOCA

weak 약한　**get a cold** 감기에 걸리다　**regularly** 규칙적으로　**suggest** 권하다, 제안하다

rarely 거의 ~하지 않다　**consider** 생각하다, 고려하다　**definitely** 분명히, 확실히

❶ 조깅에 관심을 갖게 된 시기

I first became interested in jogging 구체적 시기 .

제가 조깅에 처음 관심을 갖게 된 것은 　　　　때였습니다.

❷ 조깅 전의 상황

Until that time, 조깅 시작 전의 상황 .

그때까지만 해도 　　　 했습니다.

> **ex** Until that time, I didn't know much about jogging.
> 그때까지만 해도, 저는 조깅에 대해 아무것도 몰랐습니다.

❸ 조깅을 하게 된 계기

One day, 조깅을 하게 된 사건 . 어느 날, 　　　 했습니다.

❹ 조깅을 가르쳐 준 사람

누가 taught me several things about jogging such as 예 .

　　　 가 제게 　　　 와 같은 조깅에 대한 몇 가지 사항을 가르쳐 주었습니다.

> **ex** My friend taught me several things about jogging such as what to wear.
> 친구가 제게 무엇을 입어야 하는지 등과 같은 조깅에 대한 몇 가지 사항을 가르쳐 주었습니다.

❺ 조깅 후의 변화

After I started jogging, 변화 묘사 . 조깅을 시작하고 나서 　　　 했습니다.

❻ 조깅의 좋은 점

The best point about jogging is that [주어+동사] .

조깅의 가장 좋은 점은 　　　 하다는 것입니다.

❼ 느낌 및 생각

If you're considering light exercise for your health,
I would recommend jogging to you.

건강을 위해 가벼운 운동을 생각하고 있다면 저는 조깅을 추천하고 싶습니다

◻ 조깅을 하게 된 계기

My friend suggested me to jog together with her. 친구가 조깅을 같이 하자고 권했습니다.
I read a news article about jogging. 조깅에 관한 뉴스 기사를 읽었습니다.
I decided to lose some weight. 살을 좀 빼야겠다고 생각했습니다.
I needed to find a way to stay in shape. 건강을 유지할 방법을 찾을 필요가 있었습니다.

◻ 조깅의 좋은 점

It doesn't cost me much money. 돈이 많이 들지 않습니다.
It helps against over-weight. 살이 찌지 않게 도움이 됩니다.
It strengthens the muscles of my body. 몸의 근육을 강화시킵니다.
It is a simple and repetitive activity I can do well. 제가 잘할 수 있는 간단하고 반복적인 활동입니다.
It is a good way to relieve stress. 스트레스를 푸는 좋은 방법입니다.
It is a good way to refresh myself. 기분 전환을 하는 좋은 방법입니다.
I can do it by myself. 혼자서도 할 수 있습니다.
It improves my appetite. 식욕을 증진시킵니다.
It gives me physical and mental joy. 육체적으로도 정신적으로도 즐거움을 줍니다.

[조깅을 하던 중에 겪은 특별한 일]

Please tell me about one of the unexpected or interesting episodes you've had while you were jogging. What happened? Why was it so memorable?

조깅을 하던 중에 겪었던 예기치 못했거나, 재미있었던 일 중 하나를 이야기해주세요. 무슨 일이 있었나요? 왜 그 일이 기억에 남나요?

● 답변 구성 전략

경험 시기 ▸ 누구와 어디에서 ▸ 사건의 발단 ▸ 전개 ▸ 절정 ▸ 결말 ▸ 느낌 및 생각

● 모범 답변 살펴보기

A few months ago, I experienced an unexpected event when I was jogging. 경험 시기 At that time, I was jogging with my sister around my neighborhood. 누구와 어디에서 About 20 minutes after we started jogging, my sister suddenly said that she had a stomachache. 사건의 발단 At first, I thought she was making an excuse since she didn't like to exercise. 전개 But soon, she stopped running and started to cry painfully. I took her to a doctor in a hurry. 절정 Luckily, her stomachache was not serious, but she learned that she should not run right after having a meal. 결말 Although we couldn't finish jogging, I felt relieved that she was fine. 느낌 및 생각

몇 달 전에, 저는 조깅을 하던 중에 예기치 못한 일을 겪었습니다. 그때 당시 저는 여동생과 동네 근처에서 조깅을 하고 있었습니다. 조깅을 시작한지 약 20분 정도 후에, 갑자기 동생이 배가 아프다고 했습니다. 처음에는 동생이 운동하기 싫어해 핑계를 대는 것으로 생각했습니다. 그러나 곧 동생은 달리기를 멈추고 고통스럽게 울기 시작했습니다. 저는 서둘러 동생을 병원에 데리고 갔습니다. 다행히 동생의 복통은 심각한 것이 아니었지만, 식사 바로 후에 뛰면 안 된다는 교훈을 얻었습니다. 비록 조깅을 끝까지 하지는 못했지만, 동생이 괜찮아서 안심이 되었습니다.

스피킹 노하우

★ [stop+동명사형(동사+ing)] VS. [stop+to부정사(to+동사)]

❶ [stop+동명사형] ~하던 것을 멈추다, 그만하다

ex She stopped running as soon as she saw me. 그녀는 나를 보자마자 달리는 것을 멈추었습니다.

❷ [stop+to부정사] ~하기 위해 멈추다, 그만하다

ex She stopped to listen to music. 그녀는 음악을 듣기 위해 (어떤 동작을) 멈추었습니다.

VOCA

a stomachache 복통   make an excuse 핑계를 대다   painfully 고통스럽게
in a hurry 서둘러, 급히   right after ~바로 뒤에

❶ 경험 시기   특정 시기   I experienced an unexpected event when I was jogging.

때 저는 조깅을 하던 중에 예기치 못한 일을 겪었습니다.

TIP 재미있었던 일이라면 an interesting event라고 바꾸어 말할 수 있습니다.

❷ 누구와 어디에서   At that time, I was jogging with   사람+조깅을 한 장소   .

그때 당시 저는   와   에서 조깅을 하고 있었습니다.

❸ 사건의 발단   About   일정 시간   after we started jogging,   사건 발단 묘사   .

조깅을 시작한지   후에,   했습니다.

❹ 전개   At first,   사건이 일어나기 전의 상황 및 느낌   .

처음에는   했습니다.

❺ 절정   But soon,   사건 묘사   .

그러나 곧   했습니다.

❻ 결말   Luckily,   결말 묘사   .

다행히,   했습니다.

TIP 여러 가지 결과에 따른 다양한 부사 및 부사구를 활용해보세요.

ex unfortunately 유감스럽게도, 불행하게도   consequently 결과적으로   at last 마침내

❼ 느낌 및 생각   Although   [주어+동사]   , I felt   느낌 및 생각   .

비록   했지만,   했습니다.

◼ 사건의 발단

It started to rain. 비가 내리기 시작했습니다.

The lights installed in the park went out suddenly. 설치되어 있던 전등들이 갑자기 꺼졌습니다.

Suddenly I heard a big sound. 갑자기 큰 소리가 들렸습니다.

I stumbled on a stone and fell down badly. 제가 돌에 걸려 심하게 넘어졌습니다.

We found a wallet on the trail. 조깅하는 길에서 지갑을 발견했습니다.

I came across my ex-girlfriend. 옛 여자친구를 우연히 만났습니다.

◼ 사건의 전개

At first, I thought it would be just a shower. 처음에는 그냥 소나기인줄 알았습니다.

At first, I thought it was a temporary blackout. 처음에는 일시적인 정전인 줄 알았습니다.

At first, I thought it was nothing. 처음에는 그게 아무것도 아닌 줄 알았습니다.

At first, I felt O.K. after falling down. 넘어진 후에 처음에는 괜찮은 것 같았습니다.

At first, I tried to pass it by. 처음에는 그것을 그냥 지나치려고 했습니다.

At first, I was pretending not to see her. 처음에는 그녀를 못 본 체하려고 했습니다.

 **롤플레이 문제 :** 조깅 관련 정보 물어보기 및 제안하기

조깅 관련 롤플레이 문제에서는 Eva의 조깅 습관 및 경험 관련 정보를 물어보거나, 조깅을 같이 하고 싶어하는 친구에게 조깅에 대한 도움을 주는 유형이 자주 출제됩니다. 또한 조깅을 같이 하지 못하게 되는 상황에서 대안을 제시하는 문제도 가끔 출제되니 이야깃거리를 생각하고 미리 답변을 준비하세요.

Q1 [직접 질문하기] **I also enjoy jogging alone and I went jogging yesterday. Please ask me three or four questions about my jogging experience yesterday.**

저 또한 혼자 조깅하는 것을 좋아하고, 어제 조깅을 했습니다. 어제 제가 조깅을 한 경험에 대해 서너 가지 질문을 해보세요.

인사	Hi, Eva. I'm glad to know that you also enjoy jogging.
질문 목적	You told me you went jogging yesterday, so I'd like to ask you a few questions about it if you don't mind.
질문	Where did you go for a jog? Is it your favorite place for jogging? I also jogged around my neighborhood yesterday and ran for about an hour. It was a bit hard for me. How long did you run? Did anything unexpected or interesting happen while you jogged?
끝인사	Thank you for your kind answers. It was nice talking to you.

안녕하세요, 에바 씨. 에바 씨 또한 조깅하는 것을 좋아한다니 반갑네요. 어제 조깅을 했다고 했는데, 괜찮으면 조깅한 것에 대해 몇 가지 질문을 하고 싶어요. 조깅을 하러 어디로 갔나요? 그곳이 에바 씨가 조깅하기 가장 좋아하는 장소인가요? 저도 어제 동네 근처에서 조깅을 했는데, 약 한 시간 정도 달렸어요. 조금 힘들었었어요. 에바 씨는 얼마 동안 조깅을 했나요? 조깅을 하는 동안 예기치 못하거나 재미있는 일이 일어났었나요? 친절한 답변 감사합니다. 이야기해서 즐거웠어요.

Q2 [제안하기] **Your friend wants to join you for a jog this weekend, but he doesn't know much about jogging. Call your friend, and offer him two or three suggestions to prepare for jogging.**

친구가 이번 주에 같이 조깅을 하고 싶어하는데, 친구는 조깅에 대해 잘 모릅니다. 친구에게 전화를 걸어, 조깅에 필요한 준비를 위한 제안을 두세 가지 해보세요.

인사	Hello? This is Sangsoo.
전화 목적	Are you ready for jogging this weekend? I'm very excited about it. I heard you don't know about jogging well, so I'm calling you to tell you some things to prepare.
제안	First, do you have any sportswear for running? Any loose-fitting clothing will be fine. Oh, shoes will be very important. Do you have running shoes? I see. Then, I can lend you mine. I have spare ones. What is your size? Perfect! One more thing, please make sure you bring a bottle of water. I guess there will be some water points in the park, but it is better to bring our own one.
끝인사	It will be very fun. See you then. Bye.

여보세요? 나 상수야. 이번 주말 조깅할 준비 됐지? 나도 정말 기대돼. 네가 조깅에 대해 잘 모른다고 해서, 준비할 수 있도록 몇 가지 알려주려고 전화했어. 먼저, 뛸 때 입을 운동복 있니? 느슨한 옷이면 괜찮을 거야. 아, 그리고 신발이 아주 중요해. 러닝화 갖고 있니? 그렇구나. 그럼 내꺼 하나 빌려줄게. 여유로 하나 더 가지고 있거든. 발 사이즈가 뭐야? 딱 좋네! 한 가지 더! 물병 하나 가지고 오는 거 잊지 마. 공원 안에 물 마실 곳이 좀 있긴 하지만, 우리 것을 가지고 다니는 게 더 나을 거야. 정말 재미있겠다. 그럼 그때 봐. 안녕.

be ready for ~할 준비가 되다 **sportswear** 운동복 **loose-fitting** 느슨하게 맞는 **spare** 남는, 여분의

답변 중
위기 상황 대처 표현

⭐ 상황 6 : 답변의 내용이 주제를 벗어날 때

상황 설명 : 질문에 대해 답변을 하다 보면, 다른 주제로 이야기가 흘러가거나 핵심 답변에서 벗어나는 경우가 종종 있습니다. 이야기를 하던 중간에 이러한 점을 발견한다면 주저하지 말고 다시 질문에 대한 핵심 답변으로 돌아갈 필요가 있습니다.

➔ **I think I'm off the topic a little bit.**
제가 약간 주제에서 벗어난 것 같아요.

➔ **I think I'm giving you the wrong answer.**
제가 답변을 잘못하고 있는 것 같아요.

➔ **Let me talk about it again.**
다시 말해볼게요.

➔ **I'll come back to the question again.**
다시 문제로 돌아가 볼게요.

➔ **Let me make it clear.**
명확하게 말해볼게요.

UNIT 1 국내출장 ┊ **UNIT 2** 집에서 보내는 휴가 ┊
UNIT 3 국내여행/해외여행

휴가나 출장

Chapter 8에서는 OPIc Background Survey의 7번 [다음 중 어떤 휴가나 출장 경험이 있습니까?] 항목의 주제들을 다루었습니다. Chapter 8의 주제들을 참고하여 자신이 선택한 주제에 대한 문제 유형들을 파악하고, 제시된 표현 및 패턴 공식에 맞추어 답변을 완성해보세요.

OPIC

Unit 01 국내출장

출장은 또 다른 주제 항목인 '여행'과 성격이 비슷하지만 업무에 조금 더 초점을 두고 준비해야 할 주제입니다. 출장의 목적 및 업무, 출장 중 만나는 사람들, 출장 목적지 등에 대한 다양한 이야깃거리를 준비하고, 관련된 어휘·표현을 정리하여 미리 답변을 만들어보세요. 비슷한 주제인 '해외출장'을 같이 선택하면 조금 더 효과적으로 준비할 수 있을 것입니다.

장소 묘사
- 출장 가고 싶은 도시 묘사
- 최근에 출장 갔던 도시 묘사

설명
- 출장 목적지에 가는 방법 및 이동 수단
- 출장 목적 및 주업무
- 출장 준비에 필요한 것

활동 패턴
- 언제, 얼마나 자주, 어디로 출장을 가는지
- 출장 중 자유시간에 하는 일

경험
- 가장 최근에 출장을 다녀온 경험
- 기억에 남는 출장
- 출장 중 어려움을 겪은 경험

 **출제 가능 질문 살펴보기**

[출장 목적 및 업무]

You indicated in the survey that you go on domestic business trips. What is the main purpose of your business trips? Who do you usually meet during the trips and what do you usually do there?

당신은 설문에서 국내출장에 간다고 답했습니다. 출장의 주목적은 무엇입니까? 출장 중에 보통 누구를 만나고, 그곳에서 주로 무엇을 하나요?

[가장 최근에 출장을 다녀온 경험]

Please tell me about the last time you went on a business trip. Where did you go? What did you do there, and who did you meet?

가장 최근에 출장을 다녀온 경험을 이야기해주세요. 어디에 갔었나요? 그곳에서 무엇을 했고, 누구를 만났나요?

[출장 준비]

Can you tell me how you prepare for your business trip? What do you usually take with you? What do you have to consider when you prepare for a business trip?

출장을 위해 어떻게 준비를 하는지 이야기해 줄 수 있나요? 보통 무엇을 가져가나요? 출장을 준비할 때 고려해야 할 것은 무엇인가요?

◦ 답변 구성 전략

출장 빈도와 목적지 ▶ 출장 목적 ▶ 출장 중 만나는 사람들 ▶ 출장 중 업무 1 ▶ 출장 중 업무 2 ▶ 출장의 중요성

◦ 모범 답변 살펴보기

My company sends me on a business trip to Busan once every month. 출장 빈도와 목적지 The purpose is to coordinate the efforts of the Busan branch of my company with the Seoul branch. 출장 목적 I usually meet with the regional managers in Busan. 출장 중 만나는 사람들 During the trip, the managers and I review the outcome of the previous month and discuss how to best implement any new directives or policies. 출장 중 주로 하는 업무 1 Another thing I do is to complete a report of my findings and bring it back to the company in Seoul. 업무 2 Overall, my trips help to ensure that the two branches are working together as one company. 출장의 중요성

우리 회사는 달마다 한 번씩 저를 부산으로 출장 보냅니다. 출장의 목적은 우리 회사의 부산 지사의 활동과 서울 지사의 활동을 조정하는 것입니다. 저는 보통 부산에서 지역 담당자들과 만납니다. 출장 기간 동안 담당자들과 저는 전 달의 성과를 검토하고, 새로운 지침이나 정책들을 어떻게 가장 잘 실행할지 의논합니다. 제가 하는 또 다른 일은 결과를 보고서로 작성하고, 서울 지사로 가져가는 일입니다. 전반적으로 제 출장은 두 지사가 하나의 회사로 일을 하게 하는 데 도움이 됩니다.

스피킹 노하우

★ 출장을 가다

'출장을 가다'를 go to a business trip으로 잘못 알고 있는 경우가 많습니다. 아래의 출장과 관련된 표현들을 잘 익히고, 올바르게 사용할 수 있도록 외워보세요.

> **ex** [go on(take) a business trip to+장소]/[travel to+장소+for business] ~에 출장을 가다
> [send+사람+on a business trip] ~를 출장에 보내다 be on a business trip 출장이다

VOCA

a purpose 목적 coordinate 조정하다, 조직화하다 regional 지역의 review 검토하다
outcome 성과, 결과 implement 실행하다 a directive 지시, 지침 complete 완성하다
a finding 결과 ensure (반드시) ~하게 하다

❶ 출장 빈도와 목적지

My company sends me on a business trip to   장소+빈도수 .

우리 회사는 저를   마다   로 출장을 보냅니다.

TIP 또 다른 표현으로 [I normally go on a business trip to+장소]의 형태로 이야기할 수 있습니다.

❷ 출장 목적

The purpose is to   [동사원형] .

출장의 목적은   하는 것입니다.

❸ 출장 중 만나는 사람들

I usually meet with   만나는 사람   there.

저는 보통   와 만납니다.

❹ 출장 중 업무 1

During the trip, I normally   업무 묘사 .

출장 기간 동안 저는   를 합니다.

❺ 출장 중 업무 2

Another thing I do is to   [동사원형] .

제가 하는 또 다른 일은   하는 것입니다.

❻ 출장의 중요성

Overall, my trips help to   [동사원형] .

전반적으로 제 출장은   하는 데 도움이 됩니다.

● 표현 늘리기

▣ 출장 목적

research new markets 새로운 시장을 조사하다　**meet with clients** 고객들을 만나다
make(close) a business deal 거래를 성사시키다　**find new investments** 새로운 투자대상을 찾다
get a bid 수주를 따다　**look around a plant/a branch** 공장/지사를 둘러보다
attend a business fair/convention 박람회/컨벤션에 참석하다
promote a new product 새 제품을 홍보하다

▣ 출장 중 만나는 사람들

clients 고객들　**regional managers** 지역 담당자들　**new partners** 새로운 파트너 (동업자들)
human resources managers 인사 담당자들　**plant managers** 공장장들　**investors** 투자자들

▣ 출장 중 업무

attend a seminar/workshop 세미나/워크숍에 참석하다
review the outcome of the branches 지사들의 성과를 검토하다
have a meeting with clients 고객들과 회의를 하다
demonstrate a new product 새 상품을 시연하다
make a presentation 발표를 하다
coordinate policies 정책들을 조직화하다
check the progress 진행 상황을 확인하다

[가장 최근에 출장을 다녀온 경험]

Q2 **Please tell me about the last time you went on a business trip. Where did you go? What did you do there, and who did you meet?**

가장 최근에 출장을 다녀온 경험을 이야기해주세요. 어디에 갔었나요? 그곳에서 무엇을 했고, 누구를 만났나요?

답변 구성 전략

출장을 간 시기 ▶ 장소/출장 목적 ▶ 출장 가기 전 준비 ▶ 출장 업무 1 및 만난 사람들 ▶ 출장 업무 2 ▶ 출장 업무 후 한 일 ▶ 느낌 및 생각

모범 답변 살펴보기

The last time I went on a business trip was two months ago. 출장을 간 시기 I went to Busan for three days to promote a new product line for the Busan market. 장소/출장목적 Before the trip, I prepared a lot for my sales presentation since I was supposed to represent my company at a big convention there. 출장 가기 전 준비 While I was there, I hosted our booth for three days, and I met a lot of potential customers. They seemed to like our new product line. 출장 중 만난 사람들 Also, I successfully delivered my presentation at the convention. 출장 업무 2 After I finished my business, I took a short tour of Busan and had some local food with my co-workers. 출장 업무 후 한 일 It was such a pleasing business trip for me. 느낌 및 생각

가장 최근에 제가 출장을 간 것은 두 달 전이었습니다. 저는 부산 시장에 신제품 라인을 홍보하기 위해 3일 동안 부산에 갔습니다. 그곳에서 큰 컨벤션에 참여하기로 했기 때문에 저는 출장 전에 판매 발표를 위해 준비를 많이 했습니다. 그곳에 있는 동안에는 3일 동안 전시장를 이끌었고, 많은 잠재적 고객들을 만났습니다. 그들은 우리 제품 라인을 좋아하는 듯했습니다. 또한 컨벤션에서 저는 발표를 성공적으로 마쳤습니다. 업무가 끝난 후에는 부산을 짧게 둘러보고, 동료들과 그쪽 지역 음식들을 먹었습니다. 저에게는 꽤 만족스러운 출장이었습니다.

스피킹 노하우

★ ~동안에 [during+기간] VS. [for+기간]

during과 for는 둘 다 '~동안에'라는 뜻으로 쓰이지만 during은 정확한 시간의 길이를 언급하지 않은 '기간'을 나타내고, for는 구체적인 시간의 길이와 함께 '(얼마) 동안'을 나타냅니다.

ex I stayed there for four days. 저는 그곳에서 4일 동안 머물렀습니다.
I stayed in Busan during my vacation. 저는 휴가 기간 동안 부산에 머물렀습니다.

VOCA

promote 홍보하다　a product line 제품 라인　sales 판매　a convention 컨벤션　host 주최하다
a booth (칸을 막아 만든) 점포, 전시장　potential 잠재적인　take a tour 여행하다, 돌아보다
local food 지역 음식　pleasing 만족스러운, 기분 좋은

❶ 출장을 간 시기
The last time I went on a business trip was 구체적인 시기 .
가장 최근에 제가 출장을 간 것은 였습니다.

❷ 장소/출장 목적
I went to 장소 to [동사원형] .
저는 하기 위해 에 갔습니다.

❸ 출장 가기 전
Before the trip, 출장 가기 전에 한 일이나 준비 .
출장 전에는 했습니다.

❹ 출장 업무 1 및 만난 사람들
While I was there, 업무 묘사 , and I met 만난 사람들 .
그곳에 있는 동안 를 했고, 를 만났습니다.

❺ 출장 업무 2
Also, 업무 묘사 .
또한 도 했습니다.

❻ 업무 후 한 일
After I finished my business, 업무 후 또는 자유시간에 한 일 .
업무가 끝난 후에는 를 했습니다.

❼ 느낌 및 생각
It was such a(n) [형용사] business trip for me.
저에게는 한 출장이었습니다.

ex satisfactory 만족스러운 valuable 가치 있는 successful 성공적인
meaningful 의미 있는 unforgettable 잊지 못할 disappointing 실망스러운 tough 힘든

● 표현 늘리기

■ 출장 가기 전에 한 일이나 준비

plan my itinerary 일정을 짜다
do some market research 시장 조사를 하다
prepare materials for a meeting 회의 자료를 준비하다
study the product samples 제품 샘플을 공부하다
study about the clients 고객에 대해 알아두다
prepare some small gifts for my clients 고객들을 위한 작은 선물을 준비하다

■ 출장 업무 후 하는 일(자유시간에 하는 일)

take a rest at the hotel 호텔에서 쉬다 buy some souvenirs 기념품을 사다
go shopping 쇼핑을 하다 visit tourist attractions 관광지를 둘러보다
walk around the town 시내를 돌아다니다 watch a local show 지역 공연을 관람하다
take pictures of the area 그 지역의 사진을 찍다
have no spare time to do some side activities 다른 것을 할 시간이 없다
come straight back to my office 회사로 곧장 돌아오다

[출장 준비]

Can you tell me how you prepare for your business trip? What do you usually take with you? What do you have to consider when you prepare for a business trip?

출장을 위해 어떻게 준비를 하는지 이야기해줄 수 있나요? 보통 무엇을 가져가나요? 출장을 준비할 때 고려해야 할 것은 무엇인가요?

• 답변 구성 전략

• 모범 답변 살펴보기

Before I go on a business trip, the first thing I do is to check the weather for the location and plan itinerary. 출장 가기 전 준비 1 Then, I make sure to have my suitcase packed. 출장 가기 전 준비 2 When I pack my suitcase, it is very important that I have at least two suits with me for meetings. 가져 가는 것 1 I also need to bring some more casual clothes for when I am not working because I might do some non-business activities there. 가져 가는 것 2 And of course I must double check all of my business documents. 가져 가는 것 3 If I am unprepared, then the trip could be a disaster. 느낌 및 생각

출장을 가기 전에 제가 제일 먼저 하는 것은 그곳의 날씨를 확인하고, 일정을 짜는 것입니다. 그리고 나서 짐을 쌉니다. 짐을 쌀 때는 출장 회의를 위한 정장을 적어도 두 벌 준비하는 것이 아주 중요합니다. 또한 일을 안 할 때 입을 평상복을 조금 더 가져 갈 필요가 있습니다. 그곳에서 업무 이외에 다른 활동을 할 수도 있기 때문입니다. 그리고 당연히 모든 업무 서류가 준비되어 있는지 다시 한 번 확인합니다. 이런 것들이 준비가 안 된다면 그땐 제 출장이 엉망이 될 수도 있습니다.

스피킹 노하우

★ **미래에 일어날 가능성을 나타내는 조동사**

can, could, may, might와 같은 조동사는 일반동사 앞에서 일어날 가능성을 이야기할 때 '~할 수도 있다/~일지도 모른다' 등의 의미로 사용할 수 있습니다.

> **ex** It might be raining there. 그곳에는 비가 내리고 있을지도 모릅니다.
>
> I might do some side activities there. 그곳에서 다른 활동들을 할 수도 있습니다.

VOCA

a suitcase 여행가방, 짐   **pack** (짐을) 싸다   **a suit** 정장   **casual clothes** 평상복
business documents 업무 서류   **unprepared** 준비가 안 된   **a disaster** 참사, 재앙

❶ 출장 가기 전 준비 1 Before I go on a business trip, the first thing I do is to [동사원형] .

출장 가기 전에 제가 제일 먼저 하는 것은 ______ 하는 것입니다.

TIP 앞의 2번 문제에서 출장 가기 전에 하는 일들에 대해 참고하세요.

❷ 출장 가기 전 준비 2 Then, I make sure to [동사원형] .

그리고 나서 꼭 ______ 합니다.

❸ 가져 가는 것 1 When I pack my suitcase, it is very important that I have 물건 1 .

짐을 쌀 때는 ______ 를 준비하는 것이 아주 중요합니다.

TIP 가져가는 물건과 함께 그 이유도 설명해보세요.

❹ 가져 가는 것 2 I also need to bring 물건 2 .

또한 ______ 를 가져갈 필요가 있습니다.

❺ 가져 가는 것 3 And of course I must double check 물건 3 .

그리고 당연히 ______ 가 있는지 다시 한 번 확인합니다.

❻ 느낌 및 생각 If I'm unprepared, then the trip could be a disaster.

이런 것들이 준비가 안 된다면 그땐 제 출장이 엉망이 될 수도 있습니다.

■ **출장 가기 전 준비**

make travel and accommodation arrangements 여행과 숙소 준비를 하다

plan my itinerary 여행 일정을 짜다

make sure my family or co-workers know my trip plan 가족이나 동료들이 여행 일정을 알 수 있도록 하다

get my documents in order 서류들을 순서대로 정리하다

make sure I bring the right clothing 알맞은 옷들을 가져가는지 확인하다

have my laptop charged 노트북을 충전해 놓다

research the local customs and culture 그 지역 관습과 문화를 조사하다

■ **출장에 가져가는 물건**

my cellphone(smartphone) 휴대폰(스마트폰)

a digital camera 디지털 카메라

my credit card 신용카드

my clients' contact numbers 고객들의 연락처

work materials 업무 자료

an extra pair of shoes 여별의 신발

medications 의약품

a light jacket or a sweater 가벼운 재킷이나 스웨터

my laptop computer 노트북 컴퓨터

chargers for electronics 충전기

light snacks 가벼운 간식 거리

a product sample 제품 샘플

travel-size toiletries 여행용 세면도구

a sport coat 스포츠용 코트

a book or other reading materials 책이나 다른 읽을 거리

 롤플레이 문제 : 호텔 예약

출장 관련 롤플레이는 출장 중의 고객이나 관계자에게 전화를 걸어 업무 관련 정보 물어보기나 문제 상황 해결 문제도 종종 출제되지만, 호텔 예약과 관련하여 질문하기, 문제 상황 해결에 대한 유형의 빈도 또한 높습니다. Unit 3에 나올 여행 주제에서도 호텔 예약 관련 롤플레이가 나올 가능성이 있으니 호텔 예약에 대한 질문거리나 상황 해결 표현 등을 미리 준비해보세요.

Q1 **[전화로 질문하기] You want to book a hotel room for your business trip next month. Call the hotel and ask three or four questions about booking a room.**

당신은 다음 달 출장을 위해 호텔 방을 예약하려고 합니다. 호텔에 전화를 걸어 방 예약을 위한 서너 가지 질문을 해보세요.

인사	Hello, is this World hotel?
전화 목적	I'm calling you to book a room for next month.
질문	Do you have any availability for two nights from the 8th? It's for two adults and I prefer a non-smoking room. Is it a double bedroom? Good. How much is it per night? Is breakfast included? O.K. By the way, is Wi-Fi available in the room?
끝인사	Thank you for your answers. I'd like to book that room then.

여보세요, 월드 호텔이죠? 다음 달 방을 하나 예약하고 싶어 전화했는데요. 8일부터 이틀간 예약할 수 있는 방이 있나요? 어른 두 명이고, 비흡연 방을 원하는데요. 침대 두 개 있는 방인가요? 잘됐군요. 하룻밤에 얼마인가요? 아침이 포함되어 있나요? 알겠습니다. 그건 그렇고, 방에서 무선 인터넷이 되나요? 답변 감사합니다. 그럼 그 방으로 예약하고 싶어요.

non-smoking 비흡연   **a double bedroom** 2인용 침대가 있는 방

Q2 **[대안 제시하기] I'm sorry, but there is a problem you need to resolve. You went to the hotel and checked in, but you found out that the room is not the one you booked. Call the front desk, explain the situation and solve the problem.**

유감이지만 해결해야 할 문제가 있습니다. 호텔에 가서 체크인을 했는데, 도착한 방이 예약한 방이 아니라는 것을 알았습니다. 프런트 데스크에 전화해서 상황을 설명하고, 문제를 해결해보세요.

인사	Hello, I'm calling from room 502.
전화 목적	I just checked in and came to the room, but I think you gave me the wrong room.
상황 설명	I booked a double bedroom, but I think this is a king-sized bedroom. Also, I can see this is a smoking room which I didn't want.
문제 해결	Could you check my reservation again? O.K. Then, could you assign me the right room right now? Great! Which room is it? Can I move to that room right now?
끝인사	Thank you.

여보세요, 502호실인데요. 방금 체크인하고 방에 들어왔는데 방을 잘못 주신 것 같아요. 저는 더블 룸을 달라고 했는데, 여기는 킹사이즈 방인 것 같네요. 그리고 제가 원하지 않았던 흡연실인 것 같은데요. 예약을 다시 한번 확인해 주시겠어요? 그렇죠. 그럼 지금 당장 예약한 방으로 주시겠어요? 잘됐네요. 몇호실인가요? 지금 당장 옮겨도 되죠? 감사합니다.

check in (호텔에) 체크인하다   **a king-sized bedroom** 킹 사이즈 침대가 있는 방   **reservation** 예약   **assign** 배정하다

Unit 02 집에서 보내는 휴가

OPIc Background Survey의 7번 '여행이나 휴가' 항목에서 '집에서 보내는 휴가'를 선택한다면 집 안에서 할 수 있는 활동이나 집에서 같이 휴가를 보내는 사람 위주로 대부분 문제가 출제됩니다. 자칫하면 이야기할 거리가 많지 않기 때문에 집에서 하는 활동이나 방문하는 사람들을 시간 또는 종류에 따라 잘 분류하고 이야깃거리를 덧붙여 확대해 나가는 방법으로 답변을 구성하는 것이 좋습니다.

설명
- 집에서 휴가를 보내는 이유
- 집에서 보내는 다음 휴가 계획
- 집에서 함께 휴가를 보내고 싶은 사람

일반 활동 패턴
- 집에서 휴가를 보낼 때 하는 일
- 휴가 중 집에 방문하는 사람과 함께 하는 일
- 휴가 첫 날과 마지막 날에 하는 일

경험
- 가장 최근에 집에서 휴가를 보낸 경험
- 집에서 휴가를 보낸 가장 기억에 남는 경험
- 집에서 휴가 중 방문했던 사람과 같이 한 일

 **출제 가능 질문 살펴보기**

[집에서 휴가를 보낼 때 하는 일]

You indicated in the survey that you like to stay at home during your vacations. What kinds of activities do you like to do when you stay at home on your vacations?

당신은 설문에서 휴가 때 집에 있는 것을 좋아한다고 답했습니다. 휴가 동안에 집에 있으면서 주로 어떤 종류의 활동을 하는 것을 좋아하나요?

[집에서 휴가를 보내는 이유]

Some people like to travel on their vacations. Why do you prefer staying at home during your vacations? What makes you like staying at home?

어떤 사람들은 휴가 때 여행하는 것을 좋아합니다. 당신은 휴가 때 왜 집에 있는 것을 좋아하나요? 무엇이 집에 있는 것을 좋아하게 만들었나요?

[휴가 중 방문하는 사람과 같이 하는 일]

When you stay at home during a vacation, does anyone visit your home? Who usually visits you? What do you usually do with them?

휴가 중 집에 있을 때, 누가 당신의 집을 방문하나요? 보통 누가 오나요? 그들과 주로 무엇을 하나요?

[집에서 휴가를 보낼 때 하는 일]

You indicated in the survey that you like to stay at home during your vacations. What kinds of activities do you like to do when you stay at home on your vacations?

당신은 설문에서 휴가 때 집에 있는 것을 좋아한다고 답했습니다. 휴가 동안에 집에 있으면서 주로 어떤 종류의 활동을 하는 것을 좋아하나요?

답변 구성 전략

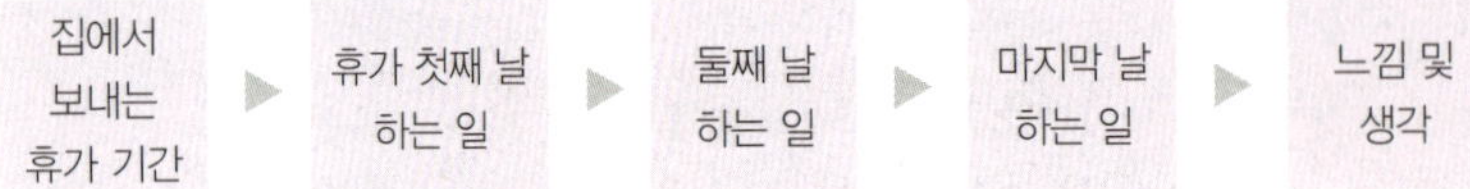

| 집에서 보내는 휴가 기간 | ▶ | 휴가 첫째 날 하는 일 | ▶ | 둘째 날 하는 일 | ▶ | 마지막 날 하는 일 | ▶ | 느낌 및 생각 |

모범 답변 살펴보기

I usually have vacations for three days, and I like to relax at home during my vacations. 집에서 보내는 휴가 기간 When I stay at home, on the first day of my vacation, I usually get up very late, at around noon. A vacation is the only time I can be lazy about getting up. Then, I catch up on my house chores. 첫째 날 하는 일 On the second day, I do what I couldn't do during ordinary days due to my work. For example, I download some movie files I wanted to watch and watch them one after another for hours. 둘째 날 하는 일 On the last day of my vacation, I make a meal for my family and try to spend as much time with them as I can. 마지막 날 하는 일 As you can see, my vacations at home are pretty relaxing. 느낌 및 생각

저는 보통 3일의 휴가를 얻고, 휴가 때에는 집에서 여유롭게 보내는 것을 좋아합니다. 집에 있을 때 휴가 첫 번째 날에는 보통 낮 12시 정도에 아주 늦게 일어납니다. 휴가가 제가 일어나는 것으로부터 게을러 질 수 있는 유일한 시간입니다. 그리고 나서는 밀린 집안일을 합니다. 둘째 날에는 일 때문에 평상시에 하지 못한 일들을 합니다. 예를 들면, 보고 싶었던 영화 파일을 다운받아서 몇 시간 동안 영화들을 연달아 봅니다. 휴가 마지막 날에는 가족들을 위해 식사를 준비하고, 될 수 있으면 그들과 많은 시간을 보내려고 노력합니다. 보다시피 집에서의 제 휴가는 꽤 여유로운 편입니다.

스피킹 노하우

★ ~번째 날에 [on+the+서수+day]

휴가의 기간을 날로 나누어 표현할 때 이와 같은 형태를 이용하여 '~째 날에' 등으로 나타낼 수 있습니다.

ex on the first day 첫째 날에   on the third day 셋째 날에   on the last day 마지막 날에
in the middle of my vacation 휴가 중간에   throughout my vacation 휴가 내내

VOCA

noon 정오   lazy 게으른   catch up on ~를 따라 잡다, 만회하다   ordinary days 평상시
one after another 연달아   make a meal 식사를 준비하다   relaxing 여유로운

❶ 집에서 보내는 휴가 기간

I usually have vacations for ___기간___ , and I like to relax at home during my vacations.

저는 보통 ___ 동안의 휴가를 얻고, 휴가 때는 집에서 여유롭게 보내는 것을 좋아합니다.

❷ 첫째 날 하는 일

When I stay at home, on the first day of my vacation, I usually ___하는 일___ .

집에 있을 때 휴가 첫 번째 날에는 보통 ___ 을 합니다.

TIP 하는 활동에 대한 이유나 설명도 덧붙여 이야기해보세요.

❸ 둘째 날 하는 일

On the second day, I ___하는 일___ .

둘째 날에는 ___ 를 합니다.

❹ 마지막 날에 하는 일

On the last day of my vacation, ___하는 일___ .

휴가 마지막 날에는 ___ 를 합니다.

❺ 느낌 및 생각

As you can see, my vacations at home are ___[형용사]___ .

보다시피 집에서의 제 휴가는 ___ 합니다.

■ **휴가 때 집에서 하는 활동**

read books or magazines 책이나 잡지를 읽다

watch DVD movies DVD 영화를 보다

catch up on TV series I haven't watched 보지 못한 TV 연속극을 보다

surf the Internet 인터넷을 하다

do online shopping 온라인 쇼핑을 하다

clean the house 집을 청소하다

catch up on sleep 밀린 잠을 자다

talk with my friends on the phone 친구들과 전화로 이야기하다

play computer/mobile games 컴퓨터/휴대폰 게임을 하다

listen to music 음악을 듣다

cook for my family 가족들을 위해 요리하다

hang around the house 집에서 뒹굴다

roll on the bed 침대에서 뒹굴다

take naps 낮잠을 자다

make side dishes 밑반찬을 만들다

invite my friends over 집으로 친구를 초대하다

help my mom with house chores 엄마를 도와 집안일을 하다

take a walk around my neighborhood 동네 주위에서 산책하다

go grocery shopping 장을 보다

watch a movie at the nearest theater 가장 가까운 영화관에서 영화를 보다

[집에서 휴가를 보내는 이유]

Some people like to travel on their vacations. Why do you prefer staying at home during your vacations? What makes you like staying at home?

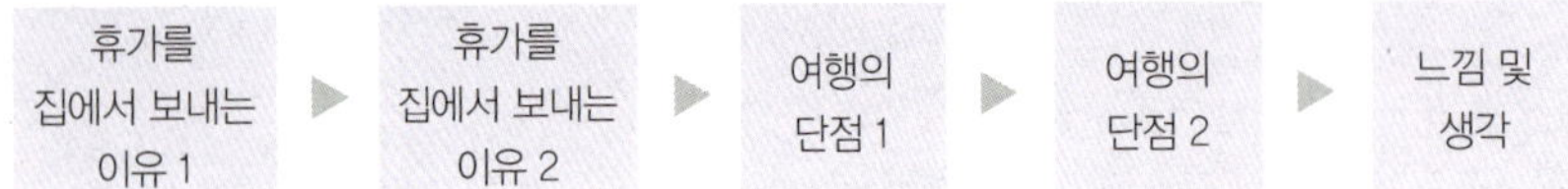

어떤 사람들은 휴가 때 여행하는 것을 좋아합니다. 당신은 휴가 때 왜 집에 있는 것을 좋아하나요? 무엇이 집에 있는 것을 좋아하게 만들었나요?

● 답변 구성 전략

휴가를 집에서 보내는 이유 1 ▶ 휴가를 집에서 보내는 이유 2 ▶ 여행의 단점 1 ▶ 여행의 단점 2 ▶ 느낌 및 생각

● 모범 답변 살펴보기

I like to stay at home during my vacations because I want to get rid of my fatigue by relaxing at home. Sometimes I think weekends are not long enough to take a rest from my busy life. 휴가를 집에서 보내는 이유 1 Another reason I spend my vacations at home is that I can do what I want to without any interruption. I love reading books and watching movies. If I take my vacation at home, I can do these things for many hours. 휴가를 집에서 보내는 이유 2 I don't like traveling because it's too complicated and tiring to make a plan, book hotels and flights, and so on. 여행의 단점 1 In addition, I don't like the crowded atmosphere of tourist destinations. 여행의 단점 2 Overall, I think staying at home is a good way to spend vacations comfortably. 느낌 및 생각

휴가 동안에 제가 집에 있는 것을 좋아하는 것은 집에서 쉬면서 피곤함을 없앨 수 있기 때문입니다. 가끔은 바쁜 생활에서 벗어나 휴식을 취하기엔 주말이 충분히 길지는 않는 것 같습니다. 집에서 휴가를 보내는 또 다른 이유는 어떠한 방해 없이 제가 하고 싶은 것들을 할 수 있기 때문입니다. 저는 책을 읽고 영화를 보는 것을 좋아합니다. 집에서 휴가를 보내면 몇 시간이고 이런 것들을 할 수 있습니다. 저는 여행을 좋아하지 않는데, 계획을 짜거나 호텔, 비행기를 예약하는 것들이 너무 복잡하고 피곤하기 때문입니다. 또한, 여행지의 복잡한 분위기를 좋아하지 않습니다. 전반적으로 집에 있는 것은 휴가를 편안하게 보내는 좋은 방법인 것 같습니다.

─ 스피킹 노하우

★ ~할 만큼 충분히 [형용사+enough]

enough가 형용사를 수식하는 부사로 쓰일 때는 반드시 형용사 뒤에서 수식해야 합니다.

> **ex** I'm old enough to decide for myself. (O) 저는 스스로 결정하기에 충분히 나이가 들었습니다.
> I'm enough old to decide for myself. (X)

─ VOCA

get rid of ~를 제거하다, 없애다   **fatigue** 피곤함   **take a rest** 휴식을 취하다   **interruption** 방해
complicated 복잡한   **a tourist destination** 여행지

❶ 휴가를 집에서 보내는 이유 1

I like to stay at home during my vacations because   [이유]   .

휴가 동안에 제가 집에 있는 것을 좋아하는 것은   때문입니다

❷ 휴가를 집에서 보내는 이유 2

Another reason I spend my vacations at home is that   [주어+동사]   .

집에서 휴가를 보내는 또 다른 이유는   하기 때문입니다.

❸ 여행의 단점 1

I don't like traveling because   [이유 설명]   .

저는 여행을 좋아하지 않는데,   하기 때문입니다.

❹ 여행의 단점 2

In addition, I don't like   [명사 또는 to부정사]   .

게다가   를 좋아하지 않습니다.

❺ 느낌 및 생각

Overall, I think staying at home is a good way to   [동사원형]   .

전반적으로 집에 있는 것은   하는 좋은 방법인 것 같습니다.

▣ 휴가를 집에서 보내는 이유

I enjoy being alone. 혼자 있는 것을 좋아합니다.

I can spend meaningful time with my family. 가족들과 의미 있는 시간을 보낼 수 있습니다.

I can do whatever I want without interruption. 방해 없이 하고 싶은 일들을 할 수 있습니다.

I can save money. 돈을 절약할 수 있습니다.

I can manage my time as I like. 마음대로 시간을 조절할 수 있습니다.

I feel very comfortable in my home. 집에서는 아주 편안함을 느낍니다.

I don't need to worry about anything. 아무것도 걱정할 것이 없습니다.

▣ 여행의 단점

I have to prepare a lot for a trip. 여행 준비를 많이 해야 합니다.

It sometimes costs me a lot. 가끔은 비용이 많이 듭니다.

A trip makes me more tired. 여행이 더 피곤하게 만듭니다.

I feel that it is time-consuming. 시간을 낭비하는 느낌이 듭니다.

I have to face a lot of people everywhere I go. 가는 곳마다 많은 사람들을 마주해야 합니다.

Everything is expensive at tourist destinations. 여행지에서는 모든 것이 비쌉니다.

I have to spend my time and energy. 시간과 에너지를 쏟아야 합니다.

Packing and traveling could be stressful. 짐을 싸는 것과 여행하는 것은 스트레스가 될 수 있습니다.

Sometimes it could be dangerous. 가끔은 위험할 수도 있습니다.

Q3

[휴가 중 방문하는 사람과 같이 하는 일]

When you stay at home during a vacation, does anyone visit your home? Who usually visits you? What do you usually do with them?

휴가 중 집에 있을 때, 누가 당신의 집을 방문하나요? 보통 누가 오나요? 그들과 주로 무엇을 하나요?

답변 구성 전략

도입 ▶ 방문하는 사람 1 ▶ 같이 하는 일 1 ▶ 같이 하는 일 2 ▶ 방문하는 사람 2 ▶ 같이 하는 일 ▶ 느낀 점

모범 답변 살펴보기

I usually stay at home alone during my vacations, but sometimes people visit me. 도입 My best friend Yuhee is my most frequent guest at my home. 방문하는 사람 1 When she comes over, we usually watch DVD movies. We both like to watch romantic comedies sitting on a couch with popcorn. 같이 하는 일 1 We also love to just hang around the house and chat. We usually chat for hours and hours, and it is really fun. 같이 하는 일 2 Sometimes, ★ some of my relatives visit my home during my vacations. 방문하는 사람 2 In that case, I normally cook for them, and we have dinner together. 같이 하는 일

저는 휴가 때 주로 혼자 집에 있기는 하지만, 가끔 사람들이 방문할 때도 있습니다. 제 가장 친한 친구인 유희가 저를 가장 많이 방문하는 손님입니다. 유희가 놀러 오면, 우리는 보통 DVD 영화를 봅니다. 둘 다 소파에 앉아서 팝콘과 함께 로맨틱 코미디 영화를 보는 것을 좋아합니다. 우리는 또 집 안에서 뒹굴며 이야기하는 것도 좋아합니다. 우리는 주로 몇 시간이고 이야기를 하며, 이야기하는 것은 정말 재미있습니다. 가끔은 휴가 동안에 친척들이 놀러 오기도 합니다. 그런 경우에는, 제가 주로 그들에게 요리를 해주고 저녁 식사를 같이 합니다.

스피킹 노하우

★ 수량사

some/most가 [소유격+명사]나 [the+명사] 형태 앞에서 수식할 때는 of를 같이 사용해야 합니다. 하지만, 일반적인 명사 앞에서는 of 없이 바로 some/most로만 수식할 수 있습니다.

ex Sometimes some of my friends come over my house. (O) 가끔은 제 친구 몇 명이 집에 놀러 오기도 합니다.

Sometimes some my friends come over my house. (X)

Some people love to stay at home alone. (O) 어떤 사람들은 혼자 집에 있는 것을 좋아합니다.

Some of people love to stay at home alone. (X)

VOCA

come over (~의 집에) 들르다, 놀러 오다   a couch 긴 소파   for hours 몇 시간 동안   relatives 친척들

❶ 도입

I usually stay at home alone during my vacations, but sometimes people visit me.

저는 휴가 때 주로 혼자 집에 있기는 하지만, 가끔 사람들이 방문할 때도 있습니다.

❷ 방문하는 사람 1

［사람］ is my most frequent guest at my home.

가 저를 가장 많이 방문하는 손님입니다.

❸ 같이 하는 일 1

When she/he comes over, we usually ［활동 묘사］.

그녀/그가 놀러 오면, 우리는 보통 　　　　 합니다.

❹ 같이 하는 일 2

We also love to ［동사원형］.

우리는 또한 　　　　 하는 것을 좋아합니다.

❺ 방문하는 사람 2

Sometimes, ［사람］ visit(s) my home during my vacations.

가끔은 휴가 동안에 　　　　 가 놀러 오기도 합니다.

❻ 같이 하는 일

In that case, ［활동 묘사］.

그런 경우에는 　　　　 합니다.

● 표현 늘리기

■ 휴가 기간 동안 방문하는 사람

my family 우리 가족
my close friends 친한 친구들
my school friends 학교 친구들
my co-workers 직장 동료들
my relatives 친척들
my mother in-law 시어머니, 장모님
my father in-law 시아버지, 장인 어른
my in-laws 제 인척들 (시댁/처가 식구들)
my boyfriend/girlfriend 남자친구/여자친구

■ 휴가 때 사람들과 같이 하는 일

watch TV TV를 보다
spend time chatting 이야기를 하며 시간을 보내다
prepare meals 식사를 준비하다
have lunch/dinner 점심/저녁을 먹다
play board games 보드 게임을 하다
play card games 카드 게임을 하다
watch sports games 스포츠 경기를 보다
have tea/coffee 차/커피를 마시다
have food delivered 음식을 배달시키다

집에서 보내는 휴가의 경우 다른 휴가 주제들보다 롤플레이 문제의 빈도수는 낮지만, 종종 Eva의 휴가 패턴이나 경험과 관련해서 정보를 물어보는 질문하기 유형이 출제되기도 합니다. Eva가 휴가 때 만나는 사람들, 하는 일, 기억에 남는 일, 최근 휴가 경험, 계획 등에 알맞은 질문거리를 생각해보고 롤플레이 문제에서 활용할 수 있도록 하세요.

C08-U02-04

Q1 [직접 질문하기] I also enjoy staying at home during my vacations, and I spent my last vacation at home. Please ask me three or four questions about my last vacation.

저 또한 휴가 때 집에 있는 것을 좋아하고, 지난 휴가 역시 집에서 보냈습니다. 저의 지난 휴가에 대해 서너 가지 질문을 해보세요.

인사	Hi, Eva. I'm glad to know that you also enjoy staying at home during vacations.
질문 목적	I'd like to know about your last vacation if you don't mind.
질문	How long was your vacation? Three days? What did you do first at home as soon as your vacation started? In my case, I love to take many naps on the first day. Did you also take many naps during your vacation? What else did you do at home? Did anyone visit you?
끝인사	Thank you for your kind answers. It was nice talking to you.

안녕하세요, 에바 씨. 에바 씨 또한 휴가 동안 집에 있는 것을 좋아한다니 반갑네요. 괜찮다면 에바 씨의 지난번 휴가에 대해 알고 싶어요. 휴가는 얼마 동안이었나요? 3일이요? 휴가가 시작되자마자 집에서 제일 먼저 하는 것은 무엇인가요? 제 경우엔 첫 날에 낮잠을 많이 자는 것을 좋아해요. 에바 씨도 휴가 때 낮잠을 많이 잤나요? 그 외에 또 집에서 무엇을 했나요? 누군가가 방문했나요? 친절한 답변 감사합니다. 이야기해서 즐거웠어요.

C08-U02-05

Q2 [직접 질문하기] I also enjoy staying at home during my vacations, and I'll stay at home for my next vacation as well. Please ask me three or four questions about my next vacation plans.

저 또한 휴가 때 집에 있는 것을 좋아하고, 다음 휴가 때에도 집에 있을 것입니다. 제 다음 휴가에 대해 서너 가지 질문을 해보세요.

인사	Hi, Eva. I'm glad to know that you also enjoy staying at home during vacations.
질문 목적	I'd like to know about your next vacation plans if you don't mind.
질문	How long is your vacation? Wow, that's quite a long vacation. Then, what things will you do at home? Did you plan anything interesting? That sounds interesting. Are you going to invite someone to your house during the vacation? Who will you invite? What will you do with them?
끝인사	Thank you for your kind answers. It was nice talking to you.

안녕하세요, 에바 씨. 에바 씨 또한 휴가 동안 집에 있는 것을 좋아한다니 반갑네요. 괜찮다면 에바 씨의 다음 휴가 계획에 대해 알고 싶어요. 휴가는 얼마 동안인가요? 와, 꽤 긴 휴가네요. 그러면 집에서 어떤 것들을 할 건가요? 뭔가 재미있는 것을 계획했나요? 재미있겠네요. 휴가 동안 다른 사람을 집에 초대할 건가요? 누구를 초대하나요? 그들과 무엇을 할 건가요? 친절한 답변 감사합니다. 이야기해서 즐거웠어요.

Unit 03 국내여행/해외여행

국내여행과 해외여행은 수험생들이 '휴가' 부분에서 가장 많이 선택하는 주제 중 하나입니다. 국내여행과 해외여행을 같이 선택한다면, 두 주제의 공통된 유형 문제들에 대해 효과적으로 준비할 수 있습니다. 여행지, 같이 갔던 사람들, 여행 중에 한 일, 기억에 남는 일 등을 중심으로 충분한 이야깃거리를 만들어보세요. 또한, 여행 갈 때 가져가는 것들에 대한 답변은 'Unit 1. 국내출장'에 나와있는 문제로 같이 준비할 수 있습니다.

장소
- ▶ 기억에 남는 여행 장소/좋아하는 여행지
- ▶ 다음 휴가 때 가고 싶은 여행지

설명
- ▶ 사람들이 휴가 때 여행을 좋아하는 이유
- ▶ 여행 중 먹었던 기억에 남는 음식

일반 활동 패턴
- ▶ 여행 중에 하는 일
- ▶ 여행 가기 전 준비/여행에 가져가는 것

경험
- ▶ 어렸을 때 한 기억에 남는 여행
- ▶ 처음 해외 여행을 한 경험
- ▶ 가장 최근에 여행을 한 경험
- ▶ 여행 중 겪은 기억에 남는 일

출제 가능 질문 살펴보기

[국내에서 좋아하는 여행지]

You indicated in the survey that you take trips in your home country. Where do you like to visit and why do you like to go there?

당신은 설문에서 국내여행을 한다고 답했습니다. 어디에 가는 것을 좋아하고 왜 그곳에 가는 것을 좋아하나요?

[가장 최근에 여행을 한 경험]

Please tell me about the last domestic trip you had. Where did you go, and what did you do there?

가장 최근에 했던 국내 여행에 대해 이야기해주세요. 어디에 갔고, 그곳에서 무엇을 했나요?

[처음 해외여행을 한 경험]

Please tell me about your first overseas trip. Where did you go, and who did you go there with? How was your trip?

처음으로 갔던 해외여행 경험에 대해 이야기해주세요. 어디로 누구와 갔나요? 그 여행은 어땠나요?

[가장 기억에 남는 여행]

Can you tell me about the most memorable trip you've had? When was it? Did anything interesting or unexpected happen during the trip?

가장 기억에 남는 여행에 대해 이야기해줄 수 있나요? 언제였나요? 여행 중 재미있거나 예기치 못한 일이 일어났었나요?

Q₁

[국내에서 좋아하는 여행지]

You indicated in the survey that you take trips in your home country. Where do you like to visit and why do you like to go there?

당신은 설문에서 국내여행을 한다고 답했습니다. 어디에 가는 것을 좋아하고 왜 그곳에 가는 것을 좋아하나요?

● 답변 구성 전략

좋아하는 여행지 ▶ 위치 ▶ 여행지의 특징 ▶ 좋아하는 이유 1 ▶ 좋아하는 이유 2 (활동) ▶ 좋아하는 이유 3 (음식) ▶ 느낌 및 생각

● 모범 답변 살펴보기

I love going to Jeju Island for my trips. 좋아하는 여행지 It is the largest island in Korea, which lies in the South Sea. 위치 It is famous for being one of the top honeymoon destinations for Koreans. 특징 There are several reasons I like to go there. First, I love the beautiful beaches. The water is always clean and blue, and I can catch beautiful sunrises and sunsets over the oceans. 좋아하는 이유 1 Second, I can do a lot of fun activities, such as riding horses, hiking on Mt. Halla, or visiting various kinds of museums. 좋아하는 이유 2(할 수 있는 활동) I also love the local food there, especially the fresh fish and tangerines. 좋아하는 이유 3(음식) If I have a chance, I'd like to head back there for my next vacation. 느낌 및 생각

저는 여행으로 제주도에 가는 것을 좋아합니다. 제주도는 남해에 위치한 한국에서 가장 큰 섬입니다. 그곳은 한국인들에게는 최고의 신혼여행지 중 한 곳으로 유명합니다. 제가 그곳에 가기 좋아하는 이유는 여러 가지입니다. 먼저, 저는 그곳의 아름다운 해변을 좋아합니다. 바닷물은 항상 깨끗하고 푸른 색이며, 바다 너머로 아름다운 일출과 일몰을 감상할 수 있습니다. 두 번째로, 말타기, 한라산에서 하이킹하기, 다양한 박물관 방문하기와 같은 많은 재미있는 활동들도 할 수 있습니다. 저는 또한 그곳의 지역 음식을 좋아하는데, 특히 신선한 생선과 귤을 좋아합니다. 기회가 된다면 다음 휴가 때 다시 그곳으로 가고 싶습니다.

스피킹 노하우

★ ~로 여행을 가다

'여행 가다'와 관련된 아래의 동사 및 표현들을 잘 익히고, 올바르게 사용할 수 있도록 외워보세요.

ex [go on trip to+장소] / [travel to+장소] / [visit+장소] / [go on a vacation to+장소] / [take a trip to+장소] ~에 여행을 가다

· 주의: I went to trip to Busan last year. (X)

VOCA

lie 놓여 있다   the South Sea 남해   a honeymoon 신혼여행   a sunrise 일출   a sunset 일몰
Mt. Halla 한라산   a museum 박물관   a tangerine 귤

❶ 좋아하는 여행지
I love going to [지역명] for my trips.
저는 여행으로 　　　 에 가는 것을 좋아합니다.

❷ 위치
It is located [위치]. 그곳은 　　　 에 위치하고 있습니다.

❸ 여행지의 특징
It is famous for [유명한 것]. 그곳은 　　　 으로 유명합니다.

❹ 좋아하는 이유 1
There are several reasons I like to go there. First, [이유 설명].
제가 그곳에 가기 좋아하는 이유는 여러 가지입니다. 먼저, 　　　 합니다.

❺ 좋아하는 이유 2
Second, I can do a lot of fun activities there, such as [할 수 있는 활동].
두 번째로, 그곳에서 　　　 와 같은 많은 재미있는 활동들을 할 수 있습니다.

❻ 좋아하는 이유 3
I also love the local food there, especially [음식 종류].
저는 또한 그곳 지역 음식을 좋아하는데, 특히 　　　 를 좋아합니다.

TIP 좋아하는 음식의 종류, 맛, 재료 등에 대해 설명을 덧붙여보세요.

❼ 느낌 및 생각
If I have a chance, I'd like to [다음 여행 계획].
기회가 된다면, 　　　 하고 싶습니다.

ex If I have a chance, I'd like to go there again with my family next year.
기회가 된다면 가족들과 내년에 그곳에 다시 가보고 싶습니다.

● 표현 늘리기

◾ 여행지 특징 [It is famous for+유명한 것]

natural environment 자연적인 환경　　　traditional buildings 전통적인 건물들
beautiful mountains 아름다운 산들　　　beautiful handcrafts 예쁜 수공예품
good vacation amenties 좋은 휴양 시설　　　the night view 야경

◾ 특정 여행지를 좋아하는 이유

It is very quiet, and there aren't many tourists. 조용하고, 여행 오는 사람들이 많지 않습니다.
I can feel clean and fresh air. 깨끗하고 상쾌한 공기를 마실 수 있습니다.
The overall atmosphere is pretty exotic. 전체적인 분위기가 이국적입니다.
It doesn't cost me much to travel there. 그곳을 여행하는 데 비용이 많이 들지 않습니다.
It is very conveniently located. 가기 편리한 곳에 위치해 있습니다.
People are very kind there. 그곳 사람들이 매우 친절합니다.

◾ 여행지에서 할 수 있는 활동

shopping 쇼핑　hiking 하이킹　cycling 자전거 타기　kayaking 카약 타기　golfing 골프　cruising 배타기
skiing 스키　snowboarding 스노우보드　visiting tourist attractions 관광명소 둘러보기
snorkeling 스노클링　attending local events 지역행사 참여　fishing 낚시

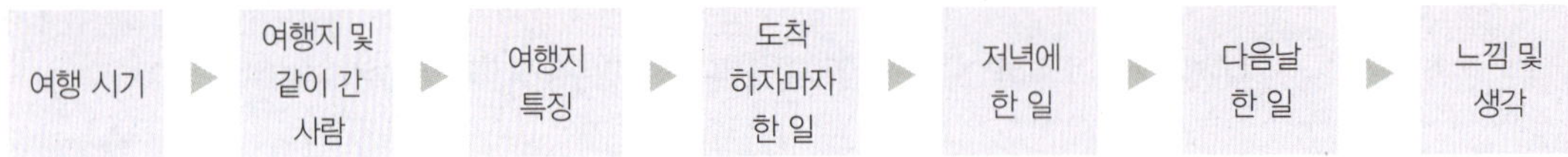

[최근에 여행을 한 경험]

Please tell me about the last domestic trip you had. Where did you go, and what did you do there? Give me a good description of everything you did from the first to the last day.

가장 최근에 했던 국내 여행에 대해 이야기해주세요. 어디에 갔고, 그곳에서 무엇을 했나요? 첫날부터 마지막까지 했던 모든 것들에 대해 자세히 설명해주세요.

● 답변 구성 전략

여행 시기 ▸ 여행지 및 같이 간 사람 ▸ 여행지 특징 ▸ 도착 하자마자 한 일 ▸ 저녁에 한 일 ▸ 다음날 한 일 ▸ 느낌 및 생각

● 모범 답변 살펴보기

It was last month when I took a trip in my country recently. 시기 I visited Busan with my closest friends for two days. 여행지 및 같이 간 사람 It was a fantastic city with beautiful beaches, exotic streets and nice people. 여행지 특징 Upon arrival, we went straight to the biggest beach in Busan. We enjoyed sunbathing and swimming in the sea. 도착하자마자 한 일 At night, we went to a club near the harbor area. 저녁에 한 일 The next day was even more fun because we visited several tourist attractions like the Jagalchi fish market and had a lot of delicious local food. 다음날 한 일 Although we were very tired from the trip, we had a great time there. 느낌 및 생각

제가 최근에 국내에서 여행을 한 것은 지난달이었습니다. 저는 제 친한 친구들과 이틀 동안 부산에 갔습니다. 부산은 아름다운 해변, 이국적인 거리, 친절한 사람들이 있는 환상적인 도시입니다. 도착하자마자 우리는 곧바로 부산에서 가장 큰 해변에 갔습니다. 그곳에서 바다 수영을 하고, 일광욕도 했습니다. 밤에는 항구 근처에 있는 클럽에 갔습니다. 다음 날이 더 재미있었는데, 자갈치 수산 시장과 같은 여러 관광 명소도 둘러보고 맛있는 지역 음식도 많이 먹었기 때문입니다. 비록 여행으로 매우 피곤하긴 했지만, 그곳에서 정말 좋은 시간을 보낸 것 같습니다.

스피킹 노하우

★ 양보의 부사절을 이끄는 접속사 although/though/even though

'～에도 불구하고/～이긴 하지만'의 의미로 쓰여 두 개의 절이나 문장을 대조시키기 위해 사용합니다. although 등을 사용할 때는 주절에 but을 또 넣지 않도록 주의하세요.

> **ex** Although it was a short trip, it was a meaningful experience for me. (O)
> 짧은 여행이었지만, 제게는 의미 있는 경험이었습니다.
>
> Although it was a short trip, but it was a meaningful experience for me. (X)

VOCA

exotic 이국적인　**upon arrival** 도착하는 대로　**sunbathe** 일광욕을 하다　**a harbor** 항구
tourist attractions 관광 명소

❶ 여행 시기

It was 구체적 시기 when I took a trip in my country recently.

제가 최근에 국내에서 여행을 한 것은 _______ 였습니다.

❷ 여행지/기간/같이 간 사람

I visited 여행지 with 같이 간 사람 for 기간 .

저는 _____ 와 _____ 동안 _____ 에 갔습니다.

❸ 여행지 특징

It was a [형용사] city with 특징 .

그곳은 _____ 가 있는 _____ 한 도시였습니다.

❹ 도착하자마자 한 일

Upon arrival, 한 일 .

도착하자마자 우리는 _____ 했습니다.

❺ 저녁에 한 일

At night, 한 일 .

밤에는 _____ 했습니다.

❻ 다음날 한 일

The next day was even more fun because 한 일 .

다음 날이 더 재미있었는데 _____ 했기 때문입니다.

❼ 느낌 및 생각

Although we were very tired from the trip, 여행에 대한 느낌 .

여행으로 매우 피곤하긴 했지만, _____ 했습니다.

● 표현 늘리기

■ 여행지에서 하는 일

visit museums/art galleries 박물관/미술관을 가다
visit traditional palaces/temples 궁전/전통 사원을 방문하다
visit historical sites 사적지를 방문하다
visit cultural attractions 문화 유적지를 돌아보다
visit the theme park 놀이공원에 가다
walk around the downtown 시내를 걸어서 돌아다니다
take a city tour 시내를 관광하다
enjoy the night view 야경을 즐기다
enjoy the beautiful scenery 아름다운 경치를 감상하다
participate in local festivals 지역 행사에 참여하다
buy some souvenirs for my family and friends 가족과 친구들의 기념품을 사다
take pictures 사진을 찍다
go sightseeing 관광을 하다
have/try local food 현지 음식을 먹다
swim in the ocean 바다 수영을 하다
get a traditional massage 전통 마사지를 받다
watch a famous local show/performance 지역의 유명한 공연을 보다
rent a car and take a road trip 차를 빌려 자동차 여행을 하다

• 답변 구성 전략

여행 시기 ▶ 여행지 및 같이 간 사람 ▶ 여행을 한 이유 ▶ 인상적인 점 1 ▶ 인상적인 점 2 ▶ 느낌 및 생각

• 모범 답변 살펴보기

I will never forget my very first overseas trip when I was 15 years old. 여행 시기 I went to Vancouver in Canada with my family for a week. 여행지 및 같이 간 사람 We went there because my cousin who lived there was getting married. We wanted to attend her wedding as well as go sightseeing. 여행을 한 이유 Since it was my first international trip, I was very nervous, but excited before the trip. During the trip, I was impressed by the beautiful natural environment there. The city was a beautiful combination of the ocean and mountains. 인상적인 점 1 I was also surprised because I could see a wide variety of ethnic groups living there. 인상적인 점 2 For me, it was a great experience. 느낌 및 생각

저는 15살 때 했던 제 첫 해외여행을 잊을 수가 없습니다. 저는 가족과 함께 일주일 동안 캐나다의 밴쿠버로 여행을 갔습니다. 우리가 그곳에 간 것은 그곳에 사는 사촌이 결혼을 하기 때문이었습니다. 우리는 사촌 언니의 결혼식에도 참석하고, 관광을 하고 싶기도 했습니다. 그것이 제 첫 해외여행이었기 때문에 저는 여행 전에 매우 긴장했지만, 기대되기도 했습니다. 여행 중에 저는 그곳의 아름다운 자연 환경에 감명을 받았습니다. 그 도시는 바다와 산의 아름다운 조화 자체였습니다. 저는 또한 그곳에 사는 다양한 인종을 볼 수 있다는 것이 놀라웠습니다. 저에게는 그 여행이 정말 좋은 경험이었습니다.

스피킹 노하우

★ 관계 대명사 who

[who+동사]의 형태는 주어나 목적어 자리에 오는 사람을 수식하는 형용사절 역할을 합니다.

ex I visited my friend who lived there. 저는 그곳에 사는 친구를 방문했습니다.

My friend who lived there offered me accommodations. 그곳에 사는 친구가 제게 숙박을 제공했습니다.

VOCA

Vancouver 밴쿠버(캐나다 서부에 있는 도시)　get married 결혼하다　wedding 결혼　international 국제의

a combination 조합, 결합　ethnic groups 민족 집단

❶ 여행 시기

I will never forget my very first overseas trip 구체적 시기 .

저는 에 했던 제 첫 해외여행을 잊을 수가 없습니다.

❷ 여행지 및 같이 간 사람

I went to 여행지 with 같이 간 사람 for 기간 .

저는 와 동안 로 여행을 갔습니다.

❸ 여행을 한 이유

I went there because 이유 설명 .

제가 그곳에 간 것은 했기 때문입니다.

❹ 인상적인 점 1

During the trip, I was impressed by 명사형 .

여행 중에 저는 에 감명 받았습니다.

TIP 왜 감명 깊었는지 등 이유나 구체적인 설명을 덧붙여 보세요.

❺ 인상적인 점 2

I was also surprised because 이유 설명 .

저는 또한 때문에 놀랐습니다.

❻ 느낌 및 생각

For me, it was a [형용사] experience.

저에게는 그 여행이 한 경험이었습니다.

● 표현 늘리기

■ **해외 여행을 한 이유(특정 여행지를 선택한 이유)**

My friend who lived there asked me to visit her. 그곳에 사는 친구가 초청을 했습니다.

I had always wanted to go there since childhood. 어릴 때부터 항상 그곳에 가고 싶었습니다.

It was the closest one from my country. 우리나라에서 가장 가까운 곳이었습니다.

It was the only country I could travel to with my budget. 제 예산으로 여행할 수 있는 유일한 나라였습니다.

I wanted to study English there. 그곳에서 영어를 공부하고 싶었습니다.

I found a very cheap tour package there. 그곳으로 가는 아주 싼 여행 상품을 발견했습니다.

I was interested in the history of the country. 그 나라의 역사에 관심이 있었습니다.

I had read a lot of books about the country. 그 나라에 대한 책을 많이 읽어왔습니다.

■ **첫 해외 여행에서 인상적인 점**

Everything was very cheap there. 그곳의 모든 것들이 매우 쌌습니다.

The local people I met there were always nice and kind. 그곳에서 만난 지역 사람들이 항상 친절했습니다.

Their way of living was very interesting. 그들 삶의 방식이 정말 흥미로웠습니다.

The streets were a lot more complicated than I expected. 제가 생각했던 것보다 길들이 더 많이 복잡했습니다.

Some of the local food tasted very weird. 몇몇 지역 음식들의 맛이 이상했습니다.

There was a lot of amazing food I had never seen before.
전에는 보지 못했던 신기한 음식들이 많았습니다.

The natural scenery there was beautiful beyond description.
자연 경관이 말로 표현할 수 없을 만큼 아름다웠습니다.

Their table manners were very different from ours. 식사 예절이 우리와 매우 달랐습니다.

Q4

[가장 기억에 남는 여행]

Can you tell me about the most memorable trip you've had? When was it? Did anything interesting or unexpected happen during the trip?

가장 기억에 남는 여행에 대해 이야기해줄 수 있나요? 언제였나요? 여행 중 재미있거나 예기지 못한 일이 일어났었나요?

● 답변 구성 전략

여행 목적지/시기 ▶ 기억에 남는 이유 ▶ 사건의 발단 ▶ 전개 ▶ 절정 ▶ 결말 ▶ 느낌 및 생각

● 모범 답변 살펴보기

My most memorable trip was when I traveled to Europe alone three years ago. 여행 목적지/시기 It was very memorable because I experienced unexpected difficulty during the trip. 기억에 남는 이유 It seemed a perfect trip for me until I went to the airport to come back home on the last day. 사건의 발단 However, when I was about to check in, I realized that my passport was gone. 전개 What was worse, I didn't know where I lost it and I couldn't find it anywhere. I was very embarrassed and didn't know what to do. 절정 In the end, I had to cancel the flight and stay there two more days to visit the embassy and get a new passport. 결말 Since then, I have always checked my belongings carefully while traveling. 느낌 및 생각

제게 가장 기억에 남는 여행은 3년 전에 혼자 유럽에 여행을 갔을 때였습니다. 그 여행이 기억에 남는 이유는 여행 중에 예기치 못한 어려움을 겪었기 때문입니다. 마지막 날에 집으로 돌아오려고 공항에 갔을 때까지만 해도 제게는 그 여행이 완벽한 여행인 듯 했습니다. 그러나, 탑승 수속을 하려고 할 때 저는 제 여권이 없어진 것을 알았습니다. 심지어 저는 여권을 어디에서 잃어버렸는지도 몰랐고, 아무데서도 여권을 찾을 수가 없었습니다. 저는 매우 당황했고, 어떻게 해야 할지 몰랐습니다. 결국에는 비행기표를 취소하고, 대사관에 가서 새 여권을 발급 받기 위해 유럽에서 이틀 동안 더 머물러야 했습니다. 그때 이후로 저는 여행할 때 소지품을 항상 주의 깊게 살펴봅니다.

스피킹 노하우

★ 심지어/엎친 데 덮친 격으로 [what was worse/to make matters worse/to make things worse]

이와 같은 부사구들을 문장 앞에 사용해 상황이 악화됨을 나타낼 수 있습니다.

ex To make matters worse, I didn't have a map to find the location.
설상가상으로 저는 그곳의 위치를 찾을 지도도 갖고 있지 않았습니다.

VOCA

perfect 완벽한   an airport 공항   check in 탑승 수속을 밟다   a passport 여권
cancel the flight 항공권을 취소하다   the embassy 대사관   belongings 소지품

❶ 여행 목적지/시기　My most memorable trip was when I traveled to　[장소+시기]　.

제게 가장 기억에 남는 여행은　　　　　때　　　　　에 여행을 갔을 때였습니다.

❷ 기억에 남는 이유　It was very memorable because　[주어+동사]　.

그 여행이 기억에 남는 이유는　　　　　했기 때문입니다.

> **TIP** 생각지 못했던 재미있는 일이나 어려움을 겪었던 경험 위주로 이야기를 만들어보세요.
>
> **ex** I had a very interesting experience while traveling. 여행하는 동안 아주 재미있는 경험을 했습니다.
> I experienced difficulty due to the language barrier. 언어 장벽 때문에 어려움을 겪었습니다.

❸ 사건의 발단　It seemed a　[형용사]　trip for me until　[주어+동사]　.

　　　　　할 때까지만 해도　　　　　한 여행인 듯했습니다.

❹ 전개　However, when I was about to　[동사원형]　,　사건 묘사　.

그러나 막　　　　　하려고 할 때,　　　　　했습니다.

❺ 절정　What was worse,　악화된 상황 묘사　.

심지어　　　　　까지 했습니다.

> **TIP** 악화된 상황이 아니라면 '더욱 재미있던 것은 ~였습니다'나 '더욱 놀라웠던 것은 ~였습니다' 등으로 표현하여
> 이야기를 꾸며보세요.
>
> **ex** The more interesting thing was that [주어+동사] 더 재미있던 것은 ~했다는 것입니다
> Surprisingly, [주어+동사] 놀랍게도 ~했습니다

❻ 결말　In the end,　사건의 결말 묘사　.

결국　　　　　했습니다.

❼ 느낌 및 생각　Since then, I have always　[동사의 과거분사형]　.

그때 이후로 저는 항상　　　　　합니다.

◾ 여행 중 겪은 어려움

I got pick-pocketed on the street. 길에서 소매치기를 당했습니다

I left my wallet at the hotel when I checked out. 체크아웃을 할 때 지갑을 호텔에 두고 왔습니다.

I got lost on the way back to the hotel. 호텔로 돌아오는 길에 길을 잃었습니다.

I was informed that the flight would be delayed due to the bad weather.
기상 악화 때문에 비행기가 연착된다고 들었습니다.

There was something wrong with the hotel reservation. 호텔 예약에 문제가 생겼습니다.

I had nowhere to stay. 머무를 곳이 없었습니다.

I got a bad cold. 심한 감기에 걸렸습니다.

I spent all of my money. 돈을 다 써버렸습니다.

The rental car broke down. 렌터카가 고장 났습니다.

I got stuck in the hotel due to a hurricane. 허리케인 때문에 호텔에 갇혀 있었습니다.

 **롤플레이 문제 :** 여행 관련 정보 물어보기

여행 관련 롤플레이 문제에서는 Eva의 여행 패턴 및 경험 관련 정보를 물어보거나, 여행 계획과 관련하여 친구나 여행사에 전화해 정보를 물어보는 문제가 자주 출제됩니다. 또한 비행기 및 렌터카 예약 문제 상황에서 대안을 제시하는 문제도 가끔 출제되니 이야깃거리를 생각하고 미리 답변을 준비하세요.

 C08-U03-05

Q1 **[직접 질문하기]** I like traveling, too. Please ask me three or four questions about the city I have recently visited.

저 또한 여행하는 것을 좋아합니다. 제가 최근에 방문했던 도시에 대해 서너 가지 질문을 해보세요.

인사	Hi, Eva. I'm glad to know that you also enjoy traveling.
질문 목적	You told me you have recently visited another city, so I'd like to ask you a few questions about it if you don't mind.
질문	What city did you go to? Is it in the U.S. or in another country? Why did you decide to go there? When I choose a city to travel to, I usually look for what kind of tourist attractions the city has. How about you? Did you also consider the tourist attractions when you chose that city? What did you do there during the trip?
끝인사	Thank you for your kind answers. It was nice talking to you.

안녕하세요, 에바 씨. 에바 씨 또한 여행하는 것을 좋아한다니 반갑네요. 최근에 다른 도시를 갔다 왔다고 했는데, 괜찮으면 그 도시에 대해 몇 가지 질문을 하고 싶어요. 어떤 도시에 갔었나요? 그 도시는 미국에 있나요, 아니면 다른 나라에 있나요? 왜 그곳에 가기로 결정했나요? 저는 보통 여행할 도시를 고를 때, 그 도시에 어떤 관광명소가 있는지 찾아봅니다. 에바 씨는요? 에바 씨도 그 도시를 고를 때 관광지를 고려했었나요? 여행하는 동안 그곳에서 무엇을 했나요? 친절한 답변 감사합니다. 이야기해서 즐거웠어요.

 C08-U03-06

Q2 **[전화로 질문하기]** You want to take a domestic trip with your friend. Call the travel agency and ask three or four questions to get the information you need for your trip plans.

당신은 친구와 함께 국내 여행을 하려고 합니다. 여행사에 전화를 걸어 여행 계획에 필요한 정보를 얻기 위한 질문을 서너 가지 해보세요.

인사	Hello, is this Woori Tour?
전화 목적	I'm planning a domestic trip with my friend, so I'm calling you to ask some questions about your tour packages.
질문	I haven't taken a trip domestically in winter, so I don't know which city I should choose for our winter trip. Do you have any good place in mind you would recommend? Oh, Yeosu? No, I haven't been there. What kinds of activities can we do if we go there? That sounds great! Do you have any good tour packages to Yeosu? Are accommodations included? How much is it?
끝인사	Thank you for your answers. It was really helpful.

여보세요? 우리 투어인가요? 제가 친구랑 국내 여행을 계획하고 있는데요, 여행 상품에 대해 몇 가지 질문이 있어서 전화 드렸어요. 제가 겨울에 국내 여행을 안 해봐서 겨울 여행을 위해 어떤 도시를 골라야 할지 모르겠어요. 추천해 줄 만한 좋은 장소가 있나요? 아, 여수요? 아니요, 아직 안 가봤어요. 그곳에 가면 어떤 것들을 할 수 있나요? 괜찮네요. 여수로 가는 좋은 여행 상품이 있나요? 숙박도 포함인가요? 비용은 얼마인가요? 답변 감사합니다. 정말 도움이 됐어요.

a tour package 패키지 여행   domestically 국내에서   have (something) in mind ~에 대해 생각하다
accommodations 숙박 시설

답변 중
위기 상황 대처 표현

★ 상황 7 : 답변 시간이 부족할 때(10초라도 버리지 않기!!)

상황 설명 : 많은 수험생이 당황해 하는 상황 중 하나가 바로 시험 시간이 다 되어 답변 시간이 부족할 때입니다. 앞의 문제들에 신경을 쓰다 보면, 40분의 시험 시간이 다 되었는데, 문제가 여러 개 남아있는 경우가 많을 것입니다. 물론, 최선을 다해 주제에 대해 한마디라도 더 하고 시험을 종료하면 다행이지만, 문제를 듣고 답변 시간이 10초 정도밖에 남지 않은 상황이라면 주제에 대한 이야기를 시작하기가 쉽지 않을 것입니다. 단 10초라도 버리지 말고, 아래의 표현들을 이용해 재치 있게 시험을 마무리해보세요.

➤ **I don't think I have time to answer this question.**
이 문제에 답을 할 시간이 없는 것 같아요.

➤ **Unfortunately, I'm almost out of time.**
유감스럽지만 거의 시간이 남지 않았네요.

➤ **I wish I could have more time.**
조금 더 시간이 있으면 좋겠네요.

➤ **If there's a chance, I'd like to tell you about it in more detail next time.**
기회가 생기면 다음에 조금 더 자세하게 이 이야기를 해보고 싶어요.

➤ **Why don't we talk about this later, maybe in person?**
이 이야기를 나중에 직접 만나서 하는 것은 어떨까요?

➤ **Thank you for listening to my answers.**
제 답변들을 들어주셔서 감사해요.

UNIT 1 어학원 | **UNIT 2** 외식 | **UNIT 3** 쇼핑 |
UNIT 4 인터넷 서핑 | **UNIT 5** 전화 담소 | **UNIT 6** 독서 |
UNIT 7 계절/날씨 | **UNIT 8** 명절 (휴일) | **UNIT 9** 대중교통 |
UNIT 10 건강 | **UNIT 11** 치과 | **UNIT 12** 은행 |
UNIT 13 약속 | **UNIT 14** 농부

돌발 주제

Chapter 9에서는 OPIc에서 가장 자주 출제되는 돌발 주제
들을 중심으로 다루었습니다. 각 돌발 주제들에 대한 문제들
을 살펴보고, 핵심 어휘 및 표현들을 이용하여 답변을 미리
준비해보세요.

Unit 01　어학원

어학원은 학생이나 직장인과 상관없이 어학수업과 관련하여 자주 출제되는 돌발 주제 중 하나입니다. 대부분의 문제 유형이 학생의 학교 생활이나 과제 등과 비슷하기 때문에 Background Survey에서 2번 '학생'으로 선택하면, 어학원 주제에 맞추어 효과적으로 준비할 수 있습니다. 어학원 관련 어휘나 표현을 미리 익히고, 다양한 문제에 대한 답변을 준비해보세요.

출제될 수 있는 문제 유형

- ▸ 다니고 있는 어학원 묘사
- ▸ 같은 반 친구들 및 반의 분위기 묘사
- ▸ 어학원 선택 경로와 이유 설명
- ▸ 기억에 남는 어학 수업 과제 묘사
- ▸ 어학원 선생님 묘사
- ▸ 듣고 있는 어학 수업과 배우는 내용 설명
- ▸ 어학원을 처음으로 방문한 경험 묘사

주제 관련 어휘 미리 살펴보기

◼ 동사

take (수업을) 듣다	sign up for/register for ~를 등록하다	learn 배우다
improve 향상시키다	understand 이해하다	develop 발전시키다
visit 방문하다	choose/select 선택하다	decide 결정하다

◼ 명사

speaking/listening/reading/writing skills 말하기/듣기/읽기/쓰기 능력

language school 어학원	language class 어학 수업	conversation 회화	
communication 의사 소통	sentences 문장	words 단어	grammar 문법
expressions 표현	presentation 발표	essay 에세이	dictation 받아쓰기
fluency 유창성	accuracy 정확성	level 레벨	

◼ 형용사

difficult 어려운	easy 쉬운	fun 재미있는	boring 지루한
impressive 감명 깊은	excellent 훌륭한	hard-working 열심히 하는	
satisfied 만족하는	surprised 놀란	fluent 유창한	

[듣고 있는 어학 수업]

What language class are you taking these days? What do you learn in the class? Where do you take the class?

요즘 어떤 언어 수업들을 듣고 있나요? 어디에서 그 수업들을 듣나요?

모범 답변 살펴보기

❶ These days, I'm taking an English conversation class at World Language School because ❷ I want to improve my speaking skills. I'm planning to work in the overseas marketing field, and this job requires a good command of the English language. 듣고 있는 어학 수업과 이유 World Language School is in the center of Seoul, and I chose this language school because it is near my house. 어학원 소개 ❸ In my class, I learn how to make sentences and use new words and speaking expressions. 배우는 내용 Though it is a bit difficult for me, I'm having a lot of fun in class. I hope I can improve my spoken English a lot through this class. 수업에 대한 생각 및 기대

요즘 저는 월드 어학원에서 영어 회화 수업을 듣고 있는데, 말하기 실력을 향상하고 싶기 때문입니다. 저는 해외마케팅 분야에서 일을 하려고 계획 중이고, 이 일은 높은 영어 실력을 요구합니다. 월드 어학원은 서울 중심가에 있고, 저는 집에서 가깝기 때문에 이 어학원을 선택했습니다. 수업에서 저는 문장을 만드는 법과 새로운 단어와 표현을 말하기에 적용시키는 법을 배웁니다. 비록 저에게는 조금 어렵기는 하지만, 수업 시간에 많은 재미를 느끼고 있습니다. 이 수업을 통해 제 영어 스피킹 실력이 많이 향상되면 좋겠습니다.

VOCA

English conversation 영어 회화 **improve** 향상시키다 **skills** 능력, 기술, 실력
overseas marketing 해외마케팅 **command** 능력, 구사력

답변 공식으로 훈련하기

❶ **These days, I'm taking a(n)** 수업 종류 **class at** 장소 .

요즘 저는　　　　에서　　　　수업을 듣고 있습니다.

> ex These days, I'm taking a TOEIC test preparation class at ABC Language School.
> 요즘 저는 ABC어학원에서 토익 시험 대비반을 듣고 있습니다.

❷ **I want to improve** 향상시키고 싶은 언어 분야 능력 **skills.**

저는　　　　를 향상시키고 싶습니다.

> ex I want to improve my listening skills. 저는 듣기 실력을 향상시키고 싶습니다.

❸ **In my class, I learn how to** 배우는 내용 [동사원형] .

수업 시간에 저는　　　　하는 법을 배웁니다.

> ex In my class, I learn how to listen for keywords in the listening passages.
> 수업 시간에 저는 듣기 지문에서 키워드를 찾아 듣는 법을 배웁니다.

[어학원의 첫 방문 경험]

Q2

Tell me about your first visit to your language school. What was your first impression of the language school and the classrooms there?

다니고 있는 어학원에 처음 방문했던 때에 대해 이야기해주세요. 어학원과 그곳의 교실들의 첫 인상은 어땠나요?

모범 답변 살펴보기

As I mentioned, I'm going to World Language School in Seoul. 어학원 소개 ❶ I first visited this language school last month to register for my English conversation class. 방문 시기 및 목적 ❷ Before I first visited the school, I had thought it would be an old and small academy. 방문 전 어학원에 대한 생각 However, ❸ as soon as I saw the school, I was very impressed by its new and modern building. 방문 후 첫 느낌 The school building had twenty stories and there were many students in the building. The classrooms were also very clean and nice. 건물 및 교실 묘사 After visiting the school, I felt very excited about taking a language class there. 마무리

이미 이야기했듯이, 저는 서울의 월드 어학원에 다니고 있습니다. 저는 지난달에 영어 회화 수업을 등록하기 위해 이 어학원을 처음 방문했습니다. 어학원에 처음 방문하기 전에는 오래되고 작은 어학원일 거라고 생각했습니다. 그러나, 학원을 보자마자 저는 그 학원의 현대적인 새 건물에 감명받았습니다. 학원 건물은 20층짜리였고, 건물 안에는 많은 학생들이 있었습니다. 교실들 또한 매우 깨끗하고 좋아 보였습니다. 어학원을 방문한 후, 저는 그곳에서의 제 어학 수업에 대해 매우 기대가 컸습니다.

VOCA

mention 언급하다   visit 방문하다   register for ~를 등록하다   an academy (특수 분야의) 학교
be impressed by ~에 감명받다   a story 층

답변 공식으로 훈련하기

❶ **I first visited this language school** 시기 **to** 목적 [동사원형] .

저는 _____ 에 _____ 하기 위해 이 어학원을 처음 방문했습니다.

> **ex** I first visited this language school two months ago to audit a Chinese language class.
> 저는 두 달 전에 중국어 수업을 청강하기 위해 이 어학원을 처음 방문했습니다.

❷ **Before I first visited the school, I had thought that** 방문 전의 생각 [주어+동사] .

어학원에 처음 방문하기 전에는 _____ 라고 생각했습니다.

> **ex** Before I first visited the school, I had thought that it would be very big.
> 학원에 처음 방문하기 전에는 학원이 매우 클 거라고 생각했습니다.

❸ **As soon as I saw the school, I was** 느낌 [형용사] .

학원을 보자마자 저는 _____ 한 느낌이 들었습니다.

> **ex** As soon as I saw the school, I was disappointed with its old and small building.
> 학원을 보자마자 저는 학원의 작고 오래된 건물 때문에 실망했습니다.

[어학원 선택 경로와 이유]

Q3

How did you find the language school you go to? Did a friend or colleague recommend it to you? Did you find it on the Internet? Why do you go to this particular language school rather than other language schools?

다니고 있는 어학원을 어떻게 찾았나요? 친구나 동료가 추천해 주었나요? 인터넷에서 찾았나요? 다른 어학원이 아닌 이 어학원을 다니는 이유는 무엇인가요?

모범 답변 살펴보기

Last month, I decided to take an English conversation class because I needed to improve my speaking skills. 수업을 듣게 된 계기 After my decision, ❶ I looked for a good language school by asking my friends for advice. I also read many reviews about language schools on the Internet. 어학원을 찾은 경로 ❷ Finally, I chose World Language School because it is the nearest one from my house. 어학원 선택과 이유 ❸ The best point of this language school is that the teachers are excellent. They understand students very well and try to help students a lot. 이 어학원의 가장 큰 장점 That's why I chose this language school rather than other schools. So far, I'm very satisfied with my choice. 마무리

지난달에 저는 말하기 실력을 늘릴 필요가 있어서 영어 회화 수업을 듣기로 결정했습니다. 결정 후에 친구에게 조언을 얻으면서 좋은 어학원을 알아봤습니다. 또한 인터넷에서 어학원들에 대한 많은 후기도 읽었습니다. 결국 저는 월드 어학원을 선택했는데, 우리 집에서 제일 가까웠기 때문입니다. 이 어학원의 가장 좋은 점은 선생님들이 아주 훌륭하다는 것입니다. 그곳 선생님들은 학생들을 아주 잘 이해하고, 많이 도와주려고 노력합니다. 그래서 다른 어학원들보다 이 어학원을 선택한 것입니다. 지금까지 저는 제 선택에 아주 만족합니다.

VOCA decision 결정　　advice 조언　　a review 후기, 감상평　　the nearest 가장 가까운　　so far 지금까지

답변 공식으로 훈련하기

❶ **I looked for a good language school** 방법 [by 동사+ing] **.**

저는 　　　　　　하면서(함으로써) 좋은 어학원을 알아보았습니다.

> **ex** I looked for a good language school by checking the curriculum of each language school.
> 저는 각 어학원의 커리큘럼을 확인하며 좋은 어학원을 알아보았습니다.

❷ **Finally, I chose** 어학원 이름 **because** 이유 [주어+동사] **.**

결국 저는 　　　　　　를 선택했는데, 　　　　　　했기 때문입니다.

> **ex** Finally, I chose ABC Language School because they offer good services to students.
> 결국 저는 ABC어학원을 선택했는데 학생들에게 좋은 서비스를 제공하기 때문입니다.

❸ **The best point of this language school is that** 어학원의 가장 좋은 점 [주어+동사] **.**

이 어학원의 가장 좋은 점은 　　　　　　하다는 것입니다.

> **ex** The best point of this language school is that it has a good curriculum.
> 이 어학원의 가장 좋은 점은 커리큘럼이 좋다는 것입니다.

Unit 02 외식

외식은 좋아하는 음식점이나 메뉴, 평소의 외식 패턴, 외식 경험 등과 관련하여 다양하게 문제가 출제될 수 있습니다. 평소 자주 가는 음식점과 관련하여 분위기, 위치, 자주 가는 이유를 정리하고, 같이 가는 사람, 빈도수 등에 대한 이야깃거리도 미리 준비하세요. 음식점 메뉴와 관련된 어휘나 표현은 Chapter 6의 요리하기 주제와 같이 공부하면 더욱 효과적으로 준비할 수 있습니다.

출제될 수 있는 문제 유형

▸ 가장 좋아하는/자주 가는 음식점 묘사
▸ 언제, 얼마나, 자주, 누구와 외식을 하는지
▸ 음식점에서 겪은 기억에 남는 일

▸ 가장 좋아하는 음식/메뉴 묘사
▸ 가장 최근에 음식점에 간 경험
▸ 전형적인 한국 식당과 음식 묘사

주제 관련 어휘 미리 살펴보기

▣ 동사

eat out, dine out 외식하다	order 주문하다	have lunch/dinner 점심/저녁 식사를 하다
offer, serve 제공하다	plan 계획하다	try 시도하다
drink 마시다	eat, have 먹다	meet up for dinner 만나서 저녁을 먹다

▣ 명사

service 서비스	price 가격	dish, food 음식	taste 맛
interior 인테리어	exterior 외관	decoration 장식	signboard 간판
specialty 특선요리	seafood 해산물	fast-food 패스트푸드	
buffet 뷔페	branch 점포	franchise restaurant 체인 음식점	

▣ 형용사

excellent 훌륭한	exotic 이국적인	unique 독특한	traditional 전통적인
romantic 낭만적인	luxurious 호화로운	familial 가족적인	comfortable 편안한
clean 깨끗한	cozy 안락한	modern 현대식의	cheap 값이 싼
expensive 값이 비싼	reasonable (가격이) 합리적인		

[자주 가는 식당]

Please tell me about the restaurant you often go to. Where is it? What kind of dishes do they serve? Why do you go there often?

자주 가는 음식점에 대해 이야기해주세요. 그 음식점은 어디에 있나요? 어떤 종류의 음식을 제공하나요? 왜 그곳에 자주 가나요?

모범 답변 살펴보기

❶ **The restaurant I often go to is** Thai House. 좋아하는 음식점 It is located in downtown Seoul. 위치 ❷ **They offer various kinds of Thai food, such as** noodles, fried rice, curry, and soup. 그 식당에서 파는 음식 I go to that restaurant with my family once every two weeks. 같이 가는 사람/빈도 ❸ **The reason I often go there is that** the dishes and service are excellent. I don't think I have ever been disappointed with this restaurant since my first visit. 그 음식점에 자주 가는 이유 1 Also, I like the interior there. It is unique and very exotic. 그 음식점에 자주 가는 이유 2 I'm planning to go to the restaurant this weekend with my friends. 마무리

제가 자주 가는 음식점은 타이 하우스입니다. 그 음식점은 서울 시내에 위치해 있습니다. 그곳은 면, 볶음밥, 카레, 탕 같은 다양한 종류의 태국 음식을 제공합니다. 저는 2주에 한 번씩은 가족들과 함께 이 음식점에 갑니다. 제가 이곳에 자주 가는 이유는 음식과 서비스가 정말 훌륭하기 때문입니다. 처음에 방문한 이후로 이 음식점에 실망해본 적이 없는 것 같습니다. 또한, 저는 그곳의 인테리어를 좋아합니다. 인테리어가 아주 독특하고 이국적입니다. 저는 친구들과 이번 주에 이 음식점에 갈 계획입니다.

VOCA

Thai 태국의   **noodles** 면류   **fried rice** 볶음밥   **curry** 카레   **service** 서비스
an interior 인테리어 (내부 장식)   **unique** 독특한   **exotic** 이국적인

답변 공식으로 훈련하기

❶ **The restaurant I often go to is** 음식점 이름 .

제가 자주 가는 음식점은 　　　 입니다.

❷ **They offer various kinds of** 종류 **food, such as** 음식 예 .

그곳은 　　　 와 같은 다양한 　　　 음식을 제공합니다.

> **ex** They offer various kinds of meat dishes, such as pork chops and grilled beef.
> 그곳은 폭찹 스테이크, 소고기 스테이크 등 다양한 고기 요리를 제공합니다.

❸ **The reason I often go there is that** 이유 [주어+동사] .

제가 그곳에 자주 가는 이유는 　　　 이기 때문입니다.

> **ex** The reason I often go there is that the price is very reasonable.
> 제가 그곳에 자주 가는 이유는 가격이 아주 합리적이기 때문입니다.

Q2 [자주 가는 음식점의 가장 좋아하는 메뉴]

Please tell me about your favorite menu at the restaurant you often go to. What kind of dish is it? Why do you like that dish?

자주 가는 음식점의 가장 좋아하는 메뉴에 대해 이야기해주세요. 어떤 종류의 음식인가요? 왜 그 음식을 좋아하나요?

모범 답변 살펴보기

As I told you, the restaurant I often go to is Thai House. 자주 가는 음식점 ❶ My favorite menu there is Seafood Pat Thai. 가장 좋아하는 메뉴 It is a kind of Thai fried noodle dish with seafood. 음식 종류 ❷ When I first tried it, it was a little bit sweet for me. But as I tried it many times, I came to love it. ❸ I especially love the nutty taste of the dish. 처음 먹어봤을 때의 느낌 Also, the seafood, such as shrimps and shellfish, is very fresh. I also like that the price is very reasonable. 그 메뉴의 좋은 점 For these reasons, I always order this dish whenever I go to Thai House. 마무리

이미 이야기했듯이, 제가 자주 가는 음식점은 타이 하우스입니다. 그곳에서 제가 가장 좋아하는 메뉴는 해산물 팟 타이입니다. 팟 타이는 해산물이 들어간 태국의 볶음면입니다. 제가 그 음식을 처음 먹어봤을 때는 제게는 조금 단 맛이었습니다. 하지만 많이 먹어보니, 그 음식을 좋아하게 되었습니다. 저는 특히 그 음식의 견과류의 고소한 맛이 좋습니다. 또한 새우나 조개 같은 해산물도 아주 신선합니다. 저는 그 음식의 가격이 매우 합리적인 것도 좋습니다. 이러한 이유들로, 타이 하우스에 갈 때마다 저는 항상 그 음식을 주문합니다.

VOCA

seafood 해산물　**fried noodles** 볶음면　**sweet** 단　**nutty** 견과 맛이 나는　**shrimps** 새우
shellfish 조개　**reasonable** 합리적인　**order** 주문하다

답변 공식으로 훈련하기

❶ My favorite menu there is ＿＿＿＿＿ 음식 이름 ＿＿＿＿＿.
그곳에서 제가 가장 좋아하는 메뉴는 ＿＿＿＿＿ 입니다.

> ex My favorite menu there is Bulgogi, which is a kind of grilled marinated beef.
> 그곳에서 제가 가장 좋아하는 메뉴는 구운 양념 소고기인 불고기입니다.

❷ When I first tried it, ＿＿＿＿＿ 음식을 처음 먹었을 때의 느낌 [주어+동사] ＿＿＿＿＿.
그 음식을 처음 먹어보았을 때 ＿＿＿＿＿ 했습니다.

> ex When I first tried it, I came to love it after the first bite. 그 음식을 처음 먹어보았을 때, 첫 입에 반하게 되었습니다.

❸ I especially love the ＿＿＿＿＿ 특정한 맛 [형용사] ＿＿＿＿＿ taste of the dish.
저는 특히 그 음식의 ＿＿＿＿＿ 한 맛이 좋습니다.

> ex I especially love the spicy taste of the dish. 저는 특히 그 음식의 매운 맛이 좋습니다.

Q3

[최근에 외식을 한 경험]

When was the last time you ate out? Where did you go and who did you go there with? What did you have at the restaurant?

가장 최근에 외식을 한 적은 언제인가요? 어디에 갔고, 누구와 그곳에 갔나요? 그 음식점에서 먹은 음식은 무엇인가요?

모범 답변 살펴보기

❶ **It was** last weekend **when I ate out**. 외식을 한 시기 I went to a Chinese restaurant near my house with my family. 음식점 및 같이 간 사람 My mom didn't want to cook that night, so we decided to eat out. 외식을 한 이유 ❷ **At the restaurant, we ordered** sweet fried pork, chili sauce shrimps and some Chinese traditional noodles. 주문한 음식 The dishes were great except the sweet fried pork because it was too sweet for us. 음식에 대한 생각 ❸ **While having dinner there, we talked about** several things like our vacation plans and my sister's wedding next month. 식사 중의 대화 It was such an enjoyable time with my family. 느낌 및 생각

제가 외식을 한 것은 지난 주말이었습니다. 저는 가족들과 함께 집 근처에 있는 중국 음식점에 갔습니다. 어머니께서 그 날 저녁에 요리를 하고 싶어하지 않으셔서 우리는 외식을 하기로 결정했습니다. 음식점에서 우리는 탕수육, 칠리 새우, 몇 가지의 중국 전통 면들을 주문했습니다. 탕수육 빼고는 음식들이 다 훌륭했는데, 탕수육은 우리에게 너무 달았습니다. 그곳에서 저녁 식사를 하는 동안 우리는 휴가 계획과 언니의 다음달 결혼식 등과 같은 다양한 이야기를 했습니다. 가족들과 즐거운 시간이었습니다.

VOCA

eat out 외식을 하다 **a Chinese restaurant** 중국 음식점 **chili sauce** 칠리 소스
traditional 전통적인 **except** ~를 제외하고 **enjoyable** 즐거운

답변 공식으로 훈련하기

❶ **It was** 구체적인 시기 **when I ate out.**

제가 외식을 한 것은 ______ 였습니다.

It was last night when I ate out. 제가 외식을 한 것은 어제 저녁이었습니다.

❷ **At the restaurant, we ordered** 주문한 음식 **.**

그 음식점에서 우리는 ______ 를 주문했습니다.

At the restaurant, we ordered some sushi and noodle soup. 음식점에서 우리는 초밥과 국수를 주문했습니다.

❸ **While having dinner there, we talked about** 이야기 주제 **.**

그곳에서 저녁 식사를 하는 동안 우리는 ______ 에 대해 이야기를 했습니다.

While having dinner there, we talked about my career plans.
저녁 식사를 하는 동안 우리는 저의 직업 계획에 대해 이야기를 했습니다.

쇼핑 관련 주제에서는 자신의 쇼핑 습관, 자주 가는 가게, 자주 사는 물건에 대한 묘사 문제나 쇼핑 경험과 관련된 문제들이 자주 출제됩니다. 또한 가끔씩 가구, 구두, 옷, 식료품 등의 특정 물건과 관련된 쇼핑 문제도 출제되니 다양한 물건에 걸쳐 쇼핑한 경험을 바탕으로 이야깃거리를 충분히 준비해보세요.

출제될 수 있는 문제 유형

- ▶ 자주 쇼핑 가는 상점 묘사
- ▶ 자주 사는 물건 및 쇼핑 시 고려할 점
- ▶ 가장 기억에 남는 쇼핑 경험
- ▶ 자신이 알고 있는 쇼핑 노하우나 팁 설명
- ▶ 언제, 어디서, 누구와, 얼마나 자주 쇼핑을 하는지
- ▶ 최근에 쇼핑을 한 경험
- ▶ 쇼핑한 물건에 문제가 있었던 경험

주제 관련 어휘 미리 살펴보기

■ 동사

go shopping 쇼핑하러 가다	display 진열하다	buy, get, purchase, shop for ~를 사다
look around 둘러보다	try on 입어보다, 신어보다	pick out, choose, select 선택하다
plan 계획하다	consider 고려하다	compare 비교하다　be on sale 세일 중이다
pay by credit card 신용카드로 계산하다	waste 낭비하다	pay in cash 현금으로 계산하다
exchange 교환하다	get a refund 환불 받다	complain 불평하다　recommend 추천하다

■ 명사

department store 백화점	public market 공설 시장	shopping mall/complex 종합 쇼핑몰
outlet 직판점	bazaar 특판점	clerk 점원
customer 손님	discount 할인	sale 세일
item/product 물건	good/poor service 좋은/좋지 않은 서비스	

■ 형용사

cheap 싼	expensive 비싼	affordable 지불하기 적당한	convenient 편리한
inconvenient 불편한	well-decorated 잘 꾸며진	neat 잘 정돈된	crowded 복잡한

[자신의 쇼핑 패턴]

How often do you go shopping? When you go shopping, who do you usually go with and where do you usually go?

얼마나 자주 쇼핑을 하나요? 쇼핑 갈 때 보통 누구와 어디로 가나요?

• 모범 답변 살펴보기

I go shopping whenever I need to buy something, so I guess it will be once or twice a month. 쇼핑 빈도 ❶ **I usually go shopping for** clothes. 자주 쇼핑하는 물건 ❷ **When I go shopping, I normally go with** my best friend, Jina, because she is very helpful. She has a lot of shopping know-how and she has an eye for a bargain. 같이 가는 사람과 이유 ❸ **The place I often go shopping is** Bundang Premium Outlet. It is on the outskirts of Seoul. 자주 가는 상점 및 위치 The reason I often go there is because there are a lot of cheap but high quality items. Whenever I buy something there, I'm always satisfied with the item I bought. 그곳에 자주 가는 이유

저는 제가 물건을 살 필요가 있을 때마다 쇼핑을 가는데, 아마도 한 달에 한두 번은 되는 것 같습니다. 저는 보통 옷을 사러 쇼핑을 갑니다. 쇼핑을 갈 때는 보통 제일 친한 친구인 지나랑 가는데, 그녀가 도움을 많이 주기 때문입니다. 지나는 많은 쇼핑 노하우를 가지고 있고, 좋은 물건을 고르는 눈을 가지고 있습니다. 제가 쇼핑하러 자주 가는 장소는 분당 프리미엄 아울렛입니다. 그곳은 서울 외곽에 위치해 있습니다. 제가 그곳에 자주 가는 이유는 그곳에는 싸고 질 좋은 물건들이 많기 때문입니다. 그곳에서 물건을 살 때마다, 제가 산 물건에 항상 만족합니다.

VOCA

helpful 도움이 되는   know-how 노하우   have an eye for a bargain 좋은 물건을 고르는 눈을 가지다
on the outskirts of ~의 외곽에   high quality 질 좋은   an item 물건

• 답변 공식으로 훈련하기

❶ **I usually go shopping for** 물건 종류 .

저는 보통 　　　　　 를 사러 쇼핑을 갑니다.

ex I usually go shopping for shoes. 저는 보통 신발을 사러 쇼핑을 갑니다.

❷ **When I go shopping, I normally go with** 같이 가는 사람 **because** 이유 설명 [주어+동사] .

저는 쇼핑을 갈 때 주로 　　　　 와 같이 가는데, 　　　　 하기 때문입니다.

ex When I go shopping, I normally go with my mom because we both like shopping.
저는 쇼핑을 갈 때 주로 엄마와 같이 가는데, 둘 다 쇼핑을 좋아하기 때문입니다.

❸ **The place I often go shopping is** 상점 이름(종류) , **which is located** 위치 설명 [전치사+지역] .

제가 쇼핑을 하러 자주 가는 곳은 　　　　 에 위치한 　　　　 입니다.

ex The place I often go shopping is Lotte Department Store, which is located near my house.
제가 쇼핑을 하러 자주 가는 곳은 우리 집 근처에 위치한 롯데 백화점입니다.

Q2 [주로 사는 물건과 쇼핑 시 고려할 점]
What are the things you usually shop for? What do you consider before going shopping?
주로 어떤 물건들을 사나요? 쇼핑하기 전에 고려하는 것은 무엇인가요?

모범 답변 살펴보기

❶ I like to shop for shoes. 주로 사는 물건 I love wearing various kinds of shoes from sneakers to business shoes. I think I buy at least one or two pairs of shoes every season. Whenever I see some good items on TV or in magazines, I try to remember them and go shopping for them. 그 물건을 사길 좋아하는 이유 ❷ Before I go shopping, I usually research the items I want to buy online and compare the prices. 쇼핑 전 고려할 점 1 ❸ Another thing I do before shopping is to look for a store which offers a special discount on the items I want. 쇼핑 전 고려할 점 2 This way, I usually get good items at a reasonable price. 마무리

저는 신발 사는 것을 좋아합니다. 운동화부터 정장 구두까지 저는 다양한 신발을 신는 것을 좋아합니다. 매 계절마다 적어도 한두 켤레는 사는 것 같습니다. TV나 잡지에서 좋은 물건을 발견하면, 그 물건들을 기억했다가 사러 갑니다. 쇼핑을 하기 전에는 주로 사고 싶은 물건들은 온라인에서 조사하고, 가격을 비교해봅니다. 쇼핑 전 또 하는 것은 제가 원하는 물건들에 특별 할인을 제공해주는 상점을 찾는 것입니다. 이런 방식으로 저는 보통 합리적인 가격에 좋은 물건들을 구입합니다.

VOCA

sneakers 운동화 business shoes 정장 구두 a pair of 한 켤레의 research 조사하다
compare 비교하다 look for ~을 찾다, 물색하다 a discount 할인

답변 공식으로 훈련하기

❶ I like to shop for   물건 종류   .

저는 　　　　　　를 사는 것을 좋아합니다.

> ex I like to shop for earrings. 저는 귀걸이 사는 것을 좋아합니다.

❷ Before I go shopping, I usually   쇼핑 전 하는 일 [동사]   .

쇼핑하기 전에 저는 보통 　　　　　　합니다.

> ex Before I go shopping, I usually make a list of things I need to buy.
> 쇼핑하기 전에 저는 보통 사야 할 물건들의 목록을 작성합니다.

❸ Another thing I do before shopping is to   쇼핑 전 하는 일 [동사원형]   .

쇼핑 전에 하는 또 다른 일은 　　　　　　하는 것입니다.

> ex Another thing I do before shopping is to try to think if the item is really necessary for me.
> 쇼핑 전에 하는 또 다른 일은 그 물건이 정말 나에게 필요한지 생각해보는 것입니다.

Q3

[최근에 쇼핑을 한 물건]

Please tell me about an item you recently bought. When was it and where did you buy that item? Were you satisfied with the item you bought?

최근에 산 물건에 대해 이야기해주세요. 언제였고, 어디에서 그 물건을 샀나요? 산 물건에 만족스러웠나요?

모범 답변 살펴보기

❶ **The item I bought recently was** a T-shirt. 최근에 산 물건 I wanted to buy a good cotton T-shirt that I need to wear when I workout. 쇼핑 이유 Yesterday ❷ **I went to** my favorite clothing store in my neighborhood **to buy** a T-shirt. 시기/장소 I usually go shopping with my friend, but yesterday I went there alone. 같이 간 사람 Without my friend, it was hard to choose a good T-shirt. Therefore, I asked the clerk there to recommend a good one to me. ❸ **She suggested a yellow one, saying that** I would look good in yellow. 쇼핑 묘사 However, when I tried on the yellow one at home after I bought it, I didn't like it at all. So, the next day I exchanged it for a red T-shirt. 물건에 대한 느낌 및 생각

제가 최근에 산 물건은 티셔츠입니다. 저는 운동할 때 입을 좋은 면 티셔츠를 사고 싶었습니다. 어제 저는 티셔츠를 사러 동네에 있는 제가 제일 좋아하는 옷 가게에 갔습니다. 보통은 친구와 쇼핑을 하지만, 어제는 혼자 그곳에 갔습니다. 친구 없이 좋은 티셔츠를 고르는 것은 힘들었습니다. 그래서 그곳의 점원에게 좋은 티셔츠 하나를 추천해달라고 요청했습니다. 점원은 노란색이 저에게 잘 어울릴 것 같다며 노란색 티셔츠를 추천했습니다. 그러나, 그 티셔츠를 산 후 집에서 입어봤을 때 저는 그 옷이 전혀 마음에 들지 않았습니다. 그래서 결국에는 다음 날 빨간색 티셔츠로 바꾸었습니다.

VOCA cotton 면, 면으로 된　work out 운동하다　a clothing store 옷가게　a clerk 점원
recommend 추천하다　try 입어보다　at all 전혀 ~하지 않은　exchange 교환하다　after all 결국

답변 공식으로 훈련하기

❶ **The item I bought recently was** 구입한 물건 .
제가 최근에 산 물건은　　　　입니다.

❷ **I went to** 쇼핑 간 곳 **to buy** 물건 .
저는　　　을 사러　　　에 갔습니다.

> **ex** I went to a shopping mall downtown to buy a dress. 저는 원피스를 사러 시내에 있는 쇼핑몰에 갔습니다.

❸ 사람 **suggested** 추천해준 물건 , **saying that** 추천하면서 한 이야기 [주어+동사] .
　　　가　　　하다며　　　을 추천해 주었습니다.

> **ex** My friend suggested a yellow bag, saying that it would go well with my outfit.
> 제 친구가 제가 입은 옷과 잘 어울릴 것 같다며 노란 가방을 추천해 주었습니다.

Unit 04 인터넷 서핑

인터넷 서핑은 자주 방문하는 웹사이트, 인터넷 이용의 패턴이나 경험 등과 관련된 문제들이 출제될 수 있습니다. 또한 자신이 했던 프로젝트나 쇼핑과 관련하여 인터넷 이용에 대한 문제도 가끔 출제되니, 이 Chapter의 'Unit 3. 쇼핑'이나 'Chapter 3. 학생' 또는 'Chapter 4. 직장인'에서 준비했던 프로젝트에 대한 이야기를 참고로 인터넷 이용에 관한 이야깃거리를 준비해보세요.

출제될 수 있는 문제 유형

▸▸ 자주 방문하는 웹사이트와 이유 설명
▸ 언제, 어디서, 얼마나 자주 인터넷을 하는지
▸▸ 처음 인터넷을 하게 된 계기
▸ 인터넷 이용 중 경험한 기억에 남는 일
▸▸ 인터넷을 이용해 프로젝트를 한 경험
▸ 인터넷을 이용해 쇼핑을 한 경험
▸▸ 인터넷 쇼핑 중 겪은 어려움

주제 관련 어휘 미리 살펴보기

▣ 동사

go online 인터넷에 접속하다	**use/surf the Internet** 인터넷을 이용하다	**visit** 방문하다
search for ~를 검색하다	**cater** ~에 딱 맞추다	**post** (글 등을) 올리다
upload 업로드하다	**download** 다운받다	**purchase** (물건을) 구입하다
look through ~를 살펴보다	**provide/offer** 제공하다	**mangage** 관리하다
look up (단어 등을) 찾다	**order** 주문하다	**check** 확인하다
chat online 온라인으로 채팅하다	**shop** 쇼핑하다	

▣ 명사

website 웹사이트	**home page** 홈페이지	**search engine** 검색 사이트
online banking 온라인 뱅킹	**online shopping mall** 온라인 쇼핑몰	
online encyclopedia 온라인 백과사전	**links** 링크	**online vendor** 온라인 판매자
social networking website 친목을 목적으로 하는 웹사이트		**online game site** 온라인 게임 사이트

▣ 형용사

useful 유용한 **convenient** 편리한 **addictive** 중독성 있는 **exciting** 재미있는

Q1

What is a website you often visit? Why do you often use that website? What do you usually do at that website?

자주 방문하는 웹사이트는 무엇인가요? 왜 그 웹사이트에 자주 방문하나요? 그 웹사이트에서는 보통 무엇을 하나요?

• 모범 답변 살펴보기

❶ I believe the website I visit most has to be *Naver*. Everytime I start my web browser, I see *Naver* because it is my home page. 자주 방문하는 웹사이트 ❷ I like *Naver* because it is a Korean search engine that focuses on and caters to Koreans. There are also links to current news articles and advertisements that appeal to me everyday. 자주 방문하는 이유 ❸ At this website, I normally search for information I need or download videos and music. 웹사이트에서 하는 일 1 Sometimes, I use the Q&A section of *Naver* where I can post my questions about anything and get answers from other people. It is really useful. 웹사이트에서 하는 일 2 I think *Naver* is the best search engine and home page. 느낌 및 생각

제가 생각하기에는 제가 가장 많이 방문하는 웹사이트는 네이버입니다. 네이버가 제 홈페이지이기 때문에 웹 브라우저를 시작할 때마다 저는 네이버 사이트를 봅니다. 제가 네이버를 좋아하는 이유는 한국인들에게 딱 맞춘 한국 검색 사이트이기 때문입니다. 또한 그곳에는 제가 흥미를 가질 만한 현재 뉴스 기사들이나 광고가 링크되어 있습니다. 이 웹사이트에서 저는 보통 제가 필요한 정보를 검색하거나 비디오나 음악을 다운받습니다. 가끔은 제가 궁금한 질문을 올리고, 다른 사람들에게 답변을 받을 수 있는 네이버의 Q&A 메뉴를 이용합니다. 이 메뉴는 정말 유용합니다. 제 생각에 네이버는 최고의 검색 엔진이자 홈페이지인 것 같습니다.

VOCA

a web browser 웹 브라우저   **a search engine** 검색 사이트   **cater** ~에 딱 맞추다   **a link** 링크
a news article 뉴스 기사   **appeal to** [사람] ~의 관심을 끌다   **search for** 찾다   **post** 올리다

• 답변 공식으로 훈련하기

❶ I believe the website I visit most has to be   웹사이트 이름   .
제 생각에 제가 가장 많이 방문하는 웹사이트는   입니다.

❷ I like this website because   [주어+동사]   .
제가 이 웹사이트를 좋아하는 이유는   하기 때문입니다.

> **ex** I like this website because it doesn't have advertisements and news links that distract me.
> 제가 이 웹사이트를 좋아하는 이유는 웹사이트에 제게 방해가 되는 광고나 뉴스 링크가 없기 때문입니다.

❸ At this website, I normally   특정 웹사이트에서 하는 일 [동사]   .
이 웹사이트에서 저는 보통   를 합니다.

> **ex** At this website, I normally search for images that I need for my presentations or reports at work.
> 이 웹사이트에서 저는 보통 직장에서의 발표나 리포트에 사용할 이미지를 검색합니다.

[처음 인터넷 서핑 경험 및 요즘의 사용 패턴]

When did you first use the Internet? How often and how much time do you spend on the Internet these days?

언제 처음 인터넷을 사용했나요? 요즘에는 얼마나 자주, 얼마나 많이 인터넷에 시간을 보내나요?

모범 답변 살펴보기

When was the first time I used the Internet? ❶ **I believe that was probably when** I was very young, in elementary school. 처음 인터넷을 사용한 시기 I remember that we had a class where the teacher let the students use the internet to go online to use some education game websites. 인터넷을 사용한 계기 ❷ **At that time, I used the Internet only for** playing games once or twice a week. 당시의 인터넷 사용 용도 ❸ **Nowadays, I would say I'm online** all the time, many hours a day. 요즘의 인터넷 사용 패턴 I visit many websites everyday, such as news sites, comedy sites, political sites, and information sites. 인터넷으로 하는 일 I think it is a wonderful thing to use this advanced technology. 느낌 및 생각

언제 처음 인터넷을 사용했냐고요? 제 생각에는 아주 어릴 때, 아마도 초등학교 때였던 것 같습니다. 수업 시간 때 선생님께서 온라인을 통해 교육적인 게임을 살 수 있는 웹사이트를 사용하게 해주셨던 걸로 기억합니다. 그때 당시 저는 일주일에 한두 번 게임을 하는 용도로만 인터넷을 사용했습니다. 요즘 저는 항상, 하루에 몇 시간씩은 인터넷에 접속해 있다고 할 수 있습니다. 매일 뉴스, 코미디, 정치, 정보 사이트 등의 많은 사이트에 방문합니다. 이런 발전된 테크놀로지를 사용할 수 있는 것은 정말 놀라운 일인 것 같습니다.

VOCA probably 아마도　go online 인터넷에 접속하다　education 교육　be online 인터넷에 접속해 있다
political 정치적인　information 정보　advanced 고급의

답변 공식으로 훈련하기

❶ **I believe that was probably when** ＿＿＿＿＿. 구체적인 시기 [주어+동사]

아마도 ＿＿＿＿＿ 이었을 때였던 것 같습니다.

> **ex** I believe that was probably when my father bought me my first computer 10 years ago.
> 아마도 10년 전에 아버지께서 처음 컴퓨터를 사주셨던 때였던 것 같습니다.

❷ **At that time, I used the Internet only for** ＿＿＿＿＿. 이용 용도 [명사형]

그때 당시 저는 ＿＿＿＿＿ 용도로만 인터넷을 사용했습니다.

> **ex** At that time, I used the Internet only for checking my email.
> 그때 당시 저는 이메일을 확인하는 용도로만 인터넷을 사용했습니다.

❸ **Nowadays, I would say I'm online** ＿＿＿＿＿. 빈도 및 이용 시간 [for+시간+a day]

요즘 저는 하루에 ＿＿＿＿＿ 동안 인터넷에 접속해 있다고 할 수 있습니다.

> **ex** Nowadays, I would say I'm online at least for about five hours a day using my computer or smartphone.
> 요즘 저는 제 컴퓨터나 스마트폰을 이용해 하루에 적어도 5시간 정도는 인터넷에 접속해 있습니다.

Q3

[인터넷 쇼핑 관련 경험한 문제점]

Have you ever experienced a problem with an online purchase you made? What happened? How did you solve the problem?

인터넷 쇼핑으로 문제가 있었던 적이 있나요? 무슨 일이 있었나요? 어떻게 그 문제를 해결했나요?

모범 답변 살펴보기

❶ Yes, I have experienced a problem when buying an item online. 도입 I went online to *Daum*, and there I decided to go clothes shopping. There was a special sale that was happening at the time. 쇼핑 계기 ❷ I looked through many different items, and finally I bought a jacket that I really liked. It was advertised as a real leather jacket. 구입한 물건 ❸ Unfortunately, when the item arrived, I discovered that it was not real leather. 문제점 묘사 I immediately contacted the online vendor. 해결 방법 After a long time of emailing back and forth, I discovered that I did not order the correct item. The fake leather jacket was on sale, and the real leather jacket was not. 결과 I was very disappointed. 느낌 및 생각

네, 저는 온라인으로 물건을 살 때 어려움을 겪은 적이 있습니다. 저는 인터넷으로 다음 사이트에 들어가서 옷을 쇼핑하기로 했습니다. 그때 당시 사이트에서는 특별 세일을 하고 있었습니다. 저는 많은 다양항 상품들을 살펴보고, 드디어 정말 좋아하는 재킷 하나를 샀습니다. 그것은 진짜 가죽 재킷으로 광고되어 있었습니다. 그러나 불행히도 그 물건이 도착했을 때 저는 그 재킷이 진짜 가죽이 아니라는 것을 알았습니다. 저는 온라인 판매자에게 바로 연락을 했습니다. 긴 시간 동안 이메일을 주고 받은 후에 저는 제가 물건을 제대로 주문하지 않았다는 것을 알았습니다. 가짜 가죽 재킷이 세일 중이었고, 진짜 가죽은 세일 상품이 아니었던 것입니다. 저는 매우 실망했습니다.

VOCA an item 물건　 a special sale 특별 세일　 advertise 광고를 하다　 a leather jacket 가죽 자켓
contact 연락하다　 a vendor 상점, 판매자　 back and forth 왔다갔다하는　 fake 가짜의　 on sale 세일 중인

답변 공식으로 훈련하기

❶ Yes, I have experienced a problem when buying an item.
네, 저는 온라인으로 물건을 살 때 문제를 겪은 적이 있습니다.

❷ I looked through many different items, and finally I bought ＿＿＿＿＿ 구입한 물건 ＿＿＿＿＿ .
저는 많은 다양한 상품들을 살펴보고, 드디어 ＿＿＿＿＿를 샀습니다.

　ex I looked through many different items, and finally I bought a pair of leather shoes.
　저는 많은 다양한 상품들을 살펴보고, 드디어 가죽 구두 한 켤레를 샀습니다.

❸ Unfortunately, when the item arrived, I discovered that ＿＿＿＿＿ 문제점 묘사 [주어+동사] ＿＿＿＿＿ .
유감스럽게도 물건이 도착했을 때 저는 ＿＿＿＿＿했다는 것을 알았습니다.

　ex Unfortunately, when the item arrived, I discovered that I got the wrong item.
　유감스럽게도 물건이 도착했을 때 저는 물건을 잘못 받았다는 것을 알았습니다.

Unit 05   전화 담소

전화 담소 관련 주제에서는 전화 이용이나 통화 습관, 통화 관련 경험 및 전화 기기 변화 등에 걸쳐 문제가 출제될 수 있습니다. 평소에 누구와 어디에서, 어떤 내용으로 통화하는지, 기억에 남는 통화는 무엇인지 등 충분히 생각을 해보고 답변을 준비하세요.

출제될 수 있는 문제 유형

- ▶▶ 언제, 어디에서, 누구와 주로 통화를 하는지
- ▶▶ 가장 최근에 통화를 한 경험
- ▶▶ 처음 휴대전화를 사용한 경험
- ▶▶ 전화 사용의 장단점

- ▶▶ 누구와 주로 무슨 이야기를 하는지
- ▶▶ 기억에 남는 통화 경험
- ▶▶ 휴대전화 사용이 생활에 미치는 영향

주제 관련 어휘 미리 살펴보기

■ 동사

call, make a phone call 전화를 걸다
receive/get a phone call, answer the phone 전화를 받다
talk on the phone, have a phone conversation, be on the phone 전화 통화를 하다

be on another line 통화 중이다	hang up the phone 전화를 끊다	text 문자를 보내다
get distracted by ~의 방해를 받다	go to bed 잠자리에 들다	chat 수다를 떨다

■ 명사

phone call 전화   mobile phone, cell phone 휴대전화   everyday life 일상생활

■ 형용사

at home 집에서	at work 직장에서	at school 학교에서
at a cafe 카페에서	at the library 도서관에서	at a restaurant 음식점에서
on the subway 지하철에서	in my car 차에서	while I'm taking a walk 산책 중에
in my room 내 방에서	while I'm out 밖에 있을 때	before going to bed 잠자리에 들기 전에

[통화하는 사람과 통화 내용]

I guess you may talk on the phone with your family or friends. Who do you usually talk with on the phone? What do you usually talk about?

당신은 가족이나 친구들과 전화 통화를 할 것입니다. 주로 누구와 통화를 하나요? 보통 무슨 이야기를 나누나요?

모범 답변 살펴보기

To be honest, I don't like chatting on the phone. However, ❶ I make a phone call to my girlfriend and my mother several times a day. These are the people I normally talk with on the phone. 통화하는 사람들 ❷ When I have a phone conversation with my girlfriend, we normally talk about our everyday life. We even talk about what we had for lunch or dinner. My girlfriend loves phone conversations. 통화 내용 1 ❸ When I'm on the phone with my mother, I always ask her how she is doing. 통화 내용 2 I guess a phone conversation is a good way to keep relationships with my closest people. 마무리

솔직히 저는 전화로 수다 떠는 것을 좋아하지 않습니다. 그러나 하루에 몇 번은 여자친구나 어머니께 전화를 겁니다. 이 사람들이 제가 주로 전화로 이야기하는 사람들입니다. 여자친구와 전화 통화를 할 때는 보통 우리의 일상생활에 대해 이야기합니다. 심지어 점심이나 저녁에 무엇을 먹었는지까지 이야기합니다. 제 여자친구는 전화 통화를 좋아합니다. 어머니와 통화를 할 때 저는 항상 어머니께서 잘 지내시는지 물어봅니다. 전화 통화는 저와 가장 가까운 사람들과 관계를 유지시켜주는 좋은 방법인 것 같습니다.

VOCA to be honest 솔직히 말해서   make a phone call 전화를 걸다   on the phone 전화로, 통화 중에
a phone conversation 전화 통화

답변 공식으로 훈련하기

❶ **I make a phone call to** 통화하는 사람 + 빈도수 **a day.**

저는 하루에   번은   에게 전화를 겁니다.

ex I make a phone call to my wife at least twice a day. 저는 하루에 적어도 두 번은 아내에게 전화를 겁니다.

❷ **When I have a phone conversation with** 통화하는 사람 **, we normally talk about** 이야기 주제 **.**

와 전화 통화할 때는 주로   에 대해 이야기합니다.

ex When I have a phone conversation with my classmate, we normally talk about our assignments.
제 반 친구와 통화할 때는 주로 과제에 대해 이야기합니다.

❸ **When I'm on the phone with** 통화하는 사람 **, we always** 전화통화 내용 설명 [동사] **.**

와 통화할 때에 저는 항상   합니다.

ex When I'm on the phone with my best friend, we always talk about what to do when we meet up.
가장 친한 친구와 통화할 때에는 항상 만날 때 무엇을 할지에 대해 이야기합니다

Q2

[통화 시기와 장소]

When do you usually chat on the phone? Also, I'd like to know where you usually have a phone conversation.

주로 언제 전화 통화를 하나요? 또한 어디에서 전화 통화를 하는지도 알고 싶어요.

• 모범 답변 살펴보기

❶ **When I have a private phone conversation, I normally make phone calls** at home. 주로 통화하는 장소 ❷ **I don't like to talk on the phone** on the subway or bus. Also, it is hard to make private phone calls at work. ❷ I prefer talking at home because I don't get distracted by anyone while I'm on the phone. 그 장소를 선호하는 이유 I usually call my girlfriend before going to bed, and we usually talk for about 10 to 20 minutes every night. 전화 통화 시기 1 ❸ **When I need to talk with** my mother, **I normally call her** during the daytime. She goes to bed early in the evening, so the daytime is a good time for phone conversations to her. 전화 통화 시기 2

사적인 통화를 할 때는 저는 집에서 주로 전화 통화를 합니다. 저는 버스나 지하철에서 통화하는 것을 좋아하지 않습니다. 또한 직장에서 사적인 통화를 하는 것은 쉽지 않습니다. 집을 선호하는 이유는 통화 중에 아무에게도 방해를 받지 않기 때문입니다. 저는 보통 잠자기 전에 여자친구와 통화를 하고, 매일 우리는 10~20분 정도 통화를 합니다. 어머니께 전화를 해야 할 때는 보통 낮 시간에 전화를 합니다. 어머니께서는 저녁 일찍 잠자리에 드시기 때문에 낮 시간이 어머니께는 통화하기에 좋은 시간입니다.

VOCA private 개인적인, 사적인 on the subway 지하철에서 get distracted by ~에게 방해를 받다
go to bed 잠자리에 들다 during the daytime 낮 시간에

• 답변 공식으로 훈련하기

❶ **When I have a private phone conversation, I normally make phone calls**
특정 장소 [전치사+장소] . 사적인 전화를 할 때에는 주로 　　　에서 통화를 합니다.

ex When I have a private phone conversation, I normally make phone calls in my room.
사적인 전화를 할 때는 주로 제 방에서 통화를 합니다.

❷ **I don't like to talk on the phone** 특정 장소 [전치사+장소] **because** 이유 설명 [주어+동사] .
하기 때문에 저는 　　　에서 통화하는 것을 좋아하지 않습니다.

ex I don't like to talk on the phone at home because my sister always tries to find out who I am talking with.
언니가 항상 누구와 통화하는지 알고 싶어 하기 때문에 저는 집에서 통화하는 것을 좋아하지 않습니다.

❸ **When I need to talk with** 통화하는 사람 , **I normally call her/him** 특정 시기 .
와 통화할 필요가 있을 때는 주로 　　　에 전화를 합니다.

ex When I need to talk with my brother, I normally call him at lunch time.
남동생과 통화할 필요가 있을 때는 주로 점심시간에 전화를 합니다.

[기억에 남는 전화 통화]

Q3 Please tell me about a memorable phone conversation you've had. When was it and who were you talking to? Why was it so memorable?

기억에 남는 통화에 대해 이야기해주세요. 언제였고, 누구와 통화 중이었나요? 왜 통화가 기억에 남나요?

• 모범 답변 살펴보기

❶ **I remember a phone conversation with** my boss last Tuesday. 통화한 사람/시기 At that time, I was driving on the way back to my office after meeting with my client. 사건의 발단 Suddenly, ❷ **I got a phone call from** my boss, and he asked me several questions about my report on the phone. I tried to hang up the phone because I was driving, but I couldn't. 전개 ❸ **While I was on the phone**, I focused on our conversation, and unfortunately I didn't see there was a police officer. 절정 The police officer followed me and issued me a ticket for a phone conversation while driving. 결말 It was my fault, but it was such an unlucky day. 느낌 및 생각

저는 지난 화요일에 상사와 한 전화 통화가 기억에 남습니다. 그때 저는 고객을 만난 후 사무실로 돌아오는 길에 운전을 하는 중이었습니다. 갑자기 제 상사가 전화를 걸어 제가 작성한 보고서에 대해 전화로 몇 가지 질문을 했습니다. 저는 운전 중이었기 때문에 전화를 끊으려고 했지만 그럴 수 없었습니다. 통화 중에 저는 대화에 집중했고, 불행히도 경찰이 있다는 것을 보지 못했습니다. 그 경찰은 저를 따라와 운전 중에 통화한 것에 대해 딱지를 끊었습니다. 제 잘못이었지만, 정말 운이 없는 하루였습니다.

VOCA a client 고객   get a phone call 전화를 받다   hang up the phone 전화를 끊다
issue a ticket 딱지를 발부하다   unlucky 운이 없는

• 답변 공식으로 훈련하기

❶ **I remember a phone conversation with**   통화한 사람   +   구체적 시기   .

저는   때   와 한 전화 통화가 기억에 남습니다.

ex I remember a phone conversation with my sister last month. 저는 지난달에 여동생과 한 전화 통화가 기억에 남습니다.

❷ **I got a phone call from**   통화한 사람   **while I was**   당시에 하고 있었던 일 [동사의 현재진행형]   .

하고 있던 중에 저는   의 전화를 받았습니다.

ex I got a phone call from one of my relatives while I was cleaning the house.
집 청소를 하고 있던 중에 저는 친척 중 한 명의 전화를 받았습니다.

❸ **While I was on the phone,**   통화 중 일어난 일 [주어+동사]   .

통화 중에,   했습니다.

ex While I was on the phone, I realized that I forgot to turn off the oven.
통화 중에 저는 오븐 끄는 것을 잊었다는 것을 깨달았습니다.

Unit 06　독서

모두가 독서를 한 경험이 있거나, 일반적인 취미 활동으로 알려져 있기 때문에 독서는 OPIc에서 자주 출제되는 돌발 주제 중 하나입니다. 기본적인 독서 습관을 바탕으로 가장 기억에 남는 책이나 좋아하는 작가, 독서를 좋아하게 된 계기나 독서가 끼치는 영향 등의 문제가 출제될 수 있습니다. OPIc Background Survey 항목 중 하나인 '영화 보기'를 선택했다면, 좋아하는 책의 줄거리나 감상 등에 대해 비슷한 내용을 효과적으로 같이 준비할 수 있을 것입니다.

출제될 수 있는 문제 유형

- ▸ 언제, 얼마나 자주, 어디에서 책을 읽는지
- ▸ 가장 좋아하는 책/가장 기억에 남는 책
- ▸ 좋아하는 작가 묘사
- ▸ 독서를 좋아하는 이유와 자신에게 끼치는 영향
- ▸ 좋아하는 책의 장르와 이유 설명
- ▸ 최근에 읽은 책에 대한 묘사
- ▸ 독서 취향의 변화

주제 관련 어휘 미리 살펴보기

■ 동사

read 읽다	**appreciate** 감상하다	**be written by** ~에 의해 쓰여졌다
sit by myself 혼자 앉다	**contain** 포함하다	**learn a lesson about** ~에 대해 교훈을 얻다
relax 마음을 편안히 하다	**relieve stress** 스트레스를 풀다	**feel at peace** 평온함을 느끼다

■ 명사

taste 취향	**science fiction** 공상과학 소설	**detective story** 탐정 소설
romance novel 로맨스 소설	**historical novel** 역사 소설	**mystery** 추리 소설
didactic novel 권선징악 소설	**autobiography** 자서전	**biography** 전기
poetry 시	**author, writer** 작가	**background** 배경
characters 인물	**plot, story line** 줄거리	**ending** 결말
beginning 발단	**development** 전개	**climax** 절정
clue 단서	**twist** 반전	**lesson** 교훈

■ 형용사

heart-warming 따뜻한	**touching** 감동적인	**impressive** 감명 깊은	**interesting** 재미있는
important 중요한	**informative** 정보를 많이 주는	**tragic** 비극적인	

[좋아하는 책의 장르 및 독서 습관]

Q1 How often and when do you usually read? Where do you usually read? What kind of books do you like to read most?

얼마나 자주, 언제 책을 읽나요? 어디에서 주로 책을 읽나요? 어떤 장르의 책을 읽는 것을 가장 좋아하나요?

◦ 모범 답변 살펴보기

I like to read a lot. ❶ It is my favorite way to relax and relieve stress. 독서 성향 ❷ Normally I try to read for about an hour or so every night before I go to bed. 독서 빈도 및 시기 I sit in my favorite chair at home, get a small snack or drink, and I read a magazine or a book until I start to feel sleepy. 독서 장소 ❸ I prefer reading nonfiction books like the biographies of the great men of history. 좋아하는 책의 장르 I learn a lot about how I should live my life from their example. It's the best way to relax before going to sleep. I always feel refreshed and recharged in the morning. 특정 장르를 좋아하는 이유

저는 책 읽는 것을 아주 좋아합니다. 독서는 마음을 편안하게 하고 스트레스를 푸는 제가 가장 좋아하는 방법입니다. 보통 저는 매일 밤 잠자기 전에 한두 시간 정도 책을 읽으려고 노력합니다. 집에 있는 제가 가장 좋아하는 의자에 앉아, 약간의 간식이나 음료를 준비하고, 졸릴 때까지 잡지나 책을 읽습니다. 저는 역사적인 위인들의 전기 같은 논픽션을 읽는 것을 좋아합니다. 그들의 삶의 예로부터 삶을 어떻게 살아야 할지에 대해 많이 배웁니다. 이런 책을 읽는 것은 잠자기 전에 마음을 편안히 하는 가장 좋은 방법인 것 같습니다. 아침에는 항상 상쾌하고 재충전된 기분이 듭니다.

VOCA

sleepy 졸린   nonfiction 논픽션, 비소설   a biography 전기   refreshed 상쾌한   recharged 재충전된

◦ 답변 공식으로 훈련하기

❶ **Reading is my favorite way to** 책을 읽는 이유 [동사원형] .

독서는 제가 ________ 하는 가장 좋은 방법입니다.

ex Reading is my favorite way to get general knowledge. 독서는 일반적인 지식을 얻는 제가 가장 좋아하는 방법입니다.

❷ **Normally I try to read for** 독서 시간 + 구체적 시기 .

저는 보통 ________ 에 ________ 시간은 독서를 하려고 노력합니다.

ex Normally I try to read for about one hour everyday. 저는 보통 매일 한 시간은 독서를 하려고 노력합니다.

❸ **I prefer reading** 책의 장르 .

저는 ________ 장르의 책을 읽는 것을 선호합니다.

ex I prefer reading fiction books. 저는 소설을 읽는 것을 선호합니다.

[독서 취향의 변화]

What kind of books did you like to read when you were a child? How has your reading taste changed over time?

당신이 어렸을 때 어떤 종류의 책 읽는 것을 좋아했나요? 시간이 지나면서 독서 취향은 어떻게 바뀌어 왔나요?

모범 답변 살펴보기

❶ **When I was a child, I loved to read** the old stories of different cultures from around the world. I thought that these stories were always very interesting and exciting. They often had gods and monsters, or big fights in them. 어릴 때 좋아한 책의 장르 ❷ **When I began to get a little older**, my taste in books changed a little. In middle school I preferred to read mysteries and detective stories, and then in high school I preferred reading the biographies of famous people. 중고등학교 때 좋아한 책의 장르 ❸ **Now, I still like to read biographies, but I also enjoy reading** science fiction books. It is interesting to think of what might happen in the future. 현재 좋아하는 책의 장르

제가 어렸을 때는 전 세계의 다른 문화를 다루는 고전들을 좋아했습니다. 이런 이야기들이 항상 매우 재미있고 흥미롭다고 생각했습니다. 책에는 종종 신이나 괴물 또는 큰 싸움들이 있었기 때문입니다. 조금 더 나이가 들었을 때는 좋아하는 취향이 조금씩 바뀌었습니다. 중학교 때는, 미스터리나 탐정 소설을 읽는 것을 좋아했고, 고등학교 때는 유명한 사람들의 전기를 읽는 것을 좋아했습니다. 아직까지도 전기를 읽는 것을 좋아하지만, 공상과학 소설 읽는 것을 좋아하기도 합니다. 미래에 어떤 일이 일어날지 상상하는 것은 정말 재미있는 것 같습니다.

VOCA

cultures 문화   **taste** 취향   **mysteries** 미스터리   **detective stories** 탐정 이야기   **science fiction** 공상과학 소설

답변 공식으로 훈련하기

❶ **When I was a child, I loved to read** 책의 특정 장르 .

어렸을 때는 　　　　책을 읽는 것을 좋아했습니다.

> **ex** When I was a child, I loved to read science fiction. 제가 어렸을 때에는 공상과학 소설을 좋아했습니다.

❷ **When I began to get a little older, I preferred to read** 책의 특정 장르 .

좀 더 나이가 들었을 때는 　　　　를 읽는 것을 선호했습니다.

> **ex** When I began to get a little older, I preferred to read historical novels.
> 좀 더 나이가 들었을 때는 역사 소설 읽는 것을 선호했습니다.

❸ **Now, I still like to read** 장르 1 **, but I also enjoy reading** 장르 2 .

아직까지 　　　　읽는 것을 좋아하지만, 　　　　읽는 것 또한 좋아합니다.

> **ex** Now I still like to read historical novels, but I also enjoy reading fantasy novels.
> 아직까지 역사 소설 읽는 것을 좋아하지만, 판타지 소설 읽는 것 또한 좋아합니다.

Q3

[기억에 남는 책]

Can you tell me about the most memorable book you've ever read? Who wrote the book and what was the story about?

읽었던 책 중 가장 기억에 남는 책에 대해 이야기해줄 수 있나요? 작가는 누구이고, 무엇에 관한 이야기인가요?

모범 답변 살펴보기

❶ The most memorable book I have ever read is the biography of Steve Jobs. 가장 기억에 남는 책과 작가 I read this book because Steve Jobs was a great man who had a great vision. 책을 읽게 된 계기 He changed the world with his company, Apple. Before Steve Jobs, nobody had smartphones. Now, so many people around the world have smartphones and Apple is one of the biggest companies in the world. ❷ The book tells about his life and his philosophy. 책의 내용 ❸ I believe that I learned a lot about how to be successful from it. I hope I can someday be as successful as he was. 책을 읽은 감상

제가 읽은 가장 기억에 남는 책은 스티브 잡스의 전기입니다. 스티브 잡스는 대단한 예지력을 가졌던 훌륭한 사람이었기 때문에 저는 그 책을 읽었습니다. 그는 애플이라는 그의 회사로 세상을 바꾸어 놓았습니다. 스티브 잡스 이전에는 아무도 스마트폰을 가지고 있지 않았습니다. 지금은 세계적으로 정말 많은 사람들이 스마트폰을 가지고 있고, 애플은 세계에서 가장 큰 회사 중 하나입니다. 이 책은 그의 삶과 철학에 대해 이야기합니다. 그 책으로부터 저는 성공하기 위해 어떻게 해야 하는지에 대해 많이 배운 것 같습니다. 언젠가는 저도 그처럼 성공하면 좋겠습니다.

VOCA

a vision 예지력   around the world 세계적으로   philosophy 철학   successful 성공적인

답변 공식으로 훈련하기

❶ The most memorable book I have ever read is ___책 이름___ by ___작가___.

제가 읽은 가장 기억에 남는 책은 ______가 쓴 ______입니다.

> **ex** The most memorable book I have ever read is the Great Gatsby by American author, F. Scott Fitzgerald.
> 제가 읽은 가장 기억에 남는 책은 미국 작가 에프 스콧 피츠제럴드가 쓴 위대한 개츠비입니다.

❷ The book tells about ___내용 [명사형]___.

이 책은 ______에 대한 이야기입니다.

> **ex** The book tells about the thwarted love between a man and a woman.
> 이 책은 한 남자와 여자의 어긋난 사랑에 대한 이야기입니다.

❸ I believe that I learned a lot about ___교훈 [명사형]___ through this book.

저는 이 책을 통해 ______에 대해 많이 배운 것 같습니다.

> **ex** I believe that I learned a lot about how to overcome difficulties through this book.
> 저는 이 책을 통해 어려움을 어떻게 극복하는지 많이 배운 것 같습니다.

Unit 07 계절/날씨

계절이나 날씨는 특히 낮은 수준의 문제들 중 자주 출제되는 돌발 주제입니다. 우리나라의 계절에 대한 묘사부터 사람들이 하는 일, 좋아하는 계절 등 각 계절의 모습들과 활동에 대한 답변들을 준비하고, 계절에 따른 날씨, OPIc를 보는 시험 당일의 날씨 등 날씨에 대한 어휘 및 표현도 정리해보세요.

출제될 수 있는 문제 유형

▸▸ 우리나라의 각 계절 묘사

▸▸ 가장 좋아하는 계절

▸▸ 오늘의 날씨 묘사 및 날씨에 대한 느낌

▸▸ 날씨에 따른 사람들의 활동

▸▸ 각 계절(특히 여름과 겨울)에 사람들이 하는 활동

▸▸ 요즘의 날씨 묘사

▸▸ 시간에 따른 날씨의 변화

▸▸ 날씨 때문에 겪은 기억에 남는 경험

주제 관련 어휘 미리 살펴보기

■ 동사

falls down below ～아래로 내려가다   **rises up to** ～까지 오르다   **rain** 비가 내리다

snow 눈이 내리다   **spring up** 싹이 트다   **bloom** 꽃이 피다   **turn** 변하다

wear 입다   **avoid** 피하다   **bear** 참다   **go out/be outdoors** 외출하다

do outdoor/indoor activities 실외/실내 활동을 하다

■ 명사

season 계절   **yellow dust** 황사   **the heat** 더위   **the cold** 추위

temperature 온도   **breeze** 산들바람   **air conditioner** 에어컨   **heater** 히터

■ 형용사

cheap 싼   **hot** 더운   **humid** 습한   **muggy** 무더운

cool 시원한   **dry** 건조한   **genial** 온화한   **warm** 따뜻한

cold 추운   **freezing** 매우 추운   **windy** 바람이 센   **rainy** 비가 오는

snowy 눈이 오는   **sunny** 화창한   **cloudy** 구름이 낀   **stormy** 폭풍우가 몰아치는

foggy 안개가 낀   **distinct** 뚜렷한   **long** 긴   **short** 짧은   **fresh** 상쾌한

[우리나라의 계절]

Can you tell me about the seasons in your country? What's the weather like in each season?

당신이 살고 있는 나라의 계절들에 대해 이야기해줄 수 있나요? 각 계절의 날씨는 어떤가요?

모범 답변 살펴보기

In my country, there are four distinct seasons: spring, summer, fall and winter. 우리나라의 계절 소개 In spring, it is very beautiful since you can see many beautiful flowers and fresh green sprouts. ❶ The overall weather in spring is warm and genial, so people love to go on a picnic or attend flower festivals. 봄 묘사 In summer, it is very hot and humid. Also, it is a rainy season, so people always try to find their own ways to avoid the heat or rain. 여름 묘사 In Fall, it becomes cool and dry. 가을 묘사 In winter, it is very cold and windy. ❷ The temperature falls down below zero. However, ❸ it is a popular season among people who enjoy winter sports. 겨울 묘사

우리나라에는 봄, 여름, 가을, 겨울 이렇게 네 개의 뚜렷한 계절이 있습니다. 봄에는 많은 아름다운 꽃들과 파릇파릇한 새싹들을 볼 수 있기 때문에 매우 아름답습니다. 봄의 전반적인 날씨는 온화하고 따뜻해서, 사람들은 소풍을 가거나 꽃 축제에 가는 것을 좋아합니다. 여름은 매우 덥고 습합니다. 또한 장마철이기도 합니다. 그래서 사람들은 항상 더위나 비를 피하기 위한 방법을 찾습니다. 가을에는 선선해지고 건조해집니다. 겨울은 매우 춥고 바람이 많이 붑니다. 온도는 0도 이하로 떨어집니다. 그러나 겨울 스포츠를 즐기는 사람들에게는 인기 있는 계절이기도 합니다.

VOCA

distinct 뚜렷한   **sprouts** 새싹   **genial** 온화한   **humid** 습한   **avoid** 피하다   **the heat** 더위   **fall down** 떨어지다

답변 공식으로 훈련하기

❶ **The overall weather in**   계절   **is**   날씨 묘사 [형용사] .

  의 전반적인 날씨는   합니다.

ex The overall weather in summer is hot and humid. 여름의 전반적인 날씨는 덥고 습합니다.

❷ **The temperature falls down below**   온도 .

The temperature rises up to   온도 .

온도는   이하로 떨어집니다. / 온도는   까지 올라갑니다.

ex The temperature rises up to 40 degrees Celsius in summer. 여름에는 온도가 섭씨 40도까지 올라갑니다.

❸ **It is a popular season among people who enjoy**   하기 좋아하는 활동 [동명사형] .

  하는 것을 즐기는 사람들에게는 인기 있는 계절입니다.

ex It is a popular season for people who enjoy swimming in the sea. 바다에서 수영하는 것을 즐기는 사람들에게는 인기 있는 계절입니다.

Q2

[오늘 날씨 묘사]

What is the weather like today? How do you feel about the weather outside at this moment?

오늘의 날씨는 어떤가요? 지금 바깥의 날씨에 대해 어떤 느낌이 드나요?

● 모범 답변 살펴보기

Today is April 26th, 2012. ❶ April is a Spring month in Korea, and it is usually warm and dry. 계절 및 일반적인 날씨 However, today is a little bit chilly and it is raining hard outside unusually. 오늘 날씨 묘사 ❷ I see many people wearing thick jackets and rain boots outside. 사람들의 옷차림 ❸ On a rainy day like this, I often feel gloomy, so I just stay home and listen to jazz music. But today is different. I'm going to meet my boyfriend and we will go to a cafe. I think it will be pretty romantic to have a cup of coffee, looking outside on a rainy day. So I'm actually excited about today's weather and I'm looking forward to my date.
오늘 날씨에 대한 느낌 및 계획

오늘은 2012년 4월 26일입니다. 4월은 한국의 봄에 속하고, 봄은 보통 따뜻하고 건조합니다. 하지만 평소와 달리 오늘은 조금 쌀쌀하고, 밖에 비가 많이 내립니다. 밖에는 두꺼운 재킷과 장화를 신은 사람들이 많이 보입니다. 오늘 같이 비가 오는 날에는 저는 종종 우울해서, 그냥 집에 머무르며 재즈 음악을 듣습니다. 그러나 오늘은 다릅니다. 저는 남자친구를 만나 카페에 갈 것입니다. 비 오는 날 바깥을 보며 커피 한 잔 마시는 것은 꽤 로맨틱한 것 같습니다. 그래서 저는 사실 오늘 날씨에 대해 신이 나 있고, 제 데이트를 기대하고 있습니다.

VOCA

chilly 쌀쌀한   **unusually** 평소와 달리   **gloomy** 우울한   **look forward to** ~을 기대하다

● 답변 공식으로 훈련하기

❶ 〔월〕 **is a** 〔계절〕 **month in Korea.**

〔 〕은 〔 〕에 속하는 달입니다.

ex August is a summer month in Korea. 8월은 여름에 속하는 달입니다.

❷ **I see many people wearing** 〔옷의 종류〕 **today.**

오늘은 〔 〕를 입은 사람들이 많이 보입니다.

ex I see many people wearing shorts and sunglasses today. 오늘은 반바지와 선글라스를 낀 사람들이 많이 보입니다.

❸ **On a** 〔~한 날씨의 [형용사]〕 **day like this, I feel** 〔느낌 [형용사]〕 .

오늘과 같은 〔 〕한 날씨에는 〔 〕함을 느낍니다.

ex On a sunny day like this, I feel very excited because it is perfect for outdoor activities.
오늘 같은 화창한 날에는 야외 활동을 하기에 완벽한 날이기 때문에 저는 매우 신이 납니다.

Q3

[시간에 따른 계절 날씨의 변화]
How has the seasonal weather in your country changed since you were a child?

어릴 때부터 지금까지 당신이 살고 있는 나라의 계절 날씨는 어떻게 바뀌어 왔나요?

모범 답변 살펴보기

❶ I feel that every summer is getting hotter and hotter. 여름 날씨의 변화 ❷ I don't think the weather was that hot in summer when I was little, and I could bear the heat without an air conditioner. 예전 여름의 날씨 However, I have to turn on the air conditioner every day in summer now, since it is very muggy. 지금 여름의 날씨 It is the same in winter. The weather is getting colder and we have more snow now in winter. The temperature falls down to about minus 10 degrees Celsius. ❸ I don't know how much colder it will be this winter. 겨울 날씨의 변화

저는 매 여름이 점점 더 더워지는 것 같이 느껴집니다 제가 어렸을 때는 여름에 그렇게 덥지 않았던 것 같고, 에어컨 없이도 여름을 버틸 수 있었습니다. 그러나 지금은 아주 후덥지근하기 때문에 여름에 매일 에어컨을 틀어야 합니다. 상황은 겨울에도 마찬가지입니다. 지금의 겨울은 더 추워지고, 더 많은 눈이 내립니다. 온도는 섭씨 영하 10도까지 내려갑니다. 이번 겨울에는 얼마나 더 추워질지 모르겠습니다.

VOCA

[비교급+and+비교급] 점점 더 ~한 **bear** 참다. 버티다 **an air conditioner** 에어컨
muggy 후덥지근한 **degree** 도 **Celsius** 섭씨

답변 공식으로 훈련하기

❶ **I feel that every** 계절 **is getting** 변화 묘사 [형용사의 비교급+and+비교급] **.**
저는 매 가 점점 더 해지는 것 같습니다.
ex I feel that every winter is getting colder and colder. 저는 매 겨울이 점점 추워지는 것 같이 느껴집니다.

❷ **I don't think it was that** 날씨 묘사 [형용사] **in** 계절 **when I was little.**
어렸을 때에는 에 그렇게 지 않았던 것 같습니다.
ex I don't think it was that dry in fall when I was little. 어렸을 때에는 가을에 그렇게 건조하지 않았던 것 같습니다.

❸ **I don't know how much** 더 ~한 [형용사의 비교급] **it will be this** 계절 **.**
이번 에는 얼마나 더 할지 모르겠습니다.
ex I don't know how much hotter it will be this summer. 이번 여름에는 얼마나 더 더워질지 모르겠습니다.

Unit 08　명절 (휴일)

명절 관련 주제에서는 우리나라의 명절들이나 가장 큰 명절에 대한 설명, 사람들이 하는 일이나 먹는 음식, 자신이 보낸 특정한 명절에 대한 문제가 주로 출제됩니다. 가끔 수험생 중에는 문제에 나오는 holiday '휴일'을 휴가의 개념으로 착각하고 답변하는 경우가 종종 있으니, 문제를 미리 잘 숙지하고 답변을 준비하세요.

출제될 수 있는 문제 유형

- ▸▸ 한국의 명절 종류
- ▸▸ 명절을 보내는 방법
- ▸▸ 어릴 때 기억에 남는 명절
- ▸▸ 한국의 가장 큰 명절과 하는 일
- ▸▸ 가장 기억에 남는 명절
- ▸▸ 가족과 함께한 특별한 명절

주제 관련 어휘 미리 살펴보기

■ 동사

celebrate 기념하다, 지내다	share 나누다	prepare 준비하다
play traditional games 전통 놀이를 하다	last 지속되다	bow 세배하다
gather, get together 함께 모이다	receive 받다	

■ 명사

holiday 명절, 휴일	hometown 고향	relatives 친척들	ancestors 조상들
ceremony 기념식, 차례	respect 존경심	the elders 어른들	
thanksgiving 추수감사절	graves 묘	newly harvested fruits 햇과일	

■ 형용사

lunar 음력의	traditional 전통의	special 특별한
pleasant, enjoyable 즐거운	unpleasant 불쾌한	familiar 가족적인

Q1

[한국의 가장 큰 명절]

What is the biggest holiday in your country? How do you celebrate it? What do you usually do on that holiday?

당신이 살고 있는 나라의 가장 큰 명절은 무엇인가요? 그 명절을 어떻게 보내나요? 그 날에는 보통 무엇을 하나요?

모범 답변 살펴보기

❶ **The biggest holiday in Korea is** the lunar New Year. We usually take three days off for that holiday. 가장 큰 명절 소개(설날) Before New Year's Day, we usually go to our hometown to see our family and relatives and prepare some food to share. 설날 전에 하는 일 ❷ **On New Year's Day, we start the morning by having** a ceremony to pay respect to our ancestors, and have rice cake soup for breakfast. It is a traditional dish for the holiday. 설날 아침에 하는 일 In the afternoon, ❸ **we spend some time catching up** or playing some traditional games together. 설날 오후에 하는 일

한국에서 가장 큰 명절은 음력 설입니다. 우리는 이 명절을 위해 3일을 쉽니다. 설날 전에는 보통 가족이나 친척들을 보러 고향에 내려가 같이 먹을 음식들을 준비합니다. 설날 당일에는 조상을 기리기 위한 차례를 지내는 것으로 아침을 시작하고, 다같이 아침으로 떡국을 먹습니다. 떡국은 설날에 먹는 전통 음식입니다. 오후에는 그동안의 일들에 대해 이야기하거나 함께 전통놀이를 하면서 시간을 보냅니다.

VOCA

lunar 음력의   hometown 고향   relatives 친척들   a ceremony 의식, 차례
pay respect to ~에게 존경을 표하다   ancestors 조상들   catch up 회포를 풀다

답변 공식으로 훈련하기

❶ The biggest holiday in Korea is   명절   .
한국의 가장 큰 명절은   입니다.

ex The biggest holiday in Korea is Chuseok, which is Korean Thanksgiving Day.
한국의 가장 큰 명절은 한국의 추수감사절인 추석입니다.

❷ On that holiday, we start the morning by   하는 일 [동사+-ing]   .
명절 당일, 우리는   함으로써 아침을 시작합니다.

ex On that holiday, we start the morning by wearing Korean traditional clothing, Hanbok.
명절 당일, 우리는 한복이라는 한국 전통 옷을 입는 것으로 아침을 시작합니다.

❸ We spend some time   하는 일 [동사+-ing]   .
우리는   하면서 시간을 보냅니다.

ex We spend some time making Songpyun, which is a special kind of a snack for the holiday.
우리는 그 명절을 위한 특별한 간식인 송편을 만들며 시간을 보냅니다.

Q2

[한국의 명절 종류]

What kind of holidays do you have in your country? What do people usually do and what kinds of food do they eat for each holiday?

당신이 살고 있는 나라에는 어떤 명절들이 있나요? 각 명절에 사람들은 무엇을 하고, 어떤 종류의 음식들을 먹나요?

모범 답변 살펴보기

❶ In Korea, people celebrate several kinds of holidays, such as New Year's Day, Korean Thanksgiving Day, Children's Day and so on. 한국의 명절들 On New Year's Day and Korean Thanksgiving Day, people usually get together with their families and relatives, and have memorial ceremonies for their ancestors. 명절 1과 2에 하는 일 ❷ They eat special food for these holidays like rice cakes and Korean traditional pancakes. 먹는 음식 ❸ Children's Day is also a big holiday; especially for Children. 명절 3 On this holiday, parents usually take their children to an amusement park or a restaurant and try to spend as much time with them as possible. 하는 일

한국에서는 설날, 추석, 어린이날 등과 같은 여러 종류의 명절을 지냅니다. 설날과 추석에 사람들은 보통 가족이나 친척들과 모이고, 조상들을 위해 차례를 지냅니다. 또한 이들 명절에 떡이나 한국 전통 부침개와 같은 특별한 음식을 먹습니다. 어린이날 또한 특히 어린이들에게는 큰 명절입니다. 이 날, 부모님들은 보통 아이들을 데리고 놀이 공원에 가거나 레스토랑에 가서 될 수 있는 한 많은 시간을 아이들과 함께 보내려고 노력합니다.

VOCA celebrate 기념하다, 지내다 **get together** 모이다, 만나다 **memorial** 기념하기 위한
an amusement park 놀이 공원

답변 공식으로 훈련하기

❶ In Korea, people celebrate several kinds of holidays, such as 명절 예 1 and 명절 예 2 .
한국에서는　　　　와 같은 여러 종류의 명절을 지냅니다.

> **ex** In Korea, people celebrate several kinds of holidays, such as New Year's Day and Christmas.
> 한국에서는 설날이나 크리스마스와 같은 여러 종류의 명절을 지냅니다.

❷ People eat special food for the holidays like 음식의 예 .
사람들은 이 명절을 위해　　　　와 같은 특별한 음식을 먹습니다.

> **ex** People eat special food for the holidays like grilled short ribs or stir fried noodles.
> 사람들은 이 명절을 위해 갈비나 잡채 같은 특별한 음식을 먹습니다.

❸ 명절 is also a big holiday in Korea.
　　　　또한 한국에서 큰 명절입니다.

> **ex** Christmas is also a big holiday in Korea. 크리스마스 또한 한국에서 큰 명절입니다.

Q3

[어릴 때 기억에 남는 명절]

Please tell me about the most memorable holiday you had in your childhood. Where were you on that day, and what did you do? Why is it so memorable for you?

어릴 때 겪은 가장 기억에 남는 명절에 대해 이야기해주세요. 그날 어디에 있었고, 무엇을 했나요? 왜 그날이 가장 기억에 남나요?

● 모범 답변 살펴보기

❶ I can't forget the New Year that I had when I was about eight years old. 시기 ❷ To celebrate the holiday, my family went to Busan city to visit my grandparents. Busan is in the southern part of Korea, and it usually takes about five hours by car from Seoul. 사건의 발단 However, since many people were on the road to their hometown, there were huge traffic jams everywhere in Korea that day. 전개 At first, I was very excited to see my grandparents, but as time went by, I couldn't stand being stuck in the car. 절정 ❸ I remember that I whined and complained for the whole thirteen hours on the way to Busan! It was such an unpleasant, but memorable holiday for me. 결말

저는 여덟 살 때 보냈던 설날을 잊을 수 없습니다. 설날을 지내기 위해 우리 가족은 할아버지, 할머니를 방문하러 부산에 가고 있었습니다. 부산은 한국의 남쪽에 있고, 서울에서 차로 보통 다섯 시간 걸리는 거리입니다. 그러나 많은 사람들이 고향에 내려가는 길로 이동 중이었기 때문에 그날 한국 어디에나 교통체증이 심했습니다. 처음에 저는 할아버지, 할머니를 볼 수 있다는 것에 매우 신이 났었지만, 시간이 갈수록 차 안에 갇혀 있는 것을 참을 수가 없었습니다. 저는 부산으로 가는 13시간 내내 징징거리고 불평했던 기억이 납니다! 그날은 정말 제게는 좋지 않았지만 기억에 남는 명절이었습니다.

VOCA on the road 이동 중인   traffic jam 교통 체증   stand 참다   whine 징징거리다
complain 불평하다   unpleasant 불쾌한, 불편한

● 답변 공식으로 훈련하기

❶ I can't forget ___명절___ that I had when I was about ___나이___ years old.
저는 _____ 살 때 보냈던 _____ 를 잊을 수가 없습니다.

ex I can't forget the Christmas Day that I had when I was about seven years old.
저는 일곱 살 때 보냈던 크리스마스 날을 잊을 수가 없습니다.

❷ To celebrate ___명절___ , ___그 명절을 보내기 위해 한 일 [주어+동사]___ .
_____ 를 지내기 위해, 우리는 _____ 했습니다.

ex To celebrate Christmas, we decided to go on a trip to Japan.
크리스마스를 지내기 위해 우리는 일본으로 여행을 가기로 했습니다.

❸ I remember that ___그 명절에 일어난(한) 기억에 남는 일___ .
저는 _____ 했던 것이 기억에 남습니다.

ex I remember that my dad gave me a wonderful red bike as a Christmas gift.
저는 아빠가 멋진 빨간 자전거를 크리스마스 선물로 주신 것이 기억에 남습니다.

대중교통은 어휘 및 표현의 부족이나 충분하지 못한 이야깃거리 때문에 많은 수험생들이 어려워하는 돌발 주제입니다. 주로 이용하는 교통 수단이나 주위에서 볼 수 있는 교통 수단과 관련한 경험, 이용 패턴, 장·단점 등 충분한 이야깃거리를 생각해보고, 관련 어휘나 표현도 미리 익혀보세요.

 출제될 수 있는 문제 유형

▸▸ 동네에 있는 대중교통 수단
▸▸ 사람들이 출근할 때 이용하는 대중교통
▸▸ 대중교통 수단의 변화
▸▸ 대중교통을 이용하면서 겪은 어려움

▸▸ 집 근처의 환승역 묘사
▸▸ 자신이 선호하는 대중교통 수단과 그 이유
▸▸ 교통 수단의 장단점

● 주제 관련 어휘 미리 살펴보기

◉ 동사

take ~를 타다
commute 통근하다
get to ~에 도착하다, 닿다
move 움직이다

use 이용하다
prefer 선호하다
arrive 도착하다
miss 놓치다

pass through ~를 통과하다
worry about ~에 대해 걱정하다
develop, improve 향상하다
transfer 갈아타다

run 운행하다

◉ 명사

transportation 교통 수단
lines, routes 노선
traffic jam 교통 체증

public transportation 대중교통 수단
station, stop (지하철, 버스) 정류장
accident 사고

fare 요금

◉ 형용사

local 시내의, 지역의
inconvenient 불편한
punctual 시간을 엄수하는

intercity 도시 간의, 시외의
useful 유용한
efficient 효율적인

fast 빠른
comfortable 편안한
cheap 싸다

convenient 편리한
crowded 혼잡한
expensive 비싼

Q1

[동네에 있는 대중교통 수단]

Can you tell me about the transportation system in your neighborhood? What kinds of transportation do people in your neighborhood like to use?

당신이 살고 있는 동네에 있는 교통 수단에 대해 이야기해줄 수 있나요? 동네 사람들은 어떤 종류의 교통 수단 이용하기를 좋아하나요?

● 모범 답변 살펴보기

❶ There are two types of transportation we can use in my neighborhood: buses and subways. 동네의 대중교통 수단 There is one subway line passing through my neighborhood. It goes directly downtown, and the subway comes every three minutes. 교통 수단 1 We also have many bus routes in my neighborhood from local to intercity bus routes. 교통 수단 2 ❷ I believe my neighbors prefer to use the subway as opposed to buses when they commute. 사람들이 선호하는 교통 수단 ❸ I guess it's because using the subway is faster and more convenient. I see the subway station is always packed with people every morning. 그 교통 수단을 선호 하는 이유

우리 동네에는 버스와 지하철, 이렇게 두 종류의 교통 수단이 있습니다. 동네를 지나는 지하철 노선은 하나 있습니다. 그 노선은 시내로 직접 통하고, 지하철은 매 2분마다 다닙니다. 동네에는 또한 시내버스에서부터 시외버스까지 많은 버스 노선들도 있습니다. 제가 생각하기에는 동네 사람들이 출근할 때 버스보다는 지하철을 선호하는 것 같습니다. 아마도 지하철을 이용하는 것이 더 빠르고 편리하기 때문일 것입니다. 저는 항상 아침마다 지하철역이 사람들로 꽉 차있는 것을 봅니다.

VOCA   pass through ~를 통과하다   a bus route 버스 노선   local 지역의
  intercity 도시 간의   be packed with ~로 꽉 차있다

● 답변 공식으로 훈련하기

❶ There are 개수 types of transportation we can use in my neighborhood: 교통 수단 예 .

우리 동네에는   와   . 이렇게   가지의 교통 수단이 있습니다.

ex There is only one type of transportation we can use in my neighborhood: buses.
우리 동네에는 교통 수단이 버스 하나밖에 없습니다.

❷ I believe my neighbors prefer to use   선호하는 교통 수단 .

제 생각에 우리 동네 사람들은   를 이용하는 것을 더 선호하는 것 같습니다.

ex I believe my neighbors prefer to use buses. 제 생각에 우리 동네 사람들은 버스 이용을 더 선호하는 것 같습니다.

❸ I guess it's because using 교통 수단 is 장점 묘사 [형용사] .

아마도   를 이용하는 것이   하기 때문일 것입니다.

ex I guess it's because using a bus is cheaper than other types of transportation.
아마도 버스를 이용하는 것이 다른 교통 수단보다 더 저렴하기 때문일 것입니다.

Q₂

What kind of transportation do you like to use in your city? Why do you like to use that type of transportation?

지금 살고 있는 도시에서 당신은 어떤 교통 수단을 이용하는 것을 좋아하나요? 왜 그 교통 수단 이용을 좋아하나요?

• 모범 답변 살펴보기

❶ In my city, I can use many types of public transportation like subways, buses, trains and taxies. 살고 있는 도시의 교통 수단 종류 ❷ Of these means of transportation, I like to use the subway best. 가장 이용하기 좋아하는 교통 수단 ❸ I prefer to take the subway because it's the fastest way to get somewhere. Everyone knows subways are faster than buses. 이유 1 Another reason is that the subway is always punctual. I don't need to worry about being late because of traffic jams, especially in the morning. 이유 2 I think the subway is the best means of transportation in my city. 마무리

제가 살고 있는 도시에서는 지하철, 버스, 기차, 택시 같은 많은 종류의 교통 수단을 이용할 수 있습니다. 이 교통 수단들 중에 저는 지하철 이용하는 것을 가장 좋아합니다. 제가 지하철 타는 것을 좋아하는 이유는 어디에 가든 가장 빠른 수단이기 때문입니다. 지하철이 버스보다 빠르다는 것은 누구나 다 알고 있습니다. 또 다른 이유는 지하철은 항상 제시간에 옵니다. 특히 아침에 교통 체증 때문에 늦을 염려가 없습니다. 제 생각에 우리 도시에서는 지하철이 가장 좋은 교통 수단인 것 같습니다.

VOCA

means of transportation 교통 수단   punctual 시간을 지키는 (엄수하는)   be late 늦다

• 답변 공식으로 훈련하기

❶ In my city, I can use many types of public transportation like 교통 수단의 예 .

제가 살고 있는 도시에서는   와 같은 많은 종류의 대중교통 수단을 이용할 수 있습니다.

❷ Of these means of transportation, I like to use 가장 이용하기 좋아하는 수단 best.

이들 교통 수단 중에서 저는   를 이용하는 것을 가장 좋아합니다.

ex Of these means of transportation, I like to use buses best.
이들 교통 수단 중에서 저는 버스를 이용하는 것을 가장 좋아합니다.

❸ I prefer to take 타기 좋아하는 교통 수단 because 이유 설명 [주어+동사] .

제가   타는 것을 좋아하는 이유는   이기 때문입니다.

ex I prefer to take buses because I like to look outside while traveling.
제가 버스 타는 것을 좋아하는 이유는 이동 중에 바깥을 보는 것을 좋아하기 때문입니다.

 **Q3**

[대중교통 수단의 변화]

Public transportation systems are being developed constantly. How has the transportation system in your city changed over time?

대중교통 수단은 끊임없이 발달하고 있습니다. 당신이 살고 있는 도시의 대중교통 시스템은 시간이 흐르면서 어떻게 변화해왔나요?

• 모범 답변 살펴보기

I think there have been big changes in the public transportation system in my city. 도입 ❶ **The first big change I found is that** we have bus only lanes now in the city. ❷ **In the past**, buses had to be on the same road with many other cars, so it often caused heavy traffic jams. **But now**, we don't need to worry about traffic jams if we take buses. 변화 1 ❸ **Another big change is** the electronic system at the bus stop. It tells you when the bus you are waiting for will arrive. It is very useful. 변화 2 Overall, I think the public transportation in my city is getting more convenient to use. 느낌 및 생각

제가 살고 있는 도시의 대중교통 시스템에는 많은 변화가 있어왔던 것 같습니다. 찾을 수 있는 첫 번째 큰 변화는 이제 도시에 버스 전용차선이 있다는 것입니다. 과거에는 버스도 다른 많은 자동차와 마찬가지로 같은 도로로 달려야 해서, 종종 심한 교통 체증을 일으키곤 했습니다. 그러나 지금은 버스를 타면 교통 체증을 걱정할 필요가 없습니다. 또 다른 큰 변화는 버스 정류장의 전자 시스템입니다. 이 전자 시스템은 기다리고 있는 버스가 언제 도착할지 알려줍니다. 이것은 아주 유용합니다. 전반적으로 우리 도시의 대중교통 수단은 이용하기에 점점 편리해지고 있는 것 같습니다.

○— **VOCA** a change 변화   the public transportation system 대중교통 시스템
the bus only lane 버스 전용차선   cause 일으키다, 야기하다   electronic 전자의   useful 유용한

• 답변 공식으로 훈련하기

❶ **The first big change I found is that** 변화 설명 [주어+동사] .

찾을 수 있는 첫 번째 큰 변화는   하다는 것입니다.

> ex The first big change I found is that we have many more bus and subway lines now.
> 찾을 수 있는 첫 번째 큰 변화는 지금은 더 많은 버스와 지하철 노선이 생겼다는 것입니다.

❷ **In the past** 과거의 교통 수단 묘사 [주어+동사] , **but now** 지금의 교통 수단 묘사 [주어+동사] .

예전에는   했지만, 지금은   합니다.

> ex In the past, we had to buy tickets to use transportation, but now we can use convenient transportation cards.
> 예전에는 교통 수단을 이용하려면 티켓을 사야 했지만, 지금은 편리한 교통 카드를 이용할 수 있습니다.

❸ **Another big change is** 교통 수단의 변화 [명사형] .

또 다른 큰 변화는   입니다.

> ex Another big change is the transfer system. 또 다른 큰 변화는 환승 제도입니다.

건강 역시 자주 출제되는 돌발 주제로, 건강을 지키기 위해 하는 활동이나 식습관, 내가 생각하는, 또는 알고 있는 건강한 사람에 대한 묘사 문제들이 출제됩니다. 건강과 관련된 어휘나 표현을 미리 익히고, 다양한 문제에 대한 답변을 준비해보세요.

출제될 수 있는 문제 유형

▸ 내가 생각하는 건강한 사람의 정의
▸ 건강을 지키기 위해 하는 일이나 먹는 음식
▸ 건강을 유지하기 위한 나의 노력
▸ 건강을 위해 무언가를 그만둔 경험

▸ 주변에 알고 있는 건강한 사람 소개
▸ 건강한 사람들이 보내는 하루 묘사
▸ 건강을 위해 무언가를 한 경험

주제 관련 어휘 미리 살펴보기

동사(구)

exercise, work out 운동하다	sleep well 잘 자다	quit 끊다
eat regularly 규칙적으로 먹다	have a meal 식사를 하다	improve 향상시키다
get in shape 좋은 몸 상태를 유지하다	maintain 유지하다	drink 마시다

명사

health 건강	fitness 신체 훈련	diet 식사. 식단	fruits 과일
proteins 단백질	junk food 정크 푸드	fast food 패스트 푸드	
well-being food 웰빙 푸드	habits 습관	meditation 명상	vegetables 야채

형용사

healthy 건강한	nutritious 영양가 있는	balanced 균형 있는	active 활동적인
positive 긍정적인	strong 튼튼한	slim 날씬한	

부사

regularly 규칙적으로	daily 매일	on time 제시간에	early 일찍

[내가 생각하는 건강한 사람]

What kind of person do you think is a healthy person? What does he or she do to stay healthy and what kind of food does this person eat?

어떤 사람이 건강한 사람이라고 생각하나요? 건강한 사람은 건강을 지키기 위해 어떤 것을 하고, 어떤 종류의 음식을 먹나요?

● 모범 답변 살펴보기

❶ I believe that a healthy person is someone who is healthy physically and mentally. 내가 생각하는 건강한 사람 What healthy people have in common is their physical strength and positive mind. 이유 ❷ To stay healthy, people normally try to do something active. They don't like sitting down all day long and doing nothing. They also like to exercise like jogging or doing yoga. 건강한 사람이 주로 하는 활동 ❸ As for their diet, I guess they eat as many vegetables and fruits as possible. I haven't seen many healthy people who like to eat fast food. 건강한 사람이 먹는 음식 I think having healthy habits like they do is important in order to be a healthy person. 마무리

저는 육체적으로도 정신적으로도 건강한 사람이 건강한 사람인 것 같습니다. 건강한 사람들은 모두 육체적인 건강과 긍정적인 생각을 가지고 있다는 데 공통점이 있습니다. 있습니다. 건강한 사람들은 보통 건강을 유지하기 위해 뭔가 활동적인 것을 하려고 노력합니다. 그들은 하루 종일 앉아서 아무것도 하지 않는 것을 좋아하지 않습니다. 그들은 또한 조깅이나 요가 같은 운동하는 것을 좋아합니다. 그들의 식습관에 대해 이야기하자면, 될 수 있으면 많은 야채와 과일들을 먹는 것 같습니다. 저는 건강한 사람들이 패스트푸드를 좋아하는 것을 본 적이 많이 없습니다. 건강한 사람이 되려면 그들처럼 건강한 습관을 가지는 것이 중요한 것 같습니다.

VOCA physically 육체적으로   mentally 정신적으로   have common in ~에 공통점이 있다
strength 힘   positive 긍정적인   a diet 식습관   a habit 습관

● 답변 공식으로 훈련하기

❶ I believe that a healthy person is someone who ____ 건강한 사람의 정의 [동사] .

저는 ____ 한 사람이 건강한 사람인 것 같습니다.

> **ex** I believe that a healthy person is someone who never gets sick.
> 저는 절대 아프지 않은 사람이 건강한 사람인 것 같습니다.

❷ To stay healthy, people usually ____ 활동 묘사 [동사] .

건강을 유지하기 위해, 사람들은 보통 ____ 합니다.

> **ex** To stay healthy, people usually exercise on a regular basis.
> 건강을 유지하기 위해, 건강한 사람들은 보통 규칙적으로 운동을 합니다.

❸ As for their diet, I guess they normally eat ____ 먹는 음식의 종류 .

식습관에 대해 이야기하자면, 그들은 보통 ____ 를 먹는 것 같습니다.

> **ex** As for their diet, I guess they normally eat well-being food.
> 식습관에 대해 이야기하자면, 그들은 보통 웰빙 음식을 먹는 것 같습니다.

[건강한 사람의 하루]

How do you think a healthy person spends a day? Why do you think that?

건강한 사람은 하루를 어떻게 보낸다고 생각하나요? 왜 그렇게 생각하나요?

모범 답변 살펴보기

There are many things that a healthy person probably does in a day. 도입 ❶ First, I believe a healthy person will get up early in the morning and go to bed early at night. 기상 및 취침 습관 She will eat breakfast, lunch, and dinner, and the meals will be healthy meals. 식사 습관 ❷ I also think that she will try to do something to relieve stress during lunch time or after work. For example, she might get a massage or take a yoga class. 점심 시간이나 퇴근 후 ❸ At the end of her day, she will take some time to relax. Or, perhaps she might take some time to practice her favorite hobby. 잠자기 전의 습관

아마도 건강한 사람들은 하루에 많은 것을 할 것입니다. 먼저 건강한 사람은 일찍 일어나고, 일찍 자는 것 같습니다. 아침, 점심, 저녁을 다 먹고, 식사도 건강한 식단일 것입니다. 또한, 점심시간이나 퇴근 후에 스트레스를 풀기 위해 뭔가를 할 것 같습니다. 예를 들면, 마사지를 받거나 요가 수업을 들을지도 모릅니다. 하루를 끝낼 때쯤에는 긴장을 풀기 위한 시간을 가질 것입니다. 아니면 가장 좋아하는 취미 활동을 하는 시간을 가질지도 모릅니다.

VOCA

probably 아마   **a meal** 식사   **relieve stress** 스트레스를 풀다   **get a massage** 마사지를 받다
perhaps 어쩌면, 아마   **practice** 실천하다

답변 공식으로 훈련하기

❶ **I believe a healthy person will** 건강한 사람들이 하는 일 [동사원형] .
건강한 사람은   할 것 같습니다.

ex I believe a healthy person will eat breakfast every morning. 건강한 사람은 매일 아침에 아침 식사를 할 것 같습니다.

❷ **I also think that she will try to** 하는 일 [동사원형] **during lunch time or after work.**
또한 점심시간이나 퇴근 후에   하려고 노력할 것입니다.

ex I also think that she will try to do light exercise like taking a walk during lunch time or after work.
또한 점심시간이나 퇴근 후에 산책 같은 가벼운 운동을 하려고 노력할 것입니다.

❸ **At the end of her day, she will take some time to** 하는 일 [동사원형] .
하루가 끝날 때쯤에는   하는 시간을 가질 것입니다.

ex At the end of her day, she will take some time to find peace through meditation or yoga.
하루가 끝날 때쯤에는 명상이나 요가를 통해 평안을 찾는 시간을 가질 것입니다.

Q3

[내가 알고 있는 건강한 사람]

Please tell me about a healthy person you know. What does he or she look like? How did you meet him or her? Why do you think this person is healthy?

당신이 알고 있는 건강한 사람에 대해 이야기해주세요. 그 사람은 어떻게 생겼나요? 그 사람을 처음에 어떻게 만났나요? 왜 그 사람이 건강하다고 생각하나요?

모범 답변 살펴보기

My friend Goun is a very healthy woman. She works as a yoga and fitness instructor in Busan. 주위의 건강한 사람 소개 ❶ **Originally, I met** Goun **at** a special event called "Yoga at the Beach". It was an early morning yoga class at Haeundae beach last summer, and Goun was teaching it. 그 사람을 알게 된 계기 ❷ **She looks** very thin, strong, and healthy. 외모 묘사 ❸ **I think she is very healthy because** she not only has a very healthy diet, but also she exercises regularly. She told me that she has never had a cold. 그 사람이 건강하다고 생각한 이유 I learned a lot from Goun, and I love taking her yoga classes whenever I have the chance. 마무리

제 친구 고운이는 매우 건강한 사람입니다. 그녀는 부산에서 요가와 피트니스 강사로 일하고 있습니다. 저는 처음에 고운이를 '해변에서의 요가'라는 특별 이벤트에서 만났습니다. 그 이벤트는 작년 여름에 해운대 해수욕장에서 있었던 이른 아침 요가 수업이었고, 고운이가 그 수업을 가르치고 있었습니다. 고운이는 아주 날씬하고, 튼튼하고, 건강해 보입니다. 그녀가 매우 건강하다고 생각하는 이유는 건강한 식사를 할 뿐만 아니라 정기적으로 운동을 하기 때문입니다. 그녀는 한 번도 감기에 걸린 적이 없다고 했습니다. 저는 고운이에게 많은 것을 배웠고, 기회가 생길 때마다 그녀의 요가 수업 듣는 것을 좋아합니다.

VOCA

fitness 신체 단련   **strong** 튼튼한   **a healthy diet** 건강한 식사   **regularly** 규칙적으로

답변 공식으로 훈련하기

❶ **Originally, I met** 사람 **at** 특정 장소 **+** 시기 .

저는 처음에 ___를 ___때 ___에서 만났습니다.

ex Originally, I met him at the school gym three years ago. 저는 처음에 그를 3년 전 학교 체육관에서 만났습니다.

❷ **She/He looks** 보이는 모습 묘사 [형용사] .

그녀(그)는 ___해 보입니다.

ex She looks very slim and strong. 그녀는 매우 날씬하고 튼튼해 보입니다.

❸ **I think she/he is very healthy because** 건강하다고 생각하는 이유 [주어+동사] .

그녀(그)가 매우 건강하다고 생각하는 이유는 ___하기 때문입니다.

ex I think he is very healthy because he never does harmful things to his body like drinking or smoking. 그가 매우 건강하다고 생각하는 이유는 술이나 담배 같은 건강에 해로운 것은 절대 하지 않기 때문입니다.

누구나 1년에 한 번쯤은 치과에 갈 것입니다. 자주 다니는 치과에 대한 묘사부터 그곳의 치과 의사, 일하는 사람들의 모습, 치과에 가는 목적 및 하는 일, 기억에 남는 치과 경험까지 다양하게 이야깃거리를 준비해보세요. 자신에 맞는 치과 경험에 대해 답변할 수 있도록 어휘 및 표현도 미리 정리하세요.

출제될 수 있는 문제 유형

- ▸ 자주 가는 치과 묘사
- ▸ 오래 다닌 치과의 변화
- ▸ 가장 최근에 치과를 갔던 경험
- ▸ 치과에 도착할 때부터 나올 때까지 하는 일
- ▸ 한국의 치과 묘사
- ▸ 처음 치과에 갔던 경험
- ▸ 어렸을 때 기억에 남는 치과 경험

주제 관련 어휘 미리 살펴보기

■ 동사(구)

go to the dentist 치과에 가다	get a checkup 검사를 받다 get braces 치아 교정을 받다
have my teeth treated 치아 치료를 하다	have my wisdom teeth removed 사랑니를 빼다
have an operation 수술을 받다	have my teeth cleaned 스케일링을 받다
have my tooth pulled out 이를 빼다	consult 상담하다

■ 명사

dental clinic 치과   dentist 치과 의사, 치과   patients 환자   teeth 이, 치아
procedure 절차   medication 약, 약물   toothache 치통   treatment 치료
prescription 처방전   nerve treatment 신경치료

■ 형용사

professional 전문적인   friendly, kind 친절한   clean 깨끗한   familiar 친숙한
afraid of ~를 두려워하는   scared of ~를 무서워하는   scary 무서운
painful 고통스러운   terrible, awful 끔찍한   nervous 불안한, 초조한

[자주 가는 치과]

Please tell me about a dental clinic you often go to. Where is it? What does it look like?

자주 가는 치과에 대해 이야기해주세요. 그 치과는 어디에 있나요? 그곳은 어떤 모습인가요?

모범 답변 살펴보기

❶ I always go to a dental clinic in Gangnam called 'New York Dental Clinic'. 자주 가는 치과와 위치 ❷ I go to this dental clinic because my parents are friends with the owners of the clinic, and we like to support the businesses of our friends. 자주 가는 이유 The clinic is very professional and beautiful inside, and it is very large. 실내 묘사 Also, ❸ all of the people who work there are young, beautiful, and healthy. They are always smiling and very friendly. 일하는 사람들 묘사 I used to be afraid of the dentist when I was very young, but now I actually look forward to going to the dentist thanks to 'New York Dental Clinic'! 느낌 및 생각

저는 항상 강남에 있는 '뉴욕 치과'라는 치과에 갑니다. 제가 이 치과에 가는 이유는 부모님께서 치과 주인과 친구 사이이고, 우리는 친구들의 사업을 돕는 것을 좋아하기 때문입니다. 이 치과는 매우 전문적이고, 실내는 아름답고 큽니다. 또한, 그곳에 일하는 사람들 모두 젊고, 아름답고, 건강해 보입니다. 그들은 항상 웃고 있고, 매우 친절합니다. 제가 아주 어렸을 때는 치과에 가는 것을 두려워하곤 했었지만, 지금은 뉴욕 치과 덕분에 사실 치과에 가는 것을 기대하고 있습니다!

VOCA

an owner 주인   support 돕다. 지지하다   professional 전문적인   be afraid of ~를 두려워하는
go to the dentist 치과에 가다   thanks to ~덕분에

답변 공식으로 훈련하기

❶ I always go to a dental clinic in   위치   called   치과 이름   .

저는 항상   에 있는   라는 치과에 갑니다.

> **ex** I always go to a dental clinic in my neighborhood called 'S-Plant'.
> 저는 항상 동네에 있는 '에스플란트'라는 치과에 갑니다.

❷ I go to this dental clinic because   이유 설명 [주어+동사]   .

제가 이 치과에 가는 이유는   때문입니다.

> **ex** I go to this dental clinic because I can get a discount with my employee ID card.
> 제가 이 치과에 가는 이유는 제 사원증으로 할인을 받을 수 있기 때문입니다.

❸ All of the people who work there are   일하는 사람들의 모습 [형용사]   .

그곳에서 일하는 사람들 모두   합니다.

> **ex** All of the people who work there are very friendly. 그곳에서 일하는 사람들 모두 매우 친절합니다.

Q2 When was the last time you went to a dentist? Why did you go to the dentist and what did you do there?

가장 최근에 치과에 간 적은 언제인가요? 왜 치과에 갔고, 그곳에서 무엇을 했나요?

모범 답변 살펴보기

❶ The last time I went to the dentist was last month. 치과에 간 시기 ❷ I needed to get my wisdom teeth removed. 치과에 간 이유 I went to the clinic early in the morning, and ❸ the first thing that I did there was discuss the procedure with the dentist. She said that I would be given a drug to make me sleep, and then they would operate on me. It was a very painful event, but the dentist did her best to make sure I was OK. 치과에서 한 일 Although my jaw was sore for about a week after the operation, the pain medication helped a lot. 치과를 다녀온 후

가장 최근에 치과를 간 것은 지난달이었습니다. 저는 사랑니를 뺄 필요가 있었습니다. 저는 이른 아침에 치과에 갔고, 그곳에서 제가 제일 먼저 한 일은 의사 선생님과 치료 절차에 대해 의논하는 것이었습니다. 의사 선생님은 제게 잠을 자게 하는 약을 주고, 수술을 하겠다고 했습니다. 매우 고통스러운 과정이었지만, 의사 선생님은 제가 괜찮을 수 있도록 최선을 다했습니다. 치료 후 일주일 동안 턱이 아프긴 했지만, 진통제가 많은 도움이 됐습니다.

VOCA

wisdom teeth 사랑니　**procedure** 절차, 과정　**a drug** 약　**operate** 수술하다　**jaw** 아래턱
sore 아픈, 화끈한　**an operation** 수술　**medication** 약(약물)

답변 공식으로 훈련하기

❶ **The last time I went to the dentist was** 　구체적 시기　.

가장 최근에 치과를 간 것은　　　였습니다.

> ex The last time I went to the dentist was yesterday. 가장 최근에 치과를 간 것은 어제였습니다.

❷ **I needed to** 　치과에 간 이유 [동사원형]　.

저는　　　할 필요가 있었습니다.

> ex I needed to have my teeth treated. 저는 이를 치료할 필요가 있었습니다.

❸ **The first thing that I did there was** 　치과에서 한 일 [동사원형]　.

그곳에서 제가 제일 먼저 한 일은　　　였습니다.

> ex The first thing that I did there was have my teeth cleaned.
> 그곳에서 제가 제일 먼저 한 일은 스케일링이었습니다.

Q3

[어릴 적 치과에 갔을 때 기억에 남는 경험]

Children are usually afraid of going to a dental clinic. How about you? Is there any special memory you have when you went to a dentist in your childhood?

어린 아이들은 보통 치과에 가는 것을 두려워합니다. 당신은 어땠나요? 어릴 적 치과에 갔을 때 겪은 특별한 기억이 있나요?

● 모범 답변 살펴보기

I remember being very scared of the dentist when I was a young child. ❶ **The worst visit was when** I was ten years old. 시기 ❷ **I went to the dentist because I needed to** get braces. It was awful! 치과에 간 이유 First, the dentist scraped my teeth with a sharp pick, and it hurt terribly. Then I had the braces put on. 치과에서 한 일 ❸ **The scariest thing was** the dental tools. They were loud and scary, and they hurt my ears. It was too much for one visit, and I cried at the end. 가장 기억에 남는 일 I understand why many children do not like the dentist. 느낌 및 생각

저는 어릴 때 치과에 대해 아주 무서워했던 것이 기억에 납니다. 가장 최악이었던 치과 방문은 10살 때였습니다. 저는 치아 교정을 하려고 치과에 갔었습니다. 그것은 정말 끔찍한 경험이었습니다. 먼저 치과 의사는 뾰족한 기구로 제 치아를 긁어냈는데, 그것은 정말 끔찍하게 아팠습니다. 그리고 나서 저는 치아 교정기를 꼈습니다. 가장 무서웠던 것은 그 치과 치료기구들이었습니다. 그것들은 정말 시끄럽고 무서웠으며, 제 귀를 아프게 했습니다. 치과에 한 번 방문한 것치고는 너무 버거워 저는 결국 울었습니다. 저는 왜 많은 아이들이 치과를 싫어하는지 알 것 같습니다.

VOCA

be scared of ~에 대해 무서워하다   **braces** 치아 교정기   **scrape** 긁어내다   **awful** 끔찍한, 지독한   **scary** 무서운

● 답변 공식으로 훈련하기

❶ **The worst visit was when** 구체적인 시기 [주어+동사]   .

가장 최악이었던 치과 방문은   때였습니다.

> ex The worst visit was when I was seven years old. 가장 최악이었던 치과 방문은 7살 때였습니다.

❷ **I went to the dentist because I needed to** 치과에 간 이유 [동사원형]   .

저는   하려고 치과에 갔었습니다.

> ex I went to the dentist with my mother because I needed to get a checkup.
> 저는 검사를 받기 위해 어머니와 치과에 갔습니다.

❸ **The scariest thing was** 가장 무서웠던 것 [명사형]   .

가장 무서웠던 것은   였습니다.

> ex The scariest thing was the sound of the drill. 가장 무서웠던 것은 드릴 소리였습니다.

Unit 12 은행

은행 주제에서는 우리 나라에 있는 은행들이나 자신이 자주 가는 은행의 묘사, 그곳에서 일하는 직원들과 서비스, 업무 등에 대한 문제들이 자주 출제됩니다. 또한 은행 업무와 관련된 경험이나 기억에 남는 일 등까지 출제되므로 미리 이야깃거리를 만들어 두는 것이 좋습니다. 완벽한 답변을 위하여 특히 은행 업무와 관련된 어휘 및 표현도 정리해보세요.

출제될 수 있는 문제 유형

▸▸ 우리 나라의 은행과 일하는 사람들 묘사
▸▸ 은행에서의 주 업무 설명
▸▸ 은행에서 겪은 가장 기억에 남는 일
▸▸ 은행에서 업무 중 어려움을 겪은 경험

▸▸ 자주 가는 은행 묘사
▸▸ 가장 최근에 은행에 간 경험
▸▸ 은행에 가는 목적과 삶에 끼치는 영향

주제 관련 어휘 미리 살펴보기

◾ 동사(구)

deposit money 예금(입금)하다
open an account 계좌를 개설하다
check my account balance 계좌 잔액을 확인하다
order checks 수표를 주문하다
review my bank statement 은행계좌 거래내역을 확인하다
take out a loan 대출하다

withdraw money 출금하다
apply for a credit card 신용카드를 신청하다
exchange money 환전하다
pay my bills 공과금을 납부하다

transfer money 송금하다

◾ 명사

teller 은행 직원
VIP room VIP고객 전용 방
online/Internet banking 온라인/인터넷 뱅킹
PIN(Personal Identification Number) 비밀번호
online transaction 온라인 거래

ATM 현금 자동 입출금기
the window 창구
service charge 수수료
security guard 보안 요원
branch 지사, 분점

uniform 유니폼
customer 고객

Q1

[한국의 은행 묘사]

Please tell me about the banks in your country. When do they open and close? What do they look like?

당신이 살고 있는 나라의 은행들에 대해 이야기해주세요. 언제 열고 닫나요? 은행들의 모습은 어떤가요?

모범 답변 살펴보기

The banks in Korea are very good and convenient. 한국 은행들의 특징 ❶ The banks are normally open from about 9:00 A.M. to about 4:00 P.M., but you can also normally use the banks' ATMs until midnight. 영업 시간 ❷ All of the banks in Korea are decorated very well in a professional manner. They are clean, bright, and generally have a large open interior. 은행 모습 The people who work at these Korean banks are almost always very friendly and professional. 일하는 사람들 ❸ Because of their good attitudes, banking in Korea is a fun and convenient experience. 마무리

한국의 은행들은 아주 좋고 편리합니다. 은행들은 보통 9시 정도부터 4시 정도까지 영업하지만, ATM은 보통 자정까지 이용할 수 있습니다. 한국의 은행들은 전문적으로 훌륭하게 꾸며져 있습니다. 은행들은 깨끗하고, 밝으며 보통 탁 트인 인테리어를 갖고 있습니다. 이들 은행에서 일하는 사람들은 거의 항상 친절하고 전문적입니다. 그들의 좋은 태도 덕분에 한국에서 은행 업무를 보는 것은 재미있고 편리한 경험입니다.

VOCA

convenient 편리한   open 열다. 영업하다   midnight 자정   decorated 꾸며진
manner 방식   an interior 실내 장식. 인테리어   an attitude 태도

답변 공식으로 훈련하기

❶ The banks are normally open from ___여는 시간___ to ___닫는 시간___ .
은행들은 보통 ___시부터___ ___시까지 영업합니다.___

❷ All of the banks in Korea are decorated very well. For example, ___은행 묘사 [주어+동사]___ .
한국의 은행들은 아주 훌륭하게 꾸며져 있습니다. 예를 들면 ___합니다.___

> ex The banks in Korea are all very well decorated. For example, there are very clean and convenient waiting areas.
> 한국의 은행들은 아주 훌륭하게 꾸며져 있습니다. 예를 들면, 아주 깨끗하고 편리하게 기다릴 수 있는 공간이 있습니다.

❸ Because of ___장점 [명사형]___ , banking in Korea is a fun and convenient experience.
___덕분에 한국에서 은행 업무를 보는 것은 재미있고, 편리한 경험입니다.___

> ex Because of their good services, banking in Korea is a fun and convenient experience.
> 그들의 좋은 서비스 덕분에 한국에서 은행 업무를 보는 것은 재미있고, 편리한 경험입니다.

[은행에서 주로 하는 일]

What do people usually do at the bank? Why do you go to the bank and what do you usually do there?

은행에서 사람들은 주로 무엇을 하나요? 당신은 왜 은행에 가고, 그곳에서 보통 무엇을 하나요?

모범 답변 살펴보기

❶ **Usually people go to the bank to** deposit money, withdraw money, or ask for a loan. 은행에서 사람들이 하는 일 ❷ **For myself, I am always going to the bank to** deposit money and sometimes withdraw money from my account. 은행에서의 나의 업무 Of course, you don't have to have a bank account if you only want to use cash, but that is not very convenient in today's modern society. ❸ **I think people use a bank to** protect their money and also to make using their money faster and more convenient with bank cards and online accounts. 은행을 이용하는 이유

보통 사람들은 돈을 예금하거나, 출금하거나, 대출을 받으러 은행에 갑니다. 제 경우에는, 항상 제 계좌에 돈을 예금하거나 가끔은 출금을 하러 은행에 갑니다. 물론, 현금만 사용한다면 은행 계좌를 이용할 필요가 없지만, 요즘 현대 사회에서는 매우 불편할 것입니다. 제 생각에 사람들은 돈을 지키거나, 은행 카드와 온라인 계좌를 통해 돈의 사용을 좀 더 빠르고 편리하게 사용하려고 은행을 이용하는 것 같습니다.

VOCA

deposit 예금하다 **withdraw** 출금하다 **a loan** 대출 **a bank account** 은행 계좌 **cash** 현금
modern society 현대 사회 **protect** 보호하다, 지키다

답변 공식으로 훈련하기

❶ **Usually people go to the bank to** 은행에서 하는 일 [동사원형] .

보통 사람들은　　　　　하러 은행에 갑니다.

> ex Usually people go to the bank to open an account or make a new credit card.
> 보통 사람들은 계좌를 개설하거나 새 신용카드를 만들기 위해 은행에 갑니다.

❷ **For myself, I am always going to the bank to** 은행에서 하는 일 [동사원형] .

제 경우에는, 항상　　　　　하기 위해 은행에 갑니다.

> ex For myself, I am always going to the bank to check my account balance.
> 제 경우에는, 항상 은행 잔액을 조회하러 은행에 갑니다.

❸ **I think people use a bank to** 은행을 이용하는 목적 [동사원형] .

제 생각에 사람들은　　　　　하기 위해 은행을 이용하는 것 같습니다

> ex I think people use a bank to manage their finances conveniently.
> 제 생각에 사람들은 그들의 재정을 편리하게 관리하기 위해 은행을 이용하는 것 같습니다.

Q3

[가장 최근에 은행에 간 경험]

When was the last time you went to the bank? Why did you go to the bank and what did you do there? Please tell me about it in detail from the beginning to the end.

가장 최근에 은행에 간 것은 언제인가요? 왜 은행에 갔고, 그곳에서 무엇을 했나요? 처음부터 끝까지 자세하게 이야기해주세요.

● **모범 답변 살펴보기**

The last time I went to the bank was actually yesterday. 시기 **❶ I bank at** Woori Bank, **and I went to the branch in** Yongsan Station in Seoul. 방문한 은행 I wanted to check on the status of my accounts, and I also wanted to withdraw some money. 은행을 간 목적 **❷ As soon as I went inside**, I took a number. 도착하자마자 한 일 I did not wait very long before I was speaking with a bank employee. We talked about my accounts and about how to set up online banking. 은행 업무 1 **❸ Afterwards, the bank teller helped** me withdraw some money. The teller was very friendly and helpful. 은행 업무 2 When I got home, I was able to check my bank account online. 마무리

가장 최근에 은행을 간 것은 사실 어제였습니다. 저는 우리은행에서 거래를 하는데, 서울에 있는 용산역점에 갔습니다. 저는 계좌 거래 상황을 확인하고, 돈을 조금 출금하고 싶었습니다. 은행 안으로 들어가자마자 저는 대기 번호를 뽑았습니다. 은행 직원한테 이야기하기까지는 그렇게 오래 기다리지 않았습니다. 우리는 제 계좌에 대해 이야기하고, 온라인 뱅킹을 어떻게 만드는지 이야기했습니다. 그 후에 은행 직원은 출금하는 것을 도와주었습니다. 그 직원은 매우 친절했고, 도움을 많이 주었습니다. 집에 와서 저는 온라인으로 은행계좌를 확인할 수 있었습니다.

VOCA a branch 분점   status 상황   inside 안으로   a teller 은행 창구 직원   set up 시작하다   afterwards 그 뒤에

● **답변 공식으로 훈련하기**

❶ I bank at 거래하는 은행 이름 **, and I went to the branch in** 지역 **.**

저는 _______ 은행에서 거래하는데, _______ 에 있는 지점에 갔습니다.

ex I bank at KB Bank, and I went to the branch in my neighborhood.
저는 KB 은행에서 거래하는데, 우리 동네에 있는 지점에 갔습니다.

❷ As soon as I went inside, 안에 들어가자마자 한 일 [주어+동사] **.**

저는 은행 안에 들어가자마자 _______ 했습니다.

ex As soon as I went inside, I first used the ATM to pay my bills.
저는 은행 안에 들어가자마자, 먼저 세금을 내기 위해 ATM을 이용했습니다.

❸ Afterwards, the bank teller helped me 은행 직원이 도와준 일 [동사원형] **.**

그 뒤에, 은행 직원은 제가 _______ 할 수 있도록 도와주었습니다.

ex Afterwards, the bank teller helped me start smartphone banking.
그 뒤에, 은행 직원은 제가 스마트폰 뱅킹을 시작할 수 있도록 도와주었습니다.

Unit 13 약속

약속은 장소, 시기, 사람들과 주로 잡는 약속(appointments)의 의미로, 주로 하는 약속의 종류나 약속을 하는 사람들, 장소 등에 대한 문제에서부터 최근에 했던 약속, 인상 깊었던 약속 등 경험과 관련된 문제까지 다양하게 출제됩니다. 약속과 관련된 어휘 및 표현을 공부하고 미리 답변을 준비해보세요.

출제될 수 있는 문제 유형

- ▸ 주로 하는 약속의 종류
- ▸ 친구들과 만나기 좋아하는 약속 장소
- ▸ 가장 인상 깊었던 약속
- ▸ 약속을 할 때 고려할 점

- ▸ 주로 약속을 하는 사람들
- ▸ 가장 최근에 했던 약속
- ▸ 약속을 지키지 못했던 경험

• 주제 관련 어휘 미리 살펴보기

▣ 동사(구)

make an appointment with ~와 약속을 잡다		**meet** ~와 만나다
keep my appointment 약속을 지키다	**fulfill my appointment** 약속을 이행하다	
postpone, put off ~를 미루다, 연기하다	**cancel, call off** ~를 취소하다	
rearrange, reschedule 다시 정하다	**decide** 정하다	**discuss** 의논하다
check 확인하다	**confirm** 확정하다	**remember** 기억하다
remind 상기시키다	**forget** 잊다	**miss** 놓치다
show up 나타나다	**call** 전화하다	**send a text message** 문자를 보내다
visit 방문하다	**consider** 고려하다	

▣ 명사

appointment 약속	**schedule** 일정, 스케줄	**meeting** 모임	**date** 날짜
preference 선호	**opinion** 의견	**client** 고객	**dentist** 치과 의사
doctor 의사	**vet** 수의사	**professor** 교수	**boss** 상사
co-worker 동료	**interviewer** 면접관	**tutor** 개인 지도 교사	

Q1

What kind of appointments do you normally make? Who do you usually make appointments with?

주로 어떤 종류의 약속을 하나요? 누구와 보통 약속을 잡나요?

● 모범 답변 살펴보기

I make a lot of appointments with many different people. ❶ **The people I make the most appointments with are** my clients. 가장 많이 잡는 약속 상대 1 For my work, I have to visit at least five to six clients a day, and mostly I go to their offices. There, I usually consult them about our products. They sometimes visit my office as well. 약속 목적 ❷ **I also make appointments regularly with** my dentist or doctor for a checkup. In this case, I usually use my lunch hour to meet with them. 약속 상대 2 I also make social appointments with my college club members once every two months. ❸ **I love this meeting because** we can chat about our old college days and we always have a good time. 약속 상대 3

저는 많은 다양한 사람들과 많은 약속을 잡습니다. 제가 가장 많이 약속을 잡는 사람들은 제 고객들입니다. 일 때문에 저는 하루에 적어도 5~6군데의 고객들을 방문해야 하고, 대부분 제가 그들 사무실에 갑니다. 그곳에서 저는 보통 그들과 우리 회사 제품에 대한 상담을 합니다. 가끔은 그들이 제 사무실을 방문할 때도 있습니다. 저는 또한 정기적으로 검진을 위해 치과나 병원에 가는 약속을 잡습니다. 이런 경우에는 의사와 만나기 위해 제 점심시간을 활용합니다. 저는 또한 제 대학교 동아리 멤버들과 두 달에 한 번씩 사교 모임을 갖습니다. 저는 이 모임을 좋아하는데, 우리의 옛 추억에 대해 이야기도 하고 항상 좋은 시간을 보낼 수 있기 때문입니다.

VOCA

make an appointment 약속을 잡다   a client 고객   consult ~와 상담하다
as well 역시, 또한   social 사회적인, 사교상의

● 답변 공식으로 훈련하기

❶ **The people I make the most appointments with are** 만나는 사람들 .

제가 가장 많이 약속을 잡는 사람들은 ______ 입니다.

ex The people I make the most appointments with are my professors.
제가 가장 많이 약속을 잡는 사람들은 제 교수님들입니다.

❷ **I also make appointments regularly with** 만나는 사람들 .

저는 또한 ______ 와 정기적으로 약속을 잡습니다.

ex I also make appointments regularly with my hair designer. 저는 또한 제 헤어 디자이너와 정기적으로 약속을 잡습니다.

❸ **I love this meeting because** 특정 약속(모임)을 좋아하는 이유 [주어+동사] .

제가 이 모임을 좋아하는 이유는 ______ 때문입니다.

ex I love this meeting because it is not only fun, but also productive.
제가 이 모임을 좋아하는 이유는 재미있을 뿐만 아니라 생산적이기 때문입니다.

Q2

[약속을 지키지 못한 경험]

Have you ever not been able to keep an appointment you made? What happened?

잡았던 약속을 지키지 못한 경험이 있나요? 무슨 일이 있었나요?

모범 답변 살펴보기

Yes, I've had that experience. ❶ Two months ago, I made an appointment with my dentist because I had a serious toothache. 약속 시기와 목적 ❷ I was supposed to visit the clinic by two o'clock in the afternoon. 약속 내용 I left my office early and took a taxi because it was raining. But it was my mistake! There was a huge traffic jam, and the taxi couldn't move at all for 30 minutes. It turned out there was a big accident before us. 약속을 지키지 못한 이유 I called the clinic to try to postpone my appointment, but I couldn't. The dentist was fully booked up that day. ❸ As a result, I had to come back to my office, and visit the dentist two days later. 결과

네, 저는 그런 경험을 한 적이 있습니다. 두 달 전에, 저는 심한 치통이 있어 치과 의사와 약속을 잡았습니다. 저는 치과에 오후 2시까지 가기로 되어있었습니다. 저는 비가 오고 있었기에, 사무실에서 일찍 나와 택시를 탔습니다. 하지만 그것이 실수였습니다! 교통체증이 심했고, 택시는 30분 동안 꼼짝할 수가 없었던 것입니다. 알고 보니, 우리 앞에 큰 사고가 있었습니다. 저는 약속 시간을 미뤄보려고 치과에 전화했지만, 그럴 수 없었습니다. 치과는 그날 예약이 다 차있었습니다. 결국, 사무실에 다시 돌아와야 했고, 이틀 뒤에 치과를 다시 방문해야 했습니다.

VOCA

a toothache 치통   take a taxi 택시를 타다   a mistake 실수   at all 전혀
turn out ~인 것으로 밝혀지다   postpone 미루다, 연기하다   fully 완전히

답변 공식으로 훈련하기

❶ 구체적 시기 , I made an appointment with 약속 상대 because 약속 이유 [주어+동사] .

에 저는 해서 와 약속을 잡았습니다.

ex Last week, I made an appointment with my client because he wanted to discuss the problems of our product.
지난주에, 저는 고객이 우리 제품의 문제에 대해 의논을 하고 싶다고 해서 고객과 만나는 약속을 잡았습니다.

❷ I was supposed to 약속 내용 [동사원형] .

저는 하기로 되어있었습니다.

ex I was supposed to meet him in his office at 10 A.M. 저는 오전 10시에 그를 그의 사무실에서 보기로 되어있었습니다.

❸ As a result, 결과 설명 [주어+동사] .

결국에는 했습니다.

ex As a result, I missed my opportunity to apply for the position. 결국에는 그 자리에 지원할 기회를 놓쳐버렸습니다.

Q3

[약속을 할 때 주의할 점]

What do you normally do when you make an appointment? What do you have to consider?

약속을 잡을 때는 보통 무엇을 하나요? 어떤 것들을 고려해야 하나요?

● 모범 답변 살펴보기

There are several things I always do when I make an appointment. ❶ **The first thing I do is to** check my schedule as well as the other person's schedule. 약속할 때 가장 먼저 하는 일1 Then, we discuss when and where to meet. 약속할 때 하는 일 2 ❷ **In this step, I always consider** a convenient location for both of us to meet at. 고려해야 할 점 After that, we check what we are going to do. 약속할 때 하는 일 3 Finally, ❸ **on the day before the appointment, I** confirm the appointment with the person. 약속의 마지막 단계

제가 약속을 잡을 때 항상 하는 일은 여러 가지가 있습니다. 제일 먼저 하는 일은 제 스케줄과 상대방의 스케줄을 확인하는 것입니다. 그리고 나서 우리는 언제, 어디에서 만날지 의논합니다. 이 과정에서 저는 항상 우리에게 둘 다 만나기 편리한 장소를 고려합니다. 그 후에 우리는 무엇을 할지 확인합니다. 마지막으로 약속 전날에는 그 사람과 약속 확인하는 것을 잊지 않습니다.

VOCA

check 확인하다   **schedule** 스케줄   **discuss** 의논하다   **consider** 고려하다
forget 잊다   **confirm** 확인하다, 확정하다

● 답변 공식으로 훈련하기

❶ **The first thing I do is to** 약속할 때 가장 먼저 하는 일 [동사원형] .

제가 가장 먼저 하는 일은 　　　　　　 하는 것입니다.

> **ex** The first thing I do is to decide what I'm going to do with the person.
> 제가 가장 먼저 하는 일은 그 사람과 무엇을 할지 결정하는 것입니다.

❷ **In this step, I always consider** 고려하는 점 [명사형 또는 that+주어+동사] .

이 과정에서 저는 항상 　　　　　　 을 고려합니다.

> **ex** In this step, I always consider the other person's preference for place and time.
> 이 과정에서 저는 항상 약속 상대가 선호하는 장소와 시간을 고려합니다.

❸ **On the day before the appointment, I** 약속 전날에 하는 일 [주어+동사] .

약속 전날에는 　　　　　　 하는 것을 잊지 않습니다.

> **ex** On the day before the appointment, I call the person and check our appointment again.
> 약속 전날에는 그 사람에게 전화해 약속을 다시 한 번 확인하는 것을 잊지 않습니다.

농사나 농부 주제에서는 그와 관련된 개인적인 경험이나 기억에 대한 문제도 출제되지만, 전반적으로 우리나라의 농부와 농장의 특징, 그들의 삶, 농부들이 하는 일들, 그들과 관련된 이슈 등 일반적인 사항에 대한 문제들이 출제될 가능성이 높습니다. 농작물부터 농부들의 생활, 하는 일까지 다양한 어휘 및 표현을 익히고 답변을 준비할 수 있도록 하세요.

출제될 수 있는 문제 유형

▸▸ 농부들의 모습과 키우는 농작물　　　　▸▸ 농부들의 생활과 모습
▸▸ 농부들의 일반적인 일과　　　　　　　　▸▸ 계절에 따라 농부들이 하는 일
▸▸ 농촌 또는 농부와 관련된 기억에 남는 경험　　▸▸ 농촌, 농부들과 관련된 요즘 이슈

● 주제 관련 어휘 미리 살펴보기

■ 동사(구)

grow, raise 키우다　　manage 관리하다　　plant 심다　　harvest 수확하다
prevent 막다　　spray the crops with pesticides 살충제를 뿌리다
prepare 준비하다　　pull out the weeds 벌초하다, 잡초를 뽑다　　pick fruits 과일을 따다
sow the seeds 씨앗을 뿌리다　　irrigate 물을 대다, 관개하다　　check 확인하다
fertilize 비료를 주다　　sell 팔다　　share 나누다

■ 명사

farm 농장, 농가　　farming 농사　　farmer 농부　　crop 농작물　　field 밭, 들
rice field, rice paddy 논　　livestock 가축　　pest 해충　　scarecrow 허수아비
waterway 수로　　harvest 수확　　seasonal fruits and vegetables 계절 과일과 채소
harvest season 추수하는 계절　　farming machine 농기계　　cultivator 경운기

■ 형용사

hard, tough 힘든　　tiring 피곤한　　exhausting 지친　　hard-working 열심히 일하는
diligent 부지런한　　busy 바쁜　　honest 정직한
honorable 고결한　　professional 전문적인　　thankful 감사하는

[한국의 농부 및 농작물]

Please tell me about thr farmers in your country. What are their lives like? What kinds of crops do they usually grow?

당신이 살고 있는 나라의 농부들에 대해 이야기해주세요. 그들의 삶은 어떤가요? 어떤 종류의 농작물을 주로 재배하나요?

• 모범 답변 살펴보기

Farmers are very important people in Korea, but ❶ they have a hard life. ❷ Farming is becoming difficult in Korea because they have to compete with other international farmers. 농부들의 삶 묘사 1 Also, many farmers develop health problems as a result of the hard work they have to do all the time. For example, my grandmother has a bad back from all of the work she has done in the rice fields. 농부들의 삶 묘사 2 ❸ As for the crops farmers grow in Korea, there are many different kinds, such as radishes, onions, cabbage, carrots, rice, ginseng, potatoes, and more. 재배하는 농작물 It is very important work our farmers do, and we should be very thankful for them. 느낌 및 생각

한국의 농부들은 아주 중요한 사람들이지만, 힘든 삶을 살고 있습니다. 한국에서의 농사는 점점 어려워지고 있는데, 국제적으로 다른 농부들과 경쟁을 해야 하기 때문입니다. 또한 많은 농부들이 항상 해야 하는 힘든 노동의 결과로 건강 문제를 갖고 있기도 합니다. 예를 들면, 우리 할머니께서도 논에서 하는 모든 일 때문에 심각한 허리 문제를 갖고 계십니다. 농부들이 한국에서 재배하는 농작물로는 무, 양파, 배추, 당근, 쌀, 인삼, 감자 등 많은 종류가 있습니다. 우리 농부들이 하는 일들은 아주 중요한 일이고, 우리는 그들에게 감사해야 합니다.

VOCA hard 힘든 compete 경쟁하다 internationally 국제적으로 a back 허리
a rice field 논 a crop 농작물 thankful 감사하는

• 답변 공식으로 훈련하기

❶ **Farmers in Korea have a** _어떤 [형용사]_ **life.**

한국의 농부들은 _______ 한 삶을 살고 있습니다.

ex Farmers in Korea have a hard, but peaceful life. 한국의 농부들은 힘들지만 평화로운 삶을 살고 있습니다.

❷ **Farming is becoming difficult in Korea because** _농사하기 어려워지는 이유 [주어+동사]_ .

한국에서의 농사는 점점 어려워지고 있는데, _______ 하기 때문입니다.

ex Farming is becoming difficult in Korea because no young people want to farm for their livelihood.
한국에서의 농사는 점점 어려워지고 있는데, 직업으로 농사를 지으려는 젊은 사람들이 없기 때문입니다.

❸ **As for the crops farmers grow in Korea, there are** _농작물의 종류 [명사]_ .

농부들이 한국에서 재배하는 농작물로는 _______ 가 있습니다.

ex As for the crops farmers grow in Korea, there are rice, peppers, cabbages and so on.
농부들이 한국에서 재배하는 농작물로는 쌀, 고추, 배추 등이 있습니다.

[농부들이 하는 일]

What kind of activities do farmers usually do everyday? Also, tell me what they do in summer and winter.

농부들은 보통 매일 어떤 종류의 일들을 하나요? 또한 여름과 겨울에 무엇을 하는지 이야기해주세요.

● 모범 답변 살펴보기

I think farmers work very hard almost everyday. Of course, what they do depends on what they are farming. 도입 For example, ❶ if a farmer grows rice, he would start his day by taking a long walk around the rice fields. 매일 하는 일 1 After that, he would start working. For instance, he would prepare the fields, plant the rice, and harvest the rice. 매일 하는 일 2 ❷ In the summer, farmers usually work all day, from sunrise to sunset, to take care of the crops. 여름에 하는 일 ❸ In the winter time, they all get to rest, though because there isn't a lot to do for a farmer in the winter time. 겨울에 하는 일

제 생각에 농부들은 거의 매일 열심히 일하는 것 같습니다. 물론 그들이 무엇을 하는지는 무엇을 농사짓느냐에 따라 다릅니다. 예를 들면, 농부가 쌀을 키운다면, 그는 논을 한 바퀴 걸어 돌아보는 것부터 하루를 시작할 것입니다. 그 후에 본격적인 일을 시작할 것입니다. 예를 들어 논을 가꾸고, 벼를 심고, 수확할 것입니다. 여름에 농부들은 보통 동틀 녘부터 해가 질 때까지 농작물들을 돌보기 위해 하루 종일 일합니다. 그러나 겨울에는 할 일이 많지 않기 때문에 겨울에 보통 휴식을 취하게 됩니다.

VOCA

depend on ~에 달려있다   **for instance** 예를 들면   **plant** 심다   **harvest** 수확하다
sunrise 일출. 동틀 녘   **sunset** 일몰. 해 질 녘

● 답변 공식으로 훈련하기

❶ **If a farmer grows** 키우는 농작물 **, he would start his day by** 매일 첫 번째로 하는 일 [동사+ing] **.**

농부가   를 키운다면,   함으로써 하루를 시작할 것입니다.

> **ex** If a farmers grows apples, he would start his day by checking pests on the trees.
> 농부가 사과를 키운다면, 나무에 해충이 있는지 확인하는 것으로 하루를 시작할 것입니다.

❷ **In the summer, farmers usually** 여름에 하는 일 [동사] **.**

여름에 농부들은 보통   를 합니다.

> **ex** In the summer, farmers usually till the fields so that pests cannot start to grow.
> 여름에 농부들은 해충들이 자라지 못하도록 밭을 갈아줍니다.

❸ **In the winter time, they all get to** 겨울에 하는 일 [동사원형] **.**

겨울에는 모두   하게 됩니다.

> **ex** In the winter time, they all get to rest and decide what to grow next year.
> 겨울에는 모두 쉬면서, 다음 해에 무엇을 재배할지 결정합니다.

[농장이나 농부와 관련된 경험]

Q3

Do you have any memory about a farm or a farmer? Maybe you have visited a farm? Maybe you might have read about a farmer or farming in a book? Tell me everything about your memory in detail.

농장이나 농부에 대한 기억이 있습니까? 직접 농장을 방문해봤을 수도 있을 것입니다. 또는 농장이나 농부에 대한 책을 읽었을 수도 있습니다. 기억나는 모든 것에 대해 자세하게 이야기해보세요.

• 모범 답변 살펴보기

❶ I do have special memories about a farm because my grandparents were farmers. 특별한 기억의 계기 They lived near Iksan, and ❷ I remember visiting them many times when I was young. 기억 나는 일 1 I loved going to their house on holidays because they always prepared the biggest and the most amazing feasts. ❸ I especially remember one Chuseok when we visited my grandparents. My grandfather took some time to show me the rice fields and the apple orchard. When we got back to the house, my grandmother showed me how to make apple jam. 기억 나는 일 2 I loved my grandparents very much, and I am sad that they have passed away. 느낌 및 생각

저는 농장에 대한 특별한 기억이 있는데, 저희 조부모님께서 농부이셨기 때문입니다. 그들은 익산 근처에 살았고, 저는 어릴 때 여러 차례 그들을 방문한 기억이 있습니다. 명절 때 조부모님 댁에 가는 것을 좋아했는데, 항상 놀랍고 많은 음식들을 만들어주셨기 때문입니다. 저는 특히 조부모님을 방문한 어떤 추석이 기억납니다. 할아버지께서는 저를 얼마 동안 논과 사과 과수원에 데려가 주셨습니다. 집에 돌아와서는 할아버지께서 사과잼을 어떻게 만드는지 보여주셨습니다. 저는 할머니, 할아버지를 정말 사랑했고, 그들이 돌아가셔서 너무나도 슬픕니다.

VOCA amazing 놀라운   a feast 만찬, 잔치   an orchard 과수원   pass away 돌아가시다

• 답변 공식으로 훈련하기

❶ I do have special memories about a farm because   특별한 추억의 계기   .

저는   했기 때문에 농장에 대한 특별한 기억이 있습니다.

ex I do have special memories about a farm because I have done voluntary service for a rural community.
저는 시골에서 농촌 봉사활동을 한 적이 있기 때문에 농장에 대한 특별한 기억이 있습니다.

❷ I remember   기억나는 일 [동사+ing]   .

저는   했던 기억이 납니다.

ex I remember experiencing farming for the first time. 저는 처음으로 농사를 경험했던 기억이 납니다.

❸ I especially remember   기억 나는 일 [명사형 또는 that+주어+동사]   .

저는 특히   했던 것이 기억에 남습니다.

ex I especially remember that I picked about 2,000 apples during one day.
저는 특히 하루에 사과 2,000개를 땄던 것이 기억에 남습니다.

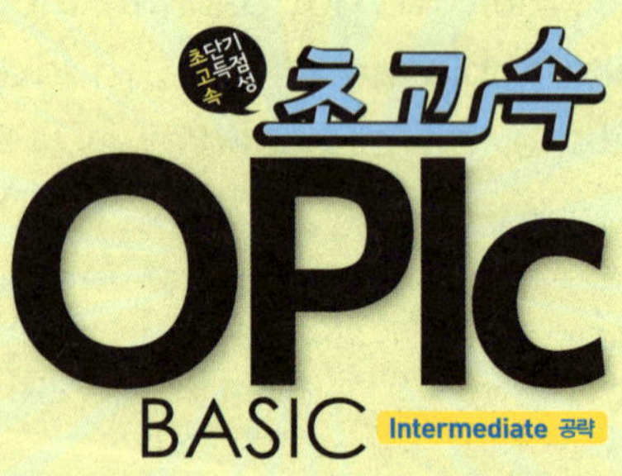
초단기
고속
정성
초고속
OPIc
BASIC　Intermediate 공략